에로스와 광기
프로이트의 황혼

**독일
낭만주의와
소아성애
비판**

정일권 지음

사람

차례

추천사   6

들어가는 말 : 프로이트의 소아성욕 개념 비판 - 위르겐 월커스   12

─────── 1장 프로이트의 정신분석학에 미친 독일 낭만주의의 영향

1. 지그문트 프로이트와 정신분석학의 퇴조   26

2. 낭만주의가 '독일 학문'인 정신분석학에 미친 영향   30

3. E. T. A. 호프만의 '검은 낭만주의'와 프로이트의 "섬뜩한 것"   33

4. 정상성의 종말 : 독일 낭만주의의 소아성애와 근친상간 모티브   37

5. 프로이트의 마약 중독 : 정신분석학에 미친 코카인의 영향   42

6. 독일 낭만주의의 마약 찬양과 프로이트의 코카인 중독   53

7. 마약 : 노발리스, 호프만, 니체, 프로이트, 발터 벤야민 그리고 푸코 59

8. 우상의 추락 : 최근 프랑스의 프로이트 비판서들과 자크 라캉 비판   65

9. 지그문트 프로이트, 오이디푸스 왕 : 프로이트의 근친상간적 성욕   74

10. 낭만주의자 프로이트 : 독일 낭만주의의 꿈-담론과 프로이트의『꿈의 해석』 80

11. '독일적 질병'인 낭만주의와 참된 낭만주의자 칼 마르크스   85

─────── **2장 세기말의 퇴폐주의와 정신분석학의 탄생**

1. 소아의 성욕 : 프로이트에 의한 '소아의 순수성' 종말   92

2. 소아성애는 가장 강력한 금기 : 아도르노의 소아성애 탈금기화   95

3. 21세기에 거세지는 독일 68 소아성애 운동 과거사 청산운동   107

4. 세기말 비엔나의 데카당스, 소아매춘 그리고 프로이트   112

5. 프로이트와 '소아-여성(롤리타)' : 정신분석학과 소아성애   123

6. 비엔나의 세기말 데카당스와 정신분석학의 탄생   133

7. 니체의 위버멘쉬, 우생학, 성 다윈주의 그리고 '사회주의적 새 인간'   141

8. 에로스와 타나토스, 디오니소스적 광기 그리고 세기말의 퇴폐주의   152

9. 이드와 디오니소스적 것 : 니체와 쇼펜하우어가 프로이트에게 미친 영향 155

10. 에로틱한 '남색자 클럽' 반더포겔 : 프로이트, 토마스 만, 한스 블뤼흐   159

11. '에로스의 정치학' 비판 : 프로이트와 토마스 만의 소아성애   170

─────── **3장 정신분석학적 교육학과 독일 낭만주의 개혁교육학 비판**

1. 정신분석학적 교육학, 개혁교육학, 서머힐 학교와 오덴발트 학교   182

2. '사회주의적 새 인간'을 향한 독일 68 소아성애 운동   188

3. 독일 68 반권위주의적 교육 속의 낭만주의 소아기 신화   194

4. '세계 퀴어화'의 주체인 '신적인 소아' : 독일 낭만주의의 소아기 신화   201

5. '교육학적 에로스' 속의 디오니소스적 광기   208

6. 독일 교육학적 원리와 이상으로서의 플라톤적 소년 강간   216

7. 소아도 성적인 존재다 : 독일 녹색당 소아성애 운동의 근거인 성적 자기결정권

    221

──────── **4장 독일 68 성정치 사상의 역사 왜곡과 지적 사기**

1. 독일 68 성정치의 대전제는 역사적 거짓말에 기초한 오류   230

2. 독일 나치 시대는 성억압의 시대가 아니라, '소돔과 고모라'의 시대   231

3. 나치즘과 홀로코스트는 성억압의 산물인가?   235

4. 독일 낭만주의의 나체주의적 성교육과 '안티파시즘적 육체'   244

5. 독일 낭만주의의 성적인 독자 노선 비판   249

6. 독일 좌우 낭만주의 학생운동 : 반더포겔로부터 히틀러유겐트까지   253

7. 독일 낭만주의 상징인 '푸른 꽃'의 독(毒)과 소아성애   256

──────── **5장 독일 프랑크푸르트 학파의 비판교육이론 비판**

1. 게오르게 학파로부터 프랑크푸르트 학파로(헬무트 베커와 아도르노)   262

2. 슈테판 게오르게의 독일 동성애 국가론과 동성애 교육학   266

3. 플라톤의 국가론과 『향연』에 기초한 '비밀 독일' : 슈테판 게오르게   272

4. 영미 청교도주의의 정상 개미 vs 독일 낭만주의의 반정상 베짱이   276

5. 게오르게 학파의 미소년-신(神) 막시민 숭배 : 신지학의 영향   280

6. 독일 좌우 낭만주의의 퇴행과 폭력 : 칼 마르크스, 히틀러, 독일 68, 적군파(RAF)

    284

7. 발터 벤야민의 '에로틱한 교육'과 공산주의 교육 비판   292

8. 독일 '교육학 거장들'의 소아성애적 아동 성폭력   296

9. 독일 낭만주의, 인도게르만주의, 신지학과 인지학, 힌두교-불교   301

──────── 6장 파르마코스 오이디푸스 : 프로이트의 '오이디푸스 콤플렉스' 비판

1. 르네 지라르의 프로이트 비판 : 오이디푸스에 대한 프로이트의 오독과 인지불능

312

2. 21세기 프로이트의 정신분석학과 '호모 오이디푸스'의 황혼   315

3. 소포클레스의 오이디푸스와 프로이트의 오이디푸스   321

4. 파르마코스 오이디푸스   328

5. 들뢰즈와 가타리의 『안티 오이디푸스』와 디오니소스적 쾌락원리 비판   339

6. 정신분석학의 황혼 : 뇌과학에 기반한 인지심리학의 승리   345

7. 신에 대한 집단살해 : 르네 지라르와 프로이트의 『토템과 터부』   354

8. 프로이트, 자크 라캉 그리고 칼 융 : 주이상스, 초현실주의, 집단무의식   361

나오는 말   372

*이 연구서는 사단법인 한국가족보건협회의 연구 지원을 받아 출간되었습니다.

추천사

정일권 교수가 그의 2020년도 저서『문화막시즘의 황혼 : 21세기 유럽 사회민주주의 시대의 종언』을 통해 21세기 유럽 문화막시즘에 대한 전반적인 통찰을 대한민국에 열어주었다면,『푸코의 황혼과 젠더의 종말』을 통해서는 금세기 문화막시즘의 핵심적 아젠다에 대한 좀 더 디테일한 비판을 제공했다.

붓다가 은폐된 희생양이라는 최초의 주장이 실린『세계를 건설하는 불교의 세계포기의 역설』을 좀 더 진전 시킨『붓다와 희생양 : 르네 지라르와 불교문화의 기원』으로 제30회 한국기독교출판문화상 목회자료 국내 부문 최우수상을 수상하여 세상에 더욱 알려진 정일권 교수가 또 한 번 귀한 책을 냈다. 그의 금번 저서『에로스와 광기 : 프로이트의 황혼』에서도 역시나 특유의 예리한 논리와 비판이 돋보인다. 특히 전 지구를 장악해가고 있는 프로이트의 그릇된 성가치관이 교육, 상담, 문학 뿐 아니라 법, 사회, 정치, 경제, 문화에 안 미친 곳 없이 악영향을 끼쳐온 지난 한 세기 남짓한 기간 동안 인류가 겪은 지독한 성윤리 붕괴 팬더믹은 고통과 혼돈의 모습으로 남아 있다. 이 책은 프로이트의 성가치관이 어떻게 그 긴 세월을 가스라이팅 해왔으며 그 심각성이 어떠한지에 대한 통찰과 정보를 제공하고 있다. 이 땅의 모든 양육자, 교사, 성교육 강사, 나아가 모든 국민들에게 이 책을 강력하게 추천하는 바이다.

_영남신학대학교 신학대학원 겸임교수 **김지연**

정일권 박사의 이 책은 지그문트 프로이트의 정신분석학을 독일 낭만주의의 산물로서 파악한다. 독일 낭만주의 운동은 성인기의 문명세계를 악마화하고, 소아기를 유토피아와 황금시대로 주장하는 일종의 소아철학이다. 독일 낭만주의의 소아철학의 연장선상에서 프로이트는 소아성욕(Infantile Sexualität)을 이론화했고, 이 프로이트의 소아성욕은 이후 독일 68과 녹색당의 소아성애 운동의 핵심적 권위로 작용했다. 프로이트의 소아성욕 이론은 오스트리아 비엔나의 퇴폐주의적이고 데카당스적인 세기말'(Fin de siècle)의 소아성애 문화로부터 탄생했고, 이후 독일 68 소아성애 운동의 근거로 작용했다.

프로이트의 이론에 기초한 소아성욕 이론은 독일 68 성혁명 운동의 핵심이념이었으며, 소아의 성적인 순수성에 대한 해체와 파괴는 독일 68 성교육의 핵심이념이었다. 마찬가지로 퀴어 이론도 소아의 성적인 순수성을 해체하고 그 대신에 소아성욕 사상을 핵심이념으로 주장했다.

독일 68 운동은 소아의 성적인 순수성과 순결성의 종말을 추구했다. 정일권 박사의 이 프로이트의 정신분석에 대한 비판서는, 성교육학 커뮤니티 밖에서는 소아성욕이 존재한다는 주장이 자명하지 않다는 사실을 인정한 2017년에 출간된 독일 성교육 연구서도 소개하고 있다. 즉, 프로이트의 소아성욕 사상을 핵심개념으로 한 독일 68 성교육 운동에서만 소아성욕이 존재한다고 주장하지 그 외의 학문분야에서는 소아성욕 사상이 자명한 사실로 간주되지 않는다는 것이다. 독일 낭만주의의 소아철학으로부터 탄생한 프로이트의 소아성욕 이론은 이후 독일 68과 녹색당의 소아성애 운동의 핵심근거로 사용되었는데, 독일 68 소아성애 운동의 단초를 제공한 사람은 바로 독일 프랑크푸르트 학파의 비판이론과 비판교육이론의 가장 중요한 철학자인 테어도어 아도르노(Theodor W. Adorno)였다. 아도르노는 프로이트의 소아성욕 이론을 언급하면서 소아성애를 '가장 강력한 금기'라고 주장했다. 그들은 금기를 깨서 개인성을 파괴하고, 가정을 해체하며, 국가사회를 흔들고, 궁극적으로 서구 기독교 문명에서 출발한 현대문명사회를 붕괴시키려고 한다.

우리나라에서도 2022년 가을부터 교육과정 개정의 내용이 드러났는데, 그 핵심 내용은 성혁명이었다. 이로 인해 뜻있는 종교단체나 성의과학자들이 이에 대해 강력히 저항하고 교정할 것을 요청하여 일정한 성과를 거두었다. 그럼에도 이미 학교와 지역사회의 도서실의 교양 도서나 기존 교과서, 핸드폰, 대중 매체 등에는 남녀가 아닌, 심리적 · 사회적으로 다양한 성을 인정하는 젠더이즘을 노골적으로 때로는 교묘히 강조하고 있다. 우리에게 좋은 학교의 모범으로 알려졌던 독일의 오덴발트 학교의 내막기를 보면 더욱 충격적이다. 결코 우리가 따라갈 길이 아니다.

특히 국회에서 포괄적 차별금지법, 생활동반자법 등 온갖 아름다운 이름으로 종교의 자유를 법으로 옥죄려는 시도를 끊임없이 하고 있다. 뉴질랜드, 호주, 영국 등지에서 보았듯이 이 방파제가 터지면 우리들은 상상하기조차 싫은 '생지옥' 속에서 살아갈 것이다. 잘못을 잘못이라고 말하지 못하는 사회에서 가정과 학교, 그리고 교회의 교육이 어떻게 진리를 지탱해나갈 수 있을까? 다음세대가 다른 세대로 길러지는 요즘, 학부모들은 자녀들이 더 건강한 삶을 누리도록 이에 대해 경각심을 가져야할 것이다.

정일권 박사의 이 책은 21세기 대한민국에서 교육학, 여성학, 가족학 등의 분야에서 비판적이고 건설적인 논쟁을 불러일으킬 것으로 기대된다. 이로써 다음세대의 건강한 생활을 위한 보호막이 더욱 튼실해져야 할 것이다.

_고려대학교 교육학과 교수 **홍후조**

정일권 박사는 2022년에 이화여자대학교에서 이루어진 스위스 취리히 대학교의 위르겐 욀커스 교수의 초청강연 "교육적 에로스의 종말"에서 통역과 좌장을 맡아주었다. 이 강의는 젠더이데올로기에 휩쓸려 있는 이화여자대학교 캠퍼스에 큰

반향을 불러일으켰다. 현재 우리 한국 사회 교육에 도전하고 있는 성혁명적 교육
이론들이 현실에서 소아성애적 성폭력적 사태로 귀착된다는 사실이 폭로됨으로
써 유럽 학문계에서는 그 종말을 고하고 있다는 매우 충격적인 사실을 접하게 되
었기 때문이다. 학문적 주류가 네오막시즘인 줄 알고 고심하던 교육자들이 큰 용
기를 가지도록 격려하는 매우 중요한 계기가 되었다.

이러한 가운데 이번 책은 보다 구체적으로 지그문트 프로이트의 정신분석학 이
론에 집중하여 서구 급진이론의 허구성을 파헤친다. 교육학에 종사하는 사람들에
게 심리학의 3대 고전이론의 하나로 알려진 프로이트의 이론이 최근 막시즘과 결
탁되어 프로이트막시즘(Freudomarxismus) 담론의 토대가 되고 있다는 사실은 매
우 충격적이다. 또한 프로이트가 그의 이론 생성 과정에서 소포클레스의 그리스
비극작품인 『오이디푸스 왕』을 오독하였고, 이를 이론적 논거로 삼고 있는 소아성
애 옹호자들 역시 프로이트에 대한 또 다른 오독에 근거하고 있다는 명쾌한 비판
은 우리에게 안도감을 준다. 저자는 또한 이러한 비판을 이끌어오고 있는 기독교
인 인류학자 르네 지라르의 풍부한 학문세계를 보여줌으로써 우리들로 하여금 보
수주의 학문 연대에 대한 새로운 소망을 가지도록 돕고 있다. 이 책을 통해 신앙적
양심으로 학문하기를 원하는 동료 교수들, 그리고 제자들과 이러한 소망을 함께
나누고 싶다.

_이화여자대학교 초등교육과 교수 **김정효**

정일권 박사는 그동안 많은 저서를 통해 반성경적인 젠더이데올로기와 현대적
물신주의 그리고 비도덕적인 철학들에 대해서 날카로운 분석과 비판을 시도해 왔
다. 정일권 박사는 철학과 신학을 융합한 통섭의 학자로서 매우 매력적인 연구 방
법론을 추구하고 있다. 특히 독일 낭만주의 철학과 프로이트에 대한 비판분야에

서 탁월한 이론가이며 르네 지라르의 희생염소 이론에 대한 깊이 있는 연구가로서 학자들의 칭송을 한 몸에 받고 있다.

정일권 박사의 이 책은 지그문트 프로이트를 체계적으로 분석한 비판서로서, 단순히 정신분석학에 대한 비판에 그치지 않고 프로이트와 마르크스를 이어 받은 독일 낭만주의 철학과 68 혁명론 및 프랑크푸르트 학파에 대한 이론적 비판과 분석을 시도했다. 또한 이러한 프로이트막시즘에 숨어 있는 마약과 소아성애의 역사를 증명해 이들의 철학이 왜 비판되어야 하는가에 대해 명확한 해답을 주고 있다. 프로이트의 영향력은 독일과 유럽에서 지속되었고, 이로 인해 집단주의적 성향의 국가들에서는 조기성애화교육이 실시되었다. 그 결과 탈교육 실험학교에서 무절제와 동성애가 나타났고, 결국 소아강간이라는 사회적 문제로 비화되어 비난의 대상이 되었다. 이제 황혼으로 접어든 프로이트막시즘이 한국에서 뒤늦게 등장하고 있는 것은 매우 염려스러운 일이다. 다행히 이를 극복하는 방법도 이 책에서 잘 보여주고 있어 한국에서의 프로이트막시즘의 문제 해결에 큰 희망을 주고 있다.

정일권 박사의 철학은 집단적 에로스와 광기를 벗어나 하나님 앞에서 경건한 단독자로 살아가려는 모든 기독교인에게 많은 지식과 해답을 제시하고 있다. 오늘날 많은 사람들이 철학과 세계관 없이 살아가고 있다. 정일권 박사의 이 책이 우리들에게 한줄기 빛 같은 진리를 전해주고 있어서 무척 반갑고 일독을 추천하고 싶다.

_충남대학교 법학전문대학원 교수 **명재진**

최근 서구 유럽을 거쳐 국내로 상륙한 젠더 이데올로기, 동성애 옹호, 조기 성애화, 세이프 섹스(Safe sex) 성교육은 정치, 문화, 교육, 경제 등에 막강한 영향력을 미치고 있으며 소수의 권리와 주장이 전체의 인권을 좌지우지하는 아이러니한 상태에까지 이르렀다.

이 책은 『문화 막시즘의 황혼』에 이어 이러한 악한 시류에 대한 역사적 배경과 본질을 근본적으로 이해하는데 도움이 되는 내용을 담고 있다. 정일권 교수는 그동안 많은 저서를 통해 성혁명의 근간이 되는 이론들의 폐해와 반성경적 이데올로기에 대한 냉철한 분석과 비판을 해왔다.

저자는 독일 낭만주의의 산물인 프로이트막시즘이 젠더이론, 젠더페미니즘, 동성애, 소아성애 등의 이론적 근거로 사용되어왔으나 21세기에 접어들면서 프랑스뿐만 아니라 독일에서조차 비판적 연구 자료와 함께 학계에서 퇴출되고 유행의 거품이 사라져가고 있다고 말하고 있다. 그러나 여과 없이 국내로 상륙한 철 지난 이념들은 사회의 근간이 되는 모든 보편 타당한 것들을 인권과 차별이라는 이름으로 억압하고 있으며 학교교육에 파고들어 다음세대를 변질시키고 있다.

다음세대와 나라의 미래를 걱정하는 깨어있는 이들의 움직임으로 근근이 악법의 법제화를 막아가고 있는 기막힌 현실 속에서 정일권 교수의 이 책은 현 시류의 배경과 그 폐해를 이해하는데 큰 도움이 될 것으로 기대된다. 모쪼록 이 책을 통하여 더 많은 이들이 깨어나기를 소망한다.

_글로벌바른가치연구소 대표 **조우경**

들어가는 말

"프로이트의 소아성욕 개념 비판-위르겐 욀커스"

_ 베트남 혁명가 호찌민, 독일 공산주의자 로잘리아 룩셈부르크의
사진이 담긴 피켓을 들고 시위하는 독일 68 학생운동

이 책은 지그문트 프로이트(Sigmund Freud)의 정신분석학을 독일 낭
만주의의 산물로서 파악한다. 독일 낭만주의 운동은 성인기의 문명세계
를 악마화하고, 소아기를 일종의 유토피아와 황금시대로 주장하는 소아
철학이다. 독일 낭만주의의 소아철학의 연장선상에서 프로이트는 '소아
성욕(Infantile Sexualität)'을 이론화했고, 이 소아성욕 이론은 이후 독일 68
운동과 녹색당의 소아성애 운동의 핵심적 권위로 작용했다. 프로이트의
소아성욕 이론은 오스트리아 비엔나 당시의 퇴폐주의적이고 데카당스
(Décadence, 향락)적인 세기말(Fin de siècle)의 소아성애 문화로부터 탄생했

고, 이후 독일 68 소아성애 운동의 근거로 작용했다. 프로이트의 정신분석학뿐 아니라 칼 마르크스의 공산주의 사상도 독일 낭만주의의 산물이다. 독일 68 신좌파의 프로이트막시즘(Freudomarxismus) 역시 두 독일 낭만주의 철학자인 칼 마르크스와 프로이트의 사상이 융합된 낭만주의 철학이다. 독일 68 학생운동, 히틀러의 독일 우파 민족사회주의(나치즘)의 학생운동 또한 독일 낭만주의 사건이다.

2022년 10월 필자가 학술기획, 통역 그리고 번역을 맡아서 국회, 이화여자대학교, 홍익대학교, 기독교 학술원 그리고 사랑의 교회 특강으로 초대한 스위스 취리히 대학교의 위르겐 욀커스(Jürgen Oelkers) 교수는 2022년 10월 19일 홍익대학교 법학연구소가 주최한 "금기파괴, 소아성애 그리고 시대정신 : 독일 68 운동의 다른 측면들"이라는 제목으로 특강을 했다. 그는 이 특강에서 "프로이트는 소아가 성욕망의 대상이 되게 만들어 버리는 이론들 중 하나를 제공했다."고 주장했다. 욀커스 교수는 프로이트가 이론화한 소아성욕이나 오이디푸스 콤플렉스는 존재하지 않는다고 다음과 같이 말했다. "어떠한 소아성욕도 존재하지 않는다. 사춘기의 호르몬 전환이 비로소 이러한 상태를 변화시키는 것이다. 그렇기에 어떠한 오이디푸스 콤플렉스도 존재하지 않는다. 어떤 4세 소아도 엄마를 성적으로 욕망하지 않으며, 또한 자신의 욕망을 억압해야만 하는 것은 아니다. 이러한 근친상간적 욕망은 아예 존재하지 않거나 오직 정신분석학에서만 존재한다." 욀커스 교수는 "소아성욕"이라는 소제목 아래서 프로이트라는 권위자와 함께 많은 작가들에 의해 '무죄하고 순수한 소아(Unschuldige Kind)'라는 개념이 의문시되었고, 이는 소아성욕이라는 개념으로 대체되었다고 했다. 그리고 이 소아성욕이라는 개념은 1차 세계대전과 2차 세계대전 사이에 하나의 확립된 개념이 되어 버렸는데, 이는 프로이트가 말한 소아성욕을 넘어서는 것이었다고 주장했다.

프로이트의 이론에 기초한 소아성욕 이론, 즉 소아의 성적인 순수성에 대한 해체와 파괴는 독일 68 성교육의 핵심이념이었다. 마찬가지로 퀴어 이론도 소아의 성적인 순수성을 해체하였으며, 미셸 푸코(Michel Foucault)와 주디스 버틀러(Judith Butler)의 경우처럼 소아성욕 사상을 핵심이념으로 삼는다.[1] "소아 순수성의 종말: 성교육과 독일 68 운동"이라는 논문은 독일 68 운동이 소아의 성적인 순수성의 종말을 추구했다는 것을 논증하고 있다.[2]

또한 2017년에 출간된 『독일 성교육 연구서』도 성교육학적인 커뮤니티 밖에서는 소아성욕이 존재한다는 주장과 수용이 자명하지 않다는 것을 인정하고 있다.[3] 즉, 프로이트의 소아성욕 사상을 핵심개념으로 한 독일 68 성교육 운동에서만 소아성욕이 존재한다고 주장할 뿐, 그 외의 학문 분야에서는 소아성욕 사상을 명백한 사실로 여기지 않는다는 것이다. 독일 68 성교육은 프로이트의 권위와 그의 이론을 근거로 내세워 태어나면서부터 성적인 존재인 소아에게도 성욕이 존재한다는 사상을 핵심이념으로 삼았

1. 정일권, 『미셸 푸코와 주디스 버틀러의 황혼 : 성소수자 운동의 아동 인권 유린과 젠더의 종말』(서울 : CLC, 2022) 참고.
2. Christin Sager, "Das Ende der kindlichen Unschuld : Die Sexualerziehung der 68er-Bewegung", in : Meike Sophia Baader(Hrsg.), *Seid realistisch, verlangt das Unmögliche : Wie 1968 die Pädagogik bewegte* (Weinheim u. a. : Beltz, 2008), 56-68.
3. Renate-Berenike Schmidt, Uwe Sielert, Anja Henningsen, *Gelebte Geschichte der Sexualpädagogik* (Weinheim und Basel : Beltz Juventa, 2017), 287.

다. 하지만 독일의 대표적인 성교육 학자들이 집필한 이 책은 "소아도 성적인 존재라는 사실에 대한 주장과 수용은 과거와는 달리 최근의 논의에서는 더 이상 자명하지 않다."고 말한다.[4]

위르겐 욀커스 교수에 의하면 '무죄하고 순수한 소아'는 기독교에서 항상 죄악된 소아(Sündigen Kind)라는 개념과 연결해서 이해해야만 하는 하나의 역사적 메타포인데, 19세기에 와서 성과 밀접하게 관련되어 있는 형법이 발전되면서 장려된 개념이다. 욀커스 교수에 의하면 기독교 문헌에서 소아가 죄악스럽게 여겨지는 것은 소아가 기독교 신앙을 따르지 않을 때 그렇다는 것이지, 현대적 의미에서 성적인(sexuell) 존재로 간주되기 때문이 아니다. 소아는 항상 자신의 방식으로 성적인 금지명령들에 관심을 가지며, 발달 속에 있는 자신의 신체를 체험하고 타자를 바라보면서 그들의 감각을 경험한다. 그들은 서로를 비교하며, 금지된 것에 호기심을 가진다. 따라서 어떠한 소아성욕도 존재하지 않는다. 욀커스 교수에 의하면 프로이트는 소아를 성욕망의 대상으로 만들어 버리는 이론들 중 하나를 제공했으며, 이런 이론들로 인해 소아의 행동이 성적인 것으로 해석되고 억압된 욕구로 주장되었다. 따라서 소아와 청소년은 결코 자신의 목소리를 내지 못하게 되었다는 것이다. 소아의 시각은 그것이 무해화하는 것이든 현실주의적인 것이든 간에 언제나 성인들의 관점이었다.[5]

위르겐 욀커스 교수는 프로이트의 정신분석학이 소아성애 운동의 권위로 작용했다는 사실을 지적하면서, 프로이트를 내세우는 많은 학자들에

---

4. 위의 문서, 286.
5. 2022년 10월 방한한 위르겐 욀커스 교수의 여섯 차례의 특강은 이후 독일어 단행본으로 출간될 예정이다.

의해서 순진무구한 소아에 대한 개념은 순전한 투영으로 이해되어 왔으며, 소아성욕이 사실로 간주되어 왔다고 비판했다. 프로이트 당시에도 소아 성욕 사상에 대해서 비판적이었던 칼 융(Carl G. Jung)과 같은 학자들에 의해 이미 "정신분석학은 무의식적으로 남아 있어야 할 것을 의식하게 만들어서 소아들에게 해를 끼친다."는 거센 비판을 받았다. 즉, 프로이트의 정신분석학이 "아직 성(Sexuality, 性)에 대해 무의식적인 소아들을 성애화시켰다."는 것이다. 이 책에서 우리는 칼 융뿐만 아니라 당시 발달심리학자로 활동했던 오스트리아 비엔나 대학교 심리학 교수인 샤롯테 뷜러(Charlotte Bühler)를 비롯한 많은 학자들이 프로이트의 정신분석학이 성에 대한 성인적 이해를 소아에게 투영하는 것에 대해서 거리를 두었다는 사실을 보게될 것이다.

프로이트에 의해 소아의 순수성이 급작스러운 종말을 맞이하게 되었고, "도대체 소아기적 성이 존재하는가?"라는 질문에 대해 "그렇다."라고 답변하게 되었다는 사실도 이 책에서 소개될 것이다. 독일 68 '소아성애적 안티파'[6]가 혁신적으로 집중한 담론은 프로이트의 정신분석학이 최초로 정립한 소아의 성이었다는 사실을 다음과 같이 분석한다. "특히 혁신적인 것은 소아기의 성에 대한 집중이었다. 프로이트의 정신분석학에 의해 그들이 추구하는 사회 변혁의 전제로서 소아의 성 해방이 강조되었고, 소아는 자신의 성욕을 발견하는 데 있어 적극적으로 지원받아야 한다고 주장되었다."[7]

---

6. 정일권,『문화막시즘의 황혼 : 21세기 유럽 사회민주주의 시대의 종언』(서울 : CLC, 2020) 참고.
7. Christin Sager, "Das Ende der kindlichen Unschuld : Die Sexualerziehung der

독일 낭만주의의 소아철학으로부터 탄생한 프로이트의 소아성욕 이론은 이후 독일 68과 녹색당의 소아성애 운동의 핵심근거로 사용되었다. 그리고 독일 68 소아성애 운동의 단초를 제공한 사람은 바로 독일 프랑크푸르트 학파의 비판이론(Kritische Theorie)과 비판교육이론에서 가장 중요한 철학자인 테오도어 아도르노(Theodor W. Adorno)이다. 윌커스 교수는 아도르노가 프로이트의 소아성욕 이론을 언급하면서 소아성애를 '가장 강력한 금기'라고 주장하고 있다고 비판했다. 김누리 교수는 "아데나워 국가에서 아도르노 국가로 : 프랑크푸르트학파와 서독의 국가 정체성"[8]이라는 논문에서 20세기 후반의 독일은 '아도르노 국가'라고 할 정도로 아도르노의 중요성을 역설한 바 있다. 윌커스 교수는 아도르노가 소아성애 비범죄화의 단초를 제공했고, 이는 이후 독일 68 소아성애적 안티파의 소아성애 운동의 주요 근거가 되었다고 분석했다. 아도르노의 이러한 성적 금기(Sexualtabus)에 대한 탈금기화 주장은 그가 일종의 동성애적, 소아성애적, 남색적 국가론을 기획했던 슈테판 게오르게(Stefan George) 학파에 속하기 때문이라고 볼 수 있다.

위르겐 윌커스 교수는 홍익대학교 법학연구소가 주최한 강연에서 테오도어 아도르노가 1963년에 사회적 성적 금기와 성에 대한 기존의 법률규제에 대해서 발언한 것을 비판했다. 이 텍스트는 이후에 자주 인용되었는데, 왜냐하면 그 핵심테제가 매우 설득력이 있는 것처럼 보였기 때문이다. 그 핵심테제는 '자유라는 가상 한가운데 있는 금기들'과 성숙성을 향

68er-Bewegung", 67.
8. 김누리, "아데나워 국가에서 아도르노 국가로 : 프랑크푸르트학파와 서독의 국가 정체성", 한국독어독문학교육학회, 2014.

한 길 위에 존재하는 구조적인 장애물들에 대한 것이었다.[9] 윌커스 교수에 의하면 아도르노는 가장 이상적인 경우에 가능한 성적 자유와 억압 없는 성에 대해서 말한다. "손상되지 않고 억압되지 않은 것으로서의 성은 그 누구에게도 해를 끼치지 않는다."[10]는 아도르노의 이 말이 정확하게 무엇을 의미하는지는 여전히 불명확하다. 하지만 그 반대는 명확하다. 윌커스 교수는 법률은 보호를 제공하지만 그것은 제한을 두고 형벌로서 위협하며, 가해자와 피해자를 구분한다고 분석했다. 윌커스 교수는 이런 이유로 미성년자에 대한 보호법률들에 있어서 그 아동들이 진정 폭력의 피해자인지, 아니면 이제 더 이상 법률이 그들을 보호하지 않아도 되는지, 즉 그들이 성적으로 장성했는지에 대해서 점검해야 보아야 한다고 했다. 더 나아가 윌커스 교수는 "그들이 스스로 성폭행을 도발한 것은 아닌지에 대해 점검해야 한다."는 아도르노의 주장으로 인해[11] 아동 성폭력의 피해자가 가해자가 될 수 있다고 비판했다.[12]

위르겐 윌커스 교수에 의하면 '금기'라는 개념은 프로이트에게서 차용된 것이다. 프로이트의 책 『토템과 터부(Totem und Tabu)』(1912-1913)에서는 금기란 그 본질에 있어서 하나의 특정한 금지명령을 아는 일종의 강박

9. Theodor W. Adorno, *Eingriffe : Neun kritische Modelle* (Frankfurt am Main : Suhrkamp, 1963), 106.
10. 위의 문서, 114.
11. 위의 문서, 114-115.
12. 그 예는 매춘하는 소년으로, 그는 자신의 고객을 살해하고 강도질을 했다. 그리고 법원에서는 자신에게 가해진 부당한 요구들에 대한 역겨움 때문에 그렇게 했다고 진술했다. 이런 경우 그는 좋은 재판관을 만나게 될 가능성이 있다. (위의 문서, 115).

노이로제(Zwangsneurose)와 동일한데, 그것은 곧 접촉에 대한 금기를 말한다. 아도르노는 금지된 것에 대한 접촉을 해방시켜서 법률적으로 규제할 것을 추천한다. 그것은 처벌의 완화와 동시에 강화에 대한 것으로, 성범죄에 대해서는 처벌을 완화하고, 야만적인 범죄에 대해서는 처벌을 강화하자는 것이다. 하지만 월커스 교수는 "아도르노의 테제는 금기를 긍정하는 자는 무의식적으로 그가 부정하는 것, 곧 소아들과의 섹스를 욕망하고 있다는 결론으로 귀결되고 있다."고 비판한다. 또한 그는 "그것에 대한 증거는 존재할 수 없다. 만약 존재한다면 그것은 무의식이라고 할 수 없을 것이다. 무의식은 정신분석학에서 관찰 가능하고 의식적으로 이해될 수 있는 것과 독립되어서 스스로 작용하는 실체를 말하는 것이기 때문이다."라고 비판한다.[13]

국내 유일의 법률 전문 방송인 법률방송은 2022년 10월 28일에 이화여자대학교에서 진행된 위르겐 월커스 교수와의 ⟨LAW 포커스⟩ 인터뷰를 방송했다. 이 인터뷰에서도 테오도어 아도르노의 『성적인 금기들과 오늘날의 법률(Sexualtabus und Rechte heute)』(1963) 내용이 주요 주제가 되었다. 이 인터뷰에서 월커스 교수는 "탈금기화와 소아성애"라는 제목으로 문화막시즘을 지향하는 독일 프랑크푸르트 학파의 아도르노가 소아성애의 탈금기화를 주장했다는 사실을 비판적으로 분석했다.[14] 독일 녹색당 공식보

---

13. 아도르노의 소아성애 탈금기화 시도에 대해서는 다음의 책에서도 소개되었다. 위르겐 월커스 저, 정일권 역, 『독일 녹색당과 오덴발트학교의 소아 성애 사태 : 독일 낭만주의 개혁교육학, 비판 교육 이론 그리고 포괄적 성 교육 비판』(서울 : CLC, 2022).

14. 석대성, "[좌파의 망상] 미성년자 성관계가 권리? … 올바른 성교육이란", 법률 방송, 2022년 10월 28일. http : //www.ltn.kr/news/articleView.html?idxno=36844

고서는 소아성애가 모든 금기들 중에서 가장 강한 금기라는 아도르노의 주장이 독일 68 소아성애 운동을 정당화하는 근거로 작용했다는 사실을 명시하고 있다.

이후 상술하겠지만, 위르겐 윌커스 교수는 "오덴발트 학교 : 스캔들에 대한 청산"이라는 논문의 "성해방으로서의 소아성애"라는 소제목 아래서 소아성애 운동 배후 이념이 궁극적으로는 프로이트의 정신분석학에까지 도달한다고 비판했다. 그에 의하면 프로이트의 소아성욕을 권위와 근거로 주장하는 독일 68 세대에게 있어서 무죄하고 순수한 소아라는 이미지는 사라져야만 했다. 이를 위해서 독일 68 학생운동은 프로이트의 정신분석학에 의지하게 되었고, 나아가 킨제이 리포트(Kinsey Report)와 빌헬름 라이히(Wilhelm Reich) 혹은 알렉산더 닐(Alexander S. Neill)의 성해방에 대한 급진적 이론들에도 의지하게 되었다. 윌커스 교수는 소아는 무죄하거나 순수하지 않기에 성애화되어 버렸다고 분석했다.[15]

윌커스 교수는 또한 만일 프로이트가 없었다면, 영국의 알렉산더 닐의 서머힐 학교도, 소아성애자들의 천국으로 폭로된 독일의 오덴발트 학교도 존재하지 않았을 것이라고 주장한다. 뿐만 아니라 독일 68 학생운동, 독일 프랑크푸르트 학파의 비판이론과 비판교육이론도 존재하지 않았을 것이며, 독일 68 신좌파는 기사회생할 수 없었을 것이라고 분석한다. 2005년 지그문트 프로이트 상을 받았고 독일 철학계에서 가장 유명한 철학자 페터 슬로터다이크(Peter Sloterdijk)도 "프로이트막시즘이 아니었다면 68 신좌

---

15. Jürgen Oelkers, "Odenwaldschule : Zur Aufarbeitung des Skandals", *Stimmen der Zeit* 141, 2016, 515-524. https : //www.herder.de/stz/hefte/archiv/141-2016/8-2016/odenwaldschule-zur-aufarbeitung-des-skandals/

파 운동은 성공할 수 없었다."고 지적한 바 있다. 그는 유럽 68 좌파는 프로이트막시즘을 통해서 기사회생했다고 분석했다. 슬로터다이크는 독일 68 신좌파 운동이 프로이트막시즘이라는 새로운 전략을 채택하지 않았다면, 구소련 공산주의의 야만과 폭력에 대한 충격과 실망으로 인해서 결코 소생할 수 없었을 것이라고 보았다. 그는 프로이트 정신분석의 심리치료적 요소를 칼 마르크스의 혁명사상에 통합시킴으로써 보다 문화막시즘적이고 사회심리학적으로 진화했기에 신좌파가 생존할 수 있었다고 분석했다.[16] 이처럼 프로이트가 없었다면 독일 68과 프랑스 68의 소아성애적 안티파도 존재할 수 없었을 것이다.

독일 68 교육혁명 사상을 주장하는 김누리 교수는 철 지난 독일 프랑크푸르트 학파의 비판이론과 비판교육이론을 국내에 확산시키고 있다. 하지만 필자가 『문화막시즘의 황혼 : 21세기 유럽 사회민주주의 시대의 종언』에서 주장했듯이, 위르겐 하버마스(Jurgen Habermas)도 이후 막시즘과 결별했으며, 페터 슬로터다이크도 21세기에 접어들면서 비판이론의 종언을 주장했다. 윌커스 교수도 2022년 10월, 이화여자대학교 사회공헌교수회와 이화여자대학 사범대학 교육과학연구소가 주최한 특강에서 "교육학적 에로스의 종말 : 독일 비판교육이론의 퇴조"라는 제목으로 비판교육이론의 퇴조를 국내에 소개했다. 슬라보예 지젝(Slavoj Žižek)이 2022년 EBS의 "위대한 수업"이라는 방송에서 인정했듯이, 우크라이나 전쟁 이후로 유럽 좌파들의 주요 아젠다였던 페미니즘, 성정치, 젠더이론 등이 급속도로 퇴조

---

16. Sternstunde Philosophie-Der Philosoph im Gespräch mit Marco Meier, Die Welt im Grossen und Ganzen-Peter Sloterdijk (2005).

하고 있다.

필자는 독일 68 교육혁명 사상의 기초인 프로이트의 정신분석학과 프로이트막시즘의 황혼과 퇴조를 국내에 소개하고자 한다. 이 책에서는 프로이트의 이론이 동성애 운동의 길을 준비했다는 사실을 소개할 것이다. 또한 소아의 성을 최초로 학문적으로 정립했다고 알려진 프로이트의 정신분석학이 동성애 운동의 이론적 기초가 될 뿐 아니라, 동성애적 소아성애(남색) 운동의 이론적 기원과 권위로 작용했다는 사실도 비판적으로 분석할 것이다. 뿐만 아니라 21세기에 접어들면서 프로이트의 정신분석학뿐 아니라 프로이트의 정신분석학에 기반한 성교육과 성과학 분야들도 점차 독일 학계에서 퇴출당하고 있다는 사실 또한 보여 줄 것이다.

에로스와
광기 ————————————————————————————
　　프로이트의
————————————————황혼

프로이트의
정신분석학에 미친
독일 낭만주의의 영향

프로이트의
정신분석학에 미친
독일 낭만주의의 영향

1. 지그문트 프로이트와 정신분석학의 퇴조

독일 공영방송인 바이에른 방송(Bayerischer Rundfunk)에는 "서양의 사상가"라는 유명한 철학방송 시리즈가 있다. 이 시리즈 가운데 "다윈, 프로이트, 막스 베버"는 프로이트의 정신분석학이 여전히 정립된 학문으로서 인정받지 못하고 있다고 지적하였다. 베를린 자유대학교 총장을 역임했고, 2016년에 『현대의 의사 지그문트 프로이트 평전』[1]이라는 프로이트 연구서를 출간한 페터-앙드레 알트(Peter-André Alt) 교수는 2013년에 독일의 저명 언론 『데어 타게스슈피겔(Der Tagesspiegel)』의 기고문에서 "프로이트의 가르침은 독일 대학에서 거의 사라져 버렸다."고 지적한 바 있다. 알트

---

1. Peter-André Alt, *Sigmund Freud. Der Arzt der Moderne. Eine Biographie* (München : C. H. Beck, 2016).

교수는 "오늘날 정신분석학은 독일에서 학문적으로 큰 주목을 받고 있지 못하다. 현대 학문 중에서 정신분석학만큼 당시 사람들의 거센 저항을 받았던 학문은 없었다. 프로이트는······ 낭만주의적 메타포들을 즐겨 사용했다. 프로이트의 정신분석학은 독일 대학의 아카데믹한 삶으로부터 거의 사라져 버렸다."고 말한다. 그는 "정신분석학과 현대 뇌과학 사이를 분리시키는 방법적인 긴장들이 존재한다."고 지적하면서, "프로이트의 시스템은 뇌 연구의 대변자들이 볼 때 너무나 사변적으로 보인다. 오늘날 정신분석학은 의학과 심리학보다는 영화, 미술 그리고 문학에 더 큰 영향을 주고 있다."고 평가한다.[2]

독일의 저명한 물리학자인 막스 플랑크(Max Planck)는 1946년에 프로이트의 정신분석학에서 말하는 무의식의 신화에 대해 강의하면서 그것을 가짜 문제(Scheinproblem)라고 비판했다. 그는 "무의식 연구는 학문적 논의가 불가하다. 왜냐하면 무의식 혹은 잠재의식에 대한 학문은 존재하지 않기 때문이다. 그러한 학문은 하나의 형용모순(Contradictio in Adjecto), 곧 자기모순이다. 잠재되어 있는 것을 우리는 알지 못한다. 잠재의식과 관련된 모든 문제들은 가짜 문제들이다."[3]라고 말했다.

하버드 대학교 심리학과 교수인 스티븐 핑커(Steven Pinker)는 국내에도 잘 알려진 학자이다. 그는 프로이트의 온건한 입장들은 과학적으로 수용

2. Peter-André Alt, "Sigmund Freud und die Psychoanalyse : Aus dem Souterrain der Psyche", 2013년 10월 8일. https : //www.tagesspiegel.de/wissen/sigmund-freud-und-die-psychoanalyse-aus-dem-souterrain-der-psyche/8902566.html

3. Max Planck, *Scheinprobleme der Wissenschaft* (Leipzig : Johann Ambrosius Barth Verlag, 1947), 17 ; 1946년 6월 17일 괴팅겐에서 강의.

될 수 있지만, 보다 선정적인 주장들인 남근에 대한 질투나 오이디푸스적 갈등 등은 과학적으로 수용될 수 없다고 평가한다. 그는 프로이트의 오이디푸스 콤플렉스에 등장하는 어머니에 대한 근친상간적이고 은폐된 성욕망은 과학적으로 검증될 수 없는 것이며, 프로이트의 정신분석학적 심리치료가 비효율적이라고 지적한다.[4]

이처럼 프로이트의 이론은 그리스 고전학적으로도 명백한 오독에 기초한 것이다. 스티븐 핑커의 주장처럼 푸코와 버틀러 같은 성혁명가들은 과학적으로 검증될 수 없는 오이디푸스의 근친상간적 성욕망으로부터 소아성애와 근친상간의 정상화를 위한 근거를 도출하려고 했다. 프로이트, 빌헬름 라이히, 마르쿠제(Herbert Marcuse), 푸코, 라캉(Jacques Marie Émile Lacan), 들뢰즈-가타리(G. Deleuze/F. Guattari), 버틀러 등은 지속적으로 오이디푸스와 오이디푸스적인 것을 코드와 상징처럼 반복하지만, 여전히 그들은 오이디푸스에 대한 '인지불능'으로부터 벗어나지 못하고 있다.

정신분석학자 페터 슈나이더(Peter Schneider)는 2021년 1월 17일에 독일어권에서 가장 유명한 철학방송인 "별의 순간"에 출연한 바 있다. 그는 "프로이트의 정신분석은 아직도 시의적절한가?"라는 제목으로 프로이트의 정신분석학의 학문성에 의문을 제기하면서 그의 이론의 초석인 오이디푸스 콤플렉스 이론은 잘못된 가설이라고 주장했다.[5] 21세기 정신분석학

---

4. 이 내용은 하버드 대학교 강의에서 등장한다. 이 자료에 대한 소개는 미국에서 활동하는 Jihan Kim의 제보로 이루어졌다. https : //harvard. hosted. panopto. com/ Panopto/Pages/Viewer. aspx?id=bc3f3706-b0a3-4657-99f5-acbd0026 b6ef&fbclid=IwAR2rFXc_vPTQOYmpHbQmlIDpDc_aGbxWg9sGwqF9d_ U8dtsVFOlp6kQNd3k

5. Peter Schneider, Ist Freuds Psychoanalyse noch zeitgemäss? | Sternstunde

과 심리학의 주류는 프로이트식의 범성욕주의적 이론이 아니라, 뇌과학에 기초한 신경정신의학과 인지심리학이다. 하지만 서유럽 68 좌파 운동권이 유행시킨 프로이트막시즘과 프로이트막시즘적인 포스트모던적 정신분석 (라캉, 들뢰즈-가타리 등), 그리고 최근의 프로이트막시즘적인 페미니즘이라 할 수 있는 젠더 페미니즘(성인지 페미니즘)과 퀴어 페미니즘에 이르기까지, 프로이트의 정신분석학은 그 학문성이 엄밀하게 검토되지 못한 채 지나치게 정치화되어서 유행했다. 필자는 이미 강의와 저서를 통해 르네 지라르 (René Girard)의 문화이론에 기초하여 소포클레스의 그리스 비극작품인『오이디푸스 왕(Oidípous túrannos)』에 대한 오독 위에 세워진 프로이트의 정신분석학과 프로이트막시즘의 사상누각에 대해서 비판한 바 있다.

독일 연방공화국 연방공로 십자훈장의 수여자이자 신경과학자, 정신의학자 그리고 심리치료사인 의학박사 바인베르거(Friedrich Weinberger)는 "지그문트 프로이트-현혹 학문의 결과들"이라는 제목으로 인터뷰를 했다. 그는 "프로이트의 정신분석학은 당시 독일어권 학계에서는 비학문적인 이론이라고 거부되었지만, 그의 미국 강연 등 이후에 많은 막시스트들이 그의 이론을 열광적으로 수용했다. 특히 독일 68 학생운동권에 의해서 프로이트막시즘의 형태로 유행했지만, 프로이트 이론의 기초인 오이디푸스 콤플렉스는 이제 폐기되어야 할 이론이다."라고 주장했다. 신경과학자인 그는 독일 정신의학 윤리 분야의 책임자로 알려져 있다. 그는 서유럽 68 좌파 운동권에 의해 지배적인 담론으로 유행하게 된 프로이트의 정신분석이 20세기 중후반 동안 학문적인 검토와 논쟁을 제대로 거치지 않은 채 유행

Philosophie | SRF Kultur.

되었다고 지적한다. 또한 "프로이트막시즘으로부터 이후의 젠더이론과 젠더페미니즘 등이 파생되었다."고 비판한다. 이 인터뷰는 프로이트 정신분석학의 내용과 실천, 100년 전부터 지속되어 온 프로이트 정신분석학에 대한 저항들, 그리고 오직 정치적 준비와 선동을 통해 정신분석학이 1945년 이후 하나의 의학으로서 점진으로 관철된 사실을 비판하면서 "프로이트라는 임금님은 벌거벗었다."라고 주장했다.[6]

2. 낭만주의가 '독일 학문'인 정신분석학에 미친 영향

위르겐 하버마스 이후로 독일에서 가장 대중적으로 잘 알려진 철학자인 페터 슬로터다이크는 2016년 4월 3일에 독일 공영방송 남서독일방송(Südwestrundfunk)에 출연해서 프로이트의 무의식 연구는 프로이트의 것이아니라, '독일 관념론 철학의 산물'이라고 주장했다. 또한 독일 특유의 낭만주의적 정치경제학인 독일 역사적 학파가 존재한 것과 유사하게 '낭만주의적 의학(Romantische Medizin)'도 존재했다고 말했다. 그는 이 낭만주의적 의학에 대해 강의하면서 무의식에 대한 관심이 독일 낭만주의와 관념론철학에 이미 존재했었다는 사실을 상기시키며 "무의식은 프로이트가 발견한 개념이 아니라, 18세기의 독일 관념론적인 자연철학의 사유필연성에서나온 개념이다."라고 주장했다. 또한 그는 프로이트의 정신분석학에서의무의식 연구를 강의하면서 낭만주의적 의학과 관련이 있는 오스트리아 출

---

6. "Sigmund Freud-Konsequenzen einer Schwindelwissenschaft", MV TV와의 인터뷰, 2016년 10월 31일. https : //www.youtube.com/watch?v=Vd2bVPIRLd8

신의 메스머(Franz Anton Mesmer)가 주장한 '동물적 자기작용(Animalische Magnetismus)' 이론이 프로이트에게도 영향을 주었다고 주장했다. 뿐만 아니라 프로이트의 꿈과 무의식에 대한 관심과 이론은 쇼펜하우어(Atrhur Schopenhauer)의 의지론에도 영향을 받았다는 사실을 강조하면서, 프로이트는 무의식에 대한 독일 낭만주의적 관심을 새롭게 조명했을 뿐이라고 주장했다.[7]

_ 술, 황홀경, 광기, 다산을 상징하는 디오니소스

---

7. "Die Trennung der Seele vom Körper und ihre Rückkehr zu ihm-Peter Sloterdijk", SWR 방송, 2016년 4월 3일.

2003년 12월 4일 프랑스-독일 합작 공영방송인 아르테(Arte) 방송은 "더러운 신들 : 베를린에서의 정신분석의 역사"라는 다큐멘터리를 방송했는데, 이 "더러운 신들"이라는 방송 제목이 의미심장하다. 바로 그리스 신들을 다시금 동경했던 독일 낭만주의 운동에서의 무의식과 꿈, 그리고 광기에 대한 관심이 프로이트의 정신분석학까지 이어졌다는 사실과 연관되기 때문이다. 독일 낭만주의 운동은 점차 독일 이교(Deutsches Heidentum, 離敎)로까지 이어지게 된다. 쇼펜하우어의 무의식과 꿈에 대한 연구, 그리고 니체(Friedrich W. Nietzsche)의 디오니소스적인(원초적이고 도취적인) 것이 프로이트의 정신분석에까지 이어지게 된 것이다. "더러운 신들"은 프로이트 책상에 놓인 각종 신들의 조각상을 의미한다. 이 다큐멘터리의 초반에는 프로이트의 정신분석학은 '독일 학문(Deutsche Wissenschaft)'이기에 결코 번역될 수 없다는 주장이 소개되었는데, 이것은 프로이트 이론이 독일 특유의 사유, 특히 독일 낭만주의 전통의 산물이라는 점에 따른 분석이었다.

이 방송은 오스트리아 비엔나에서 시작된 프로이트의 정신분석이 독일 베를린에서 점차 확립되어 가는 과정을 소개했다. 또한 학문성을 의심받은 프로이트 정신분석학을 사회주의자들, 특히 68 운동을 했던 이들이 열렬하게 수용해서 유행시켰다는 내용과 함께 "프로이트 정신분석 수립 이후 100년 동안 정신분석은 항상 약간 비정상적이고 병적인 것으로 간주되어 왔다."고 설명했다.[8] 독일 낭만주의는 그리스의 더러운 신들 중에서 특히 주신(酒神)인 디오니소스를 도래하는 새로운 메시야로 동경했다. 집단

---

8. "Schmutzige Götter-Geschichte der Psychoanalyse in Berlin", ARTE 방송, 2003년 12월 4일.

광기와 집단성교(통음난무)의 신 디오니소스는 더러운 신들의 상징이자 전형이다. 니체, 하이데거(Martin Heidegger), 그리고 포스트모던 좌파의 젠더퀴어 페미니즘에서도 이 디오니소스적-신이교적 르네상스가 발견된다.[9]

또한 이 다큐멘터리는 프로이트의 이론이 동성애 운동의 길을 준비했다는 사실도 소개했다. 필자는 이후 독일 낭만주의 운동의 유산이며 매우 독일 학문적인 프로이트의 정신분석학이 독일 낭만주의 개혁교육학, 독일 프랑크푸르트 학파의 비판이론과 비판교육이론, 독일 학생운동, 독일 68 소아성애적 안티파의 동성애적 소아성애(남색) 운동에 미친 영향사에 대해서 비판적으로 분석할 것이다. 또한 최초로 소아의 성을 학문적으로 정립했다고 알려진 프로이트의 정신분석학이 동성애 운동의 이론적 기초가 되었다는 사실도 상세하게 분석할 것이다.

3. E. A. T. 호프만의 '검은 낭만주의'와 프로이트의 "섬뜩한 것"

프로이트는 독일 낭만주의와 쇼펜하우어로부터 강한 영향을 받았고, 독일 후기낭만주의 중에서도 특히 '검은 낭만주의(Schwarze Romantik)'에 큰 영향을 받았다. 프로이트의 글 "섬뜩한 것"[10]은 독일 후기낭만주의 혹은 검은 낭만주의 대표 작가 호프만(E. T. A. Hoffmann)의 영향을 직접적으로 보여 준다. 검은 낭만주의 운동은 악마적이고 추하며 광기 어리고 섬뜩

---

9. 정일권,『미셸 푸코와 주디스 버틀러의 황혼 : 성소수자 운동의 아동 인권 유린과 젠더의 종말』(서울 : CLC, 2022) 참고.

10. Sigmund Freud, "Das Unheimliche"(1919), in : ders. *Gesammelte Werke* Bd. XII(Frankfurt a. M. : Fischer, 1947), 227-268.

하고 퇴폐적인 것 특히 근친상간에 천착한다. 또한 최근 퀴어 이론에서 말하는, 남성성과 여성성이 합쳐진 성별적 표현인 안드로진 등에 집착하는 병적인 낭만주의를 말한다. 그래서 검은 낭만주의는 '퀴어 낭만주의(Queer Romanticism)'라 할 수 있다. 이러한 검은 낭만주의는 사랑, 죽음 그리고 악마에 천착한 독일 낭만주의 운동의 데카당스 현상이다. 『사랑, 죽음, 악마 : 검은 낭만주의』[11]라는 책은 이를 잘 보여 준다.

퀴어 낭만주의는 새로운 검은 낭만주의 운동이다. 퀴어 낭만주의라 할 수 있는 퀴어 젠더 무정부주의적 페미니즘 이론가 주디스 버틀러의 논문 "멜랑콜리아 젠더"에서도 낭만주의적 모티브인 멜랑콜리아가 표현되었다.[12] 주디스 버틀러의 소아성애와 근친상간 옹호 입장[13]도 이러한 독일 낭만주의 전통의 근친상간에 대한 집착과 직간접적으로 얽혀 있다. 프로이트는 독일 낭만주의의 영향으로 그리스 비극, 특히 소포클레스의 작품 『오이디푸스 왕』을 범성욕주의적인 방식으로 오독해서 정신분석학의 초석인 오이디푸스 콤플렉스 이론을 만들어 냈다. 하지만 르네 지라르가 프로이트를 비판한 것처럼 오이디푸스는 일종의 욕받이이자 희생양(조금 더 정확하게는 희생염소, 파르마코스)이며, 프로이트가 사변했던 근친상간과 부친 살해는 오이디푸스를 향한 사회적 비난(하마르티아)으로 해석되었어야 했는

11. Mario Praz, *Liebe, Tod und Teufel-Die schwarze Romantik*, aus dem Italienischen von Lisa Rüdiger (München : Carl Hanser Verlag, 1963).
12. Judith Butler, "Melancholy Gender-Refused Identification", *Psychoanalytic Dialogues* 5, 1995, 181-188.
13. 정일권, 『미셸 푸코와 주디스 버틀러의 황혼 : 성소수자 운동의 아동 인권 유린과 젠더의 종말』 참고.

데 그러지 못했다.[14] 이 점에 대해서는 이후에 상술할 것이다.

호프만은 환상과 광기와 불안을 소재로 삼아 작품 속에서 환영과 유령, 도플갱어와 악마를 불러낸다. 낯설고 섬뜩하고 그로테스크(괴상)하고 기이한 소설들은 합리적이고 이성적인 현실의 법칙을 파계하고, 꿈과 현실 사이를 몽환적 초현실주의 정신 속에서 오간다. 호프만의 해석 중 가장 잘 알려진 것이 바로 프로이트의 "섬뜩한 것"이다. 프로이트는 호프만의 단편 소설 "모래 사나이(Der Sandmann)"(1816)에서 아이들의 눈을 뽑아 가는 섬뜩한 모래 사나이의 이미지에 주목하여 이를 정신분석학적 관점으로 풀이했다. 즉, 눈을 잃는 것에 대한 두려움을 거세 불안과 연결 지은 것이다.

페터-앙드레 알트 교수는 "섬뜩한 것의 구역으로부터 : 프로이트의 격정의 심리학과 그의 전기문 속 하나의 어두운 에피소드에 대한 시금석으로서의 검은 낭만주의"라는 제목의 글을 썼고, 이 글은 저명한 『문학비평(Literaturkritik.de)』에 실렸다. 이 글은 검은 낭만주의가 프로이트에게 미친 영향을 분석했다. 프로이트에게 있어서 섬뜩한 것의 첫 번째 원천은 공포 속에서 표현되는 억압된 성(Die Verdrängte Sexualität)이다. 알트 교수는 호프만의 단편 소설 "모래 사나이"에 대한 프로이트의 독법은 이를 강조하고 있는데, 프로이트는 그 영웅의 거세공포를 유도동기(Leitmotiv)로 해석했다. 즉, 프로이트는 "모래 사나이"를 거세공포로부터 자양분을 공급받는 소아기적 공포비전(Angstvision)으로 읽었던 것이다. 알트 교수는 "프로이트는 오이디푸스가 자신의 눈을 찌른 자기처벌(Selbstbestrafung)을 통해

---

14. 정일권, 『문화막시즘의 황혼 : 21세기 유럽 사회민주주의 시대의 종언』(서울 : CLC, 2021) 참고.

거세 공포를 드러내고 있다고 보았다. 눈은 남성적인 신체 부위에 대한 대표적인 표시로 간주되기 때문이다."라고 지적했다. 프로이트에게 있어서 오이디푸스는 상징적으로 자신을 거세함으로써 스스로를 처벌한 인물이다.[15]

이후 프로이트의 오이디푸스 콤플렉스를 비판하는 르네 지라르에 대해 상술하겠지만, 프로이트는 소포클레스의 작품을 명백하게 오독하고 있다. 오이디푸스가 자신의 눈을 찌르는 자기처벌은 검은 낭만주의나 프로이트의 정신분석학에서 말하는 거세공포와는 무관하다. 르네 지라르가 분석한 것처럼, 오이디푸스는 그리스 폴리스의 희생염소이자 파르마코스다. 오이디푸스는 근친상간한 어머니와 자기가 살해한 친부를 볼 면목이 없어서 스스로를 저주하며 자신의 눈을 찌른 것이다. 오이디푸스의 자기처벌과 자기저주는 독일 낭만주의에서 사변되었던 억압되고 무의식적인 성욕망이 아니라, 당시 그리스 폴리스의 사회적 메커니즘 속에서 해석되어야한다. 그것은 파르마코스인 오이디푸스를 초점으로 전개되는 희생염소 메커니즘이었다.

알트 교수는 검은 낭만주의와 관련해 프로이트가 체험한 사창가에 대해서도 언급한다. 그에 의하면 "프로이트는 하나의 제의처럼 어두움을 불러일으키는 사창가와의 만남을 반복했다. 이러한 짜임관계(Konstellation)가 불러일으키는 섬뜩한 것은 바로 프로이트가 아무런 의도 없이 비이성

---

15. Peter-André Alt, "Aus den Zonen des Unheimlichen : Die schwarze Romantik als Prüfstein für Sigmund Freuds Psychologie der Affekte und eine dunkle Episode in seiner Biographie", *Literaturkritik. de* Nr. 9, September 2016. https ://literaturkritik.de/id/22496

적인 충동으로 인해 세 번이나 사창가에 갔다는 사실에 있다." 알트 교수는 "섬뜩한 것이 프로이트에 의거해 포스트모던적 문화이론 속에서 잠재적 폭력, 배제, 그리고 낯섦의 총체로서 선호되고 있다."는 사실도 지적했다.[16]

4. 정상성의 종말 : 독일 낭만주의의 소아성애와 근친상간 모티브

독일 낭만주의 운동은 정상성에 도전한다. 『정상성에 대한 불만으로서의 독일 낭만주의』[17]라는 책은 독일 낭만주의가 반계몽주의를 추구하고, 정상성에 도전하며, 그것을 파계하려는 운동이라는 사실을 잘 보여 준다. 정상성을 거부하고 이상하고 기이한 것을 추구하는 퀴어 운동도 독일 낭만주의 운동으로부터 파생된 낭만주의 운동이다. 검은 낭만주의로부터 강한 영향을 받은 프로이트의 "섬뜩한 것" 역시 정상적인 것이 아니라, 퀴어스러운 것을 추구한다. 그렇기에 프로이트의 정신분석학은 퀴어 이론과 운동에 있어서 언제나 이론적 기원과 출발점, 그리고 권위로 작용하고 있다. 이화여자대학교 여성학과 퀴어·LGBT 번역 모임이 번역하고 출간한 『가가 페미니즘 : 섹스, 젠더, 그리고 정상성의 종말』[18]이라는 책도 퀴어젠더 낭만주의 운동이 독일 낭만주의 운동과 마찬가지로 정상성의 종말을

---

16. 위의 문서.
17. Lothar Pikulik, *Romantik als Ungenügen an der Normalität : am Beispiel Tiecks, Hoffmanns, Eichendorffs* (Frankfurt am Main : Suhrkamp, 1979).
18. J. 잭 핼버스탬 저, 이화여자대학교 여성학과 퀴어·LGBT 번역 모임 역, 『가가 페미니즘 : 섹스, 젠더, 그리고 정상성의 종말』(서울 : 이매진, 2014).

추구한다는 사실을 잘 보여 준다.

발터 벤야민(Walter Benjamin)의 멜랑콜리아와 주디스 버틀러의 논문 "멜랑콜리아 젠더"에 이르기까지, 정상성에 도전하면서 반정상적인 일탈을 추구하는 퀴어젠더 낭만주의의 기원은 독일 낭만주의 운동이다. 독일 낭만주의는 반정상적이고 파계적이다. 독일의 검은 낭만주의를 대변하는 호프만의 낭만주의도 '파계적 낭만주의(Transgressive Romanticism)'이다.[19] 정상성에 대한 파계는 독일 낭만주의의 주요 본질인데, 『독일 낭만주의 : 변화들과 파계들』[20]이란 책이 이를 잘 보여 준다. 독일 낭만주의 운동은 정상성을 파계하면서 비정상, 광기, 비이성, 꿈, 무의식, 악마적이고 그로테스크하며 퀴어한 것을 추구한다. 또한 안드로진, 자웅동체, 소아성애와 근친상간 모티브에 천착하며, 성기숭배 전통과 잔인성의 미학을 추구한다.

독일 하이델베르크 대학교의 '독일문학 연구 시리즈'에 포함되어 출간된 『근친상간에 대한 작업 : 리하르트 바그너와 토마스 만』[21]이라는 연구서는 독일 (후기)낭만주의 전통을 대변하는 리하르트 바그너(Richard Wagner)와 독일 최초의 노벨문학상 수상자이자 동성애적 소아성애(남색)로 알려진 토마스 만(Thomas Mann)이 근친상간 모티브에 집착해서 근친상간에 대한 낭만주의적 작업에 천착했다는 사실에 대해 논의한다. 이 책은 괴테(Johann Wolfgang von Goethe)를 계승하면서 모방하는 토마스 만의 평생의

19. Christopher R. Clason, *E. T. A. Hoffmann : Transgressive Romanticism* (Liverpool University Press, 2018).
20. Katerina Karakassi, Stefan Lindinger, Mark Michalski, *Deutsche Romantik : Transformationen und Transgressionen* (Frankfurt am Main : Peter Lang, 2014).
21. Christine Emig, *Arbeit amInzest : Richard Wagner und Thomas Mann* (Heidelberger Beiträge zur deutschen Literatur)(Verlag Peter Lang, 1998).

모티브는 근친상간이었고, 이러한 낭만주의적 근친상간 모티브에 대한 집착에는 디오니소스적인 지평과 안드로진 이상 등이 존재한다는 내용이 담겨 있다고 주장한다.

독일 낭만주의 운동은 근친상간 모티브를 구성하고자 하는 집착을 보였다.[22] 그렇기에 소아성애와 근친상간에 대해 천착하고 이를 수행하거나 옹호하는 독일 68, 독일 녹색당, 미셸 푸코, 주디스 버틀러 모두 독일 낭만주의 전통으로부터 강한 영향을 받고 있다. 우리는 미셸 푸코가 독일 낭만주의 철학자 니체의 열렬한 추종자라는 것과 프랑스 68과 포스트모더니즘 철학이 니체와 하이데거라는 독일 철학에 기초하고 있다는 것을 기억해야 한다. 니체주의자인 푸코를 통해서 독일 낭만주의 철학은 소아성애자로 커밍아웃하고 성적 일탈을 찬양하는 게일 루빈(Gayle S. Rubin)에게 계승되었으며, 이는 주디스 버틀러에게까지 이어진다. 프로이트의 오이디푸스 콤플렉스에도 근친상간 모티브가 등장하는데, 이 또한 독일 낭만주의와 무관하지 않다.

전술한 것처럼 독일 낭만주의는 소아성애와 근친상간 모티브에 천착할 뿐 아니라, 안드로진과 자웅동체에도 천착한다. 독일 낭만주의와 퀴어 낭만주의라 할 수 있는 퀴어젠더 이론에서 천착하는 안드로진과 자웅동체는 자연과학적이고 생물학적인 사실이 아니라, 낭만주의적-문학적 모티브와 집착일 뿐이다. 간성(Intersex)은 자연과학적-생물학적 의미에서 제3의 성이 아니라, 일종의 유전질환이다. 간성을 제3의 성과 안드로진, 그

---

22. Jochen Hörisch, "Dialektik der Romantik", in : *Athenäum. Jahrbuch für Romantik 2003* (Bill ǀ Schöningh, 2003), 48.

리고 자웅동체라는 성중립적 젠더 개념으로 주장하려는 사람들은 정상
성을 파괴하려는 반계몽주의적 낭만주의자들일 뿐이다. 플라톤의 『향연
(Symposion)』에서 완벽한 본래 인간은 안드로진으로 묘사된다. [23] 안드로진
과 자웅동체에 대한 이러한 문학적 집착은 소아성애와 근친상간 모티브와
집착과 함께 플라톤의 『향연』 전통을 계승하는 디오니소스적 독일 낭만주
의에서 자주 발견된다. 최근 논란이 되는 성중립 화장실의 이론적 근거가
되는 성중립적 젠더 개념은 자연과학적-생물학적 사실이 아니라, 퀴어스러
운 독일 낭만주의 운동의 현대적 파생 현상이다.

　2006년 『독일 의사신문(Deutsches Ärzteblatt)』에는 "지그문트 프로이트
탄생 150주년을 기념하며 : 낭만주의, 마술 그리고 연금술의 흔적을 찾
아서"라는 제목으로 (지그문트 프로이트 거리 25번지에 위치한) 독일 본 대학
교 의학역사연구소 소장인 하인츠 쇼트(Heinz Schott) 교수의 글이 실렸
다. 그는 프로이트 정신분석학의 학문적 위상을 의심하기보다는 프로이
트가 자신의 이론을 역사적으로 인정받는 낭만주의 전통들, 그리고 자연
과학에 의해 각인된 당대의 의학 담론들과 연관 지으며 정신분석학이라
는 옷을 통해 이것을 널리 알리는 능숙함을 비판적으로 분석하고자 했
다. 프로이트의 무의식은 무엇보다도 어두운 충동세계의 저수지와 억압
된 욕구들과 갈망들의 위험한 제국으로 간주되었다. 쇼트 교수는 프로이
트를 '숨겨진 낭만주의자'라고 묘사하면서, 프로이트가 '낭만주의적 자연
철학(Romantischen Naturphilosophie)'에 근접하는 메타포를 사용하고 있다

23. Georg Doerr, "Stefan Georges neopagane Maximin-Religion-Bricolage und
　　intramundane Eschatologie", in : Braungart, Wolfgang (Hrsg.), *Stefan George
　　und die Religion* (Berlin : De Gruyter, 2015), 53-81.

고 지적했다. 쇼트 교수는 나아가 프로이트 정신분석학에 존재하는 '은폐된 연금술적인 유산'을 분석했다. 그에 의하면 칼 융은 집단무의식의 원형들로 간주되는 연금술적인 상징들의 그림세계에 관심을 보였다. 칼 융과 비교한다면 프로이트는 연금술과 마술의 구체적인 내용들이나 상징들과는 거리를 두었지만, 그럼에도 불구하고 프로이트의 작품들은 그러한 연금술과 마술적 전통에 대한 어떤 접촉점들을 보여 준다고 분석했다. 쇼트 교수는 "프로이트의 은폐된 연금술적인 유산이 가장 명확하게 드러난 곳은 승화(Sublimierung)라는 그의 핵심개념이다."라고 말했다. 프로이트의 근본개념에 의하면 인류의 문화적 작업은 바로 '성의 승화(Sublimierung der Sexualität)'로 이해될 수 있다. 승화는 — 전문서적에서는 들어올림(sublimatio) 혹은 고양(Erhebung)으로 명명되기도 함 — 연금술에 있어서 정제 과정과 변형 과정을 의미한다. 또한 쇼트 교수는 "프로이트의 정신분석학에서 볼 수 있는 일종의 지하세계, 그림자세계 혹은 어둡고 위험하게 갇혀 있는 충동세력들로서의 무의식에 대한 관념들은 (파라셀수스적인) 연금술에서 그 주목할 만한 상응을 발견하게 된다."고 분석했다.[24]

전술한 쇼트 교수의 글은 "낭만주의와 정신분석학"이라는 제목 아래서

---

24. Heinz Schott, "Zum 150. Geburtstag von Sigmund Freud : Auf den Spuren der Romantik, Magie und Alchemie", *Deutsches Ärzteblatt* 103(33), 2006. https : // www. aerzteblatt. de/archiv/52417/Zum-150-Geburtstag-von-Sigmund-Freud-Auf-den-Spuren-der-Romantik-Magie-und-Alchemie ; 쇼트 교수의 프로이트에 대한 다른 연구서들은 다음을 참고하라. Heinz Schott, *Traum und Neurose : Erläuterungen zum Freudschen Krankheitsbegriff* (*Jahrbuch der Psychoanalyse*, Beiheft Nr. 5) (Bern, Stuttgart, Wien : Huber, 1979) ; Heinz Schott, *Zauberspiegel der Seele : Sigmund Freund und die Geschichte der Selbstanalyse* (Sammlung Vandenhoeck) (Göttingen : Vandenhoeck und Ruprecht, 1985).

독일 바덴-뷔템베르크 주의 교사 재교육 프로그램의 교재로 채택되었다.[25]

5. 프로이트의 마약 중독 : 정신분석학에 미친 코카인의 영향

의학 역사가 엘리자베스 손턴(Elizabeth M. Thornton)은『프로이트와 코카인 : 프로이트의 오류』[26]라는 책에서 프로이트가 코카인 중독자이며, 그의 이론들은 코카인 중독의 결과라고 주장하여 많은 주목을 받았다.

2006년 7월 6일에 오스트리아 언론『데어 슈탄다르트(Der Standard)』는 "코를 통한 인식"이라는 제목의 글을 실었다. 이 글은 프로이트 연구가인 네덜란드 출신의 학자 한 이스라엘(Han Israëls)이 자신의 책에서 "정신분석학이 프로이트의 코카인 중독 덕분이 아닌지에 대해서 질문한다"라는 부제 아래 프로이트의 혁명적 개념들이 어떻게 그의 코카인 의존성에 기인하고 있는지에 대해서 질문하고 있다고 소개했다. "코를 통한 인식"이라는 제목은 프로이트의 정신분석학이 코를 통해 흡입한 코카인과 그 중독의 산물이라는 것을 암시한다. 한 이스라엘은 네덜란드 암스테르담에서 사회학을 공부한 후, 독일의 저명한 사회학자 노베르트 엘리아스(Nobert Elias)의 조교로 활동하다가 법심리학 교수가 되었다. 그는『비엔나의 돌팔이 : 지그문트 프로이트와 정신분석학에 대한 비판적 성찰들』[27]을 출간해서 많

---

25. https : //lehrerfortbildung-bw.de/u_sprachlit/deutsch/gym/bp2016/fb7/05_
   epochen/3_mat/09_psycho/

26. Elizabeth. M. Thornton, *Freud and Cocaine : The Freudian Fallacy* (London :
   Blond & Briggs, 1983).

27. Han Israëls, *Der Wiener Quacksalber : Kritische Betrachtungen über Sigmund
   Freud und die Psychoanalyse,* Aus dem Niederländischen übersetzt und

은 주목을 받았는데, 오스트리아 언론은 이 책을 상세하게 소개했다. 좀 강하게 '돌팔이'라고 번역된 'Quacksalber'는 친절하게 표현하자면 일종의 비전문가로서, 대학 의학으로부터 이탈된 채 질병을 치유하기 위해서 이상한 방법들을 사용하거나 플라시보 효과를 노리는 자를 의미한다. 한 이스라엘은 이 책에서 프로이트의 코카인 중독, 프로이트의 권력 추구와 야망, 그리고 학문적 부정직성 등을 비판하고 있다.[28]

한 이스라엘의 또 다른 프로이트 비판서는 『프로이트 사태 : 기만으로 부터의 정신분석학 탄생』[29]이다. 독일의 저명한 『문학비평』은 "수수께끼인 프로이트. 그의 전기 속의 파편 : 정신분석학의 코카인 스캔들"이라는 제목으로 이 책을 상세하게 소개했다. 프로이트는 코카인 연구자로서 『코카인에 대하여』[30]라는 책도 출간했었다. 이 『문학비평』의 기고문에는 한 이스라엘이 수십 년 전부터 정신분석학 운동의 역사 기록에 대해 방대한 고증적 연구를 진행해 오다가 프로이트 박물관에서 멜러에게 보낸 프로이트의 편지를 발견했을 뿐 아니라, 그가 흥분을 일으킬 만한 수많은 발견들을 통해 그의 책 『프로이트 사태 : 기만으로부터의 정신분석학 탄생』을 출간했다는 사실을 소개했다. 또한 프로이트의 코카인 스캔들이 한 이스라엘이

herausgegeben von Gerd Busse (Bussert & Stadeler, 2006).

28. *Der Standard*, "Erkenntnis durch die Nase. Wie viel verdankt die Psychoanalyse der Kokainsucht ihres Erfinders, fragt sich der kritische Freud-Experte Han Israëls in seinem Buch.", 2006년 7월 6일. https : //www.derstandard.at/story/2508035/erkenntnis-durch-die-nase

29. Han Israëls, *Der Fall Freud : Die Geburt der Psychoanalyse aus der Lüge* (ndl. 1993) (Hamburg : EVA, 1999).

30. Sigmund Freud, *Schriften über Kokain*, Herausgegeben und eingeleitet von Albrecht Hirschmüller (Frankfurt am Main : Fischer Taschenbuch, 1996).

영국의 위븐호에서 프로이트의 필사본을 발견하면서 더 분명한 윤곽이 드러나게 되었다고 소개했다. 이 글은 "프로이트의 자기실험"이라는 소제목 아래서 "코카인 스캔들로 인해 프로이트는 처음으로 15년 후 자신의 책 『꿈의 해석(Die Traumdeutung)』에서 전개되는 전략을 시험해 보았다. 프로이트는 자신을 자기가 만든 가설들을 위한 시금석으로 삼았다. 왜냐하면 제3자를 실험대상으로 삼는 것보다 훨씬 더 신뢰성 있는 결과를 얻을 것이라고 보았기 때문이다."[31]라고 썼다.

즉, 이 기고문에 의하면 프로이트의 『꿈의 해석』과 함께 코카인 실험도 결국은 자기를 대상으로 한 자기실험과 자기해석이었다는 것이다. 덧붙여 이 글은 "프로이트는 자신의 실험들을 조직화하고 객관화시켰다"와 "수수께끼 프로이트"라는 소제목 아래서 프로이트의 『꿈의 해석』이 결국에는 자서전이었음이 드러났다고 주장한다. 프로이트는 꿈을 꾸었고 자신의 정신분석학적 이론에 상응하는 자신의 전기문, 곧 자서전을 기록해 나갔다는 것이다. 결론적으로 이 기고문은 폴 드만(Paul DeMan)이 프로이트의 정신분석학에 대해 남긴 말, 곧 "지그문트 프로이트의 정신분석학 이론 탄생의 중심지는 바로 '가면놀이로서의 프로이트의 자서전'이다."라는 주장[32]을 같은 맥락에서 소개한다. 즉, 프로이트의 정신분석학은 많은 경우 자신의 자서전에서 파생된 것이라는 주장인데, 이후 그의 오이디푸스 콤플렉스도 일종의 자서전이라는 사실이 소개될 것이다. 또한 이 글은 정신분석학

---

31. Martin Stingelin, "Das Rätsel Freud. Bruchstücke zu einer Biografie : Die Affäre der Psychoanalyse mit dem Kokain", Literaturkritik. de Nr. 1, Januar 2006.
32. "Der Entstehungsherd von Sigmund Freuds psychoanalytischer Theorie ist 'Autobiographie als Maskenspiel'" (Paul DeMan).

의 탄생 역사와 그 창시자인 프로이트의 개인 역사는 서로 얽혀 있어서 다양한 반영들을 만들어 내는 일종의 '거울방'을 구성했다고 말한다. 그리고 "프로이트 정신분석학의 출발점이 가지는 이러한 급진적인 주관성은 프로이트의 이론을 그 창시자에게만 유보된 에소테릭한(난해하고 비밀스러운) 지식으로 만들어 버렸다."고 분석했다.[33]

"치유적 실패 : 프로이트, 코카인 그리고 문헌들"라는 제목의 논문은 "2. 프로이트의 『꿈의 해석』속의 코카인"이라는 소제목으로 전술한 한 이스라엘 교수의 연구 내용을 포함하면서 프로이트의 코카인 중독에 대한 비판적 연구 문헌들을 종합적으로 논의하고 있다. 이 논문은 "1901년에 출간된 프로이트의 핵심적인 작품인 『꿈의 해석』에서는 1888년부터 1898년까지의 프로이트 자신의 꿈들에 대한 언급을 발견할 수 있다. 『꿈의 해석』에서 코카인은 잠재적인 꿈의 내용에 대한 해독을 하는 데 큰 역할을 하고 있다."고 소개했다.[34]

『프로이트와 코카인 : '꿈의 해석'을 위한 동인으로서의 프로이트의 자기실험』[35]이라는 책 역시 코카인을 이용한 프로이트의 자기실험이 『꿈의 해석』의 동인이 되었다고 주장한다. 이 책은 프로이트의 코카인 중독과 『꿈의 해석』의 탄생 사이에 존재하는 관련성을 보다 조직적으로 연구

---

33. Martin Stingelin, "Das Rätsel Freud. Bruchstücke zu einer Biografie : Die Affäre der Psychoanalyse mit dem Kokain".

34. Jürgen Daiber, "Therapeutisches Scheitern : Freud, das Kokain und die Literatur", in : *Hofmannsthal Jahrbuch zur Europäischen Moderne* (Rombach Wissenschaft, 2018), 280.

35. Jürgen vom Scheidt, *Freud und das Kokain : Die Selbstversuche Freuds als Anstoß zur ≫Traumdeutung≪* (München : Kindler, 1973).

하고 있다. "치유적 실패 : 프로이트, 코카인 그리고 문헌들"이라는 논문
은 결론에서 다음과 같이 설명했다. "프로이트는 코카인에 대한 자신의 책
에서부터 이후의 『꿈의 해석』, 그리고 『문명 속의 불만(Das Unbehagen in
der Kultur)』이라는 책에 이르기까지 자신을 '가설들을 위한 시금석'으로 만
드는 일관된 전략을 시도하고 있다. 자신을 실험도구로 삼는 것이 제3자
를 실험하는 것보다 훨씬 더 신뢰성 있는 결과들을 기대할 수 있다고 보
았기 때문이다. 이렇게 프로이트는 1884년 초반에 당시 많이 알려지지 않
은 마약인 코카인을 접한 이후로 여러 번의 자기실험을 감행했다."[36] 프
로이트가 이런 방법으로 '시 치유법으로서의 정신분석학(Psychoanalyse als
Poesietherapie)'을 발전시켰다[37]는 것이다.

　이렇게 프로이트의 코카인 중독은 그의 정신분석학에도 큰 영향을 끼
쳤다. 엘리자베스 손턴은 『프로이트와 코카인 : 프로이트의 오류』에서 프
로이트의 정신분석학이 그의 코카인 사용의 결과라고 더욱 강하게 주장했
다.[38] 독일 의학 역사가인 하인츠 쇼트는 "자기분석의 모멘트로서의 코카
인을 통한 프로이트의 자기실험"이라는 논문에서 "정신분석학은 1900년에
출간된 『꿈의 해석』에 잘 기록되어 있듯이, 프로이트의 자기분석이다."라고
주장했다.[39] 프로이트의 코카인 중독을 연구한 많은 학자들은 전술한 것
처럼 대체적으로 그의 코카인 중독이 『꿈의 해석』과 『문명 속의 불만』까지

---

36. Jürgen Daiber, "Therapeutisches Scheitern : Freud, das Kokain und die Literatur", 302.
37. 위의 문서, 289.
38. Elizabeth M. Thornton, *Freud and Cocaine : The Freudian Fallacy*.
39. Heinz Schott, "Freuds selbstversuche mit kokain als moment seiner selbstanalyse", *Hist Sci Med* 17(2), 1982, 252.

영향을 주었다고 본다. 따라서 프로이트의 코카인 중독과 마약 중독은 그의 정신분석학 이론과 결코 무관하지 않다.

오스트리아 언론『데어 슈탄다르트』는 "많은 학자들은 미친 사람들은 실제로 아픈 사람들이며…… 이들 질병의 원인은 두뇌에 있다고 믿는다. 하지만 다른 학자들은 신체적인 질병들과 정신병 사이에는 본질적인 차이가 존재한다고 믿으면서…… 정신병은 결코 신체적인 원인 때문이 아니라, 심리학적이고 사회적인 요소들 때문에 발생한 것이라고 확신한다."고 소개한다. 나아가 이 언론은 지난 30년 동안 정신병이 뇌과학적 원인을 가지지 않는다고 보는 프로이트의 입장이 승리해 왔다는 점을 소개하면서 심리학 분야가 프로이트를 추종하는 정신분석학자들에 의해 점령되어 버렸다고 비판했다. 프로이트를 추종하는 정신분석학자들은 "인간은 자신들이 즐겁게 하려고 하는 것을 — 무엇보다도 성적인 영역 — 하지 못하고 금지당할 때 신경질환에 걸리고 미친다."고 주장한다.[40] 이 언론의 분석처럼 독일 68 신좌파는 프로이트를 찬양하고 히틀러의 나치즘(파시즘)이 성억압의 산물이자 결과라고 역사를 왜곡하면서까지 거짓말을 하며 성혁명 운동을 전개했다. 이후에 필자는 다그마 헤르조그(Dagmar Herzog) 교수의 최근의 역사학적 연구를 기반으로 나치 시대가 성억압의 시대가 아니라, 성적으로 굉장히 문란한 '소돔과 고모라'의 시대였다는 것을 설명할 것이다. 독일 68 신좌파에 의해 열렬하게 수용되면서 정치적으로 유행하게 된 프로이트의 정신분석학은, 정신병이나 노이로제 그리고 히스테리와 같은

---

40. *Der Standard*, "Erkenntnis durch die Nase : Wie viel verdankt die Psychoanalyse der Kokainsucht ihres Erfinders, fragt sich der kritische Freud-Experte Han Israëls in seinem Buch".

질병들을 뇌과학적으로 설명하지 않고, 성억압의 결과라고 주장했다. 하지만 독일 낭만주의의 강한 영향 아래서 형성된 범성욕주의적 프로이트의 정신분석학은 퇴조기에 접어들었고, 이제는 뇌과학에 기반한 인지심리학 등이 주류를 이루고 있다.

『데어 슈탄다르트』는 또한 엘리자베스 손턴이 『프로이트와 코카인 : 프로이트의 오류』라는 책에서 정신병을 성억압의 결과로 보는 프로이트를 비판하면서 "모든 정신병들은 실제로는 뇌의 질병들이며, 대부분의 경우 심리적인 질병이 아니라 뇌의 질병인 뇌전증이다."라고 주장한 것을 소개했다. 이 언론은 손턴의 연구를 소개하면서 프로이트가 균형 잡힌 인물이라기보다는 코카인 중독으로 엄청난 두통을 앓았으며, 자주 심한 우울증을 경험했다고 말했다. "프로이트는 광기에 가까울 정도로 열광했다. 프로이트는 밤새 글을 적고서는 마치 자신이 세계의 수수께끼를 푼 것으로 믿었다. 하지만 며칠 뒤에 프로이트는 자신이 아무것도 제대로 이해하지 못했다고 느꼈다." 이 언론은 프로이트 당시 유럽에 코카인이 유행했다는 사실을 소개하면서 "손턴이 코카인에 중독되어 있던 프로이트와 동시대에 살았던 사람들의 일기장들과 메모들로부터 편두통, 우울증, 최고의 열광 상태에서의 글쓰기 광기, 피해망상(혹은 강박관념), 인류에게 어떤 소식을 선포해야만 한다는 파송 충동, 그리고 성욕의 상승과 같은 공통된 징후들을 제시했다."고 말했다.[41]

프로이트는 인류의 나르시시즘에 상처를 입힌 세 가지 모욕들로 코페르니쿠스의 지동설, 다윈의 진화론, 그리고 자신의 정신분석학이 속한다

---

41. 위의 문서.

고 주장했다. 이러한 프로이트의 과장된 자기주장도 코카인 중독으로 발생한 것으로, 인류에게 어떤 소식을 선포해야만 한다는 파송 충동과 무관하지 않은 것으로 볼 수 있다. 전술한 것처럼 프로이트 자신의 과장된 주장에도 불구하고, 독일어권 학계에서는 코페르니쿠스와 다윈과는 달리 프로이트의 정신분석학은 아직도 정립된 학문으로 자리 잡지 못하고 있다.

21세기 접어들면서 프랑스뿐 아니라 독일어권에서도 프로이트 신화가 깨지고, 독일 68 성혁명 운동의 우상이었던 프로이트의 몰락을 주장하는 비판적 연구들이 쏟아지고 있다. 독일 68과 프랑스 68 신좌파 학생운동의 성정치적 선전선동에도 불구하고 프로이트의 정신분석학이 학계에서 끊임없는 비판에 직면하게 된 이유는 아마도 꿈, 무의식, 광기 그리고 에로스와 타나토스(죽음 충동) 등에 천착하는 프로이트의 정신분석학의 기원인 반계몽주의적, 반자연과학적, 그리고 반지성주의적 낭만주의 때문일 것이다. 프로이트는 자신의 이론 속에 있는 독일 낭만주의의 강한 영향에 대해서 평가절하하고 부인하려고 했지만, 바로 이러한 반계몽주의적이고 낭만주의적 특성으로 인해 학계보다는 독일 68 신좌파의 성정치 운동이나 문학과 예술 분야에서 크게 유행할 수 있었다. 하지만, 21세기에 접어들면서 정치적 유행의 거품이 사라지고 있다.

유대-기독교적 전통에 의해 인간은 창조의 면류관으로서 하나님의 형상대로 지음 받았다고 이해되었다. 프로이트는 인류의 나르시시즘에 상처를 입힌 세 가지 혁명적인 과학적 이론에 대해 주장한다. 첫째는 우주론적인 이론으로, 소위 '코페르니쿠스적 전환'을 가져온 지동설이다. 지구가 우주의 중심이 아니라는 것이다. 둘째는 생물학적 이론인데, 인간이 동물세계로부터 나왔다고 주장하는 다윈의 이론이다. 세 번째는 심리학적 이론으로 바로 자신의 무의식의 리비도 이론을 지칭한다. 그의 이론에 의하면 인간의 의식은 의식적인 의지의 지배를 받기보다는 상당 부분 무의식의 지배 아래에 있다. 즉, 인간이 자아의 주인이 아니라는 것이다. 프로이트에 의하면 코페르니쿠스 혁명은 인간에 대한 '우주론적 모욕'이며, 다윈의 진화론은 '생물학적 모욕'이다. 프로이트는 인간의 이성과 의식 아래에 존재하는 거대한 빙하와 같은 무의식을 발견한 자신의 이론이 '심리학적 모욕'이며, 이 심리학적 모욕이야말로 가장 심각한 모욕이라고 말했다. 그는 무의식 속에 억압되어 있는 비이성적 (성)충동의 해방을 목표로 했지만, 그의 과장된 주장들의 거품은 21세기에 들어서면서 사라지고 있다.

『데어 슈탄다르트』는 또한 "프로이트가 코를 통해서 코카인을 흡입하기 시작한 이후 거친 성욕에 대한 그의 혁명적 이론들이 출현했을 것이다. 프로이트 자신도 코카인 중독으로 강해진 성욕으로 인해 고통받았을 것이다."라는 손턴의 주장을 소개한다. 이 언론은 결론적으로 손턴의 책이 "프로이트의 행동들 중 많은 것들이 실제로 코카인 중독자들의 행동들과 유사하다는 것을 보여 주는 데 있어서 성공했다."고 평가한다. [42]

2015년에 오스트리아 국영방송(ORF)은 "코카인을 위한 프로이트의 코"라는 제목으로 프로이트가 자신의 정신분석학을 발전시키기 전에 코카인의 효능에 대해서 연구했다는 사실을 소개했다. 프로이트의 학문적 경력의 시작은 신경학자와 코카인 연구자였다. 유럽에서는 프로이트의 코카인 연구서인『코카인에 대하여』발간 이후로 코카인의 의학적 사용이 전문가들 사이에서 광범위하게 토론되었다. 이 방송은 "프로이트는 코카인의

---

42. 위의 문서.

위험한 부작용들을 알게 되었을 때 의학 치료제로서의 코카인에 대해서는 거리를 두면서 이후에는 자신의 코카인 실험에 관해 비판적으로 언급했다.”고 했다. 또한 이 방송은 “십자포화 속의 프로이트”라는 소제목 아래서 프로이트의 연구에 대해 매우 양극화된 이해가 존재한다고 하였다. 한편으로는 그를 천재로 이해하고, 또 다른 한편으로는 사기꾼 혹은 유사 학자로 이해했기 때문이다. 그리고 이런 현상은 특히 프로이트의 코카인 연구에서 더욱 그렇다고 말한다.[43]

오스트리아의 언론 『프로필(Profil)』은 “코카인 중독과 우울증 : 지그문트 프로이트의 고통받는 영혼”이라는 제목으로 프로이트의 약혼자인 마샤 버네이즈(Martha Bernays)와의 최근 새롭게 편집된 서신 교환에 대해 소개했다. 이 언론은 골초였던 프로이트가 수십 년간 니코틴 중독으로 고통받았으며, 그 결과 설암을 앓게 되었다고 설명했다. 코카인의 효능을 찬양했던 프로이트는 간접적으로나마 유럽과 미국에서의 코카인 유행을 일으켰다.[44] 독일 언론 『포커스(Focus)』는 '마약 구르(전문가)로서의 프로이트(Freud als Drogen-Guru)'의 코카인 중독 문제를 “지그문트 프로이트 : 영혼 치유자의 어두운 측면들”이라는 제목으로 보도했다. 특히 프로이트 추종자들이 프로이트의 코카인 중독 문제를 의도적으로 회피하거나 평가절하하려고 한다는 비판도 실었다.[45]

---

43. SCIENCE. ORF. at, "Freuds Näschen für Kokain", 2015년 1월 12일. https : // sciencev2. orf. at/stories/1752081/index. html

44. Angelika Hager, "Kokainsucht und Depressionen : Sigmund Freuds geplagte Seele", 2015년 11월 25일. https ://www. profil. at/gesellschaft/kokainsucht-depressionen-sigmund-freuds-seele-6107273

45. Frieder Leipold, "Sigmund Freud : Die dunkle Seite des Seelenheilers", 2016년 7

『독일 약사 신문(DAZ)』은 프로이트 탄생 150주년을 기념한 특집기사에서 프로이트의 코카인과 니코틴 복용에 대해 다루었다. 이 신문은 프로이트의 니코틴 중독에 대해 소개하면서 "프로이트가 청소년 시절부터 담배를 피웠고, 날마다 20개비를 피웠으며, 죽음에 이르기까지 니코틴 중독이었다."고 소개했다. 그리고 이 신문은 정신분석학자 아이슬러(Kurt R. Eissler)가 "코카인은 프로이트가 자신의 무의식에 쉽게 접근하도록 도와주었다."고 주장한 내용도 소개한다.

이 신문은 위르겐 폼 샤이더트(Jürgen vom Scheidt)가 『프로이트와 코카인 : '꿈의 해석'을 위한 동인으로서의 프로이트의 자기실험』[46]이라는 책을 통해 코카인을 이용한 프로이트의 자기실험이 그의 책 『꿈의 해석』의 동인이 되었다고 주장했음을 소개했다. 그에 따르면 "프로이트가 『꿈의 해석』과 정신분석학을 코카인에 의해 유발된 환상들로부터 발전시켰다."는 것이다. 이 신문은 코카인과 프로이트 정신분석학의 깊은 관련성을 소개하면서 "정신분석학은 코카인 때문에 발생한 것인가?"라고 질문한다. [47]

이 신문에는 코카인을 복용한 이후 프로이트가 아내에게 "신체 속에 코카인을 가지고 있는 성적으로 거친 남성이 되었다."고 말한 내용도 소개되어 있다. 그리고 "『꿈의 해석』과 정신분석학에 대한 이후의 작업들에서처럼

월 13일. https : //www.focus.de/wissen/mensch/psychologie/die-dunkle-seite-des-seelenheilers-sigmund-freud_id_1831525.html

46. Jürgen vom Scheidt, *Freud und das Kokain : Die Selbstversuche Freuds als Anstoß zur ≫Traumdeutung≪*.

47. Deutsche Apotheker Zeitung, "P. NuhnSigmund Freud und das Problem der Suchtstoffe", 2006년 7월 9일. https : //www.deutsche-apotheker-zeitung.de/daz-az/2006/daz-28-2006/uid-16182

프로이트는 코카인에 대한 자기실험을 감행했고, 그 효능에 대해서 열광했다. …… 프로이트의 코카인에 대한 치유실험은 결국 실패했지만, 코카인에 대한 자기실험은 그로 하여금 무의식의 제국으로 향하는 길을 열어 주었다."고 설명했다. 크라우스-디터 스툼페(Klaus-Dietrich Stumpfe)의 논문인 "지그문트 프로이트와 흡연"은 "이드(Es, 본능)는 자아보다 강했다"라는 소제목으로 "자아는 이드를 극복할 수 없었다."라고 소개했다. 이 논문은 프로이트가 자신의 행위를 통해서 무의식이 의식보다 더 강하게 인간에게 영향을 준다는 사실을 몸소 보여 주었다고 분석하였다. 즉, 담배를 끊지 못한 채 죽을 때까지 니코틴 중독으로 고통받았던 프로이트의 삶이야말로 이드가 자아보다, 무의식이 의식보다 더 강하다는 사실을 잘 보여 준다는 것이다.[48]

나아가 이드가 자아보다, 무의식이 의식보다 더 강하다고 주장하는 프로이트의 정신분석학 자체가 프로이트가 코카인 중독과 니코틴 중독에 영향을 받았기 때문이라고 생각할 수 있다. 니체가 찬양한 디오니소스적인 것을 계승하는 정신분석학에서의 이드와 무의식에 대한 강조는, 독일 낭만주의에서 지속적으로 예찬해 왔던 것이기도 하다. 이렇듯 프로이트의 코카인 중독과 니코틴 중독은 마약을 찬양해 온 독일 낭만주의의 영향이기에, 독일 낭만주의의 마약 찬양, 프로이트의 마약 중독, 그리고 정신분석학은 서로 영향을 주고받으면서 복잡하게 얽혀 있다고 말할 수 있다.

6. 독일 낭만주의의 마약 찬양과 프로이트의 코카인 중독

독일의 저명한 언론 『슈피겔(Der Spiegel)』지는 1979년 12월 30일에 유

---

48. 위의 문서.

럽의 코카인 유행에 대해서 보도한 바 있다. 그 보도는 "최신의 연구에 의하면 마약은 프로이트의 저서인 『꿈의 해석』과 그의 무의식 그리고 자기 분석으로 향하는 문을 열어 주었다."라고 말했다. 이 언론은 코카인이 "거의 만족할 줄 모르는 에로틱한 흥분과 육욕의 불꽃을 선물하는 동시에 공포스러운 우울증과 극복할 수 없는 멜랑콜리아를 가져온다."고 보도했다. 또한 이 언론도 『독일 약사 신문』에서와 같이 프로이트가 코카인을 흡입한 이후에 자기 아내에게 '몸에 코카인을 가지고 있는 위대하게 거친 남자'라고 선언한 일이 있었다고 설명했다.[49] 즉, 프로이트의 코카인 중독은 그의 무의식 연구와 『꿈의 해석』과 같은 정신분석학적 연구에까지 깊은 영향을 주었다는 것이다.

지금까지 우리는 프로이트의 정신분석학이 그의 코카인 중독과 깊게 관련되어 있다는 사실을 보았는데, 여기서는 코카인과 같은 마약 사용과 마약 중독이 독일 낭만주의에 강하게 기인했다는 사실을 소개하고자 한다. 프로이트는 독일 낭만주의자이고, 그의 정신분석학은 독일 낭만주의와 분리해서는 결코 제대로 이해될 수 없다. 그의 코카인 중독도 그의 낭만주의적 관점과 관련된다.

2021년 출간된 『1900년경의 유럽 아방가르드』라는 책에 실린 "유럽 아방가르드 속의 환각과 엑스타시"라는 논문은 1900년경의 유럽 아방가르드에 속하는 다른 학자들도 프로이트처럼 코카인과 같은 마약을 찬양했다고 말한다. 이 논문의 공식 소개문은 "1900년경에 낭만주의 이후 발전되

---

49. *Der Spiegel*, "Klärung des Geistes", 1979년 12월 30일. https : //www. spiegel. de/kultur/klaerung-des-geistes-a-dacdfff1-0002-0001-0000-000042891124

어 온 환각제에 대한 열광이 절정에 이르게 된다. 보헤미안 그룹들에게서 발견되는 마약 소비에 대한 동기는 신적인 것에 대한 갈구, 심리학적 실험들 그리고 심리현실 도피주의에 이르기까지 다양하다." "검은 낭만주의는 아편제를 선호하는 반면, 1900년대에는 코카인에 대한 국제적인 열광이 일게 되었다."고 분석했다. 이 책은 환각제와 마취제에 대한 문학적 연구의 국제적인 발전을 다루고 있는데, 특히 1918년에 출간된 독일 작가 발터 라이너(Walter Rheiner)의 소설 『코카인(Kokain)』을 비롯해 코카인을 다룬 또 다른 두 개의 작품을 분석했다. 이 논문은 아방가르드의 도취적인 찬양과 마약 효과에 대한 주제화 사이에 존재하는 관련성을 연구했다. 그리고 "아방가르드의 주요 마약 중 하나로서의 코카인은, 코카인을 다룬 세 개의 작품을 통해 그 작용을 살펴볼 때 지그문트 프로이트가 자신의 코카인 소비에 대해 적은 묘사들과 유사하다."고 결론지었다. 즉, 프로이트가 코카인 중독으로 보인 작용들과 이 논문에서 연구한 코카인을 다룬 세 개의 작품에서 묘사된 코카인 현상이 매우 유사하다는 것이다.[50]

이처럼 1900년대에는 프로이트뿐 아니라, 유럽의 많은 낭만주의적이고 아방가르드적인 인물들이 코카인과 같은 마약을 찬양하고 또 마약중독에 걸렸다. 따라서 프로이트의 코카인 중독을 그만의 독특한 개별적 현상이 아니라, 1900년대의 아방가르드적이고 세기말적이며 퇴폐주의적인 사조에서 유행되었던 시대 현상 중 하나로 보아야 한다. 프로이트의 코카인 중독은 그가 독일 낭만주의로부터 깊은 영향을 받았다는 증거다.

---

50. Yvonne Pörzgen, "Rausch und Ekstase in europäischen Avantgarden", in : *Europäische Avantgarden um 1900* (Wilhelm Fink Verlag, 2021), 21-46.

독일 낭만주의자 프로이트의 코카인 중독에서 볼 수 있는 낭만주의적 마약 문화와 마약 찬양은, 독일 68 반권위주의적-소아성애적 성교육과 성혁명을 주장한 신좌파의 히피 문화, 그리고 최근 마약 학교이자 동성애 학교로 폭로된 오덴발트 학교에서도 발견된다. 오덴발트 학교는 그동안 독일 68 반권위주의적 교육과 진보교육의 상징, 그리고 유네스코 우수학교로 평가되어 온 학교였다.

독일어권은 마약을 찬양하는 독일 낭만주의 영향으로 인해 마약 연구에 있어서 선구자였다. 오늘날 마약으로 분류되는 대부분의 것이 독일이나 스위스, 오스트리아 학자들의 연구의 산물이다. "'우리는 이런 방식으로 사는 것을 결코 멈추지 않을 것이다': 1945년부터 현재까지 독일 문학에서의 마약"이라는 논문은 오늘날 보통 마약으로 알려진 모든 것을 합성하는 데까지 도달한 약리학적 연구 분야에서의 현격한 독일의 패권에 대해 잘 소개했다. 또한 모르핀, 헤로인, LSD, 메스칼린, 코카인, 엑스타시 그리고 암페타민은 독일이나 스위스 혹은 오스트리아의 연구의 산물들이라는 사실도 지적했다. 이 논문은 마약으로 분류되는 정신활성적인 물질들에 대한 명백한 독일적 관심을 비판적으로 분석했다.[51]

낭만주의로서의 사회주의도 독일제이지만, 마약도 기본적으로 독일제다. 칼 마르크스의 공산주의와 히틀러의 나치즘도 독일제다. 반근대주의적 기획으로서의 소아성애 운동도 독일 낭만주의의 산물로, 독일 특유의 별난 독자노선(Deutscher Sonderweg)의 산물이다. 소아의 성을 주장한 프

---

51. Stephan Resch, "'We'll never stop living this way' : Drugs in German Literature from 1945 to the Present", *Journal of the Australasian Universities Language and Literature Association* 109, 2008, 81.

로이트도 이 독일 특유의 사조에 깊이 물든 학자이기에 프로이트의 정신분석학도 독일제이며, 앞에서 말한 것처럼 '독일 학문'이다. 독일 특유의 소아성애 운동은 소아기를 유토피아와 황금시대로 찬양해 온 독일 낭만주의의 유산이다. 이후에 논의하겠지만, 소아기를 유토피아로 신화화하는 독일 낭만주의의 영향은 소아의 성을 이론화한 프로이트의 정신분석학을 거쳐 독일 68 반권위주의적 교육과 비판교육이론에서 발견되는 소아성애 운동에까지 이어진다.

칼 마르크스의 국제사회주의로서의 공산주의는 독일 좌파 낭만주의 학생운동이고, 히틀러의 민족사회주의는 독일 우파 낭만주의 학생운동이다. 전술한 논문 제목은 독일인들은 반계몽주의적-낭만주의적 세계관으로 인해 영미 청교도주의적 세계와는 달리 마약을 통한 무의식, 꿈, 비이성, 광기 등을 체험하는 삶을 결코 멈추지 않을 것이라는 독일 특유의 고집을 반영한 것으로 볼 수 있다. 이 독일적 독자노선은 바로 영미 청교도주의에 대한 반대운동인 독일 특유의 낭만주의적 독자노선이다.

2015년 영국 버킹엄 대학교의 안토니 글리(Anthony Glees) 교수는 BBC 방송을 통해 수백만 명의 시리아와 이슬람 난민을 '열린 국경'이라는 이름으로 수용하기로 결정한 메르켈 총리와 독일을 '감정에 이끌리는 히피 국가(Hippie State)'라고 비판한 바 있다.[52] 당시 페터 슬로터다이크는 수백만 명의 난민 수용은 독일의 자기파괴 행위라고 비판했지만, 메르켈 총리는 독일의 독자노선을 주장하면서 수백만 명의 난민을 수용해 독일뿐 아니라

---

52. BBC, "Germany a "hippie state being led by its emotions" - Professor Anthony Glees", 2015년 9월 9일. https : //www.bbc.co.uk/programmes/p03200f8

유럽 전체에 큰 논란을 일으켰다. 하지만 2022년 슬라보예 지젝이 인정하듯이, 우크라이나 사태 이후 21세기의 유럽에서는 독일의 낭만주의적이고 초현실주의적 다문화 유토피아론이 급격하게 위축되고 있다.

독일 낭만주의를 상징하는 노발리스(Novalis)도 마약을 찬양했다. 독일 낭만주의는 영미 청교도주의에 맞서서 마약, 꿈과 무의식, 디오니소스적 광기, 디오니소스적 에로스와 타나토스, 그리고 기이한 것들로 채워져 있다. 프로이트의 글 "섬뜩한 것"에서도 발견되는 반정상적이고, 낯설고, 섬뜩한 것, 나아가 악마적인 것을 미학주의와 악의 미학이라는 이름으로 찬양하는 독일 낭만주의로 깊이 각인된 독일에는, 일종의 히피 국가라고 비판받을 수 있는 흐름이 존재한다. 독일 낭만주의가 꿈꾸는 '세계의 낭만주의화(Romantisierung der Welt)'는 세계의 히피화와 퀴어링(Queering)이라고 할 수 있다. 필자는 이후 이러한 독일 낭만주의가 영미 청교도주의의 대척점에 서 있는 사조라는 사실도 소개할 것이다.

『인위적인 천국 : 낭만주의 이후의 환각과 현실』[53]이라는 책은 호프만, 발터 벤야민, 헉슬리(Aldous Huxley) 그리고 히피운동이 아편과 코카인과 같은 마약을 복용하고 중독되었다는 사실을 논하고 있다. 또한 프로이트의 코카인 중독도 바로 이러한 독일 낭만주의의 영향으로 환각과 도취를 통해 인위적인 천국에 도달하고자 하는 흐름에서 기인했음을 소개하고 있다. 프로이트의 정신분석학에도 영향을 준 독일 낭만주의는 이렇게 마약 복용과 마약 중독 등을 통한 '인위적인 천국'이나 반대 세계로 도피하고자

---

53. Alexander Kupfer, *Die künstlichen Paradiese : Rausch und Realität seit der Romantik* (Stuttgart : Metzler, 1996).

하는 반대운동(Gegenbewegung)이다.

7. 마약 : 노발리스, 호프만, 니체, 프로이트, 발터 벤야민 그리고 푸코

독일의『철학 매거진(*Philosophie Magazin*)』은 2022년 4월 이후로 프로이트, 니체, 발터 벤야민, 장 폴 사르트르(Jean Paul Sartre)와 같은 저명한 철학자들의 마약체험을 시리즈로 분석했다. 먼저 "무의식으로 가는 문으로서의 코"라는 제목으로 프로이트의 마약 체험에 대해서 분석했다.[54] 프로이트의 코로 흡입되었던 코카인이 무의식 연구로 가는 길을 제공했다는 내용이다. 즉, 그의 코카인 중독과 무의식 연구가 결코 무관하지 않다는 주장이다. 또한 "발터 벤야민은 프랑스 마르세유에서 마리화나를 흡입했다"라는 제목의 글로 현대 독일 낭만주의 철학자 발터 벤야민이 마약을 체험했다는 사실을 분석했다.[55]

『철학 매거진』은 "니체, 그리스의 신들 그리고 아편"이라는 제목으로 프리드리히 니체의 마약 체험을 소개하면서 니체가 "환각제의 긍정적인 잠재성을 인정하고 영감을 불러일으키는 그것의 능력을 사용하려고 했다. 니체에게 있어서 특히 아편과 그것의 의식변혁적인 작용이 높게 평가되었

---

54. Johan Wientgen, "Die Nase als Tor zum Unbewussten", 2022년 4월 15일. https : //www.philomag.de/artikel/die-nase-als-tor-zum-unbewussten
55. Johan Wientgen, "Walter Benjamin nimmt Haschisch in Marseille", 2022년 4월 8일. https : //www.philomag.de/artikel/walter-benjamin-nimmt-haschisch-marseille

다.”고 썼다. 또한 “죽음의 계곡에서의 푸코의 LSD 여행”이라는 제목으로 1975년 여름 당시 48세였던 미셸 푸코가 미국 캘리포니아 사막의 죽음의 계곡에서 강력한 환각제인 LSD를 복용했다고 소개한다. 그리고 이 LSD를 복용했던 밤은 미셸 푸코의 철학에 큰 변화를 주었다고 했다.[56] 뿐만 아니라 “사르트르, 메스칼린 그리고 작은 꽃게”라는 제목으로 장 폴 사르트르가 대마와 같이 정신이 흐려지고 망상을 일으키는 메스칼린을 복용했다는 사실도 소개한다.[57]

마약을 복용한 미셸 푸코와 장 폴 사르트르는 소아성애 운동의 비범죄화를 주장했다. 슬라보예 지젝도 지적했듯이, 푸코와 실존주의 철학자이자 프랑스 공산당원이었던 장 폴 사르트르뿐 아니라, 페미니즘의 대모 시몬 드 보브와르(Simone de Beauvoir), 해체주의 철학자 자크 데리다(Jacques Derrida), 기호학자 롤랑 바르트(Roland Barthes), 아라공(Louis Aragon), 들뢰즈와 가타리, 리오타르(Jean-François Lyotard) 등 프랑스 68 포스트모던 좌파 철학자들 대부분이 소아성애의 비범죄화를 주장했다.[58] 독일 68뿐 아니라, 프랑스 68 신좌파도 소아성애 운동을 사회주의 성정치 운동의 핵심 기획으로 삼은 소아성애적 안티파였다. 독일 68 학생운동과 프랑스 68 학생운동 모두 소아성애를 파시즘 격파를 위한 위대한 행위로 찬양한 소아

---

56. Johan Wientgen, “Foucaults LSD-Trip im Death Valley”, 2022년 4월 22일. https : //www. philomag. de/artikel/foucaults-lsd-trip-im-death-valley

57. Johan Wientgen, “Sartre, das Meskalin und die Krabben”, 2022년 5월 6일. https : //www. philomag. de/artikel/sartre-das-meskalin-und-die-krabben

58. Slavoj Žižek, “SEXUAL LIBERATION, 1968 and 2018”, 2018년 3월 8일. http : // fabella. kr/xe/blog11/83200?fbclid=IwAR3S79iJS-MNZKiiUMkR5OBKWjINIXPfc inK1gaJikTZBKXFGDX6Hvh7Nwk

성애적 안티파인 이유는, 독일 68과 프랑스 68 모두 일종의 소아철학이라 할 수 있는 독일 낭만주의 운동의 계보를 잇기 때문이다. 프랑스 68과 프랑스 포스트모더니즘의 철학도 독일 낭만주의 철학인 니체와 하이데거의 철학 위에 세워진 것이라는 사실을 기억해야 한다. 독일 낭만주의 철학자 니체도 낙타 - 사자 - 소아로 이어지는 인간 정신의 3단계를 말하면서 소아를 최고의 단계로 찬양했다. 하이데거의 존재철학도 일종의 '정치적 낭만주의' 철학이다. 프랑스 포스트모더니즘 철학의 기초가 독일 낭만주의 철학, 특히 니체와 하이데거의 철학이었다는 점을 기억할 때, 포스트모던 철학과 연동된 프랑스 68 소아성애적 안티파도 독일 낭만주의 철학의 간접적인 산물이다. 2021년 프랑스 해외석학 기 소르망(Guy Sorman) 교수에 의해서 폭로된 미셸 푸코의 소아성애적 아동 강간에 대해서는 필자의 다른 책에서도 논한 바 있다.[59]

독일의 국제방송 독일의 소리(DW)는 "시인과 마약"이라는 제목으로 "19세기부터 많은 (독일) 작가들이 (마약을 통해서) 또 다른 세계 인식에 도달하고자 했다."고 보도하면서 "독일 낭만주의의 시인들이 바로 마약복용을 통한 방식으로 무의식의 신비로운 세계를 탐구하고자 했던 첫 인물들이다."라고 소개했다. 즉, 마약에 대한 독일 특유의 찬양의 기원은 바로 독일 낭만주의인 것이다. 이 방송은 독일 낭만주의를 대표하는 노발리스의 작품 『밤의 찬가(Hymnen an die Nacht)』가 아편의 영향으로 탄생된 것이라고 전했다. 즉, 이 작품은 노발리스가 아편을 복용한 이후 경험한 인상과

---

59. 정일권, 『미셸 푸코와 주디스 버틀러의 황혼 : 성소수자 운동의 아동 인권 유린과 젠더의 종말』 참고.

효과의 영향 아래 탄생되었다는 것이다.[60] 전술한 것처럼 프로이트의 『꿈의 해석』이나 『문명 속의 불만』, 나아가 정신분석학의 많은 이론들도 그의 코카인 중독과 복용의 영향으로 탄생했거나, 적어도 그것과 결코 무관하지 않다. 노발리스는 그의 작품에서 죽음을 통해 먼저 죽은 애인과 영원히 결합할 수 있다는 확신에서 죽음을 열망한다. 이러한 죽음에 대한 신비로운 동경과 열망은 노발리스뿐 아니라 독일 낭만주의의 공통된 주제였고, 이는 또한 프로이트의 에로스와 타나토스까지 이어진다.

이 방송은 나아가 "프랑스에서는 시인 샤를 보들레르(Charles Baudelaire) 주변으로 대마초 클럽이 형성되었다."고 소개했다.[61] 『악(惡)의 꽃(Les Fleurs du Mal)』이라는 작품으로 유명해진 샤를 보들레르는 프랑스 낭만주의 최후의 시인으로, 악마파(惡魔派, Diabolism) 혹은 신비파(神秘派)의 선구자로 평가된다. 『악의 꽃』을 독일어로 번역한 시인이 바로 20세기 초반 독일에서 카리스마적 지배를 행사했던 시인 슈테판 게오르게이다. 동성애적 소아성애자(남색자)인 게오르게는 일종의 동성애 국가로서의 '비밀 독일(Geheimes Deutschland)'을 꿈꾼 학자였다. 20세기 초 독일 낭만주의의 소위 성소수자(동성애적, 소아성애적, 남색적) 학생운동이었던 반더포겔(Wandervogel) 운동은 일종의 남색자 클럽이었는데, 이 운동에 큰 영향을 준 시인이 바로 슈테판 게오르게다. 게오르게 학파는 전후 독일 정치계와 교육계를 움직이는 파워 엘리트가 되었다. 독일 프랑크푸르트 학파 이전과 배후에 바로 이 게오르게 학파가 존재하는데, 이 게오르게 학파에는 아

---

60. Gabriela Schaaf, "Dichter und Drogen", 2006년 4월 5일. https : //www.
    dw.com/de/dichter-und-drogen/a-1822389
61. 위의 문서.

도르노, 독일 전 대통령 리하르트 폰 바이츠제커(Richard von Weizsäcker), 발터 벤야민 등 20세기 후반 독일 정치계와 교육계, 그리고 학계를 움직였던 파워 엘리트들이 속해 있다. 소아성애자들의 천국으로 폭로된 독일 진보교육의 상징인 오덴발트 학교의 집단적 소아성애 사태의 철학적 배후에도 '교육학적 에로스(Pädagogischer Eros)'를 찬양한 슈테판 게오르게가 존재한다.

_ 남색적 국가론을 펼친 슈테판 게오르게

이 방송은 "하얀 가루에 부치는 시"라는 소제목으로 "20세기에 들어서 예술가들 사이에서 유행한 마약은 코카인이라 불린다."라고 설명하면서 코카인이 20세기에 들어서 낭만주의적 예술가들과 작가들 사이에서 유행하는 마약이 되었다는 사실을 소개했다. [62] 프로이트의 코카인 복용과 중독도

---

62. 위의 문서.

이렇게 20세기 초 유럽, 특히 독일 낭만주의 계열에서 유행했던 마약 찬양이라는 문화적 맥락에서 이해해야 한다. 다른 독일 언론도 "예술계에서의 마약 소비 : 시인과 애주가의 나라인 독일"이라는 제목으로 실러(Schiller)와 괴테가 포도주와 마약들에 도취되었다는 것과 호프만도 아편을 복용했다는 사실을 소개했다.[63] 이후에 상술하겠지만 프로이트는 독일의 검은 낭만주의를 대표하는 호프만으로부터 직접적인 영향을 받아서 "섬뜩한 것"을 펴냈다. 환각제에 대한 문화사를 다룬 책에서는 특히 독일 낭만주의에서 마약 찬양이 시작되었다는 사실을 강조하면서, "E. T. A. 호프만 : 일상현실에 대한 방법론적 소격"이라는 소제목 아래 검은 낭만주의 운동의 대표 학자인 호프만의 아편 복용 및 중독에 대해 상세하게 소개하고 있다.[64]

호프만은 독일 낭만주의의 사조에 따라 "정상성에 대한 낭만주의적 불만족을 위해서"라는 글을 썼다.[65] '소격(Verfremdung)'이라는 개념은 독일 낭만주의의 본질을 이해하는 데 핵심적인 개념 중 하나다. 소격은 정상적인 일상현실을 의도적으로 괴리시켜서 이탈하게 만드는 것으로, 독일 낭만주의의 소격 혹은 '기이화 정신'을 의미한다. 독일 낭만주의는 반계몽주

63. new. de, "Drogenkonsum im Künstlertum : Deutschland, Land der Dichter und Trinker", 2014년 6월 8일. https : //www.news.de/gesundheit/855536127/deutschland-land-der-dichter-und-trinker-steigert-drogenkonsum-die-kreativitaet/1/# : ~ : text=von%20News.de-,Drogenkonsum%20im%20K%C3%BCnstlertum%3A%20Deutschland%2C%20Land%20der%20Dichter%20und%20Trinker,an%20Wein%20und%20anderen%20Drogen

64. Alexander Kupfer, *Göttliche Gifte : Kleine Kulturgeschichte des Rausches seit dem Garten Eden* (Stuttgart : Metzler, 1996).

65. Lothar Pikulik, "Das Wunderliche bei E. T. A. Hoffmann. Zum romantischen Ungenügen an der Normalität", *Euphorion* 69, 1975, 294-319.

의와 반근대주의 운동으로서 정상성의 종말을 주장한다. 꿈, 무의식, 광기, 이드 그리고 에로스와 타나토스 등에 천착한 프로이트의 정신분석학에서도 이러한 독일 낭만주의 특유의 낯설고 괴상하며 디오니소스적이고 섬뜩한 것을 의도적으로 추구하는 기이화 혹은 소격의 사유를 읽어 낼 수 있다.

독일 프랑크푸르트 학파와 연관이 있는 드라마 작가 베르톨트 브레히트(Bertolt Brecht)의 '기이화 효과(Verfremdungseffekt, 소외 효과 혹은 소격 효과)'도 독일 낭만주의의 반정상적이고 퀴어스러운 소격 운동과 맥을 같이 한다. 히틀러의 나치즘이 독일 우익 민족사회주의-낭만주의 학생운동이라면, 독일 68 신좌파 운동은 독일 좌익 국제사회주의-낭만주의 학생운동이다. 독일 낭만주의는 소아기를 유토피아로 주장하면서 성인의 문명세계를 유토피아주의적 현실부정의 정신으로 부정하고 악마화했다. 브레히트는 아리스토텔레스적 드라마 개념에 반대하면서 일종의 반연극, 부조리극, 전위드라마, 사회주의적 교육극을 만들었는데, 이는 그의 사회주의적 지향과 헌신으로부터 기인한 것이다. 정상성을 부정하려는 독일 낭만주의는 세계의 선함을 부정하고 세계의 낯섦(Weltfremdheit)만 강조하면서 소격 효과를 시도한다. 오스트리아 정치철학자 에릭 푀겔린(Eric Voegelin)이 분석한 것처럼, 독일 좌우 낭만주의-사회주의 학생운동(칼 마르크스의 공산주의와 히틀러의 민족사회주의) 모두 세계의 낯섦과 퀴어스럽고 디오니소스적인 '섬뜩한 것들'을 강조하는 영지주의적 정치종교 운동이었다.

8. 우상의 추락 : 최근 프랑스의 프로이트 비판서들과 자크 라캉 비판

21세기에 접어들면서 프로이트의 정신분석학을 비판하는 연구서들이 프랑스에서 베스트셀러가 되고 있다. 2005년 프랑스에서는 『정신분석학에 대한 검은 책 : 프로이트 없는 삶과 사유와 향상』[66]이라는 책이 베스트셀러가 되면서 독일어권 주류 언론에도 논쟁을 일으켰다. 프로이트가 없는 삶과 사유가 더 좋다는 주장이다. 이 책은 서로 다른 국적과 분야의 40여 명의 학자들이 기고한 약 40편의 논문으로 구성되어 있다. 프로이트의 정신분석학에 대한 신랄한 비판서인 이 책은 정신분석학의 역사와 프로이트의 이론들의 학문성을 비판한다. 또한 정신분석학의 효율성에 관해 의문을 제기하면서 정신분석학의 치유적 실패 혹은 '정신분석학 치료의 효과 없음'을 비판한다. 이 책은 정신분석학의 신화들과 전설들의 거품을 걷어내고, 정신분석학이 약속하는 허구적 치유를 비판하며, 정신분석학의 윤리학이 가능한지에 대해 질문한다. 또한 잘못된 정보들로 인해 발생한 프로이트와 정신분석학에 대한 '신비화'를 분석하고, 프로이트의 정신분석학은 인지심리학과 대조적으로 비효율적이며 불확실하다고 비판한다. 캐나다 토론토 대학교의 정신과 교수인 저명한 학자 에드워드 쇼터(Edward Shorter)[67]는 의학 역사가이다. 그는 "프로이트의 정신분석학은 세계적으로 그 유행의 거품이 빠지고 있지만, 프랑스와 아르헨티나에서만 정신분석학의 퇴락을 경험할 수 없었다."고 지적했다.[68]

『정신분석학에 대한 검은 책』은 "프로이트 학파와 라캉 학파의 정신분

---

66. Catherine Meyer et al. (Hrsg.), *Le livre noir de la psychanalyse : Vivre, penser et aller mieux sans Freud* (Paris : Les Arènes, 2005).
67. 1995년에 캐나다 왕립협회가 캐나다 의료 정책의 기틀을 세운 제이슨 A. 해나를 기리기 위해 제정한 제이슨 A. 해나 메달을 받았다. 2000년에도 '정신의학의 역사'로 다시 해나 메달을 받았다.
68. https : //de.frwiki.wiki/wiki/Le_Livre_noir_de_la_psychanalyse

석학자들의 실천들은 인간 심리에 대한 이해의 진보에서 점차 멀어지고 있다. 어제까지만 해도 반항적이고 아방가르드적이었던 프로이트 학파와 라캉 학파는 오늘날에 와서는 자신들의 군사방호벽 혹은 보루를 교조주의(Dogmatismus)를 이용해 방어하기 위해 보초를 서고 기꺼이 공격적인 지식인들이 되어 버렸다."고 밝혔다. 프로이트 학파의 정신분석학자들은 이제 프로이트에 대해 비판적인 역사가들의 책들을 유포하는 것에 대한 거부, (프로이트에 대한) 불편한 학문적 발견들에 대한 유보, 그리고 정신분석학적 치료의 효율성에 대해 비판적인 책들을 검열하는 등의 모습을 보이고 있다. 이 책은 프랑스의 르 몽드(Le Monde), 르 누벨 옵세르바퇴르(Le Nouvel Observateur), 리베라시옹(Libération)과 같은 유력 언론들뿐 아니라, 독일의 저명 언론인 『프랑크푸르트 알게마이네 짜이퉁(*Frankfurter Allgemeine Zeitung*)』과 스위스, 영국, 네덜란드의 주류 언론에도 보도되었다.[69]

2005년에 독일 언론 『벨트(*Die Welt*)』는 "지껄임의 실천"이라는 제목으로 『정신분석학에 대한 검은 책』을 소개하면서 "오랫동안 프랑스인들은 프로이트의 정신분석학을 독일인의 학문, 즉 '숙적인 독일인들의 학문'으로 여겼기 때문에 거부했다."고 평했다. 필자는 앞서 프로이트의 정신분석학은 독일 낭만주의의 산물로서, 번역되기 힘든 독일 특유의 독일 학문이라고 지적한 바 있다. 이 언론은 "많은 국가들에서 한때 성공적이었던 정신분석학이 이제는 퇴락하고 있다."고 소개한다. 프랑스는 정신분석학의 퇴조가 발생하지 않은 것처럼 보였지만, 이제 프랑스에서마저 정신분석학은 강한 비판에 직면하고 있다. 또한 이 언론은 "자동적인 글쓰기의 창조

---

69. 위의 문서.

적 원천으로서의 잠재의식을 발견했던 초현실주의자들은 프랑스에서 프로이트의 이론을 긍정적으로 수용한 최초의 인물들이었다."고 설명하고 있다.[70] 꿈, 무의식, 에로스와 타나토스, 광기 등에 천착한 프로이트의 정신분석학은 독일 낭만주의 운동의 유산이자 산물이기에, 프랑스에서도 계몽적, 합리적 그리고 과학적 학계보다는 초현실주의에서 우선적으로 수용되었다.

프로이트의 정신분석학이 처음으로 유행하게 된 것은 자크 라캉 (Jacques Lacan)을 통해서였다. 이 언론은 "프로이트의 정신분석학이 대중적인 현상이 되게 만든 것은 68 운동이었다. 독일과 프랑스의 68 운동으로 인해 프로이트는 정치적인 것의 한 부분이 된 성혁명 운동의 간판이 되었다. 프랑스 정신분석학자들의 스승인 자크 라캉은…… 동물적 자기장 이론을 주장한 메스머의 입장에 근접하게 되었다."고 소개했다. 나아가 이 언론은 정신분석학의 치료적 효과성에 대한 의심에 관해 자크 라캉의 답변을 소개한다. 자크 라캉은 "칼 포퍼(Karl Popper)가 매우 정확하게 주장한 것처럼 정신분석학은 반증할 수 있는 이론이 아니다. 정신분석학은 프락시스(실천)이다. …… 정신분석학은 지껄임의 실천이다."라고 말했다.[71]

자크 라캉에 의하면 무의식은 언어처럼 구조화되어 있다. 프로이트의 낭만주의적 무의식 연구를 언어구조주의적으로 접근하고자 했던 라캉은 1920년대 초현실주의자들과 깊이 교류하면서 그들로부터 영향을 받았다. 2010년 3월 8일, 독일어권에서 가장 유명한 철학방송인 "별의 순간"에서는

---

70. Jörg von Uthmann, "Praxis des Schwätzens", 2005년 10월 10일. https : //www. welt. de/print-welt/article169923/Praxis-des-Schwaetzens. html
71. 위의 문서.

초현실주의가 자크 라캉에게 미친 영향을 소개했다. 1920년대 초현실주의의 영향으로 라캉은 무의식, 꿈, 광기, 도취 등에 관심을 가졌다. 그의 상징계와 상상계도 모두 초현실주의적 이론이다. 이 철학방송에서는 프로이트와 라캉의 차이를 설명했는데, 라캉이 프로이트보다 더 깊이 초현실주의적 인식론을 전개했다는 것이다. 라캉은 특히 초현실주의 작가 살바도르 달리(Salvador Dalí)와 교류했으며, 초현실주의로부터 깊은 영감을 받아서 고전적인 프로이트 정신분석을 이탈하게 되었다. 이 방송은 "프로이트에게도 약간은 이런 낭만주의적-초현실주의적 요소가 존재하지만, 프로이트는 결국 현실로 되돌아갔다. 하지만 라캉은 완전히 초현실주의로 진입했다. 프로이트는 마지막 현실(Letzte Realität)과 언어의 관련성을 주장하면서 현실에 머물러 있지만, 라캉은 현실과 언어의 관련성을 완전히 부정하고 이탈했다."고 설명했다. 라캉에 의하면 언어가 실재를 구성한다. 덧붙여 이 방송에서는 라캉이 돈에 대해 탐욕적이고, 사치스러우며, 폭주족과 같고, 네로와 비슷하다고 폭로하면서 그가 영화 시청 이후에는 캐비어를 즐겼다고 밝혔다.[72]

독일의 저명한 언론인 『프랑크푸르트 알게마이네 짜이퉁』도 "프로이트에 대한 집중포화"라는 제목으로 프랑스에서 베스트셀러가 된 『정신분석학에 대한 검은 책』을 소개했다. 그러면서 "정신분석학자들이 마약의 위험

---

72. Sternstunde Philosophie, "Lacan verstehen. Andreas Cremonini und Peter Widmer über den französischen Psychoanalytiker Jacques Lacan", 2010년 3월 8일. https : //www.srf.ch/play/tv/sternstunde-philosophie/video/sternstunde-philosophie-lacan-verstehen--andreas-cremonini-und-peter-widmer-ueber-den-franzoesischen-psychoanalytiker-jacques-lacan?urn=urn : srf : video : f16e3120-b276-420b-933f-a14c14f415ec

성을 경솔한 방식으로 저평가한 나머지 환자들에게 그 위험성을 충분히 알리지 않았다."고 적었다.[73] 오스트리아 언론『데어 슈탄다르트』역시 "프랑스 : 프로이트 없이 보다 좋게 느끼다"라는 제목으로『정신분석학에 대한 검은 책』을 소개하면서 "프랑스는 아르헨티나와 함께 프로이트주의의 마지막 보루국가였지만, 몇십 년 전부터 정신분석학자들의 헤게모니적인 (지배적인) 위치가 인지 치유적이고 행동 치유적인 심리치료법적인 절차들에 의해 지속적으로 위협받고 있다."고 설명했다.[74] 21세기 심리학은 보다 자연과학적이고 뇌과학적 인지심리학이 주류를 형성하고 있다. 스위스 언론 역시 "프로이트의 정신분석학은 동종 요법과 같이 효과가 없다"라는 제목으로『정신분석학에 대한 검은 책』을 평가했다.[75] 동종 요법이란 동일 병을 유발하는 약제를 최소량 사용하는 요법을 가리킨다.

　오스트리아 국영방송(ORF)은 "모든 측면에서의 공격 : 정신분석학의 비판자들은 정신분석학이 기우뚱거리는 연약한 기반에 서 있다고 주장한다"라는 제목으로 최근 증가하는 프로이트의 정신분석학에 대한 학문적 비판을 소개했다. 필자는 이후에 프로이트의 정신분석학의 초석이자 아킬레스건인 오이디푸스 콤플렉스 이론이 소포클레스의 그리스 비극작품『오이디

73. *Frankfurter Allgemeine Zeitung*, "Feuer auf Freud", 2005년 9월 27일. https : // www.faz.net/aktuell/feuilleton/buecher/rezensionen/sachbuch/feuer-auf-freud-1250971.html
74. Christoph Winder, "Frankreich : "Sich besser fühlen ohne Freud"", 2006년 1월 1일. https : //www.derstandard.at/story/2291059/frankreich-sich-besser-fuehlen-ohne-freud
75. Michèle Binswanger, "Freuds Psychoanalyse ist so unwirksam wie Homö-opathie", 2010년 5월 4일. https : //www.tagesanzeiger.ch/freuds-psychoanalyse-ist-so-unwirksam-wie-homoeopathie-125599691340

푸스 왕』에 대한 명백한 오독에서 나온 이론이기에 폐기되어야 한다는 사실을 르네 지라르의 이론에 기초해서 설명할 것이다. 오이디푸스 콤플렉스 이론이 그리스 비극에 대한 오독에 기초한 것이라면, 프로이트의 정신분석학 전체가 기우뚱거리면서 흔들리게 된다. 이 방송은 지그문트 프로이트 신화가 흔들리고 있으며, 2005년 프랑스의 베스트셀러인『정신분석학에 대한 검은 책』이 프로이트 비판의 정점을 이루고 있다고 소개했다. 또한 이 책이 "프로이트의 정신분석학을 지지하는 투쟁은 사실상 퇴각전에 불과하다. 왜냐하면 프로이트의 이론 중 상당 부분이 이미 충분하게 반박되었기 때문이다."라고 주장한다고 설명했다.[76]

　이 방송은 "도취 속의 프로이트 : 코카인"이라는 소제목 아래서 한 이스라엘의『비엔나의 돌팔이 : 지그문트 프로이트와 정신분석학에 대한 비판적 성찰들』[77]의 내용도 소개했다. 그동안 프로이트의 코카인 중독이 추종자들에 의해서 침묵되거나 적어도 평가절하되어 왔다는 것, 프로이트가 코카인을 심리적이고 신체적인 장애를 치유하는 만병통치약으로 평가했다는 것, 그리고 프로이트가 코카인 가루를 지인들과 친척들에게 아량 있게 나누어 주곤 했던 것들에 대해 소개했다. 또한 이 방송은 프로이트의 코카인 중독의 가능성을 주장하면서 "프로이트가 스스로 오랜 시간에 걸쳐서 십중팔구 날마다 상당한 양의 이 환각제를 흡입했었다."라고 폭로하며, 코카인에 대한 프로이트의 잘못된 믿음에 대해 지적했다. 이뿐만 아니

---

76. ORF.at, "Angriffe von allen Seiten". https : //newsv1.orf.at/06050399084/99085txt_story.html

77. Han Israëls, *Der Wiener Quacksalber : Kritische Betrachtungen über Sigmund Freud und die Psychoanalyse*.

라 "카멜레온과 같은 유사학문"이라는 소제목 아래 프로이트의 정신분석학이 카멜레온과 같은 유사학문에 불과하다는 한 이스라엘의 의견을 소개하면서 이미 오스트리아 출신의 칼 포퍼가 정신분석학은 반증이 가능하지 않은 점성학과 같은 학문이라고 비판한 것을 설명하였다. 한 이스라엘 교수는 정신분석학이 크게 성공한 이유는 주변 환경에 완벽하게 적응해 버리는 카멜레온과 같은 성격 때문이라고 분석했다. 나아가 이 방송은 "섹스가 전부는 아니다"라는 소제목 아래서 "소아기에는 성적인 측면들이 지배한다고 주장하면서, 그러한 방식으로 성격과 심리적 장애들을 정초하려는 정신분석학적 발달이론의 보편적 타당성을 지지해 주는 어떠한 근거도 존재하지 않는다."라고 평가했다.[78] 즉, 소아기의 성에 대한 이론적 근거가 없다는 것이다.

프랑스에서 출간된 또 다른 대표적인 프로이트 비판서는 2010년 출간된 미셸 옹프레(Michel Onfray)의 『우상의 추락』[79]이다. 이 책은 600페이지가 넘는 두꺼운 책이지만, 출간 이후 두 달 동안 무려 10만 권이 팔린 베스트셀러가 되었고, 많은 논쟁을 불러일으켰다. 이 책은 2013년에 빠른 속도로 한국어로도 번역되었다.[80] 독일의 자연과학 잡지인 『스펙트럼 (Spektrum)』은 "지그문트 프로이트는 후대세계에 두 가지 위대한 동화를 남겼는데, 그 첫 번째 동화는 유사학문적인 구원의 문학사가이며, 두 번

78. ORF. at, "Angriffe von allen Seiten".
79. Michel Onfray, *Le crépuscule d'une idole : L'affabulation freudienne* (Paris : Grasset, 2010), dt. : *Anti-Freud : Die Psychoanalyse wird entzaubert* (München : KNAUS, 2011).
80. 미셸 옹프레 저, 전혜영 역, 『우상의 추락 : 프로이트, 비판적 평전』(서울 : 글항아리, 2013).

째 동화는 자신에 대한 전설들이다."라고 주장한 미셸 옹프레의 말을 소개
했다. 독일 낭만주의는 소아기를 유토피아와 황금시대를 찬양하는 반근
대주의적, 반계몽주의적 그리고 '동화적'인 세계관이다. 또한『스펙트럼』은
"프로이트 정신분석학의 성공은 성적인 것에 대한 강조, 유사종교적인 비
밀동맹주의 그리고 시대의 신경을 건드린 상황에 기인한다."고 주장한 옹
프레의 입장을 소개한다. 미셸 옹프레에 의하면 프로이트는 무엇보다도
자신의 본능과 집착을 연구했으며, 이러한 관찰들을 일반화해서 보편적인
도그마로 발전시켰다.[81]

　　지금까지 2010년 이후로 정신분석학의 마지막 보루라고 할 수 있는 프
랑스에 거세게 불고 있는 프로이트의 정신분석학에 대한 비판을 소개했
다. 2010년 이후 독일에서는 프로이트가 주장한 소아의 성을 기반으로 전
개되었던 독일 68 반권위주의적 진보교육의 상징인 오덴발트 학교의 소아
성애적 아동 강간 사태가 폭로되었다. 그리고 그 여파로 발생한 2014년 독
일 녹색당의 소아성애 운동 과거사에 대한 공식 사과가 있었다. 이러한 사
건들로 인해 독일에서도 프랑스 못지않게 프로이트의 정신분석학에 대한
비판적 성찰이 거세지고 있다. 독일 68과 프랑스 68 신좌파는 프로이트의
정신분석학을 성정치의 이름으로 정치적으로 대유행시켰는데, 2010년 이
후로 독일과 프랑스 모두에서 프로이트의 황혼이 선포되고 있다. 미셸 옹
프레의 책에 대한 소개는 "지그문트 프로이트, 오이디푸스 왕"이라는 소제
목 아래서 계속해서 이어질 것이다.

---

81. Steve Ayan, "Unter der Gürtellinie", 2011년 8월 2일. https : //www.spektrum.
　　de/magazin/unter-der-guertellinie/1117755

9. 지그문트 프로이트, 오이디푸스 왕 : 프로이트의 근친상간적 성욕

미셸 옹프레는 자신의 어린 시절 중 4년을 어느 고아원에서 보냈는데, 그는 그곳에서 성인 남성들로부터 성폭력을 당했다. 그는 이러한 성폭력의 치욕과 모욕이 주는 나락을 극복하기 위해서 니체의 글과 프로이트의 성이론에 관한 책을 읽었다고 한다. 그리고 니체의 전집을 모두 읽은 후 그에게 있어 프로이트는 탈마술화(entzaubert)되었다고 고백했다.[82] 그는 소아 성폭력의 상처와 아픔을 극복하기 위해서 프로이트의 성이론을 직접 읽은 후, 프로이트에 대한 신랄한 비판가가 되었다. 소아와 소아기를 신화적으로 찬양하는 독일 낭만주의의 영향과 1900년대 비엔나의 퇴폐주의적 세기말 사조의 영향으로 프로이트도 소아의 성욕을 주장했다. 이러한 프로이트의 소아의 성과 성욕에 대한 이론은 이후 독일 68 신좌파의 동성애적 소아성애(남색) 운동의 핵심근거로 작용했다. 소아의 성욕을 최초로 이론화했다고 주장되어지는 프로이트의 성 이론은 독일과 프랑스 68의 소아성애적 안티파의 소아성애적 조기성교육 운동의 근거로 작용했다. 그렇기에 프로이트의 이론은 이러한 독일과 프랑스 68 소아성애적 안티파의 성혁명 문화로 발생한 수많은 아동 강간과 아동 인권 유린 사태에 대한 책임으로부터 결코 자유로울 수 없다.

독일 언론 『스테언(Stern)』은 "지그문트 프로이트 : 오이디푸스 왕"이라는 제목으로 프로이트가 말하는 오이디푸스 콤플렉스가 많은 경우 프로이트 자신의 콤플렉스라는 사실을 소개했다. 프로이트 자신이 오이디푸스

---

82. WIKIPEDIA, Anti Freud. https : //de.wikipedia.org/wiki/Anti_Freud

왕과 같은 사람이라는 말이다. 이 언론은 "프로이트는 늙고 권위주의적인 아버지와 젊지만 우울증을 앓는 어머니, 그리고 자신의 사랑을 받는 어린 아이와 같은 아내 사이에서 성장했는데, 이러한 조합은 정신분석학의 발전에 중요한 의미를 지닌다."고 설명한다. 또한 프로이트가 "코카인의 중독 잠재성을 재빨리 인식하지 못한 것을 이후 자신의 '젊은 시절의 죄악'이라고 명명했다."는 사실도 소개했다. 또한 "프로이트가 스스로를 향해서 오이디푸스 콤플렉스를 진단하다"라는 소제목으로 "1897년 프로이트는 자기분석 이후에 어떤 편지에서 자신의 오이디푸스 콤플렉스에 대해서 기록했다. 프로이트는 자신이 어린 시절에 어머니를 사랑했고 아버지에 대해서는 질투를 느꼈는데, 이 현상이 보편적으로 유효하다고 생각했다."고 소개했다. 이 언론이 분석하듯이, 성억압 속에서 프로이트는 많은 정신적 질병들의 원인을 찾았다. 그리고 이 언론은 "자기 자신의 꿈에 대한 수집과 해석"이라는 소제목 아래서 정신분석학의 기초인『꿈의 해석』에서 "인간은 무의식적인 소아기의 성적인 환상들로 인해 충동을 느끼는데, 이는 사회적 규범들에 위배되기 때문에 정신적인 갈등이 야기된다."고 주장하는 프로이트의 입장을 정리했다. 이 언론은 결론적으로 "많은 부분에 있어 프로이트의 꿈의 해석은 자신의 꿈들에 대한 수집과 해석이다."라고 주장한다.[83] 전술한 한 이스라엘 교수 역시 프로이트의『꿈의 해석』에 등장하는 내용의 약 90%가 프로이트 자신의 꿈에 대한 해석일 것으로 본다.

　미셸 옹프레도 자신의 책『우상의 추락』에서 젊은 시절 자신의 우상이

---

83. Matthias Armborst, "Sigmund Freud : König Ödipus", 2006년 5월 5일. https : // www. stern. de/panorama/wissen/mensch/sigmund-freud-koenig-oedipus-3600298. html

었던 프로이트와 정신분석학의 퇴조를 주장하면서, 프로이트가 자신의 콤플렉스인 오이디푸스 콤플렉스를 부당하게 일반화시키고 보편화시켰다고 비판했다. 프로이트 이론의 초석은 오이디푸스 콤플렉스이다. 미셸 옹프레는 이 오이디푸스 콤플렉스가 프로이트 개인의 경험을 지나치게 일반화한 것에 불과하다고 말한다. 또한 그는 근친상간이 프로이트의 삶에 매우 중요한 환상이라고 주장한다. 프로이트는 생후 2년 6개월 즈음의 밤에 기차 안에서 어머니의 벌거벗은 모습을 목격하고 어머니를 향한 성적 욕망을 발견했다고 주장했다. 미셸 옹프레는 프로이트가 40년 동안 처제와 한 지붕 아래 살면서 애인처럼 사귀는가 하면, 딸 안나조차 상징적인 근친상간의 대상으로 삼았다고 주장한다. 또한 그는 프로이트가 개인적으로 겪은 지극히 주관적인 경험을 객관화시키고 과학적인 학문으로 발전시키기까지, 그의 억측 주장이 어떤 구조로 이뤄졌는지 낱낱이 파헤치고 있다.[84]

2011년 5월 17일, 독일 언론『슈투트가르트 신문(Stuttgarter Zeitung)』은 "지그문트 프로이트 : 근친상간적 성욕망"이라는 제목으로 미셸 옹프레의 『우상의 추락』을 소개하면서 프로이트 자신의 근친상간적 성욕을 다루었다. 이 언론은 프로이트가 자신의 이론체계를 근친상간적 성욕으로부터 도출하고, 그것에 기초해서 수립했다고 분석했다. 또한 미셸 옹프레가 "프로이트 자신이 근친상간적 경향들을 소유했기에, 그는 거의 모든 곳에서 근친상간을 가정하고 있다."고 말한 것과 "프로이트가 계몽주의 시대에서 반대철학이라고 불리는 합리주의적 철학에 대한 철학적 부정을 대변하고 있다."고 분석한 그의 입장을 소개했다. 즉, 충동, 리비도, 무의식, 오이디

---

84. 미셸 옹프레 저, 전혜영 역,『우상의 추락 : 프로이트, 비판적 평전』.

푸스, 부친 살해, 억압, 승화, 노이로제와 같은 환상적인 개념들은 그의 반계몽주의적이고 반이성주의적인, 그리고 낭만주의적인 반대철학의 산물들인 것이다.[85]

"프로이트, 그의 어머니 그리고 근친상간 금기 : 프로이트는 자신의 어머니의 근친상간 희생자였는가?"라는 논문은『국제 출생 전후 심리학과 의학 저널』에 실린 논문으로, 프로이트의 아버지인 야콥 프로이트(Jakob Freud)의 세 번째 아내이자 프로이트의 두 번째 새어머니인 아말리아 프로이트(Amalia Freud)에 대한 프로이트의 근친상간적 성욕을 소개했다. 이 논문은 젊고 아름다운 두 번째 새어머니에 대한 어린 프로이트의 근친상간적 성욕을 분석하면서, 프로이트가 이러한 근친상간적 성욕의 희생자임을 소개했다. 또한 이 논문은 "프로이트, 그의 어머니 아말리아 그리고 세대 혼동"이라는 소제목으로 프로이트가 늙은 아버지의 세 번째 아내이자 젊고 아름다운 새어머니인 아말리아로 인해 어지럽게 연결된 가족들 속에서 성장했었다는 사실을 소개하고 있다.[86] "오이디푸스 콤플렉스가 노이로제의 핵심이다."라는 프로이트의 주장은 바로 이러한 프로이트 자신의 카오스적인 가족관계와 세대 혼동으로부터 탄생했다. 이 논문은 프로이트 자신과 깊게 관련된 '소아여성(Kinderfrau), 어머니 그리고 아내' 사이의 복잡하고 어지러운 혼동에 대해 다음과 같이 분석했다. "프로이트의 아내는 첫

---

85. Gudrun Mangold, "Sigmund Freud. Inzestuöse Leidenschaft", 2011년 5월 17일. https : //www. stuttgarter-zeitung. de/inhalt. sigmund-freud-die-entzauberung-der-psychoanalyse-page1. 74f35222-981c-4b30-8807-8346e8fe1f5e. html

86. Ricarda Müssig, "Freud, seine Mutter und das Inzesttabu : War Freud ein Inzestopfer seiner Mutter?", *International Journal of Prenatal and Perinatal Psychology and Medicine* 9(2), 1997, 218.

번째 자녀를 출산한 이후 프로이트의 새어머니와 같은 여성이 되었고, 프로이트는 아내와의 섹스를 거의 근친상간처럼 느꼈다. 이러한 문제는 근친상간 희생자들의 빈번한 사후결과들이다. 우리는 어떻게 소아여성, 어머니 그리고 아내가 서로 어지럽게 얽혀 있는지에 관해 프로이트의 꿈들 속에서 이미 보았다."[87]

이 논문은 프로이트 자신과 관련된 소아여성에 대해 상세하게 다루었는데, 필자는 이후에 소아의 성을 이론화한 프로이트와 소아여성에 대한 소아성애적 에로스에 대해서 상세하게 논의할 것이다. 프로이트와도 관련된 이 소아여성은, 소아성애적 작품에 등장하는 롤리타(Lolita)와 같은 인물이다. 소아여성 혹은 롤리타는 소아기적 특성과 함께 정신적이고 신체적인 성숙을 가진 소녀들이나 여성들이다. 일종의 소아여성인 롤리타는, 소아여성과 관련된 프로이트의 정신분석학에 많은 영향을 받은 블라디미르 나보코프(Vladimir Nabokov)의 소설 『롤리타(Lolita)』에 기원을 두고 있다. 이 소설에서 주인공은 12세 소녀인 롤리타와 사랑에 빠진다.

2011년에 독일 공영방송 도이치란트풍크(Deutschlandfunk)도 "근친상간으로 고통받으며"라는 제목으로, 한때 프로이트의 추종자였지만 이후 프로이트의 추락을 논증하는 미셸 옹프레의 책을 소개하면서 프로이트가 젊고 아름다운 두 번째 새어머니를 향한 근친상간적 성욕으로 인해 고통받은 인물이라고 설명했다. 이 방송은 미셸 옹프레에게 있어 프로이트의 정신분석학은 한 사람의 자서전적인 모험이자 집착들에 불과하다고 소개했다. 미셸 옹프레는 "프로이트는 보편타당한 것을 주장하지 않았다. 그의

---

87. 위의 문서, 228.

가르침은 자신의 몽상, 집착, 그리고 근친상간으로부터 고통받고 침식받는 내면으로부터 탄생한 산물이다.[88]"라고 말했다.

이후에 자세하게 논증하겠지만, 미셸 옹프레도 프로이트의 무의식 개념은 쇼펜하우어나 니체의 철학으로부터 지대한 영향을 받았다고 지적했다. 그는 무의식에 대한 이론이 어느 누구의 영향도 받지 않은 '순수한 창작물'임을 당당하게 내세우는 프로이트를 비판했다. 또한 그는 무엇보다 스스로 철학자가 아닌 의사이자 과학자라고 여긴 프로이트가 자신이 철학의 영향을 받았다는 사실을 용납할 수 없었을 것이라고 분석한다. 미셸 옹프레에 의하면 심지어 프로이트는 대학에서 문학을 공부한 사실도 감추려고 했다. 하지만 결국 프로이트는 자신이 원했던 노벨의학상이 아니라 일종의 문학상인 괴테상을 받았다. 프로이트의 업적이 과학보다는 문학에 가깝다고 판단되었기 때문이다. 전술한 것처럼 코카인을 직접 복용한 뒤 그 효과를 맹신한 프로이트는 교수였던 친구에게 코카인을 처방해 목숨을 잃게 만들었다.[89] 한 이스라엘은 『프로이트 사태 : 기만으로부터의 정신분석학의 탄생』에서 프로이트가 친구 교수에게 코카인을 처방한 것이 명백한 실패였음에도 불구하고 프로이트는 이것이 성공적이었다고 주장한 것을 신랄하게 비판했다.[90] 프로이트는 코카인 중독으로 죽은 친구에 대한 죄책감을 계속 가지고 있었고, 이 죄책감이 이후의 저서들에 반영되어 있다는 최근 연구들도 많다.

---

88. Deutschlandfunk Kultur, "Vom Inzest gequält", 2011년 6월 6일. https : //www. deutschlandfunkkultur. de/vom-inzest-gequaelt-100. html

89. 미셸 옹프레 저, 전혜영 역, 『우상의 추락 : 프로이트, 비판적 평전』.

90. Han Israëls, *Der Fall Freud : Die Geburt der Psychoanalyse aus der Lüge*.

전술한 다른 비판적인 프로이트 전문가들의 견해처럼, 미셸 옹프레도 "정신분석에 의지한 치료 효과는 플라시보 효과를 기대하는 것과 다름없기에 마법에 기대는 것과 같다."고 주장했다. 그에 의하면 오늘날 프로이트와 정신분석학이 놀랄 만한 발전과 성공을 거둘 수 있었던 이유는 바로 기독교 문화가 팽배한 유럽에서 금기시되던 성 담론을 처음으로 유행시켰기 때문이다.[91] 그는 또 다른 성공 요인으로 프로이트막시즘을 언급하는데, 독일 학계에서 정식적인 학문으로 수용되지 않은 프로이트의 낭만주의적 정신분석학은 독일 68과 프랑스 68 신좌파가 프로이트막시즘의 이름으로 정치적으로 유행시킨 담론이었다.

10. 낭만주의자 프로이트 : 독일 낭만주의의 꿈-담론과 프로이트의 『꿈의 해석』

2017년 9월 12일에 오스트리아 비엔나에 위치한 정신분석학 매거진 『비엔나 정신분석학자(Der Wiener Psychoanalytiker)』의 지원 속에서 "무의식-자유로운 말하기에 대한 즐거움 : 계몽주의와 낭만주의의 아들로서의 정신분석학"이라는 제목의 대담이 방송되었다. 이 방송에서는 계몽주의자이자 낭만주의자로서의 프로이트, 문화역사적인 시대들에 대한 하나의 이념역사적인 논의, 그리고 정신분석학과 관련되어 있는 독일 낭만주의와 계몽주의 문제를 다루었다.[92]

---

91. 미셸 옹프레 저, 전혜영 역, 『우상의 추락 : 프로이트, 비판적 평전』.
92. cha, "Unbewusst - Die Lust am freien Sprechen: Psychoanalyse als Kind von Aufklärung und Romantik", 2017년 9월 12일. https : //cba.fro.at/348877

독일 언론인이자 작가인 우도 로이슈너(Udo Leuschner)는 자신의 책
『현대의 신화 : 프로이트 정신분석학에 대한 비판』에서 "무의식 : 낭만주
의와 당대의 사조들에서 발견되는 정신분석학의 핵심개념의 기원들"이
라는 제목으로 정신분석학의 핵심개념의 기원이 독일 낭만주의 운동이
라고 주장했다. [93] 로이슈너는 독일 후기낭만주의자 칼 구스타프 카루스
(Carl Gustav Carus)가 이미 무의식이라는 개념 위에 세워진 영혼 모델을 제
시했다는 사실을 소개한다. 1846년 칼 구스타프 카루스는 『퓌시케-영혼
의 발전사에 대하여』[94]라는 책을 출간했는데, 여기서 그는 무의식에 대
한 낭만주의적 개념에 기초한 영혼 모델을 주장했고, 이러한 입장은 이
후의 심리학적-철학적 문헌들에서 확고한 위치를 확보했다. 칼 구스타
프 카루스는 독일의 화가, 철학자, 의사로 활동했다. 그는 특히 독일의 낭
만주의적 풍경화로 국내에도 잘 알려져 있다. 『미학론(*Neun Briefe üuber
Landschaftsmalerei*, 풍경화에 관한 9통의 편지)』(1831)은 그가 주치의를 맡았던
괴테의 자연과학적 인식의 철학에도 기초를 둔 독일 낭만주의 회화에 관
한 이론적 저작 중의 하나이다.

독일 프랑크푸르트 대학교 사회심리학과 교수인 한스-위르겐 비르트
(Hans-Jürgen Wirth)는 독일 『정치적 문화 매거진 키케로(*Cicero : Magazin für
politische Kultur*)』의 2019년 8월 14일 기고문에서 "프로이트는 의심할 바

---

93. https : //www.udo-leuschner.de/pdf/freud.pdf ; 그의 다른 책에서도 프로이트
  에 대한 비판이 소개되어 있다. Udo Leuschner, *Entfremdung-Neurose-Ideologie*
  (Köln : Bund-Verlag, 1990).
94. Carl Gustav Carus, *Psyche : Zur Entwicklungsgeschichte der Seele* (Pforzheim :
  Flammer und Hoffmann, 1846).

없는 계몽주의의 대변자이며, 그의 이성 개념은 철저하게 합리적인 개념이다."라고 말했다. 그러나 동시에 "프로이트 작품들의 또 다른 뿌리는 바로 독일 낭만주의에 있다. 프로이트는 위대한 낭만주의자였다."고 주장했다. 비르트 교수는 프로이트의『꿈의 해석』, "섬뜩한 것", 그리고 무의식 개념은 독일 낭만주의 사유에 깊게 뿌리내리고 있으며, 역사철학적으로 보더라도 프로이트는 독일 낭만주의 철학자들로부터 상당 부분 영향을 받았다고 분석했다. 비르트 교수는 프로이트의 사유에 존재하는 합리적 계몽주의와 독일 낭만주의라는 두 가지 뿌리들이 '절대적 반립'을 보여 주지만, 서로 반립하는 이 두 사유들이 프로이트의 정신분석학에 공존하고 있다고 분석했다. 또한 그는 에릭 프롬(Eric Fromm)이 바로 이러한 합리성과 낭만주의 사이의 '생산적인 종합'이야말로 프로이트가 문화에 광범위하게 영향을 미칠 수 있었던 가장 중요한 원인이라고 말했던 사실을 소개했다. 뿐만 아니라 프로이트는 자신의 낭만주의적 측면들을 부인했다는 사실도 지적했다.[95]

프로이트의『꿈의 해석』은 독일 낭만주의에서의 꿈의 담론으로부터 큰 영향을 받았다. 페터 앙드레 알트 교수가 편집한 연구서『낭만주의의 꿈-담론』[96]은 이러한 사실을 잘 보여 준다. 이 책은 독일 낭만주의 운동의 꿈에 대한 '낭만주의적 심리학'을 분석하고 있다. 프로이트의 정신분석학도

95. Hans-Jürgen Wirth, "Psychoanalyse ist besser als ihr Ruf", 2019년 8월 14일. https : //www.cicero.de/kultur/siegmund-freud-psychoanalyse-cicero-ruf-psychologie
96. Peter-André Alt, Christiane Leiteritz(Hrsg.), Traum-Diskurse der Romantik (Berlin : de Gruyter, 2005).

독일 낭만주의 운동의 심리학의 영향을 강하게 받은 정신분석학이라 할 수 있다. 이 책에 실린 "낭만주의적 정신분석학? 프로이트, 칼 융, 그리고 낭만주의의 꿈 이론들"이라는 논문은 프로이트의 정신분석학에 영향을 미친 독일 낭만주의 대신, 프로이트 이론의 과학적이고 합리적인 측면을 강조함으로써 그를 변호하고 있다. 또한 독일 낭만주의의 강한 흔적은 프로이트가 아니라 칼 융에게서 발견된다고 주장했다. "독일 낭만주의는 하나의 지성적인 운동이다. 불가피하게 프로이트의 이론으로부터 영감을 받은 오늘날, 우리가 무의식이라고 부르는 것을 독일 낭만주의가 먼저 '발견했다'는 사실은 당연시되고 있다. 따라서 독일 낭만주의는 정신분석학의 선구자로 그 위치를 확립하였다. …… 프로이트는 칼 융으로부터 영향을 받았지만 애매모호한 작품들 속에 통합된 낭만주의적 입장의 마지막 흔적들을 제거함으로써 정신분석학을 하나의 학문으로 확립시켰다."[97]

물론 쇼펜하우어와 니체가 말한 디오니소스적, 신화적 그리고 낭만주의적인 지평이 프로이트보다 칼 융에게서 더 강한 것은 사실이다. 프로이트의 정신분석학에 일부 합리적, 계몽적 그리고 과학적인 요소가 있긴 하지만, 그렇다고 프로이트의 정신분석학에 대한 독일 낭만주의의 강한 영향을 배제하거나 부정할 수는 없다. 프로이트를 독일 낭만주의자로 파악하는 것이 최근 독일어권 학계의 보편적 중론이라 할 수 있다. 영지주의자인 칼 융은 프로이트의 정신분석학에서 발견되는 낭만주의적, 디오니소스적 그리고 신화적 차원을 더 강하게 급진화시켜서 집단무의식이라는 이

97. Bettina Gruber, "Romantische Psychoanalyse? Freud, C. G. Jung und die Traum theorien der Romantik", in : *Traum-Diskurse der Romantik*, 334-358.

름으로 세계 신화를 향해 너무 멀리 나아갔다. 프로이트의 제자이자 성혁명 운동의 아버지인 오스트리아 출신의 빌헬름 라이히는 소아의 성에 대한 프로이트의 입장을 프로이트막시즘이라는 이름으로 급진화시켜서 소아성애적인 소아와 청소년의 성혁명과 성정치 운동을 전개했다. 독일 68 소아성애적 안티파와 녹색당은 모두 소아의 성에 대한 프로이트의 입장에 기초하여 소아성애 운동을 전개했지만, 녹색당의 경우 2014년에 소아성애 과거사에 대해 공식 사과했다. 이렇게 계몽주의와 낭만주의 사이에 존재하는 프로이트는 소아성애 운동의 이론적 기초를 제공하는 것으로 이해되기도 한다.

오스트리아 비엔나에 위치한 지그문트 프로이트 대학교 교수인 수잔네 라벤스타인(Susanne Rabenstein)이 쓴 "'푸른 꽃' : 노발리스의 '하인리히 폰 오프터딩겐'을 통해 본 낭만주의의 꿈들과 꿈 이론-심층심리학적 관련성 속에서 본 하나의 문학적 연구"[98]라는 논문이 『정신분석학 연구와 개인 심리학 저널』에 실렸다. 이 논문은 대표적인 초기 독일 낭만주의 철학자 노발리스의 푸른 꽃이 독일 낭만주의의 꿈-상징의 대명사로 간주된다는 사실을 소개하면서 독일 낭만주의의 꿈 이해와 칼 융의 심층심리학 사이의 관련성을 분석했다.

『무의식을 아는 자 : 리하르트 바그너의 작품 속의 낭만주의적 인류학

---

98. Susanne Rabenstein "'Die blaue Blume' : Träume und Traumtheorie der Romantik anhand des "Heinrich von Ofterdingen" von Novalis-Eine literaturwissenschaftliche Untersuchung mit tiefenpsychologischen Bezügen", *Zeitschrift für freie psychoanalytische Forschung und Individualpsychologie* 8(2), 2021, https : //journals.sfu.ac.at/index.php/zfpfi/article/view/353/370

과 미학』[99]이라는 책 역시 무의식에 대한 낭만주의적 개념과 프로이트의
정신분석학 사이에 존재하는 관련성들이 이제 중론이 되었음을 잘 소개하
고 있다.

11. '독일적 질병'인 낭만주의와 참된 낭만주의자 칼 마르크스

독일 철학과 사유에는 낭만주의적 근본 정서가 깊게 자리 잡고 있다.
괴테는 질풍노도의 독일 초기 낭만주의 운동 출신이지만, 이후 그는 낭만
주의와 점차 거리를 두면서 낭만주의를 일종의 병적인 것으로 파악했다.
독일적 사건인 독일 낭만주의는 또한 '독일적 병(Eine deutsche Malaise)'이
다. 이러한 독일 특유의 낭만주의라는 병리학은 영미 세계에 비해 '지체된
국가'인 독일의 질투와 르상티망(원한)의 병리학으로부터 이해될 수 있다.
위르겐 하버마스는 독일 사회학자 헬무트 플레스너(Helmut Plessner)가 쓴
독일인들의 멘탈리티에 대한 연구서『지체된 국가 : 시민정신의 정치적 유
혹성』[100]을 상세한 서평을 통해 그 가치를 높이 평가했다. 이 책은 독일어
위키백과사전의 소개처럼 역사적으로 뿌리 깊은 서구 계몽주의를 거부하
는 독일인들의 멘탈리티에 있는 양가적이고 위험한 잠재성에 대해 열린 근
대성의 관점에서 비판적으로 분석했다. 이 책은 왜 독일인들이 히틀러에

---

99. Martin Schneider, *Wissende des Unbewussten : Romantische Anthropologie
und Ästhetik im Werk Richard Wagners* (Studien zur deutschen Literatur 199)
(Berlin, Boston : De Gruyter, 2013), 14.

100. Helmuth Plessner, *Die Verspätete Nation : Über die politische Verführbarkeit
bürgerlichen Geistes* (Stuttgart : Kohlhammer, 1959).

대해 국민적이고 전폭적인 지지를 했었는지를 설명하면서, 그 원인을 독일 낭만주의와 연동된 독일 특유의 독자노선에서 발견했다. 독일 특유의 독자노선은 반정상적-파계적인 것을 추구하는 독일 낭만주의적-반계몽주의적 운동의 독자노선으로, 영미 세계의 자유주의, 자본주의, 상업주의, 개인주의, 민주주의에 대한 모방적-경쟁적 르상티망과 질투, 그리고 경쟁의식에서 발전된 것이다.

독일 철학자 뤼디거 자프란스키(Rüdiger Safranski)는 자신의 연구서『낭만주의 : 독일적 사건』[101]에서 칼 마르크스, 지그문트 프로이트의 정신분석, 프리드리히 니체, 쇼펜하우어, 마틴 하이데거, 독일 68 학생운동을 모두 낭만주의 운동으로 파악했다. 독일의 저명한 언론인『프랑크푸르트 알게마이네 짜이퉁』은 "칼 마르크스 : 참된 낭만주의자"라는 기사에서 칼 마르크스가 독일 낭만주의의 아들이라고 분석했다. 즉, 칼 마르크스가 독일 낭만주의에 깊이 영향을 받은 철학자였다는 것이다. 이 언론에 따르면 전근대적인 독일 낭만주의로부터 깊이 영향을 받은 칼 마르크스는 낭만주의자로 시작해 신화론자가 된 학자이다. 칼 마르크스의 원시공산주의론은 바로 낭만주의의 산물이다. 이 언론은 "칼 마르크스는 모계사회론을 읽었고, 난잡한 성관계가 허용되고 가족이 존재하지 않았던 원시 씨족이 존재하는 원시사회에 대한 꿈에 빠졌다."고 소개한다.[102]

---

101. Rüdiger Safranski, *Romantik : Einedeutsche Affäre* (München : Carl Hanser Verlag, 2007).
102. Rainer Hank, "Karl Marx : Ein echter Romantiker", 2016년 9월 11일. https : // www.faz.net/aktuell/wirtschaft/wirtschaftswissen/karl-marx-war-nicht-marxist-sondern-romantiker-14419177.html?fbclid=IwAR2MIia_odz52s0M02HOSkodiGXLqwXzg3rgfAM2vCYYYxQKzG8P5BDfaFY

프로이트의 정신분석학이 학문적으로 수용되기 힘든 낭만주의적 학문임에도 불구하고 크게 유행하게 된 것은, 독일 68 운동과 연동된 독일 프랑크푸르트 학파의 비판이론과 비판교육이론이 추구한 프로이트막시즘 때문이다. 프로이트의 정신분석학과 칼 마르크스의 정치경제학 모두 독일 낭만주의의 산물이다. 프로이트와 칼 마르크스 모두 독일 낭만주의자이다.

2021년에 연세대학교 의과대학 정신건강의학교실 민성길 명예교수가 『기독교와 정신의학』이라는 책에 기고한 두 편의 글을 필자에게 보내 주셔서 학제적 대화를 나눈 적이 있다. 민성길 교수가 문명화를 위한 성욕망의 '승화'를 주장한 프로이트와 빌헬름 라이히의 차이에 대해, 그리고 프로이트의 정신분석과 이후의 프로이트막시스트들(빌헬름 라이히, 마르쿠제, 푸코 등)의 차이에 대해 지적한 바가 옳다. 하지만 필자는 이에 덧붙여 한국 그리스 고전학자들의 연구를 인용하여 오이디푸스 콤플렉스 이론은 『오이디푸스 왕』에 대한 명백한 오독의 결과이기에 전면적으로 수정되거나 폐기되어야 한다고 주장했다.

프로이트의 정신의학적 기여를 전부 무시할 필요는 없지만, 그의 범성욕주의적 입장은 그다지 설득력이 없다고 본다. 프로이트의 무의식과 꿈에 대한 관심은 그 이전의 독일 낭만주의, 니체 그리고 쇼펜하우어의 영향이 크다. 민성길 교수가 지적한 것처럼 프로이트의 정신분석학은 단순히

"Marx schwärmt vom goldenen Zeitalter der freien germanischen Bauern, liest Johann Jakob Bachofens "Das Mutterrecht" und versenkt sich in den Traum archaischer Gesellschaften von Urhorden mit geduldeter Promiskuität, in denen es noch keine Familien gab, sondern nur das Gebot der Mütter."

의학과 정신의학으로부터만 발생한 것이 아니라, 당시 인문학과 철학과도 깊은 관계가 있다. 필자는 프로이트가 인정하는 독일 특유의 낭만주의의 영향을 강조했다. 민성길 교수 역시 프로이트 정신분석학의 쇠퇴와 변신에서 다음과 같이 지적했다. "현재 정신분석은 과학적 내지 임상적 증거 부족으로 신경과학과 인지과학 등에 의해 의학의 주변으로 밀려나고 있다. 즉, 정신분석이 과학이라고 주장되었지만, 과학 같지는 않다는 비판도 많이 받는다. 그리하여 의학에서 치료기술로서 정신분석이 차지하는 비중은 점차 낮아져 왔다. …… 둘째, 발달하는 최첨단 신경과학과 통합하는 신경정신분석으로의 발달이 있다. 신경정신분석가는 신경과학의 발견이 정신분석 이론을 과학적으로 입증해 줄 것으로 기대한다. 신경과학자들은 정신분석을 심리학으로 보고 인지과학으로 접근하기를 선호한다."

민성길 교수는 필자와의 대화에서 의대생 때 정신분석학에 매혹되어 정신의학을 전공하기로 했지만, 프로이트의 오이디프스 콤플렉스와 범성욕론을 실제 임상에서 대단한 것으로 취급하지 않는다고 말했다. 그리고 인간에게는 살부혼모라는 욕망이 있고, 어린아이가 성욕이 있다고 말하는 것은 사회사상가들의 과잉반응으로 본다고 했다. 또한 정신의학자들은 오이디푸스 콤플렉스를 아버지, 어머니, 아들(딸) 사이의 인간관계 정도로 파악한다고 말하면서, 이것을 과도하게 성애화한 것은 소아성애자들과 성도착자, 성혁명가들이라고 주장했다.

민성길 교수는 실제로 정신분석을 하거나 정신분석적 정신치료를 하는 의사들은 이런 프로이트의 섹슈얼리티 이론보다 의식과 무의식의 관계, 방어기제, 리비도와 같은 비중의 타나토스, 인격 발달(퇴행이론) 등을 중요시한다고 말했다. 그는 한때 동성애자를 전환치료 했을 때, 섹스를 직접 다루기보다 어린 시절의 트라우마와 분노, 대인관계를 주로 다루었다고 설명했다. 또한 프로이트가 오이디푸스 신화를 오독했을지 모르나, 지금 성혁명가들도 프로이트를 남용하고 있다고 보았다. 그러면서 프로이트가 독일 낭만주의로부터 강한 영향을 받았다는 필자의 관점을 흥미롭게 여겼는데, 자신은 그동안 프로이트를 이성적 계몽주의자라고 이해했기 때문이라고 말했다.

계몽주의는 빛을 추구했지만, 반계몽주의인 독일 낭만주의는 세계의 밤(Weltnacht), 어두움, 무의식, 그리고 광기와 모순을 의도적으로 추구했다. 프로이트의 정신분석은 독일 낭만주의와 니체 그리고 쇼펜하우어의 영향을 받았으며, 메스머의 무의식 연구와 최면연구와도 관련성이 깊다. 민성길 교수가 섹슈얼리티를 직접 다루기보다는 어린 시절의 트라우마와 분노 그리고 대인관계를 주로 정신분석과 치료에서 다루었다는 것은, 이후에 설명할 르네 지라르와 장 미셸 우구를리앙(Jean Michel Oughourlian)이 말하는 새로운 '자아 간 심리학'인 상호개인성(Interdividuality)의 심리학이 더 효율적인 정신분석이라는 사실과 맥을 같이한다. 모방적 욕망은 인간의 성욕망을 변경시키고 왜곡하며 굴절시킨다. 왜냐하면 인류의 성욕망도 모방적이고 경쟁적이기 때문이다.

Freud

2장

세기말의
퇴폐주의와
정신분석학의 탄생

2장

세기말의
퇴폐주의와
정신분석학의 탄생

1. 소아의 성욕 : 프로이트에 의한 '소아의 순수성' 종말

2022년 10월, 스위스 쮜리히 대학교의 교육학 교수 위르겐 욀커스는 포괄적 성교육 비판 국제학술대회에 해외석학으로 초청되어 "독일 개혁교육학 : 탈선의 독일적 역사", "교육학적 에로스 : 게오르게 학파로부터 오덴발트 학교까지", "소아성애와 시대정신 : 독일 68의 다른 측면들"을 주제로 강의했다. 그는 프로이트의 정신분석학에 기초하여 독일 68 운동, 녹색당, 독일 프랑크푸르트 학파의 비판이론과 비판교육이론이 무죄하고 순수한 소아 개념을 파괴했고, 소아성애적 성해방 운동을 전개했다고 비판적으로 분석했다. 또한 그는 "교육학과 해방 : 이 패러다임의 종말"에 대해서도 강의했는데, 이 강의에서는 독일 프랑크푸르트 학파의 비판교육이론과 해방교육이 아동들을 보호하지 못했다는 주장을 전개했다. 그리고 마지막으로 국제 소아성애 네트워크에 대해 비판적으로 분석했다.

국내에서 김누리 교수는 "독일 68 한국 86"을 외치면서, 성교육은 가장 중요한 정치교육이라고 주장하는 독일 68 소아성애적 안티파의 조기성교육 이념을 충실하게 교육계와 언론계에 유포시켰다. 하지만, 21세기 독일에서는 독일 68 신좌파의 소아성애 운동 과거사에 대한 청산작업이 대세를 이루고 있다. 윌커스 교수는 "오덴발트 학교 : 스캔들에 대한 청산"이라는 논문을 통해 유네스코 우수학교일 뿐 아니라, 독일 진보교육의 상징인 오덴발트 학교가 '소아성애자들의 천국'으로서 수백 명의 희생자를 낳은, 아동 인권이 유린되는 학교였다는 사실을 지적하였다. 그리고 "성해방으로서의 소아성애"라는 소제목 아래 이러한 현상의 배후 이념이 궁극적으로는 프로이트의 정신분석학에까지 도달한다고 비판했다. 윌커스 교수는 독일 68과 녹색당 등이 소아성애를 합법화하고 소아에 적합한 전략으로 재해석하고자 시도했다고 말한다. 그는 "소아들과의 '자유로운 섹스'를 위한 선전선동"이라는 소제목 아래 오덴발트 학교의 스캔들에서 광범위하게 소아의 성을 탈금기화하려는 시도가 자행되었다는 사실도 지적했다. 독일 68 세대는 '무죄하고 순수한 소아'라는 이미지를 아동에게서 지워야 했다. 이를 위해서 그들은 정신분석학에 의지하게 되었고, 나아가 킨제이 리포트(Kinsey Report)와 빌헬름 라이히 혹은 알렉산더 닐의 성해방에 대한 급진적 이론들에 의존하게 되었다. 소아들은 무죄하거나 순수하지 않기에, 그들은 성애화되어 버렸다.[1]

윌커스 교수는 "많은 이론들이 소아들에게 합법적으로 성인들과 마음

---

1. Jürgen Oelkers, "Odenwaldschule : Zur Aufarbeitung des Skandals", *Stimmen der Zeit* 141, 2016, 515-524. https : //www.herder.de/stz/hefte/archiv/141-2016/8-2016/odenwaldschule-zur-aufarbeitung-des-skandals/

껏 관계하는 성적인 욕망들이 존재한다고 주장했다. 그렇지 않을 경우 소아의 성욕망은 소아의 발달을 저해하면서 억압된 채 남겨진다고 보았다."고 말했다.[2] 즉, 독일 68 성교육 이론들은 소아에게도 성인과 섹스를 하고 싶어 하는 성욕이 존재하며, 만약 소아의 성욕망이 억압될 경우 발달이 저해된다고 주장했다는 것이다. 이후 논의할 독일 성교육의 교황이라고 평가되는 헬무트 켄틀러(Helmut Kentler) 교수도 소아성애가 아동발달에 매우 유익할 것이라고 주장하면서 소아성애 실험을 시도한 바 있다. 이러한 소아성애적 조기성교육 담론은 소아의 성을 최초로 주장했다고 간주되는 프로이트의 정신분석학을 철학적 기원과 권위로 삼고 있다.

윌커스 교수는 1973년 4월 2일에 당시 영향력 있는 교육학 저널이었던 『Betrifft : Erziehung』이 소아성애의 탈금기화를 특집 주제로 다룬 사실을 상기시킨다. 윌커스 교수는 이 교육학 저널의 핵심주제가 처음부터 '해방적 성교육(Emanzipatorische Sexualerziehung)'이었고, 이 저널을 통해서 이런 사상들이 광범위하게 유포되었으며, 특히 교사 교육에서 주목을 받았다는 사실을 증언한다. 그는 "소아성애는 1980년대 초반에 소아의 성해방을 위한 기여로 간주되었다. 그러나 소아와 청소년에 대한 성적인 학대와 소아성애 이론을 통한 그 은폐는 국제적인 현상이다."라고 지적했다. 또한 "소아의 순수성이 하나의 고귀한 선(ein hohes Gut)이라는 사실이 아동 강간의 가해자들을 장려하는 가벼운 이론들에게 유리하도록 폐기되어져 버렸다."고 비판했다.[3]

---

2. 위의 문서.
3. 위의 문서.

윌커스 교수는 "'성해방으로서의 소아성애에 대한 양식화'는 어떻게 소아성애적 아동 강간에 대한 은폐와 무해화를 가능하게 했는지 보여 주는 전제들 가운데 하나다."라고 주장한다. 또한 그는 "소아성애가 '교육학적 에로스'라는 개념으로 위장되었다. 소아에게도 성적인 욕망이 존재한다고 날조된다면…… 소아들의 친구라고 위장한 소아성애적인 아동 강간자들의 행위는 소아의 억압된 성욕망을 해방시키는 것에 기여하는 것으로 간주된다."고 비판한다. [4]

2. 소아성애는 가장 강력한 금기 : 아도르노의 소아성애 탈금기화

테오도어 아도르노는 소아의 순수성의 종말을 선언하고, 소아의 성욕을 최초로 이론화한 프로이트 이후 프로이트막시즘을 표방한 독일 프랑크푸르트 학파 비판이론의 대표적 학자이다. 위르겐 윌커스 교수는 아도르노 역시 소아의 순수성을 비판하고 소아성애는 가장 강력한 금기라고 주장함으로써 이후 소아성애 운동의 근거를 제공했다고 주장한다.

2017년 5월 19일, 독일 페히타 대학교에서 열린 "오덴발트 학교, 시대정신 그리고 범죄자들"이라는 강연에서 윌커스 교수는 다음과 같이 주장했다. "테오도어 아도르노의 전집 『개입(*Eingriffe*)』이 1963년에 '쥬어캄프 에디션'의 제10권으로 출판되었다. 이 책에서는 실천적인 질문들에 관해 아도르노의 철학이 적용되는 새로운 비판적 모델들이 소개되었다. 이러한 비

---

4. 위의 문서.

판적 모델들 중 일부는 "성적인 금기들과 오늘날의 법률"[5]에 대한 것이다. 이 주제에 대해서 아도르노는 이후에 지속적으로 강의들을 통해서 논의했는데, 1967년 10월 16일에 오스트리아 빈 대학교에서 오스트리아 사회주의 학생연맹의 초대로 이루어진 강의와 그 며칠 전에 개최된 오스트리아 그라츠 대학교에서의 강의에서도 이 문제를 다루었다. 아도르노는 억압된 성적인 금기들이 결코 사라지지 않은 채 잔존하고 있으며, 명문화된 법률 속에도 명백하게 반영되어 있다고 주장한다."[6]

아도르노는 소아의 순수성을 비판하면서 소아성애에 대해서 옹호적인 입장을 다음과 같이 전개했다. "모든 금기들 중에서 가장 강력한 금기는…… '소아기적(minderjährig)'인 것으로 불리는 것들이었다. 프로이트가 '유아기적 성(die infantile Sexualität)'을 발견했을 때 이 강력한 금기가 마음껏 분출되었다. 성인 세계의 보편적이고 근거 있는 죄책감은 그 반대 형상과 피난처로, 그들은 소아의 순수성이라고 명명하는 것 없이 지낼 수 없으며, 그것을 방어하기 위해서는 모든 수단이 정당하다. 모두가 잘 아는 바와 같이 금기는 형벌이 주어진 금기를 듣는 사람들이 무의식적으로 그것을 욕망하면 할수록 더욱 강해진다."[7]

---

5. Theodor W. Adorno, "Sexualtabus und Recht heute", in : ders., *Eingriffe : Neun kritische Modelle* (Frankfurt am Main : Suhrkamp Verlag, 1963).
6. 이 강연은 필자가 다음의 책으로 번역하여 출간하였다. 위르겐 윌커스 저, 정일권 역,『독일 녹색당과 진보교육의 성지 오덴발트 학교의 소아성애 사태 : 독일 낭만주의 개혁교육학, 비판 교육 이론 그리고 포괄적 성 교육 비판』(서울 : CLC, 2022) ; Jürgen Oelkers, "Die Odenwaldschule, der Zeitgeist und die Täter". https : // www.uzh.ch/cmsssl/ife/dam/jcr : 7e1c0c67-bd0f-425a-a474-09da24d85976/ Vechta.pdf
7. Theodor W. Adorno, "Sexualtabus und Recht heute", 112.

윌커스 교수는 오랜 기간 동안 독일 신문 『짜이트(Die Zeit)』의 문예란 편집장으로 지냈던 루돌프 발터 레온하르트(Rudolf Walter Leonhardt)가 1969년 4월 25일 전면기사에 아도르노의 이 구절을 인용하면서 소아와 성이라는 금기를 수정할 것을 요구했다는 사실을 소개했다. 윌커스 교수에 의하면 한스-요헌 감(Hans-Jochen Gamm)도 그의 해방논쟁서 『비판학파(Kritische Schule)』에서 아도르노와 같은 의미에서 동일한 논증을 사용했다. 그는 이 책에서 '손대지 않은' 존재로서의 소아는 성적으로 특히 매력적인데, 왜냐하면 그 소아와 성적인 접촉을 하는 것이 엄격하게 금지되어 있기 때문이라고 주장한다. 그는 그의 이름 중 감(Gamm)이 구체적으로 무엇을 의미하는지를 부연설명했는데, 그것은 바로 '음탕범죄(Unzuchtsdelikt)'였다.[8]

윌커스 교수는 레온하르트의 논문이 『짜이트』의 "무죄와 음탕이라는 헛소리"라는 시리즈의 한 부분으로, "짧게 낄낄 웃는 것은 결코 부끄러움으로 얼굴이 빨개지는 것이 아니다"라는 제목으로 소개되었다고 했다. 그리고 이후에 이 시리즈 출간물에서 단행본이 나왔는데, 이 단행본은 당시의 시대정신에 근접하는 방식으로 소아의 성해방이 포함된 전면적인 성해방이 주장되었다는 역사적 사실을 증언했다.[9]

독일 68 반권위주의적 교육철학을 대변하는 책은 바로 프로이트막시

---

8. Hans-Jochen Gamm, *Kritische Schule : Eine Streitschrift für die Emanzipation von Lehrern undSchülern* (München : Paul List Verlag, 1970), 81 ; Jürgen Oelkers, "Die Odenwaldschule, der Zeitgeist und die Täter".

9. Rudolf. W. Leonhardt, *Wer wirft den ersten Stein? Minoritäten in einer züchtigen Gesellschaft* (München : R. Piper&Co. Verlag, 1969) ; Jürgen Oelkers, "Die Odenwaldschule, der Zeitgeist und die Täter".

즘을 지향하는 독일 프랑크푸르트 학파의 비판이론 핵심철학자인 아도르노의 1968년의 저서 『권위주의적 성격』[10]이다. 이후에 상술할 동성애적-소아성애적 교육국가로서의 '비밀 독일'을 꿈꾼 슈테판 게오르게 학파와 그 인맥에 속하는 아도르노는 1967년에 소아성애를 포함한 성적인 금기의 철폐를 주장했다. 아도르노는 전술한 것처럼 1967년 10월 16일에 오스트리아 사회주의 학생단체로부터 초대되어 빈 대학교에서 "성적인 금기들과 오늘날의 법률"이라는 제목으로 강의를 했다. 그는 그 강의에서 성적인 금기를 철폐해야 하며, 이것을 형법 제정 절차에 반영해야 한다고 주장했다.

프랑스 초기 사회주의들로부터 보편적 매춘을 허용해야 한다는 주장이 존재했는데, 아도르노도 매춘 금기에 대해 많은 시간을 할애하면서 '매춘에 대한 박해'를 비판했다. 뿐만 아니라 아도르노는 동성애 금기도 비판하면서 이 강의에서 동성애를 변호했다. 마지막으로 그는 소아의 성욕망에 대해서도 이야기했는데, 아도르노의 이 강의는 이후 책으로 출간되면서 소아성애야말로 가장 강력한 성적인 금기라고 주장되었다.[11]

윌커스 교수는 아도르노의 "성적인 금기들과 오늘날의 법률"이라는 논문[12]이 이후에 "사회적 금기들과 오늘날의 법률"이라는 제목으로 인용되기도 했는데, 이는 결정적인 구절이 잘못 인용되었다고 지적했다. 레온하르트도 무죄하고 순수한 소아라는 관념에 반대하면서 우리가 이제는 최대한

---

10. Theodor W. Adorno, *Der autoritäre Charakter Band 1* (Amsterdam : Verlag de Munter, 1968).

11. Theodor W. Adorno, *Sexualität und Verbrechen*, Fischer Bücherei, Bd. 518/519 (Frankfurt und Hamburg, 1963) ; Band 10.2 der Gesammelten Schriften (Frarkfurt am Main : Suhrkamp Verlag, 2003), 533-554.

12. Theodor W. Adorno, "Sexualtabus und Recht heute".

빠르게 포기해야만 하는 소아의 순수성이라는 '특별히 과잉된 관념들'을 발전시켜 온 것이 아닌지에 대해서 논쟁적으로 질문하고 있다. 월커스 교수에 의하면 두 킨제이 연구들(Kinsey Studien)[13]에 기초해서 성인들의 성적인 강요가 무해화되었고, 성적인 접촉을 한 소아들은 성적인 접촉 자체보다는 그 결과로서 심각한 혼란을 경험하게 된다는 사실을 알게 된 성인들의 감정적 반응들이 확증되었다.[14]

월커스 교수에 의하면 앞에서 언급한 레온하르트의 논문 시리즈가 편집되어서 단행본이 그해에 출간되었다. 소아들이나 비대칭적 권력관계에 종속된 자들과의 '음탕'에 대한 부분은 "쓰다듬는 것은 구타보다 더 위험하다."라는 제목으로 출간되었는데,[15] 이 논증은 독일 신문 『짜이트』의 기사로부터 도출되어서 재구성된 것이다. 여기에서도 아도르노의 인용은 빠지지 않았지만, 월커스 교수는 아도르노가 본래 말한 '성적인 금기들'이 아니라, '사회적 금기들'로 왜곡해서 적고 있다[16]고 지적했다.[17]

또한 월커스 교수에 의하면 레온하르트는 세계문학 속에 등장하는 소아들끼리의 사랑 관계와 소아들과의 사랑 관계를 근거로 제시한다. 예를 들어 단테와 베아트리체, 괴테 문학에 등장하는 빌헬름과 미뇽, 블라디미

---

13. 남성과 여성의 성적인 태도에 관한 킨제이의 이 두 연구는 1948년과 1953년에 미국에서 출간되었고, 1954년과 1955년에 독일어로 번역되어 출간되었다.

14. Rudolf W. Leonhardt, "Kurzes Kichern, kein Erröten. Minderjährige und Sexualität-ein Tabu, daszu revidieren ist", *Die Zeit* 17, 1969, 70 ; Jürgen Oelkers, "Die Odenwaldschule, der Zeitgeist und die Täter".

15. Rudolf. W. Leonhardt, *Wer wirft den ersten Stein? Minoritäten in einer züchtigen Gesellschaft*, 155-192.

16. 위의 문서, 174.

17. Jürgen Oelkers, "Die Odenwaldschule, der Zeitgeist und die Täter".

르 나보코브의 작품에 등장하는 롤리타와 험버트, 그리고 노발리스라는 예명을 가진 프리드리히 폰 하르덴베르크와 새파랗게 젊은 조피 폰 퀸의 관계이다.[18] 『롤리타』라는 소아성애적 작품을 저술한 블라디미르 나보코브는 프로이트의 정신분석학에 깊은 영향을 받은 인물로, 2006년에 독일의 공영방송 도이치란트풍크도 이 사실을 소개했다.[19] 윌커스 교수에 의하면 레온하르트에게 있어서 이러한 문학 속의 허구는 소아성애적 현실을 전제하는 것처럼 보인다. 레온하르트에게는 "소아들은 기만, 유혹, 강간 그리고 물리적 침해로부터 보호받아야만 한다. 그러나 성인들도 그렇지 않은가?"[20]라는 질문이 수사적으로 제기된다. 레온하르트는 "음탕에 대한 비판적 인식으로 사로잡힌 도덕은 훈육과 체벌이 필요한 것으로 보이는데도 불구하고 어떤 경우에도 음탕은 찬양할 만한 것이 아니라고 바라보는 풍토를 만들어 버렸다."고 주장하였고,[21] 윌커스 교수는 그의 이러한 소아성애적 관점을 비판한다. 또한 레온하르트는 "무엇보다도 부모에 의한 아동 성학대는 세계의 모든 국가에서 존재하고 있으며, 성인이 자신의 성적인 노이로제를 순전히 성적으로 이해된 소아의 순수성으로 응축시킨 바로 그곳에서 뚜렷이 존재한다."[22]고 말했다.

---

18. Rudolf. W. Leonhardt, *Wer wirft den ersten Stein? Minoritäten in einer züchtigen Gesellschaft*, 166-172.

19. Claudia Guderian, "Freud-Bashing", 2006년 5월 3일. https : //www.deutschlandfunkkultur. de/freud-bashing-100. html

20. Rudolf. W. Leonhardt, *Wer wirft den ersten Stein? Minoritäten in einer züchtigen Gesellschaft*, 174.

21. 위의 문서, 175.

22. 위의 문서, 175 ; Jürgen Oelkers, "Die Odenwaldschule, der Zeitgeist und die Täter".

2014년에 독일 녹색당은 소아성애 운동 과거사에 대한 당대회에서 당 대표가 공식 사과했다. 그리고 2016년에는 자체 소아성애 운동 과거사 청산 공식문서를 『청산과 책임』[23]이라는 제목으로 출간했다. 독일 녹색당의 소아성애 운동 과거사 청산 공식보고서에는 2013년에 발간된 독일 괴팅엔 대학교 민주주의연구소의 독일 녹색당의 소아성애 논쟁에 대한 보고서도 포함되었다.[24]

녹색당의 공식 보고서에도 윌커스 교수가 지적한 소아성애의 탈금기화의 단초를 제공한 아도르노의 소아성애적 발언이 소개되었다. 독일 녹색당 공식 보고서는 소아성애가 모든 금기들 중에서 가장 강한 금기라는 아도르노의 주장이 독일 68 소아성애 운동을 정당화하는 근거로 작용했다는 사실을 명시하고 있다.[25] 이 공식 보고서에도 레온하르트가 세계문학 속에 등장하는 소아들끼리의 사랑 관계와 소아들과의 사랑 관계를 자신의 소아성애적 입장을 지지하는 근거로 제시했다는 사실이 나온다. 레온하르트는 "노발리스도 성범죄자였다"라는 글[26]을 독일 언론에 기고하기도

---

23. Bündnis 90/Die Grünen, *Aufarbeitung und Verantwortung-Berichte und Dokumente zur Arbeit der Arbeitsgruppe Aufarbeitung von BÜNDNIS 90/DIE GRÜNEN* (Berlin : Bündnis 90/Die Grünen, 2016).

24. "Die Pädophiliedebatte bei den Grünen im programmatischen undgesellschaftlichen Kontext-Zwischenbericht des Göttinger Instituts für Demokratieforschung vom Dezember 2013.", in : Bündnis 90/Die Grünen, *Aufarbeitung und Verantwortung-Berichte und Dokumente zur Arbeit der Arbeitsgruppe Aufarbeitung von BÜNDNIS 90/DIE GRÜNEN*, 212-325.

25. Bündnis 90/Die Grünen, *Aufarbeitung und Verantwortung-Berichte und Dokumente zur Arbeit der Arbeitsgruppe Aufarbeitung von BÜNDNIS 90/DIE GRÜNEN*, 232.

26. Rudolf W. Leonhardt, "Auch Novalis war ein Sexualdelinquent", 1969년 9월 12일.

했다.[27] 즉, 레온하르트는 독일 낭만주의 운동을 대표하는 노발리스도 소아성애적 성범죄자였다고 주장함으로써 자신의 소아성애적 입장을 변호했던 것이다.

녹색당의 공식 보고서에는 독일 68 코뮌(Kommune)에서 실천된 소아성애 운동에서 3살의 남자아이와 4살의 여자아이가 경험한 성적인 트라우마에 대해서 반성하고 있다.[28] 이 보고서는 "그들의 성욕과 성적인 표현에 있어 한계가 없는 소아가 최종적으로 혁명과 해방의 선구자가 되어야만 했다."고 기록하면서 소아성애 운동의 이념에 대해 반성했다.[29]

윌커스 교수는 "아도르노의 테제는 금기를 따르는 자들이 거부하는 것, 곧 소아들과의 섹스를 무의식적으로 욕망하고 있다는 사실을 말하고 있다. 그러나 소아성애를 무의식적으로 욕망하고 있다는 사실에 대한 증명은 존재하지 않는다. 만약 그렇지 않다면 무의식적인 것은 정신분석학에서 간주되는 그러한 것이 아닐 것이다."라고 말한다. 또한 그는 프로이트의 정신분석학이 소아성애 운동의 권위로 작용했다는 사실을 다음과 같이 지적했다. "그럼에도 불구하고 순진무구한 소아에 대한 개념은 프로이트를 권위로 내세우면서 많은 학자들에 의해 순전한 투영으로 이해되어 왔으며, 유아기적 성은 사실로 간주되어 왔다."[30]

---

27. Bündnis 90/Die Grünen, *Aufarbeitung und Verantwortung-Berichte und Dokumente zur Arbeit der Arbeitsgruppe Aufarbeitung von BÜNDNIS 90/DIE GRÜNEN*, 231.
28. 위의 문서, 233.
29. 위의 문서, 234.
30. Jürgen Oelkers, "Die Odenwaldschule, der Zeitgeist und die Täter".

.

하지만 윌커스 교수에 의하면 프로이트[31]는 소아기의 성생활은 성감대
·의 우위에도 불구하고 다른 사람들이 처음부터 성적인 대상으로 여겨질
수 있는 요소들을 보인다고 했다. 또한 윌커스 교수는 프로이트의 이 말이
의미하는 것은 '호기심과 잔혹성의 충동'으로, 프로이트가 어떠한 욕구도
보이지 않는 어린 시기에 소아들이 성적인 대상에게 노출되는 유혹의 영향
인 유아기의 성충동에 대해서도 분명히 언급했다[32]고 말했다. 또한 프로이
트가 "그러한 영향은 성인들 혹은 다른 아이들로부터 온다."고 말했다[33]고
주장했다.[34]

윌커스 교수는 이렇게 "성해방이 교육학적 프로그램이 되어 버렸다."고
분석한다. 그에 의하면 소아들은 그들의 성적인 욕구를 방해 없이 마음껏
펼쳐야만 했고, 반권위주의적 유치원,[35] 오덴발트 학교 혹은 서머힐 학교
[36]는 이 사상을 대변했다. 억압적 권위가 없다면 어떠한 노이로제도 없으
며, 해방된 성은 해방된 인간의 기초로 간주되었다. 윌커스 교수는 "이러한
사상을 뒷받침하는 권위들은 빌헬름 라이히와 알렉산더 닐이었지, 프로이
트가 아니었다. 프로이트는 노이로제 형성(Neurosenbildung)과 충동 포기

31. Sigmund Freud, *Studienausgabe Band V : Sexualleben*, (Hrsg.) A. Mitscherlich,
    A. Richards, J. Strachey (Frankfurt am Main : S. Fischer Verlag, 1972), 98.
32. 위의 문서, 97.
33. 위의 문서, 96.
34. Jürgen Oelkers, "Die Odenwaldschule, der Zeitgeist und die Täter".
35. 1968년 이후 반권위주의적이고 자유로운 아동 교육을 목표로 설립된 사설 유치
    원.
36. 1921년에 창설된 영국의 사립 학교. 5세부터 17세까지의 학생을 전원 기숙사에 수
    용하여 학습이나 생활 등을 학생 자신에게 철저히 맡기는 자유주의 교육을 실시하
    는 것으로 유명하다.

(Triebverzicht)를 문명의 기초로 파악했다."고 주장했다. 또한 그는 "1960년대 후반부와 1970년대 초반부에 여론권력이 되어 버린 교육학에서의 해방적 담론[37]은 프로이트의 정신분석학을 지향하고 있지만, 프로이트의 문화이론을 계승하고 있지는 않다."고 분석했다.[38]

윌커스 교수는 이러한 사실은 탈금기화의 또 다른 전선에서도 보인다고 말하면서 "소아와의 문란한 성행위는 하나의 형법의 구성요건이었다. 프로이트는 소아성애를 도착(Perversion, 倒錯)과 하나의 범죄로 간주했지만, 그럼에도 불구하고 억압적 금기가 극복되고 소아의 성욕구가 수용될 때만이 성취될 수 있는 소아성애자들의 해방이 매우 빠르게 주제화 되어 버렸다."고 분석한다. 여기서 말하는 소아의 욕구는 바로 성인과의 섹스를 의미하는 것이었다. 윌커스 교수는 "이러한 맥락에서 소아성애적인 작가들은 소아와 청소년을 그들의 억압으로부터 구원하는 해방자들로 간주되었다. 소아가 결코 성인의 성욕망의 대상이 되어서는 안 된다는 주장은 오직 주변에서만 들을 수 있었다."고 말한다. 윌커스 교수는 퀸터 아멘트(Günter Amendt)에 대해 언급했는데, 아멘트는 "성인의 관점에서 제기된 소아와 청소년의 성에 대한 권리는 소아의 성에 대한 성인의 권리를 포함하지 않는다."고 주장했다.[39] 윌커스 교수는 "이러한 급진적 해방이론의 권위들은 충

---

37. 비판적 논의를 위해서는 윌커스 교수의 다음의 글을 참고하라. : Jürgen Oelkers, "Emanzipation-Erziehungsziel von gestern?", *Neue Politische Literatur* 22, 1977, 141-173.
38. Jürgen Oelkers, "Die Odenwaldschule, der Zeitgeist und die Täter".
39. Günter Amendt, "Nur die Sau rauslassen? Zur Pädophilie-Diskussion", in : V. Sigusch (Hrsg.), *Diesexuelle Frage* (Hamburg : Konkret Literatur Verlag, 1982), 142.

분히 존재하는데, 그 권위에는 프랑스의 미셸 푸코와 장 폴 사르트르가 여기에 속한다."고 설명한다.[40]

윌커스 교수에 의하면 프로이트[41]는 성적인 사실에 대한 소아의 '계몽(Aufklärung)'을 변호했으며, 그러한 성적인 계몽이 소아를 망칠 수 있다고 본 교육학자들의 판단에 대해서 비판했다.[42] 윌커스 교수는 "그러나 1960년대와 1970년대의 유아기적 성에 대한 탈금기화는 이러한 계몽에만 제한되지 않았다. 소아에 대한 성인의 에로틱한 시선은 도발적인 문화 형식이 되어 버렸다."고 말했다.

윌커스 교수는 12세 소녀를 창녀로 묘사한 영화 "Pretty Baby(1977)", 데이비드 헤밀턴(David Hamilton)의 작품 속에 등장하는 사춘기 소녀[43] 혹은 영국 록그룹 블라인드 페이스(Blind Faith)의 1969년 작품의 앨범 커버에서 이러한 '소아성애적 시선들'이 발견된다고 주장한다. 윌커스 교수에 의하면 지난 20년 동안 독일에서는 정치적 영향력을 행사하기 원하는 소아성애 행동가들의 분야가 생겨났다. 초기에는 『타게스짜이퉁(Die Tageszeitung)』이 출판계에 속하게 되었고, 교육학적 저널인 『Betrifft : erziehung』 출간을 통해 소아성애 활동가들의 입장을 드러냈다.[44] 1979년에는 '독일 소아성애 연구 및 활동공동체 등록협회'가 독일 크레펠트에 본

---

40. Jürgen Oelkers, "Die Odenwaldschule, der Zeitgeist und die Täter".
41. Sigmund Freud, *Studienausgabe Band V : Sexualleben*, 183.
42. Sigmund Freud, "Über infantile Sexualtheorien"(1908), in : Sigmund Freud, *Studienausgabe Bd. V : Sexualleben*, 169-184.
43. 『Dreams of a Young Girl』(1971)과 수많은 다른 사진집을 참고할 수 있다. 데이비드 헤밀턴(1933-2016)은 미성년자 강간 의혹이 제기된 후 자살했다.
44. 1973년 4월 특집호.

부를 두고 결성되었는데, 이 단체는 많은 지역본부로 나누어지며 2003년까지 존속했다.[45]

윌커스 교수에 의하면 오덴발트 학교의 교사들 중 그 어느 누구도 공개적으로 소아성애자가 아니었다. 이 오덴발트 학교 교사들의 콜로키움 속에서 소아성애자 운동에 대한 동정여론이 존재했는지의 여부는 알려져 있지 않다. 그러나 윌커스 교수는 "'교육학적 에로스'에 대해서 빈번하게 언급되었고, 많은 학생들이 성인과 소아 사이의 동의적 형태의 섹스를 지지하게 되었다."고 분석했다.[46]

윌커스 교수는 2022년 10월 19일에 홍익대학교 법학연구소가 주최한 "금기파괴, 소아성애 그리고 시대정신 : 독일 68운동의 다른 측면들"이라는 특강을 진행했다. 이 특강에서 그는 프로이트가 오이디푸스적인 단계들 사이를 잠복단계(Latenzphase)와 생식기 단계(Die genitale Phase)로 구분했지만, 빌헬름 라이히는 이 잠복단계를 부정하고 소아기적 성발달을 배타적으로 생식기적인 것으로 이해했다고 지적했다. 이는 부모-자식 사이의 삼각구조가 지속되는 한, 소아는 오이디푸스 콤플렉스에 따른 모든 발달단계들 속에서 생식기적인 욕망을 가진 것으로 이해되는 것이다. 소아기적 성욕에 대한 억압은 성격에 '갑옷을 입히는 것'이며 악하게 만드는데, 이는 권위주의적 사회질서들을 가져오게 만든다는 것이다. 그래서 소아의

45. Jürgen Oelkers, "Die Odenwaldschule, der Zeitgeist und die Täter".
46. Jürgen Dehmers, *Wie laut soll ich denn noch schreien? Die Odenwaldschule und der sexuelle Missbrauch* (Reinbek bei Hamburg : Rowohlt Verlag, 2011), 95 ; 오덴발트 학교의 학생신문(Schülerzeitung)인 『도로포석(*Pflasterstein*)』 1987년 9월호 ; Jürgen Oelkers, "Die Odenwaldschule, der Zeitgeist und die Täter".

자유로운 성은 독일에서 새로운 파시즘을 저해하기 위한 전제로서 이해되었다. 베를린의 코뮌들은 이러한 사상을 지향했고, 이 시기의 서로 다른 독일 사설유치원[47]들도 이렇게 이해했다. 윌커스 교수는 이러한 사상의 모델이 알렉산더 닐과 서머힐 학교였다고 주장한다. 만약 어떤 소아가 3세 때부터 부모와의 관계로부터 영향을 받지 않고 다른 소아들과의 공동체 속에서 교육받게 된다면, 그 소아의 성은 소아를 성적으로 고정시키고 권위주의적으로 고착시키는 '강제적인 가정(Zwangsfamilie)'에서 교육받은 경우와는 전혀 다르게 발달했을 것이라고 주장되었다.

3. 21세기에 거세지는 독일 68 소아성애 운동 과거사 청산운동

2008년에 "어떻게 독일 68은 교육학을 움직였는가?"라는 부제를 가진 "소아기적 순수성의 종말 : 68 운동의 성교육"이라는 제목의 논문이 등재되었다. 이 논문은 독일 68 성교육 운동이 소아기적 순수성의 종말을 선언하고, 사회주의적 새 인간을 양성하기 위해서 반권위주의적 재교육이라는 이름으로 소아와 청소년에 대한 조기성애화와 과잉성애화를 추진했지만, 그것이 남긴 어두운 그림자인 소아성애적 아동 인권 유린에 대한 청산작업으로 인해 다시금 소아기적 순수성에 대한 이념이 회복되고 있음을 보여 준다.

국내에서는 김누리 교수가 성교육은 가장 중요한 정치교육이라고 외

---

47. 68 운동 당시 반권위주의적인 교육을 실시한 유치원 운동으로 인해 조기 성교육이 실시되었다.

치면서 철 지난 독일 68 성교육 운동을 광범위하면서도 충실하게 가르쳐 왔다. 전술한 논문은 독일 68 코뮌에서 성인과 소아 사이의 성관계뿐 아니라, 소아들 사이의 성관계가 실험되었다는 사실도 증언하고 있다. 또한 이 논문은 "소아기적 성이 과연 존재하는가?"라는 소제목 아래서 무성욕과 소아기의 연관성은 서구 사회에서 수백 년 동안 유지되어 왔지만, 프로이트에 의해서 소아의 순수성에 대한 신화가 급작스러운 종말을 맞이하게 되었고, "소아기적 성이 존재하는가?"라는 질문에 "그렇다."라고 답하게 되었다고 설명한다.[48]

또한 "독일 68 운동, 특히 사설유치원 운동은 최초로 프로이트의 소아기적 성에 대한 생각들과 안나 프로이트(Anna Freud)······ 그리고 빌헬름 라이히와 같은 후대의 정신분석학자들의 사유들을 차용해서 그것을 실천으로 변혁시키고자 시도했다."라고 소개했다.[49] 이 논문은 소아의 성욕에 대한 프로이트의 정신분석학이 독일 68 반권위주의적 조기성교육의 근거로 작용했다는 사실을 설명하면서, 하나의 교육학적 실천 속에서 소아의 성욕에 대한 정신분석학적 이론들이 일정한 목적을 가지고 실행되었음을 증언한다.[50] 또한 "6. 독일 68 운동 이후 소아들의 성은 얼마나 해방되었는가?"라는 소제목 아래서 독일 68 소아성애적 안티파가 혁신적으로 집중한 담론은 프로이트의 정신분석학이 최초로 정립한 소아의 성이었다는 것

---

48. Christin Sager, "Das Ende der kindlichen Unschuld : Die Sexualerziehung der 68er-Bewegung", in : Meike Sophia Baader (Hrsg.), *Seid realistisch, verlangt das Unmögliche : Wie 1968 die Pädagogik bewegte* (Weinheim, Basel : Beltz, 2008), 56.
49. 위의 문서, 57.
50. 위의 문서, 62.

을 다음과 같이 분석한다. "특히 혁신적인 것은 소아기의 성에 대한 집중이었다. 프로이트의 정신분석학에 의지하여 추구하는 사회변혁의 전제로서 소아의 성의 해방이 강조되었다. 소아는 계몽될 뿐 아니라, 자신의 성욕을 발견하는 데 있어 적극적으로 지원받아야 했다."[51]

이 논문은 "3. 소아기적 성의 해방"이라는 글에서 코뮌들과 사설유치원에서 많은 성인들과 소아들이 동거하는 것이 소아로 하여금 부모의 권위에 반항할 수 있게 만들어 주고, 또 다른 한편으로는 부-모-자식 사이의 오이디푸스적 삼각 상황을 완화하는 것으로 간주되었다고 소개했다. 또한 "성교육을 위해서 소아기적 성에 대한 모든 표현들이 수용될 뿐 아니라, 목적을 가지고 적극적으로 장려하는 요구들이 존재했다. 그리하여 소아들은 사설유치원에서 나체로 놀이하고 함께 화장실을 가며 그들의 성기를 가지고 노는 것이 당연했다."[52]라고 기록했다.

그리고 이 논문은 이러한 독일 68의 성교육 운동이 한계를 넘어섰다고 지적하며 "5. 탈선들"이라는 소제목 아래서 독일 68 운동의 1971년의 '코뮌 2'의 기록을 소개했다. 이 글에는 한 성인과 4세 소녀 사이의 친밀한 상황이 기록되어 있는데, 이 4세 소녀는 그 성인 남성의 페니스가 발기될 때까지 신체를 쓰다듬었고, 최종적으로 이 소녀는 그 성인 남성과 성관계를 하기 원했다고 한다.[53] 이 논문은 "코뮌 2의 이러한 기록은 반권위주의적 교

51. 위의 문서, 67.
52. 위의 문서, 61-62.
53. Kommune 2, *Versuch der Revolutionierung des bürgerlichen Individuums : Kollektives Leben mit politischer Arbeit verbinden!* (Berlin : Kiepenheuer und Witsch, 1971), 92.

육에 대한 성공적인 수행으로 성찰되었다. 억압되지 않은 채 자신의 성적인 관심을 마음껏 발휘하기 원하는 소아는 불가피하게 성인 섹스 파트너를 찾아내야 하는 상황에 처하게 되지만, 결국 성인과의 생식기적 욕망에 대한 만족이 불가능하다는 사실을 스스로 깨닫게 된다."고 했다.

이 논문에 의하면 1979년의 '코뮌 2'의 또 다른 기록에는 다음과 같이 기록되어 있다. "소아가 이러한 체험을 실제로 마음껏 누릴 수 있기 위해서는 성인이 어떠한 금지 명령도 하지 말아야 할 뿐 아니라, 성인이 자신의 억제들을 극복할 수 있어야 한다는 것을 전제해야 한다. 성인이 의식적으로 시도한 자신의 체험은, 소아가 성인들보다는 또래들과 보다 현실에 적합한 생식기적 섹스를 만족스럽게 할 수 있는 동력으로 작용한다 (Kommune 2, 1979, p. 93)".[54]

이 논문은 1980년대부터 에이즈 문제로 인해 성계몽 운동이 다시 중요해지면서 "계몽이 반드시 필요한 위험요소들은 바로 성폭행, 포르노, 그리고 십대들의 원치 않는 임신으로, 이에 대한 공적인 토론이 증가하고 있다."고 주장한다. 반권위주의적 교육이라는 이름으로 자행된 독일 68의 소아성애적 조기성교육은 21세기에서 저물고 있다. 이 논문은 "소아기적 성의 거침없는 향유에 대한 권장이라는 개념은 이제 거의 사라져 버렸다. 이제 성적인 계몽은 일차적으로 성의 부정적인 측면들로부터 소아를 보호하는 데 기여하고 있다."고 주장한다.

또한, 독일 68의 반권위주의적-소아성애적 조기성교육 운동이 '역사적

---

54. Christin Sager, "Das Ende der kindlichen Unschuld : Die Sexualerziehung der 68er-Bewegung", 64-66.

으로 유별난 길(Historischer Sonderweg)'이었고, 20세기 후반부터 점차 몰락했다고 다음과 같이 주장한다. "소아의 쾌락 능력과 권리를 적극적으로 장려하고자 했던 독일 68 운동의 노력들은 이제 역사적으로 유별난 길로 간주되고 있다."[55] 이 논문은 독일 68 소아성애적 안티파가 정치교육이라는 이름으로 강행한 반권위주의적-소아성애적 조기성교육 운동이 독일 낭만주의 운동 이후로 독일 철학이 걸어온 독일 특유의 독자노선이라고 분석했다.

결론적으로 이 논문은 소아기적 순수성의 복권을 주장하고 있다. 또한 독일 68 소아성애적 안티파의 소아와 청소년의 조기성애화와 과잉성애화 운동이 가져온 아동 강간과 아동 인권 유린 문제에 대해 보다 감수성 있게 접근해야 한다고 다음과 같이 주장한다. "'소아기적 순수성에 대한 재기획(Reinszenierung der kindlichen Unschuld)'을 통해 소아의 성적인 쾌락이라는 원리는 성의 어두운 측면에 대한 위협으로 인해 사라져 버렸다. 소아는 자신의 성적인 욕망을 표현할 수 있는 능력을 우선적으로 갖추어야 하는 것이 아니라, '아니오.'라고 말하는 법을 배움으로써 성폭행으로부터 자신을 보호하는 법을 배워야 한다."[56]

"사회주의적 교육으로부터 불교적 옴(Om)으로 : 반문화와 엘리트문화 사이의 사설유치원"이라는 논문은 독일 힐데스하임 대학교의 저명한 교육학 교수인 메이케 소피아 바더(Meike Sophia Baader) 교수의 것으로, 독일 68 반권위주의적-사회주의적 교육과 불교적 반문화 운동의 관련성을 드러

---

55. 위의 문서, 68.
56. 위의 문서, 68.

내고 있다.[57] 독일 68 운동은 반계몽주의적-반현대주의적 반문화 히피 운동으로서 당시에 힌두교와 불교, 그리고 일본 선불교와 명상 운동 등과 연동되었다. 프로이트의 사상은 독일 낭만주의 운동뿐 아니라 힌두교와 불교 철학에 가까운 쇼펜하우어와 디오니소스적 니체 철학의 영향을 강하게 받았는데, 그렇기에 프로이트의 정신분석학을 이론적 권위와 기원으로 채택한 독일 68 운동, 독일 프랑크푸르트 학파의 비판이론과 비판교육이론(특히 에릭 프롬), 독일 낭만주의 개혁교육학 등에는 힌두교와 불교, 신지학(Theosophie), 루돌프 슈타이너(Rudolf Steiner)의 인지학 등의 강한 영향이 존재한다. 독일 초기 낭만주의 철학자 프리드리히 슐레겔(Friedrich Schlegel)은 독일 최초의 인도학 개척자로서, 독일 낭만주의 운동 초기부터 인도-게르만주의와 인도 동경을 지지했다. 독일 낭만주의 개혁교육학에서도 힌두교와 불교 사상, 인도 철학, 신지학과 인지학의 강한 영향이 존재했는데, 이는 5장에서 상술할 것이다.

4. 세기말 비엔나의 데카당스, 소아 매춘 그리고 프로이트

2012년, 영국 케임브리지 대학교 출판부가 발행하는 『의학사 저널(Medical History)』에 "순수성의 상실 : 알베르트 몰, 지그문트 프로이트 그리고 1900년대 경의 소아기적 성에 대한 발명"이라는 논문이 실렸다. 이 논문

---

57. Meike Sophia Baader, "Von der sozialistischen Erziehung bis zumbuddhistischen Om : Kinderläden zwischen Gegen-und Elitekulturen", in : Meike Sophia Baader (Hrsg.), *Seid realistisch, verlangt das Unmögliche : Wie 1968 die Pädagogik bewegte.*

은 지그문트 프로이트의 작품 이전에 이미 소아기적 성에 대한 이해가 19세기부터 발생하기 시작했다고 말한다. 또한 소아의 성에 대한 논쟁의 핵심적인 기여자들은 알베르트 몰(Albert Moll) 등이었고, 19세기 세기말의 예술가들과 작가들은 소아에 대한 성애화된 이미지를 찬양했다고 제시한다. 즉, 이 논문은 소아기적 성을 최초로 발견했다고 말하는 프로이트의 주장은 역사적 사실과 다르며, 소아기의 성에 대한 프로이트의 입장은 당시 오스트리아 비엔나에서 발견되는 19세기 세기말의 퇴폐적인 문화적 상황으로부터 나왔다고 결론 내렸다.[58]

소아기적 순수성의 상실을 화두로 삼고 있는 이 논문은 "오늘날의 역사기록학은 유아기와 소아기에 있어서 핵심적이고 규범적인 성에 대한 견해를 도입한 학자로서 주로 프로이트에게 집중하고 있다."고 비판하면서 "프로이트의 정신분석학적 사유는 19세기 중후반부터 시작되어 1900년경에 꽃피운 소아기의 성에 대한 보다 보편적인 당대의 논의의 한 부분이었다."고 주장했다. 또한 "프로이트의 저술들이 결코 혁명적이거나 독창적이지 않다는 인식에도 불구하고, 당시 다른 학자들이 주장한 소아의 성에 대한 대안적인 접근법들은 대부분 무시되었다."고 했다.[59]

이 논문은 "소아기적 성에 대한 관심의 발생"이라는 소제목 아래서 1900년경에 꽃피운 소아기적 성에 대한 관심의 기원이 장 자크 루소(Jean Jacques Rousseau)를 비롯한 낭만주의 운동에 있다는 것을 다음과 같이 소

---

58. Lutz D. H. Sauerteig, "Loss of Innocence : Albert Moll, Sigmund Freud andthe Invention of Childhood Sexuality Around 1900", *Med. Hist* 56(2), 2012, 156-183.

59. 위의 문서, 157.

개한다. "18세기 이전까지는 원죄의 결과로 소아는 악하고 타락했다고 보편적으로 간주되었다. 그래서 18세기에 교육자들은 소아가 건강하고 도덕적인 인간으로 성장하도록 엄격하게 양육할 것을 추천했다. 하지만 18세기 중후반에는 소아에 대한 이해에 있어 근본적인 변화가 일어났다." 이 논문은 소아기에 대한 이해의 근본적인 변화를 일으킨 대표적인 인물로 장 자크 루소를 언급한다. 또한 18세기 중후반에 발생한 소아기에 대한 근본적인 인식 변화를 증언하는 연구서인 독일 힐데스하임 대학교 교육학 교수인 메이케 소피아 바더의『소아와 소아기에 대한 낭만주의적 개념 : 잃어버린 순수성을 찾아서』[60]를 언급하고 있다.[61]

바더 교수는 이 책에서 소아들-정원들, 꽃들, 무죄한 순수성, 황금시대 그리고 파라다이스에 대한 독일 초기 낭만주의적 통합적 시각에 대해서 분석하고 있다. 이렇게 소아기를 정원, 꽃, 순수성, 황금시대 그리고 낙원으로 파악하는 독일 낭만주의적 관점은 교육학적 개념으로는 킨더가르텐(Kindergarten), 즉 유치원의 창시자인 프리드리히 프뢰벨(Friedrich Fröbel)에까지 이어진다.[62]

독일어로 킨더가르텐은 소아(킨더)와 정원(가르텐)의 합성어로, 이 말에는 소아기를 꽃이 있는 정원, 황금시대 그리고 유토피아적 낙원으로 파악

---

60. Meike Sophia Baader, *Die romantische Idee des Kindes und der Kindheit : Auf der Suche nach der verlorenen Unschuld* (Neuwied, Kriftel, Berlin : Luchterhand, 1996).

61. Lutz D. H. Sauerteig, "Loss of Innocence : Albert Moll, Sigmund Freud andthe Invention of Childhood Sexuality Around 1900", 159.

62. Meike Sophia Baader, *Die romantische Idee des Kindes und der Kindheit : Auf der Suche nach der verlorenen Unschuld*, 146.

한 독일 특유의 낭만주의 사상이 반영되어 있다. 이후에 상술하겠지만 독일 낭만주의 운동의 상징인 노발리스의 푸른 꽃도 소아를 상징한다. 이렇게 바더 교수는 '소아에 대한 독일 낭만주의적 이상화'를 분석했다.[63]

바더 교수에 의하면 독일 낭만주의 운동은 '인류의 소아기로서의 황금시대'라는 관점을 전개했다. 즉, 인류의 황금시대는 바로 유아기 혹은 소아기라는 것이다. 바더 교수는 나아가 독일 낭만주의자들인 횔덜린(Hölderlin)과 노발리스에 의해 전개된 '새로운 신화학(neue Mythologie)'의 핵심적인 모멘트인 '신적인 소아'라는 개념을 분석했는데, 이러한 낭만주의적 사유 속에서 기독교적 전통과 디오니소스-신화가 하나의 통합을 이루게 되었다고 주장했다.

독일 낭만주의 운동은 "그리스도/디오니소스로서의 신적인 소아가 독일 초기 낭만주의의 순환론적 역사 이해 속에서 황금시대의 회귀를 보장한다."고 주장했다. 바더 교수는 독일 낭만주의에서 종종 발견되는 기독교적 성화와 고대 신화 사이의 오버랩이 독일 낭만주의 화가인 필립 오토 룽게(Philipp Otto Runge)에게서도 발견된다고 지적하면서, 룽게에게서도 소아기적 실존방식과 소아적 시선이 회화에 대한 낭만주의 이론에 있어 이상(Ideal)으로 격상되었다고 분석했다.[64]

이렇게 독일 낭만주의 운동은 소아기적이고 동화적 시선을 가진 세계관이다. 그리스도이자 동시에 디오니소스인 소아를 일종의 유토피아적 황금시대를 준비하는 메시야로 신성화시키는 독일 낭만주의 운동은, 기독교

---

63. 위의 문서, 159.
64. 위의 문서, 176.

적 전통과 이교적-디오니소스적 전통이 혼합된 독일 특유의 '독일 이교' 현상이다. 유럽이 기독교화된 이후, 유럽의 그 어떤 나라도 사라져 버린 그리스 신들을 다시 갈망하지 않았다. 오직 독일 철학에서만 그리스 신들의 도래를 갈망했다.

이러한 맥락에서 디오니소스적 그리스 전통뿐 아니라, 독일 초기 낭만주의 철학자인 프리드리히 슐레겔이 독일 최초의 인도학 개척자였다는 사실을 다시 한 번 더 강조하고자 한다. 독일 낭만주의의 유산인 프로이트의 정신분석학에도 이러한 디오니소스적-독일 이교적인 영향이 존재한다. 이렇게 기독교적 전통, 디오니소스적 그리스 전통, 인도-게르만주의에 입각한 힌두교와 불교 전통, 그리고 영지주의적 신지학과 루돌프 슈타이너의 인지학 전통이 독일 낭만주의 철학에 서로 혼재하고 얽히면서 독일 특유의 이교 현상을 만들어 낸다.

21세기의 메르켈 총리까지도 여전히 자랑스럽게 언급하는 이 독일 특유의 독자노선 혹은 유별난 길은 바로 에로스와 디오니소스적 광기가 존재하는 독일 낭만주의적 길이었다. 그리고 바로 이러한 독일 특유의 길에서부터 히틀러의 민족사회주의(나치즘), 칼 마르크스의 국제사회주의(공산주의), 독일 68 신좌파 운동, 그리고 프로이트의 정신분석학이 탄생했다. 이후에 논의하겠지만 독일인들이 아직까지도 자랑스러워하는, 소아기를 찬양하고 신성시하는 독일 특유의 낭만주의적 독자노선은 반문명적이고 퇴행적인 사유이다. 필자는 5장에서 독일 68 운동을 '낭만주의적 퇴행'으로 파악한 연구를 소개하면서 이 점을 다시 한 번 더 강조할 것이다.

니체와 하이데거는 십자가에 달리신 예수 이후로 2,000년 동안 새로운 신이 나타나지 않았다고 하면서 디오니소스라는 새로운 미래의 신의 도래를 갈망하면서 이것을 철학적으로 노래했다. 하이데거도 기독교적 하나님이 아니라, 어떤 신이 우리를 구원할 것이라고 했다. 르네 지라르가 비판하고 있듯이, 소아를 낭만주의적으로 찬양하는 니체와 '정치적 낭만주의'를 대변하는 하이데거도 신이교주의자로서 독일 이교를 대변한다.

반이교적인 사건인 십자가에 달리신 자의 죽음과 부활 이후로 2,000년 동안 새로운 신이 나타나지 않았다고 하면서 군중폭력을 의미하는 디오니소스라는 신을 철학적으로 기대한 니체는, 새로운 이교주의의 대변자이다. 니체와 하이데거와 인연이 깊은 독일 프라이부르크 대학교에서 열린 최근의 니체 강좌에서도 이러한 니체 철학에 내포된 신이교적 차원이 언급되었다. 니체가 재활성화시키고 재탄생시키고자 했던 '새로운 신화' 운동은 정치적 파시즘과 나치즘으로 연결된다. 이 새로운 신화와 파시즘이 얽힌 관계는 제2차 세계대전을 일으킨 독일과 일본에서 함께 발생했다. 최근 독일어권 철학계에서는 니체와 하이데거 철학과 독일 나치즘과의 깊은 관계에 대해서 보다 비판적으로 분석하고 있다. 왜냐하면 2014년 이후에 니체를 철학자의 반열에 올려서 그의 철학을 계승하고 있는 하이데거의 철학적 일기장이라 할 수 있는 『블랙 노트(Schwarze Hefte)』가 출판되었기 때문이다.[65]

독일 낭만주의 이후 니체와 하이데거까지 이르는 새로운 신화는 디오니소스적 신화였다. 독일 낭만주의 운동과 새로운 신화 운동에서 디오니소스는 도래하는 신과 새로운 신으로서의 중심적인 역할을 하고 있다. 독

---

65. 정일권, 『우상의 황혼과 그리스도 : 르네 지라르와 현대 사상』(서울 : 새물결플러스, 2014) ; 정일권, 『예수는 반신화다 : 르네 지라르와 비교신화학』(서울 : 새물결플러스, 2017) 참고.

일 튀빙겐 대학교의 철학 교수였던 프랑크(Manfred Frank)는 『도래하는 신 : 새로운 신화에 대한 강의들』이라는 책에서 예술과 사회에서의 신화 르네상스에 대해 논의한다. 그는 '낭만적 디오니소스'를 미래의 신 혹은 반(反)계몽의 신, 공동체의 신으로 파악했다.[66] 독일 낭만주의 이후의 새로운 신화 운동을 연구해 온 프랑크는 근대적 합리성에 권태를 느끼고 의미의 위기를 경험한 일부 독일 학자들이 새로운 신화의 이름으로 신화라는 원시성으로 회귀하려고 했다고 보았다.

낭만주의 운동 이전의 교육학은 기독교 세계관과 원죄론의 영향 아래서 소아와 청소년을 건강하고 도덕적인 인간으로 교육하려고 했지만, 장 자크 루소 이후의 낭만주의적 교육학은 점차 반기독교적, 신지학적(인지학적), 그리고 디오니소스적 반도덕주의적 쾌락주의가 영향력을 행사하게 되었다. 이후에 살펴보겠지만, 프로이트의 쾌락원리(Lustprinzip)는 독일 68 신좌파의 소아와 청소년의 성적인 '쾌락의 정치화(Politisierung der Lust)'의 권위와 기원으로 작용했다.

'교육역사 연구 시리즈'에 포함된 바더 교수의 『소아와 소아기에 대한 낭만주의적 개념 : 잃어버린 순수성을 찾아서』라는 책은 프로이트 이후 상실된 소아의 순수성의 회복과 복권을 지지하면서, 소아의 성과 성욕에 대한 개념의 궁극적 기원이 낭만주의 운동에 있다는 사실을 역사적으로 규명하고 있다. 프로이트의 정신분석학 자체가 독일 낭만주의 운동의 산물인 것과 마찬가지로, 최초로 소아의 성을 발견했다는 프로이트의 이론도

---

66. Manfred Frank, "Dionysos und die Renaissance des kultischen Dramas (Nietzsche, Wagner, Johst)", in : *Gott im Exil : Vorlesungen über die Neue Mythologie* (Frankfurt am Main : Suhrkamp Verlag, 1988), 9-104.

그 자신만의 독창적이고 혁명적인 발견이 아니라 일차적으로는 1900년대 당시 오스트리아 비엔나에서 유행하게 된 세기말적이고 낭만주의적-퇴폐주의적 문화의 산물이며, 보다 궁극적으로는 독일 낭만주의에서 기원한 것이다. 프로이트가 최초로 이론화했다고 여겨졌던 소아의 성과 성욕은 '소아와 소아기에 대한 낭만주의적 개념'으로부터 파생된 것이다.

『시적인 현존재형식으로서의 소아기 : 18세기 낭만주의적 소아기 유토피아의 발생에 대한 연구 ; 헤르더, 장 파울, 노발리스 그리고 틱』[67]이라는 연구서도 소아기적 성과 성욕에 대한 관심을 불러일으킨 기원이 독일 낭만주의 운동이라고 주장하고 있다.[68] 프로이트 이후 유행하게 된 소아의 순수성의 상실과 소아성욕에 대한 담론의 보다 궁극적 기원은 독일 낭만주의다. 이 책은 독일의 장 자크 루소로 평가되는 헤르더(Johann Gottfried Herder)와 독일 낭만주의 운동의 대표적 철학자 노발리스와 같이 18세기의 독일 낭만주의 운동이 '낭만주의적 소아기 유토피아(Romantische Kindheitsutopie)'라는 이름으로 소아기를 시학적인 현존재형식으로 낭만화하고 있다고 분석했다. 필자는 이후 독일 낭만주의 운동이 소아와 소아기를 일종의 시적인 유토피아로 낭만화하고 있을 뿐 아니라, '신화화'하고 있다는 사실도 구체적으로 다룰 것이다.

이 책의 1장 제목은 "자연인으로서의 소아 : 계몽된 소아기 유토피아로

---

67. Hans-Heino Ewers, *Kindheit als poetische Daseinsform : Studien zur Entstehung der romantischen Kindheitsutopie im 18. Jahrhundert ; Herder, Jean Paul, Novalis und Tieck* (München : Wilhelm Fink, 1989).

68. Lutz D. H. Sauerteig, "Loss of Innocence : Albert Moll, Sigmund Freud andthe Invention of Childhood Sexuality Around 1900", 159.

서의 자연적 소아기에 대한 장 자크 루소의 기획"이다. 이처럼 독일 낭만주의 운동은 소아기를 일종의 유토피아로 이해했고, 이러한 이해로부터 프로이트의 소아성욕에 대한 이론이 탄생했다. 장 자크 루소에게 있어 소아기는 자연상태(Naturzustand)를 대변하며, 그렇기에 소아는 보다 나은 세계를 위한 유망주(Hoffnungsträger)이다. 2장의 제목은 "소아기적 인류의 황금시대 : 젊은 헤르더에게 있어서의 원시적인 것과 소아기적인 것에 대한 인류학과 역사철학"으로, 헤르더는 인류가 소아기적으로 변화되는 시대를 황금시대로 파악했다는 내용이다.[69] 즉, 헤르더에게 있어서 소아기적인 것은 곧 원시적인 것인데, 독일 낭만주의 운동은 장 자크 루소식의 반문명적, 반계몽주의적 그리고 반현대주의적 관점에서 원시적인 것을 오히려 찬양하고 장려했다. 소아기는 바로 이러한 인류의 원시적인 시대를 대변하는 것이며, 낭만주의 운동은 이러한 소아기적이고 원시적인 시대야말로 황금시대이자 유토피아라고 주장했던 것이다. 이후 논의하겠지만 독일 낭만주의의 목적은 세계의 낭만주의화인데, 세계의 낭만주의화는 곧 세계의 소아기화를 의미한다. 그리고 소아는 이러한 세계에서 낭만주의화의 주체로 격상되고 찬양된다.

이 책의 3장 제목은 "소아기적 정신의 신통 계보학 : 장 파울에게 있어서의 소아기의 형이상학"이다. 독일 문학사상에서 레싱(G. E. Lessing)이나 괴테와 비견되기도 하는 독일 낭만주의 문학가 장 파울(Jean Paul)은 독일 낭만주의 문헌에서 중요한 『미학 입문(Vorschule der Aesthetik)』(1804)을 출

---

69. Hans-Heino Ewers, *Kindheit als poetische Daseinsform : Studien zur Entstehung der romantischen Kindheitsutopie im 18. Jahrhundert ; Herder, Jean Paul, Novalis und Tieck.*

간했다. 장 파울은 소아의 신성(Göttlichkeit)이 전면에 부각되는 '소아기의 형이상학(Metaphysik der Kindheit)'을 확립했고, 노발리스 역시 소아기의 형이상학을 전개했다. 이 연구서에 의하면 독일 낭만주의 철학자들인 헤르더, 장 파울 그리고 노발리스는 모두 성인이 된다는 것은 원초적인 총체성(Totalität)의 상실을 의미하며, 이는 소아기에서 발견되는 초기의 신성으로부터 멀어지는 것을 의미했다. 즉, 이들은 모두 소아의 신성을 주장했다. "모든 소아에게 항상 출현하는 황금시대의 유토피아는…… 노발리스에게 있어서 결코 과거 지향적인 것이 아니며, 하나의 메시야적인 형태이다." 장 파울은 소아의 신성과 거룩성을 주장했고, 노발리스는 성인이 되면서 상실한 소아의 신성은 다시 회복될 수 있다고 보았다. 이렇게 이 책은 독일 특유의 '낭만주의적 소아기신화(Der romantische Kindheitsmythos)'를 비판적으로 분석하고 있다.[70]

노발리스와 장 파울의 소아기의 형이상학을 볼 때, 우리는 독일 낭만주의 철학이 근본적으로 소아철학과 소아형이상학이라고 정의할 수 있다. 이러한 독일 특유의 낭만주의적 소아기신화의 전통에서 20세기 초 독일에서 가장 영향력 있는 시인이었던 슈테판 게오르게는 막시민(Maximin)이라는 미소년의 죽음 이후 실제로 그를 신으로 숭배했다. 이에 대해서는 5장에서 상세하게 논의할 것이다.

이렇게 독일 낭만주의 소아철학은 소아기적이고 원시적인 것을 유토피아적 황금시대로 주장했기에, 인도게르만주의에 입각하여 소아기

---

70. "Meike Baader über Hans-Heino Ewers : Kindheit als poetische Daseinsform". https : //edoc.hu-berlin.de/bitstream/handle/18452/6217/baader.pdf? sequence=1

적이고 원시적인 문명으로 파악된 인도문명을 찬양하면서 인도 광기 (Indomania)에 빠지기도 했다. 독일 낭만주의 학생운동의 인도게르만주의적인 인도 동경과 인도 광기는 독일 나치시대의 학생운동에서도 지속된다.『인도학, 인도 광기 그리고 오리엔탈리즘 : 근대 독일에서의 고대 인도의 재탄생』[71]이라는 책은 독일 낭만주의 운동에서 발견되는 인도 광기를 잘 분석했다. 이러한 독일 특유의 낭만주의적 신이교주의는 독일 나치 시대의 민족운동(Völkischer Bewegung), 생활개혁운동(Lebensreform), 오컬티즘(Okkultismus), 신이교주의(Neuheidentum), 그리고 학생운동 (Jugendbewegung)에서도 지속된다.[72] 독일 좌우 낭만주의 학생운동에서도 인도게르만주의적인 신이교주의와 오컬티즘이 발견되고, 생활개혁운동과 연동된 독일 개혁교육에서도 독일 낭만주의 운동의 인도게르만주의적인 인도 광기와 힌두교-불교의 영향, 신이교주의와 오컬티즘이 발견된다. 독일 진보교육의 상징인 오덴발트 학교에 교육 상징처럼 세워진 3m 높이의 거대한 남근상은 바로 이러한 독일 낭만주의에서의 인도 광기, 신이교주의 그리고 오컬티즘의 영향을 보여 준다.

『시적인 현존재형식으로서의 소아기』라는 책의 4장 제목은 "소아가 있는 곳에 황금시대가 존재한다 : 노발리스의 초월적 철학과 소아기신비주

---

71. Douglas T. McGetchin, *Indology, Indomania, and Orientalism : Ancient India's Rebirth in Modern Germany* (N. J. : Fairleigh Dickinson University Press, 2009).

72. Franz Sandra, *Die Religion des Grals : Entwürfe arteigener Religiosität im Spektrum von völkischer Bewegung, Lebensreform, Okkultismus, Neuheidentum und Jugendbewegung (1871-1945)* (Edition Archiv der deutschen Jugendbewegung, Bd. 14) (Schwalbach am Ts. : Wochenschau-Verlag, 2009), 170-198.

122 에로스와 광기 : 프로이트의 황혼

의(Kinderheitsmystik)"이다.[73] 독일 낭만주의를 가장 잘 대변하는 노발리스에게 있어서는 소아기가 황금시대이다. 그러므로 인류는 이 유토피아이며 황금시대인 소아기로 되돌아가야 한다는 것이다. 노발리스의 꿈속에서 찾고자 했던 푸른 꽃은 소아를 상징하는데, 그에게 있어서 소아와 소아기는 신비화된다. 이렇게 독일 낭만주의 운동에 있어서 소아와 소아기는 유토피아와 황금시대로 시학화, 낭만화, 신비화 그리고 '신화화'된다. 이 책의 5장은 낭만주의 운동에서 발견되는 소아기에 대한 숭배(Kindheitskult)를 다루고 있다.[74]

5. 프로이트와 '소아-여성(롤리타)' : 정신분석학과 소아성애

전술한 "순수성의 상실 : 알베르트 몰, 지그문트 프로이트 그리고 1900년대 경의 소아기적 성에 대한 발명"이라는 논문은 프로이트가 살았던 20세기 초반의 소아기적 성에 대한 관심과 소아성애 그리고 아동 강간에 대한 연관성을 다음과 같이 분석하고 있다. "20세기 초반의 소아의 성과 그 역사에 대한 관심은 소아성애에 대한 논쟁과 매우 인기가 많았던 재난 문학(Misery Literature)에 드러난 당시 언론과 생존자들이 보고한 수많은 소아성학대 사례들로 인해 불붙게 되었다."[75] 이 논문은 "1890년대의 프로

---

73. Hans-Heino Ewers, *Kindheit als poetische Daseinsform : Studien zur Entstehung der romantischen Kindheitsutopie im 18. Jahrhundert ; Herder, Jean Paul, Novalis und Tieck.*

74. 위의 문서.

75. Lutz D. H. Sauerteig, "Loss of Innocence : Albert Moll, Sigmund Freud and the Invention of Childhood Sexuality Around 1900", 161.

이트는 유아와 어린아이들의 선천적인 성욕의 부정에 있어서 매우 명확했다."고 소개하고 있다. 프로이트는 "소아가 자위를 비롯한 성적인 활동을 보인다면 그것은 성인 또는 그보다 나이 많은 아이에 의한 성적인 학대 혹은 유혹에서 비롯된 것이다."[76]라고 말했다. 또한 이러한 성적인 학대나 유혹의 효과는 "유아기나 소아기에는 바로 나타나지 않으며, 사춘기에 접어들 때 나타나기 시작한다."고 보았다. 또한 "그때 가서야 그러한 성적인 경험들이 무의식으로부터 떠올라서 젊은 누군가에 의해 재생되는데, 이것이 각종 노이로제적인 증상들을 야기시킨다.[77] 그러나 그 유아 혹은 소아는 당시의 성적인 유혹과 학대 행위에 대해서 이해할 수 없었다."[78]고 말했다.

이 논문은 "프로이트와 성적인 소아"라는 소제목 아래서 "프로이트는 1898년에 소아의 성적인 생활은 사춘기부터 시작되는 것이 아니라 보다 이른 나이에 시작된다고 주장했는데, 이는 프로이트의 의견 속에서 결코 무시되어서는 안 되는 것이었다."고 말한다. 하지만 프로이트는 동시에 "인류라는 종의 조직과 진화는 소아기에 많은 성적인 활동을 회피하려고 매진한다."고 말하며 "소아기의 성적인 경험들은 성인기에 와서 하나의 병리학적 효과를 낳는다."고도 주장했다.[79]

이 논문은 "세기말의 성애화된 소아"라는 소제목 아래서 프로이트가

---

76. Sigmund Freud, "Zur Ätiologie der Hysterie" (1896), in : *Sigmund Freud Studienausgabe Bd. VI : Hysterie und Angst* (Frankfurt a. M. : Fischer, 1982) 51-81.
77. 위의 문서, 74-76.
78. Lutz D. H. Sauerteig, "Loss of Innocence : Albert Moll, Sigmund Freud and the Invention of Childhood Sexuality Around 1900", 163.
79. 위의 문서, 169.

활동했던 1900년대에 비엔나에 풍미했던 데카당스로 특징지어지는 퇴폐적인 세기말적 문화가 프로이트의 정신분석학에 영향을 주었다고 분석했다. "프로이트는 예술과 문학 속에 드러난 나체의 소아와 청소년에 대한 이미지와 표현에 대한 공적인 여론의 격분을 발전시켰다. 또 다른 한편으로는 당시 오스트리아 비엔나 거리에서 행해진 광범위한 미성년자 매춘 현상으로 특징지어진 세기말의 문화적 상황 속에서 유아기와 소아기의 성에 대한 그의 폭넓은 이해를 발전시켰다."[80] 즉, 이 논문은 세기말 비엔나에서 광범위하게 행해졌던 아동 매춘, 나체의 소아와 청소년에 대한 회화와 문학, 그리고 소아성애라는 퇴폐적인 문화적 상황으로부터 프로이트의 소아기의 성에 대한 이해가 탄생했다고 주장한 것이다.

동시에 이 논문은 "1900년대에는…… 구스타프 클림트(Gustav Klimt)와 같은…… 비엔나 아방가르드 예술가들이 나체의 소년에게 집착해서 사춘기 이전의 나체의 소년과 소녀의 몸을 묘사하는 방대한 양의 소묘들과 회화들을 생산했다."는 사실[81]을 소개했다.[82] 이 논문은 "많은 회화들이 명백하게 에로틱한 성격을 지니고 있는데, 가령 어린 소녀들과 소년들이 자위

---

80. 위의 문서, 171-172 ; Nike Wagner, *Geist und Geschlecht : Karl Kraus und die Erotik der Wiener Moderne* (Frankfurt : Suhrkamp, 1981).

81. Tobias Natter, Max Hollein (eds.), *Die nackte Wahrheit : Klimt, Schiele, Kokoschka und andere Skandale* (Munich : Prestel, 2005) ; Patrick Werkner, "The child-woman and hysteria : images of the female body in the art of Schiele, in Viennese modernism, and today", in *Egon Schiele : Art, Sexuality, and Viennese Modernism* (Palo Alto : Society for the Promotion of Science and Scholarship, 1994), 51-78.

82. Lutz D. H. Sauerteig, "Loss of Innocence : Albert Moll, Sigmund Freud and the Invention of Childhood Sexuality Around 1900", 172.

하고 있는 묘사를 들 수 있다. 많은 비엔나의 지성적인 엘리트들은…… '소아-여성'에 대한 에로틱한 환상들에 홀딱 반했으며, 어린 배우들, 발레리나 혹은 모델의 애정을 쟁취하기 위해 투쟁했다."[83]고 말한다.

2009년 9월 23일에 프로이트의 서거를 기념하는 70회 행사가 오스트리아 비엔나 프로이트 박물관에서 개최되었다. 이 행사에는 구스타프 클림트와 에곤 쉴레(Egon Schieles)의 소아 및 청소년의 성에 대한 묘사들도 전시되었다.[84] 프로이트의 정신분석학, 특히 소아의 성에 대한 이론은 1900년대 비엔나의 세기말적인 소아성애적 문화로부터 이해되어야 한다. 1900년대 세기말의 비엔나의 아방가르드적인 예술, 문학 그리고 회화 등도 낭만주의 운동이라 할 수 있다. 이후에 필자는 4장에서 독일 낭만주의 특유의 나체주의에 대해서 다루면서 독일 낭만주의 운동에서 나체의 소아와 청소년을 플라톤적 미의 대명사로 찬양했다는 사실을 설명할 것이다.

위르겐 윌커스 교수도 "프로이트의 이론들은 비엔나에서 탄생했으며, 이는 결코 당시 세기말의 비엔나 문화를 배제하고는 생각할 수 없다."는 것과 세기말의 비엔나 문예사조는 "프로이트의 이론을 통해서 언어적 형태와 심리학적 설득력을 얻게 되었다."고 지적했다. 윌커스 교수는 그 예로서 소아와 청소년의 성에 대한 묘사들로 잘 알려진 에곤 쉴레가 프로이트에 대한 언급은 하지 않았지만 프로이트가 말한 쾌락원리와 현실원리(Realitätsprinzip)에 대해 논평하고 있다는 점을 소개했다.[85]

---

83. 위의 문서, 172.
84. oe24, ""Eros & Thanatos" : Über Liebe und Triebe", 2009년 6월 10일. https : // www.oe24.at/leute/kultur/eros-thanatos-ueber-liebe-und-triebe/547291
85. Jürgen Oelkers, Reformpädagogik im internationalen VergleichVorlesung im

소아의 성에 대한 프로이트의 관점은 1900년대 오스트리아 비엔나의 세기말적인 문화 상황 속에서 유행했던 소아성애적 소아-여성에 대한 관점과 연관되어 있다. 프로이트의 동료로서 최초로 프로이트 전기문을 적었던 프리츠 비텔스(Fritz Wittels)의 회고록은 『프로이트와 소아-여성(Freud and the Child Woman)』이라는 제목으로 출간되었다. 이 책에 담긴 회고록을 통해서 비텔스는 프로이트 당시 1900년대 세기말적 오스트리아 비엔나의 소아-여성을 중심에 두고서 전개되는 에로틱한 지하문화에 대해 솔직하면서도 생생하게 증언하고 있다. 이 책은 『프로이트와 소아-여성(Freud und das Kindweib)』이라는 제목으로 독일어로 번역되기도 했다.[86] 프로이트와 소아성애적인 소아-여성에 대한 사랑에 관한 연구는 많다.[87]

프로이트와도 관련된 이 소아-여성은 소아성애적 작품에 등장하는 롤리타와 같은 인물이다. 독일어 위키피디아는 소아-여성에 대해 "소아-여성 혹은 롤리타는 소아기적 특성과 함께 정신적이고 신체적인 성숙성을 가진

Sommersemester 2007 : Übersicht. https : //www.uzh.ch/cmsssl/ife/dam/jcr : ffffffff-ddf6-e1f2-ffff-ffff8df783eb/013_GesamtSS07.pdf

86. Edward Timms (eds.), *Freud and the Child Woman : The Memoirs of Fritz Wittels* (New Haven, CT : Yale University Press,1995) ; Edward Timms (Hrsg.), *Freud und das Kindweib : die Erinnerungen von Fritz Wittels*, Aus dem Englischen Marie-Therese Pitner (Wien : Böhlau, 1996).

87. Leo A. Lensing (1989), ""Geistige Väter"&"Das Kindweib" : Sigmund Freud, Karl Kraus & Irma Karczewska in der Autobiographie von Fritz Wittels", *Forum* 430/431, 62-71 ; Leo A. Lensing (1996), ""Freud and the Child Woman" or "The Kraus Affair?" A Textual "Reconstruction" of Fritz Wittels's Psychoanalytic Autobiography", *German Quarterly* 69, 322-332 ; Edward Timms, "The 'Child-Woman' : Kraus, Freud, Wittels and Irma Karczewska", in : *Austrian Studies 1 : Vienna 1900 from Altenberg to Wittgenstein* (Edinburgh University Press, 1990), 87-107.

소녀들이나 여성들이다. …… 소아-여성은 소아와 여성의 합성으로 이해 해야 하는 데 반해, 롤리타는 블라디미르 나보코프의 소설『롤리타』에 기 원을 두고 있다. 이 소설의 주인공은 12세 소녀인 롤리타와 사랑에 빠진 다."라고 정의한다. 이 자료는 1968년 성혁명 시대에 소아-여성들이 묘사 된 사진집들과 영화들이 성공을 거두었다는 사실도 소개한다. 하지만 이 러한 작품들의 확산은 소아성애라는 비난들로 인해서 제약을 받았다.[88] 나보코프의 소설『롤리타』는 소아성애적 소설로 잘 알려져 있다.

소아-여성은 일부다처제적인 관계에 참여할 준비가 되어 있는, 소아이 지만 성적으로 조숙하며 젊고 아름다운 소녀를 말한다. 프로이트와 소아-여성의 관련성을 주장하는 이 논문은 "비엔나의 많은 지식인들 중 대다수 가 소아-여성과의 문란하고 뒤죽박죽인 혹은 일부다처제인 관계에 깊게 관여되어 있었다."고 주장한다. 또한 "아방가르드 예술가들은 자주 소아 를 모델로 삼았는데, 몇몇 경우에는 매우 논란을 불러일으키기도 했다. 이 러한 소아들에 대한, 특히 소녀들에 대한 에로틱화와 성애화는 비엔나의 지성계와 예술계를 넘어서 현대 포르노그래피에서도 그 흔적이 발견된다." 고 설명한다.

특히 이 논문은 프로이트의 저작들이 출간된 다음 해인 1906년에『스 스로 고백한 어느 비엔나 창녀의 삶의 역사(*Josefine Mutzenbacher oder Die Geschichte einer Wienerishen Dirne von ihr selbst erzähit*)』라는 소설을 소개 하고 있다. 이 소설은 가난한 노동자 가정에서 태어나 어릴 때부터 성관

---

88. WIKIPEDIA, Kindfrau. https : //de. wikipedia. org/w/index. php?title=Kindfrau &oldid=220823213

계를 하다가 결국 창녀가 되어서 1904년에 죽은 조세핀 무첸바흐(Josefine Mutzenbacher)의 실화를 바탕으로 했다. 조세핀은 5세 때 성폭행을 당했고, 그 이후 성경험이 있는 13세 소년과 9세인 소녀를 만나서 7세 때 성적인 활동을 처음으로 하게 되었다. 처음에는 성적인 유혹을 받았던 어린 소녀가 이제는 유혹자이자 창녀가 되어 버렸는데, 이 소설은 아동 매춘이라는 참상을 완전히 무시한 채 모든 측면에서 섹스를 즐긴 한 소녀를 묘사하고 있다. 이 논문에 의하면 "이 소설은 성인들의 성에 유비(類比)적인 소아들의 성적인 체험을 대변하고 있다."[89] 이렇게 이 논문은 프로이트와 소아-여성을 화두로 소아기적 성욕을 연구한 프로이트의 입장이 독창적이거나 혁명적이라기보다는, 프로이트 당시 1900년대 오스트리아 비엔나의 세기말의 소아성애적 문화의 배경과 영향으로부터 탄생했다는 것을 잘 보여준다.

이 논문은 비엔나 아방가르드에 의해 묘사된 소아-여성에 대한 에로틱한 환상들이나 포르노그래피와 같은 소설들 속의 묘사는 결코 동떨어진 경우가 아니었다고 설명했다. 또한 다른 많은 소아성애적 작품들을 소개하면서 특히 독일 최초의 노벨문학상 수상자인 토마스 만의 작품도 이러한 소아성애적 소설이라고 비판했다. 즉, "토마스 만의 작품인 『베네치아에서의 죽음(Der Tod in Venedig)』(1912)에서도 어린아이들에 대한 에로틱한 묘사들이 발견된다."고 주장했다. 또한 이 논문은 "사춘기 이전의 소아에 대한 관심을 보여 주는 다른 예들이 영국과 다른 나라들의 수많은 빅토리

---

89. Lutz D. H. Sauerteig, "Loss of Innocence : Albert Moll, Sigmund Freud and the Invention of Childhood Sexuality Around 1900", 173-174.

아 시대의 예술가들, 사진작가들 그리고 작가들에게서도 발견된다."고 주장하면서 "비엔나와 마찬가지로 세기말의 베를린도 전문가들 사이에서만이 아니라, 지적인 엘리트와 보다 넓은 여론 가운데서도 근대성과 섹슈얼리티에 대한 풍부한 논의들의 온상이었다. 커피숍과 술집에서의 대화들과 지역 신문들과 중앙 신문들에 실린 수많은 기사들은 성도덕, 공적인 알몸 노출, 성병들 그리고 소아 매춘, 동성애, 성적인 스캔들 그리고 소아들에 대한 성폭행에 대해서 토론했다."[90]라고 밝힌다.

프로이트 이전에 이미 소아기적 성을 연구했던 알베르트 몰은 소아기 성에 대한 프로이트의 정신분석학적 이론을 날카롭게 거부했고, 소아에게서 발견되는 성적인 행위로 이해될 수 있는 것의 한계들에 대해서 훨씬 더 조심스러워했다. 그는 소아의 성적인 삶에 대해서 조심스럽게 한계를 정해야 함을 지속적으로 경고한 바 있다. 이 논문은 "소아기적 성이라는 격론된 개념들"이라는 부제 아래 알베르트 몰뿐 아니라, 프로이트의 가장 가까웠던 지지자이자 정신분석학 운동의 가장 중요한 설계자인 칼 융으로부터도 근본적인 비판이 나왔다고 말한다. 칼 융은 프로이트와 그의 동료 정신분석학자들이 "성인의 삶에 대한 관찰을 소아의 마음으로 투영시키고 있다."고 비난했다.[91]

칼 융은 초기 소아기를 발달적이고 기능적인 것들에 의해서 특징지어

---

90. 위의 문서, 177.
91. Carl Gustav Jung, "Versuch einer Darstellung der psychoanalytischen Theorie", in : *Gesammelte Werke* Bd. 4 ; *Freud und die Psychoanlayse* (Zürich and Stuttgart : Rascher, 1969), 107-255.
"……eine Konstatierung aus dem Leben des Erwachsenen in die Seele des Kindes projizieren."

지는 하나의 '전-성적인 단계(pre-sexual phase)'로 파악했고, 프로이트가 믿는 것처럼 성적인 리비도에 의해서 특징지어지는 단계로 보지 않았다. 결과적으로 칼 융은 소아의 다형적이고 왜곡된 성에 대한 프로이트의 견해를 거부했다. 이 논문에 의하면 당시 대부분의 심리학자들은 이 시점까지는 프로이트의 정신분석학을 거부했다. 당시 프로이트보다 더 저명했던 심리학 교수인 빌리암 슈테른(William Stern)도 소아와 아동에 대한 정신분석학의 적용을 비판했다.[92] 이 논문에 의하면 프로이트 당시에 이미 "정신분석학은 무의식적으로 남아 있어야 할 것을 의식하게 만들어서 소아들에게 해를 끼친다."는 비판이 거셌다. 즉, 당시에도 프로이트의 정신분석학에 대해 "성에 대해 여전히 무의식적인 소아들을 성애화시켰다."는 비판이 존재했다는 것이다.[93]

이 논문은 결론적으로 소아기적 성에 대한 프로이트의 이론을 비판하면서, 1920년대 후반과 1930년대 초반에 오스트리아 비엔나 대학교 심리학 교수였던 샤롯테 뷜러(Charlotte Bühler)의 입장을 대안으로 제시하는 듯하다. 샤롯테 뷜러 교수는 유아기와 소아기 성에 대한 프로이트의 주장들에 대한 보다 근본적이고 구체적인 공격을 시작했다.[94] 이 논문은 샤롯테 뷜러 교수가 이후 주도적인 발달심리학자가 되었고, 보다 면밀하고 조직적이며 과학적인 관찰에 기초한 소아청소년 연구를 위한 새로운 연구 방

---

92. Lutz D. H. Sauerteig, "Loss of Innocence : Albert Moll, Sigmund Freud and the Invention of Childhood Sexuality Around 1900", 177-178.
93. 위의 문서, 179.
94. Charlotte Bühler, "Zum Problem der sexuellen Entwicklung", *Zeitschrift für Kinderheilkund* 51, 1931, 612-642.

향을 확립하도록 도왔다고 소개했다. 샤롯테 뷜러 교수는 국내 아동 연구에서도 다소간 알려져 있다.

샤롯테 뷜러는 "정신분석학은 유아기와 소아기의 성적인 체험들을 연구함에 있어 심각한 방법론적 문제들을 간과하고 있다. 왜냐하면 그것은 소아의 체험들과 성인의 체험들 사이의 유비를 도출할 수 없기 때문이다."라고 주장한다. 또한 "소아기적인 성의 존재와 즐거운 체험을 가지는 아동에 대한 주장에는 동의하지만, 소아의 체험은 성인의 체험과는 완전히 구분된다. 아동의 성적인 행위는 성인의 관점으로 해석되어서는 안 되며 아동들 자신의 관점에서만 이해되어야 한다."고 주장한다. 나아가 "유아와 아동이 오르가즘을 느낄 수 있는지에 대해서는 회의적이다. 유아기의 자위와 소아의 성적인 활동들은 결코 보편적이거나 빈번하지 않다."고 주장한다.[95]

이 논문은 결론에서 한 번 더 프로이트의 소아기적 성에 대한 해석이 세기말의 문화적 사유에 깊이 뿌리 박혀 있다는 것과 프로이트 당시의 오스트리아 비엔나의 세기말적 문화 속에서 수많은 지식인들, 작가들 그리고 예술가들이 소아, 특히 사춘기 이전의 소녀에 대한 성애화된 이해에 집착했다는 사실을 강조한다.

그리고 칼 융과 샤롯테 뷜러를 비롯한 당시의 많은 학자들이 프로이트의 정신분석학이 성에 대한 성인적 이해를 소아에게 투영하는 것에 대해서 거리를 두었음도 거듭 강조한다. 이 논문은 결론적으로 19세기와 20세기

---

95. Lutz D. H. Sauerteig, "Loss of Innocence : Albert Moll, Sigmund Freud and the Invention of Childhood Sexuality Around 1900", 179-180.

초반의 많은 논평가들이 프로이트처럼 소아의 행위들을 성인과 같은 방식으로 성애화하는 상동적 접근을 추종했다고 비판하면서 이러한 소아기 성에 대한 이해의 흔적을 소아의 성애화에 관한 오늘날의 도덕적 패닉에서 여전히 발견할 수 있다고 성찰했다.

6. 비엔나의 세기말 데카당스와 정신분석학의 탄생

지금까지 우리는 독일 68 소아성애적 안티파의 소아성애 운동의 이론적 기원과 권위로 작용하는 프로이트의 소아기 성에 대한 이해가 1900년대 경 오스트리아 비엔나의 데카당스적, 퇴폐주의적 그리고 소아성애적인 세기말적인 문화로부터 탄생했음을 확인했다. 여기서는 세기말에 대해 보다 자세하게 알아보고, 이것이 독일 낭만주의 운동과 깊게 얽혀 있다는 사실을 주장하고자 한다. 독일어 위키피디아는 세기말을 정의하면서 데카당스 혹은 데카당스주의(Dekadentismus)와 동일시한다.[96] 예술운동으로서의 데카당스는 세기말이라는 별칭을 가지고 있으며, 19세기 말의 20년 동안 절정에 달했다가 점차 쇠퇴해 갔다. 1960년대의 미국 히피문화 등은 데카당스의 20세기적 변형이라고 할 수 있다. 세기말적 혹은 데카당스적인 사조는 탐미주의로서, 조화와 균형을 중요시하는 고전주의적 미의식을 거부하고 몰락기의 '퇴폐적 문화'를 새로운 미의 기준으로 제시한다. 그리고 병적인 상태에 대한 탐닉, 기괴한 것에 대한 흥미, 관능주의적 성향, 성적인

---

96. WIKIPEDIA, Fin de Siècle. https : //de. wikipedia. org/w/index. php?title=Fin_de_Si%C3%A8cle&oldid=219585878

도착증 등의 공통된 특징이 보인다. 샤를 보들레르의『악의 꽃』이 이 사조의 가장 대표적인 작품이다.[97]

필자는 샤를 보들레르의『악의 꽃』을 독일어로 번역한 독일의 대표적인 세기말적이고 데카당스적인 철학자이자 시인인 슈테판 게오르게와 그와 관련된 독일 낭만주의 소위 성소수자 학생운동과 동성애적 소아성애(남색) 운동에 대해 분석하면서 비판할 것이다.『세기말의 독일』[98]이라는 제목의 연구서는 독일의 세기말적이고 데카당스적인 사유를 대표하는 것으로, 슈테판 게오르게의 에소테릭하고 에로틱한 시를 첫 번째로 언급한다.

독일 68 소아성애적 안티파의 철학적 기초를 제공한 독일 프랑크푸르트 학파의 비판이론과 비판교육이론의 배후에는 바로 20세기 초반 독일에서 가장 영향력이 있었던 슈테판 게오르게와 게오르게 학파가 존재했다. 독일 프랑크푸르트 학파 배후에 게오르게 학파가 있다고 할 수 있을 정도다. 슈테판 게오르게는 플라톤의『국가론』과『향연』에 기초해 일종의 동성애 국가로서의 '비밀 독일'이라는 새로운 독일 제국을 건설하려고 시도했던 철학자다.

오스트리아 비엔나의 데카당스적인 세기말 문화에서 탄생한 프로이트의 정신분석학과 소아성애자로서 일종의 '동성애적 소아성애(남색) 국가'를 꿈꾼 슈테판 게오르게와 게오르게 학파, 독일 프랑크푸르트 학파, 독

---

97. 네이버 지식백과, 데카당스(Décadence)(문학비평용어사전, 2006. 1. 30., 한국문학평론가협회).

98. Suzanne L. Marchand, David F. Lindenfeld, *Germany at the Fin de Siècle : Culture, Politics, and Ideas* (Baton Rouge : Louisiana State University Press, 2004).

일 68, 녹색당, 독일 낭만주의 개혁교육학, 프로이트막시즘 그리고 영지주의적이고 인도-게르만주의적 신지학과 인지학 등은 모두 서로 얽혀 있다. 『독일 학생운동에서의 동성애 : 20세기 초반의 학생운동, 정신분석학 그리고 학생심리학에 대한 담론 속에서의 남성 우정과 성』[99]이라는 책은 프로이트의 정신분석학이 독일 좌우 낭만주의 학생운동에서 발견되는 동성애 운동(좀 더 정확하게 표현하자면 동성애적 소아성애 운동 혹은 남색 운동)과 밀접하게 얽혀 있다는 사실을 잘 보여 준다. 프로이트의 정신분석학 자체가 독일 낭만주의 운동의 유산으로, 특히 프로이트의 소아기 성에 대한 이해는 1900년경 비엔나의 세기말적이고 퇴폐주의적 소아성애 문화로부터 탄생했고, 이러한 사조와 깊이 얽혀 있다. 앞에서 보았듯이, 프로이트의 정신분석학이 독일 좌우 낭만주의 학생운동의 진원지인 현대 동성애 운동의 길을 열어 놓았다는 것은 사실이다. 프로이트의 정신분석학은 동성애 운동뿐 아니라 소아성애 운동의 길도 열어 놓았다.

　『학생들의 황홀경 : 1차 세계대전 전야의 독일에서의 성, 학생운동 그리고 도덕적 패닉』[100]이라는 책도 20세기 초반 1차 세계대전 이전에 독일을 지배했던 독일 특유의 좌우 낭만주의 학생운동의 세기말적, 반도덕주의적 그리고 퇴폐주의적 문화에 대해 비판적으로 분석한다. 이러한 독일 특유의

---

99. Ulfried Geuter, *Homosexualität in der deutschen Jugendbewegung : Jungenfreundschaft und Sexualität im Diskurs von Jugendbewegung, Psychoanalyse und Jugendpsychologie am Beginn des 20. Jahrhunderts* (Frankfurt am Main : Suhrkamp, 1994).
100. John Alexander Williams, *Ecstasies of the Young : Sexuality, the Youth Movement, and Moral Panic in Germany on the Eve of the First World War* (Cambridge : Cambridge University Press, 2008).

낭만주의적-세기말적 운동에는 동성애 운동뿐 아니라 소아성애 운동도 존재했다.

앞에서 본 것처럼 독일 낭만주의에서는 소아기가 일종의 황금시대와 유토피아로서 신성화되고 신화화되며, 소아와 청소년이 이러한 소아기적 유토피아와 황금시대를 도래시키는 혁명적 메시야로 격상된다. 그렇기에 소아와 청소년은 독일 특유의 낭만주의적-사회주의적 혁명의 핵심적 주체가 된다. 사회주의 운동의 원조는 독일로, 본래 사회주의 운동은 학생운동으로부터 탄생되었다. 빌헬름 라이히의 성혁명 역시 무엇보다도 소아와 청소년의 성혁명과 성해방이었다. 사회주의 성정치의 핵심적 주체는 바로 소아와 청소년이라는 사실을 기억해야 한다.

사회주의와 공산주의는 본래부터 소아와 청소년을 새로운 혁명 주체로 신성시하는 학생운동이었다. 중국 문화대혁명 당시의 홍위병, 독일 민족사회주의자 히틀러의 나치즘을 주도했던 히틀러유겐트(Hitlerjugend) 등의 사회주의 운동은 본래부터 소아와 청소년의 낭만주의적 퇴행운동이었다. 히틀러유겐트는 그들 스스로 최초의 반도덕주의자라고 선언했고, 소아를 찬양한 니체가 말한 디오니소스적 집단도취와 광기를 철학적인 모델로 삼았다. 20세기 초 독일은 자신만의 독특하고도 별난 낭만주의 독자노선을 걸어가면서 이러한 세기말적, 퇴폐주의적, 동성애적 그리고 소아성애적 문화를 전개했다.

『황홀경의 제국 : 1910-1935년 사이의 독일 신체 문화 속의 나체와 운동』[101]이라는 연구서는 20세기 초반 독일 특유의 낭만주의적 나체주의 문

---

101. Karl Toepfer, *Empire of Ecstasy : Nudity and Movement in German Body*

화를 '황홀경의 제국(Empire of Ecstasy)'이라는 화두를 중심으로 비판하고 있다. 우리는 프로이트 당시의 오스트리아 비엔나의 세기말적이고 데카당스적인 문학과 예술에서도 나체의 소아를 미학화했던 사실을 앞에서 확인했다. 필자는 이러한 독일 낭만주의적, 세기말적 그리고 데카당스적인 소아의 나체를 플라톤적 미의 대명사로 찬양하는 문화와 담론이 존재했으며, 이것이 명백한 아동 강간이라는 사실도 주장할 것이다.

독일 반근대주의적 미학주의 혹은 세기말적 데카당스적인 미학주의의 대표자인 슈테판 게오르게는 일종의 동성애 국가이자 '비밀 독일'로서의 『새로운 제국』[102]을 꿈꾸었다. 하지만 그러한 반근대주의적, 반계몽주의적 그리고 낭만주의적인 반대국가(Gegenstaat)로서의 새로운 독일 제국은 디오니소스적-에로스적 광기와 도취를 찬양한 니체적 '황홀경의 제국'이었다. 또한 그러한 새로운 제국 건설의 초석에는 소아성애적 아동 강간과 아동 인권 유린이라는 어두운 그림자가 존재했다.

세기말적 혹은 데카당스적 문예사조는 일종의 퇴폐주의로서, 병적이고 향락주의적인 문예풍조를 말한다. 이 문예사조는 19세기말 프랑스에서 보들레르, 베를렌, 말라르메, 랭보 등의 악마주의와 상징주의에 영향을 받은 M. 블래시, 로당바크, 라포르그 등 일군의 상징파 시인들이 스스로를 데카당이라고 부른 데서 유래되었다. 세기말적, 병적, 혹은 데카당스적 사유는 반사회성과 반도덕성을 모방하고, 추악한 것에서 미를 찾는 일에 탐닉했

Culture, 1910-1935 (Berkeley, Los Angeles, Oxford : University of California Press, 1997).

102. Stefan George, Das Neue Reich, Gesamt-Ausgabe der Werke, Band 9 (Berlin : Bondi, 1928).

다.[103] 필자는 4장에서 독일인들 스스로가 인정하듯이 낭만주의는 '독일인 특유의 질병'이라는 사실을 논할 것이다.

세기말에 대한 독일어 위키피디아에는 세기말 운동이 미학적인 반대세계들(Ästhetische Gegenwelten)로 도피하고 있으며, 시민적 세계에 대한 지하문화 혹은 반대문화(Subkultur oder Gegenkultur)를 건설하고자 했다는 사실이 소개되어 있다. 또한 20세기 초반 독일 학생운동, 청년 사회 그리고 지성계에 막강한 영향력을 행사했던 게오르게 학파에 가까운 독문학자 노르베르트 폰 헬링그라트(Norbert von Hellingrath)도 이러한 세기말적 사조에 포함된다는 사실이 소개되어 있다.[104]

독일 낭만주의 운동도 반근대주의적이고 반계몽주의적인 정신 속에서 일종의 미학주의적 반대세계를 구축하려고 했다. 이러한 영미 세계의 자본주의와 청교도주의 그리고 정상성 등에 대한 독일 특유의 반대운동으로서의 독일 낭만주의 전통은, 소아와 청소년을 세계의 낭만주의화의 핵심적 주체로 격상시키면서 낭만주의적-사회주의적 반대세계를 구축하려고 했다. 그리고 이 반대세계에는 반정상적이고 퀴어스러운 동성애적 소아성애(남색) 운동도 포함되었다.

이러한 20세기 독일 좌우 낭만주의 소위 성소수자 학생운동의 핵심적인 철학자가 바로 데카당스적이고 퇴폐주의적인 독일 세기말 사조를 대변하는 슈테판 게오르게다. 그리고 오스트리아 비엔나의 세기말 사조로부터 탄생한 프로이트의 정신분석학은 이후 독일 세기말을 대표하는 게오르게

---

103. 네이버 지식백과, 데카당스(국어국문학자료사전, 1998. 이응백, 김원경, 김선풍).
104. WIKIPEDIA, Fin de Siècle. https : //de.wikipedia.org/w/index.php?title=Fin_de_Si%C3%A8cle&oldid=219585878

학파 이후의 독일 프랑크푸르트 학파의 비판이론과 비판교육이론, 독일 68과 녹색당의 소위 성소수자 운동(동성애적 소아성애 운동 혹은 남색 운동)에 이론적 권위로 작용하게 되었다.

세기말에 대한 독일어 위키피디아에는 프로이트의 히스테리 연구가 바로 오스트리아의 비엔나, 독일 나아가 유럽 전체에 퍼진 세기말과 깊이 연관되어 있다고 소개되어 있다. 이 자료는 세기말 운동이 퇴행(Regression), 종말 정서(Endzeitstimmung), 세계 고통(Weltschmerz), 데카당스 그리고 죽음과 무상성에 대한 매혹으로 특징지어진다고 설명한다.[105] 세기말 사조뿐 아니라 소아기를 일종의 유토피아와 황금시대로 찬양하고 신화화하는 독일 낭만주의 운동에도 퇴행의 요소가 존재한다.

『데카당스, 퇴화, 그리고 종말 : 유럽 세기말 사조 연구』[106]라는 연구서에서도 독일의 슈테판 게오르게가 이 퇴폐주의적 세기말 사조에 속하는 인물이라는 사실이 잘 소개되어 있다. 이 책의 출판사의 소개 내용에는 이러한 퇴폐적 문화로서의 세기말 사조에는 신체와 문명의 퇴화와 부패, 질병, 죽음, 기이한 성(Bizarre Sexuality), 그리고 일반적인 병적 상태와 같은 의식이 그 특징이라고 적혀 있다. 또한 이러한 세기 사조는 모르핀 중독과 퇴폐적 성 이론(Decadent Sexological Theory) 등을 찬양한다고 소개하고 있다.

우리는 프로이트의 정신분석학이 그의 코카인(마약) 중독으로부터 나

---

106. Marja Härmänmaa, Christopher Nissen (eds.), *Decadence, Degeneration, and the End : Studies in the European Fin de Siècle* (Basingstoke : Palgrave Macmillan, 2014).

2장 세기말의 퇴폐주의와 정신분석학의 탄생 **139**

왔음을 알고 있다. 오스트리아 비엔나의 일반적인 세기말 문화의 영향으로 프로이트도 코카인 중독에 빠졌기 때문에 그의 세기말적이고 퇴폐주의적 마약 중독은 결코 그의 정신분석학적 이론과 무관하지 않다. 프로이트의 정신분석학에 일부 과학적이고 합리적인 요소가 있다고 하더라도, 그의 이론에 지배적인 이러한 세기말적이고 낭만주의적인 요소는 결코 간과되어서는 안 된다. 퀴어 이론도 정상성에 도전하면서 기이하고 이상하며 디오니소스적인 성을 주장하는데, 이러한 퀴어 이론도 바로 이러한 낭만주의적-세기말적 사조의 연장선상에 존재한다. 소아기의 성에 대한 프로이트의 입장과 정신분석학도 19세기 말 유럽에 광범위하게 퍼진 이러한 세기말적인 퇴폐주의적 문화에서 발견되는 마약 중독, 기이하고 퇴폐적인 성 이론과 결코 무관하지 않다. 프로이트와 그의 정신분석학은 바로 이러한 데카당스적이고 퇴폐주의적인 유럽 세기말의 아들이자 산물인 것이다.

볼프-디터 랑에(Wolf-Dieter Lange) 교수는 세기말에 대한 어휘사전 (universal_lexikon)에서 독일 낭만주의가 세기말 사조를 준비했다고 소개했다. 리하르트 바그너(Wilhelm Richard Wagner)에게서도 발견되는 이러한 세기말 사조의 특징들 중 많은 것은, 독일 낭만주의가 가장 밝고 또한 가장 어두운 표현 양식들 가운데서 이미 준비한 것이었다. 랑에 교수에 의하면 세기말 사조에서 발견되는 추하고 기괴한 것에 대한 강조(Betonung des Hässlichen oder Grotesken)는 낭만주의자들에게서도 발견된다. 또한 랑에 교수는 이 어휘사전에서 세기말 사조에 속하는 인물들이 "새로운 인류에 대한 유토피아적 개념을 발전시켰다."고 소개했다.[107]

---

107. https : //universal_lexikon.de-academic.com/238070/Fin_de_Si%C3%A

우리는 앞에서 프로이트의 작품 "섬뜩한 것"에서 발견되는 호프만의 검은 낭만주의의 강한 영향을 살펴보았다. 즉, 프로이트 당시의 세기말의 데카당스적, 디오니소스적, 퇴폐주의적, 그로테스크하고 낯설고 섬뜩한 것은 독일 낭만주의, 특히 후기낭만주의인 검은 낭만주의에서도 발견된다. 세기말과 독일 낭만주의는 일맥상통한다.

7. 니체의 위버멘쉬, 우생학, 성다윈주의 그리고 '사회주의적 새 인간'

프로이트의 정신분석학에 기초하여 프로이트막시즘의 이름으로 성정치를 전개한 독일 68 소아성애적 안티파도 소아성애를 위대한 행위로 찬양하면서 '사회주의적 새 인간'을 만들려고 했다. 즉, 그들은 사회주의적 새 인간 양성을 목적으로 소아성애 운동을 전개했다.

유토피아적 새 인류에 대한 집착은 독일 특유의 낭만주의가 집착했던 주제였다. 유토피아주의적-사회주의적 새 인간과 새 인류에 대한 독일 특유의 낭만주의적-사회주의적 집착은 나치적이고 우생학적 위험을 내포하고 있다. 니체의 위버멘쉬(Übermensch) 개념도 이러한 독일 낭만주의 운동에서 발견되는 새로운 인간에 대한 유토피아적 이해와 관련된다. 『위버멘쉬 : 프리드리히 니체와 유토피아의 실패』[108]는 출판사의 책 소개에서 "위버멘쉬는 메시야인 동시에 교수형 집행자로 나타나며, 디오니소스와 그리스도에 대한 관계에서 이중적인 의미를 지닌다. 성자들의 가면뿐 아니라 바

8cle%3A_Endzeitgef%C3%BChle
108. Günther K. Lehmann, *Der Übermensch : Friedrich Nietzsche und das Scheitern der Utopie* (Berlin, Berne, Frankfurt : Peter Lang, 1993).

보들의 가면 속에 숨겨져 있으며, 가해자와 희생자 사이의 비극적 분열 속에 연루되어 있다."라고 소개되었다.

이 책은 이러한 니체의 위버멘쉬 개념에서 볼 수 있는 독일 특유의 낭만주의적 세계의 폭력적인 신 질서에 대한 비전(Vision einer gewaltsamen Neuordnung der Welt)을 '세계 혁명'에 대한 칼 마르크스의 공산당 선언에서부터 시작하여 구소련의 10월 혁명, 히틀러의 폭력통치 그리고 스탈린의 구소련 독재라는 시대적 배경 속에서 분석했다. 이 책은 위버멘쉬에 대한 "니체의 신탁(Orakel)은 현대와 에른스트 블로흐(E. Bloch)와 게오르그 루카치(G. Lukács)가 주장한 사회주의-유토피아에서도 나타난다."고 분석했다.

니체의 위버멘쉬 개념에서 볼 수 있는 독일 특유의 낭만주의적-사회주의적 새로운 세계 질서에 대한 폭력적 비전에는, 하이데거 철학에서도 발견되는 인간을 극복의 대상으로 파악하는 반휴머니즘적인 위험뿐 아니라 우생학적 위험도 존재한다. 그리고 무엇보다도 이러한 세계의 낭만주의화라고 불리는 새로운 세계 질서를 건설하는 주체는, 성인이 아니라 소아와 청소년이다.

소아와 청소년은 새로운 세계 질서의 주역으로 신화화되기도 하지만 동시에 소아성애적 아동 강간의 희생자가 되기도 한다. 히틀러와 스탈린 모두 독일 좌우 낭만주의-사회주의 학생운동이 일으킨 폭력과 야만이었다. 이러한 낭만주의적 세계혁명을 꿈꾸는 독일제 낭만주의-사회주의의 질풍노도적이면서 유아기적인 세계혁명 사상에 바로 이러한 디오니소스적인 니체의 위버멘쉬 개념이 작용했다.

독일 68 낭만주의 학생운동도 바로 사회주의적인 새 인간을 만들기 위해서 소아기적 성을 말한 프로이트의 정신분석학을 근거로 삼아 동성애적 소아성애(남색) 운동을 전개했다. 이렇게 독일 낭만주의 운동으로부터 독일 나치 시대의 반더포겔과 같은 소위 성소수자 학생운동을 거쳐 독일 68 낭만주의 학생운동에 이르기까지 소아와 청소년은 세계의 낭만주의화, 혹은 세계의 히피화와 세계의 퀴어화의 혁명 주체로 격상되었다.

독일 낭만주의 운동의 궁극적인 목표인 세계의 낭만주의화는 21세기에서 글로벌 퀴어화(퀴어링) 운동으로 나타나고 있다. 본래부터 독일제 사회주의 운동은 태생적으로 소아와 청소년을 사회주의 혁명의 주체로 내세우는 학생운동이었다. 21세기 글로벌 퀴어화[109]와 "초등교육 퀴어화"[110]의 진원지도 퀴어스럽고 반정상적인 것을 찬양한 독일 좌우 낭만주의 학생운동이다. 독일 낭만주의의 산물인 프로이트의 정신분석학은 이러한 세계의 낭만주의화와 반정상적 퀴어화 운동에 학문적 권위와 근거로 사용되고 있다.

독일 낭만주의는 소아와 청소년을 통한 문명 갱신을 주장하면서, 성인의 문명세계와 세계를 악마화했다. 독일 68 성혁명, 글로벌 성혁명 그리고 사회주의 성정치는 궁극적으로 사회주의적 새 인간을 목적으로 한다. 그들에 의하면 사회주의적 새 인간은 반나치적, 반권위주의적 그리고 루소주의적 인간형이다. 사회주의적 새 인간 사상의 대전제도 독일 나치즘(파시즘)의 권위주의적-파시즘적 인간에 대한 극복이다. 하지만 사회주의적

109. Peter A. Jackson, "Global Queering and Global Queer Theory : Thai [Trans] genders and [Homo]sexualities in World History", *Autrepart* 49, 2009, 15-30.
110. William J. Letts IV, James T. Sears (eds.), *Queering Elementary Education : Advancing the Dialogue about Sexualities and Schooling* (Curriculum, Cultures, and 〈Homo〉 Sexualities Series) (Rowman & Littlefield Publishers, Lanham, 1999).

새 인간 사상에 대한 대전제는 역사적으로 오류가 있다. 사회주의자 히틀러의 민족사회주의(나치즘) 시대의 인간은 성억압적 인간이 아니라 성적으로 자유로운 인간이었다.

『새로운 인간 : 20세기의 집착들』[111]이라는 책은 독일 좌우 낭만주의-사회주의 전통이 낳은 두 사회주의자(히틀러와 스탈린)의 사회주의 전통, 곧 독일 좌파사회주의(칼 마르크스의 독일 국제사회주의)와 독일 우파사회주의(히틀러의 독일 민족사회주의)에서 발견되는 사회주의적 새 인간에 대한 독일 특유의 낭만주의적-사회주의적 집착을 비판한다. 니체의 위버멘쉬 개념에서 볼 수 있는 사회주의적 새 인간에 대한 집착은 독일 특유의 낭만주의적 집착이었다.

위르겐 욀커스 교수는 니체주의로부터 많은 영향을 받은 독일 낭만주의 개혁교육학 운동이 시도한 '새로운 교육(Neue Erziehung)' 운동에는 "사회다윈주의적, 우생학적 그리고 신지학적 개념들이 혼재되었다."고 분석했다. 그는 국제 개혁교육학 운동에 미친 신지학회의 강한 영향에 대해서도 지적하면서, 인종위생학(우생학, 인종개량학)을 통한 선별(Selektion durch Rassenhygiene)이라는 사상의 한 변이로 엘렌 케이(Ellen K. S. Key)의 저서인 『소아들의 세기(*Jahrhundert des Kindes*)』를 언급했다. [112]

프로이트의 정신분석학을 교육학에 적용한 '정신분석학적 교육학(Psychoanalytishe Pädagogik)'은 이후 독일 68 반권위주의적 교육과 프랑크

111. Nicola Lepp, Martin Roth, Klaus Vogel, *Der Neue Mensch : Obsessionen des 20. Jahrhunderts* (Cantz, 1999).
112. Jürgen Oelkers, Reformpädagogik im internationalen Vergleich. Vorlesung im Sommersemester 2007 : Übersicht.

푸르트 학파의 비판교육이론의 기초가 되었는데, 독일 낭만주의 개혁교육학을 많이 수용했다. 사회주의적 새 인간을 향한 이러한 독일 특유의 교육학적 운동에는 소아의 성과 성욕을 화두로 전개된 소아성애 운동도 포함되었다. 윌커스 교수의 지적처럼 동성애적, 소아성애적 그리고 남색적 관점을 가진 독일 낭만주의 개혁교육학은 사회다윈주의적이고 우생학적 위험을 가지고 있을 뿐 아니라, 성다윈주의(Sexualdarwinismus)의 위험을 가지고 있다.

유럽에서 가장 유명한 페미니즘 학자이자 양성평등에 대한 공헌으로 독일 정부로부터 무공훈장을 받은 알리체 슈바르처(Alice Schwarzer)는 독일 68, 녹색당 그리고 좌파정당의 소아성애 운동을 가장 먼저 용감하게 비판한 대표적인 학자이다. 그녀는 소아성애 운동을 '약한 자에 대한 강한 자의 권리를 주장하는 일종의 성다윈주의'라고 비판한다. 또한 "소아성애와 소아 매춘"이라는 글에서 소아의 섹스와 소아와의 섹스 선포자였던 귄터 아멘트(Guenter Amendt)가 1980년대에 소아와의 섹스를 주장했던 과거를 반성하고 소아성애 운동에는 성다윈주의의 위험이 존재한다고 말한 것을 언급하면서[113] 독일 좌파의 소아성애 운동사에 대해 비판했다. 독일 68, 녹색당과 좌파 정당 그리고 미셸 푸코와 주디스 버틀러도 끊임없이 소아의 성을 근거로 동의적이고 협의적인 소아성애와 근친상간은 가능하다고 주장하지만, 이들은 모두 성인과 소아 사이에 존재하는 권력관계를 무시

---

113. Alice Schwarzer, "Pädophilie und Prostitution", 2013년 12월 5일. https://www. aliceschwarzer.de/artikel/prostitution-und-paedophilie-312893 ; Alice Schwarzer, "Pädophiliedebatte in den 1980ern : Es geht immer um die Macht", 2013년 8월 13일. https://taz.de/Paedophiliedebatte-in-den-1980ern/!5061388/

하고 있다.[114]

성인과 소아 사이의 섹스는, 가장 연약하고 상처받기 쉬운 사회적 약자인 소아에 대한 강한 성인들의 권리를 대변하는 성다원주의다. 귄터 아멘트의 『섹스-최전선』[115]은 독일 성교육에 획을 긋는 책으로서, 성혁명을 사회혁명의 최전선으로 주장했다. 이 책은 '금기에 사로잡힌 생물학 수업'을 넘어서 결혼하지 않은 청소년들에게 성적인 경향들, 실천들 그리고 위험들에 대한 노골적인 묘사를 보여 주는 성교육을 시도했다. 독일 퀴어 사이트는 "『섹스-최전선』과 동성애 찬양"이라는 제목으로 1950년대 이전부터 성교육의 혁명을 주도한 동성애자 아멘트의 책을 찬양하면서 "소아의 섹스/소아와의 섹스"라는 소제목과 함께 동성애적 통음난무(Homosexuelle Orgie)를 위한 2차 문헌도 소개하고 있다.[116]

우리는 독일 낭만주의 운동이 소아기를 일종의 유토피아와 황금시대로 신화화하고 찬양했던 것을 보았다. 스웨덴 교육학자인 엘렌 케이도 유토피아를 소아들의 세기로 주장했다. 하지만 엘렌 케이의 이러한 개혁교육학적 이념은 우생학적 위험을 내포하고 있기 때문에 최근에 많은 비판을 받고 있다. 엘렌 케이도 니체 철학을 수용하면서 새로운 인간 혹은 새로운 인류에 대한 유토피아주의적 환상에 빠져서 나치적인 우생학을 지지하게 되었다. 필자는 독일 나치시대와 독일 68 운동 당시 독일 특유의 낭만주의

---

114. 정일권, 『미셸 푸코와 주디스 버틀러의 황혼. 성소수자 운동의 아동 인권 유린과 젠더의 종말』(서울 : CLC, 2022) 참고.

115. Guenter Amendt, *Sex-front* (Frankfurt : März Verlag, 1970).

116. Erwin In het Panhuis, "Frontale Sex-Aufklärung : "Sexfront" und die "Glorifizierung der Homosexualität"", 2020년 8월 9일. https://www.queer.de/detail.php?article_id=36785

개혁교육학에 대한 프로이트의 정신분석학의 영향을 설명할 것인데, 독일 좌우 낭만주의 개혁교육학 운동에는 윌커스 교수가 분석한 것처럼 사회다원주의적이고, 우생학적이며, 힌두교-불교 사상에 가까운 신지학과 루돌프 슈타이너의 인지학의 영향이 강하게 혼재하고 있다.

21세기 글로벌 성혁명과 사회주의 성정치가 강제하는 소위 퀴어낭만주의적 성소수자 운동은 인구 감축이라는 목표도 가지고 있다. 이러한 사유에는 반휴머니즘적인 요소뿐 아니라, 우생학적 사유의 잔재도 존재한다. 이러한 우생학적 위험은 히틀러의 나치 시대뿐 아니라, 니체의 위버멘쉬 개념에서 볼 수 있듯이 그 이전부터 사회주의적 새 인간에 대한 유토피아적 환상에 빠졌던 독일 낭만주의 철학과 그 영향을 받은 학자들에게서 발견된다.

『개혁교육학 속의 우생학 : 우생학적 사상의 지지자들로서의 엘렌 케이와 마리아 몬테소리』[117]라는 연구서는 2013년 독일 보훔 대학교 교육학 연구소에서 개최한 학술대회의 논문이다. 이 연구는 우생학과 인종위생학이 결코 독일 나치즘만의 현상이 아니라, 나치 시대 몇십 년 전부터 발생하기 시작했다는 사실을 지적한다. 나아가 저명한 개혁교육학자인 스웨덴의 엘렌 케이와 이탈리아 출신의 마리아 몬테소리(Maria Montessori)가 우생학적 사상의 지지자들이라는 사실을 비판적으로 분석했다.

무솔리니의 지지자였던 몬테소리의 개혁교육학적인 사상도 우생학적일 뿐 아니라, 신지학으로부터 강한 영향을 받았다는 사실이 최근 유럽 학

---

117. Sarah Ruhnau, *Eugenik in der Reformpädagogik : Ellen Key und Maria Montessori als Befürworter eugenischen Gedankenguts* (Grin Verlag, 2014).

계에서 많이 분석되고 있다. 프로이트와 빌헬름 라이히의 강한 영향을 받은 영국의 대안교육 혹은 진보교육의 상징인 서머힐 학교는 국내에도 잘 알려져 있는데, 윌커스 교수는 서머힐 학교도 신지학으로부터 강한 영향을 받았다고 지적했다.

독일의 교육학자 위르겐 레이어(Jürgen Reyer)는 "엘렌 케이와 20세기 소아들에 대한 우생학적 '개량(Verbesserung)' : 권위주의적 우생학으로부터 자유주의적 우생학으로"라는 제목으로 다른 어떤 사회·정치적 분야들보다 교육학에서만큼 우생학이 다수에 의해 긍정적으로 수용된 분야는 없었다는 것과 교육학 분야에서는 그 수용의 스펙트럼이 열광적인 환영에서부터 좀 더 거리를 둔 수용에 이르기까지 다양하다는 것을 지적했다.

이 연구서는 1926년에 36쇄에 이르는 베스트셀러이자 수십 개의 언어로 번역된 엘렌 케이의『소아들의 세기』라는 책의 첫 장인 "자신의 부모를 선택할 수 있는 소아의 권리"에서부터 엘렌 케이가 자신의 우생학적 비전을 표명하고 있음을 비판적으로 소개했다.[118] 생물학적 부모에 반항하도록 교육을 받은 히틀러 나치시대의 낭만주의 개혁교육학이나 독일 68 운동에서 이론으로 채택된 비판교육이론이 말하는 소위 부정주의적-냉소주의적 반권위주의적 교육 모두 부모의 권위에 반항하도록 가르쳤다. 이러한 사유는 생물학적 부모를 극복하려고 하는 '퀴어 가족' 담론에까지 이른다.

이처럼 교육학자 엘렌 케이가 소아에 대한 우생학적 개량을 주장한 것은 독일 68 신좌파가 소아와 청소년을 사회주의적 새 인간으로 양성하고

---

118. Jürgen Reyer, "Ellen Key und die eugenische 'Verbesserung' des Kindes im 20. Jahrhundert : von der autoritären zur liberalen Eugenik?", https : //www.db-thueringen.de/servlets/MCRFileNodeServlet/dbt_derivate_00002497/reyer.pdf

개량하기 위해 정치교육의 이름으로 소아성애적 조기성교육을 한 것과 맥을 같이한다. 엘렌 케이는 자신의 생물학적 부모를 선택할 수 있는 소아의 권리를 주장했는데, 이후에 살펴보겠지만 독일 녹색당도 성적 자기결정권에 기초해서 소아성애 운동을 전개했다. 개혁교육학자로 찬양받는 엘렌 케이는 독일 낭만주의처럼 소아와 소아기를 유토피아적 황금시대로 찬양하지만, 그러한 소아와 소아기에 대한 찬양에는 소아에 대한 우생학적 개량을 주장하는 히틀러의 나치즘과 유사한 인종학적이고 우생학적 위험이 존재한다.

독일 히틀러 시대의 반더포겔 운동이나 독일 68의 소위 성소수자 운동도 자신들은 일종의 어린이 해방군으로서 소아와 청소년을 부모와 성인 문명으로부터 해방시켜 주는 소아들의 친구라고 주장했지만, 실제로 그들은 소아성애적 아동 강간자였다. 소아와 소아기를 신화적으로 찬양하면서도 다른 한편으로는 에로스적 지배와 통제로 그들을 강간하고 성폭행하는 이러한 야누스적인 이중성에 대해서도 이후 논의할 것이다.

니체의 위버멘쉬에 대한 독일 특유의 낭만주의적-유토피아주의적 환상과 집착은 니체 철학에 심취한 엘렌 케이와 같이 기존 학교교육을 악마화하면서 교육혁명을 외치는 소위 개혁교육학에까지 영향을 주었다. 이는 반권위주의적 교육을 외쳤던 독일 프랑크푸르트 학파의 비판교육이론과 독일 68의 사회주의적 새 인간을 향한 소아성애 운동으로까지 이어진다. 20세기의 독일 낭만주의 운동인 독일 68도 교육국가의 교육 독재(Erziehungsdiktatur) 정신을 계승한 '도시게릴라(Stadtguerilla)' 운동이었다.

국내의 김누리 교수가 독일 68 한국 86을 외쳤지만, 독일 68 학생운동은 일종의 도시게릴라 혹은 도시빨치산 운동이었다. 독일 연방정치교육원

자료는 독일 68 혁명의 아이콘이었던 루디 두취케(Rudi-Dutschke)가 독일 헌법학자 칼 슈미트(Carl Schmitt)의 저서 『파르티잔 이론』 혹은 『빨치산 이론』[119]에 영향을 받아 남미의 체 게바라와 마오쩌둥 등을 모델로 독일 68 운동을 일종의 도시게릴라 운동으로 규정했다고 소개한다. 또한 이 자료는 도시게릴라 개념은 독일 68 혁명의 주변이 아니라, 그 핵심으로부터 나온 개념이라고 기술하고 있다.[120] 본래 빨치산은 카멜레온과 같은 성격을 지닌다.[121]

독일어권에서는 이 도시게릴라로서의 독일 68 학생운동과 그 급진 무장단체인 적군파(RAF)에 대한 연구가 많다. 도시게릴라 개념은 루디 두취케가 최초로 정립한 개념이지만, 이것은 이후에 독일 적군파의 테러리즘으로 이어진다. 김누리 교수는 독일 68이 독일 민주화와 독일 교육혁명을 이룩했다는 과장된 자기신화화를 국내에 소개했지만, 독일 68은 마오쩌둥을 찬양했던 일종의 독일 홍위병들이다. 독일 68 혁명은 마오쩌둥, 호치민 그리고 킬링필드의 주범인 폴 포트를 사회주의 혁명의 영웅으로 찬양했던

---

119. Carl Schmitt, *Theorie des Partisanen : Zwischenbemerkung zum Begriff des Politischen*, Siebte Auflage (Berlin : Duncker & Humblot, 1963).

120. Wolfgang Kraushaar, "Rudi Dutschke und der bewaffnete Kampf", 2007년 8월 20일. https : //www.bpb.de/themen/linksextremismus/geschichte-der-raf/49209/rudi-dutschke-und-der-bewaffnete-kampf/?p=2&fbclid=IwAR1Tmlj MfjAnfx3_KRgL_9qCAnwcnpGEmCf-sqTw-gS7dShxXYksVLLD9uA. "Die Vorstellung, eine 'rurale Guerilla' in der Dritten Welt durch eine 'urbane Guerilla' in den Metropolen zu ergänzen, gründete nachweislich in der Focustheorie Che Guevaras ebenso wie in einigen Grundgedanken aus Carl Schmitts 'Theorie des Partisanen'".

121. Herfried Münkler (Hrsg.), *Der Partisan : Theorie, Strategie, Gestalt* (Opladen : Westdeutscher Verlag, 1990), 9.

일종의 도시빨치산 운동이었다.

2017년에 독일 언론 『짜이트』는 "루디 두취케가 예수 그리스도를 모델로 삼았다"는 제목으로 관련 내용을 보도했다. 이 언론은 독일 개신교를 제외하고 독일 68 운동을 설명할 수 없다고 하면서, 독일 68 혁명과 독일 적군파의 테러리즘에 대한 독일 개신교의 영향을 비판적으로 분석한 바 있다.[122] 독일 68 도시게릴라 운동도 일종의 낭만주의 운동으로, 정상성에 도전하면서 반정상적이고 퀴어스러운 것을 추구하며 마약과 일탈을 시도한 히피운동이었다.

프로이트의 정신분석학은 반학문적, 반문명적, 반지성적, 반계몽적인 독일 낭만주의 운동의 산물이기에, 학계에서는 여전히 이상한 학문으로 여겨지며 제대로 수용되지 않았다. 하지만 바로 이 독일 68 신좌파, 도시게릴라 운동 그리고 히피운동이 꿈, 무의식, 광기, 에로스와 타나토스 등 퀴어스러운 것에 천착했던 프로이트의 정신분석학을 열렬하게 수용하여 대대적인 선전선동을 하면서 이것을 유행시켰다. 그리고 독일 뉘른베르크의 '도시인디언들'로 불리는 녹색당 내의 그룹들이 특히 소아성애 운동을 주도했다.[123]

지금까지 오스트리아 비엔나의 세기말 사조에 속하는 인물들이 새로

---

122. *Zeit*, "Wolfgang Kraushaar : Rudi Dutschke nahm sich Jesus Christus als Vorbild". 2017년 6월 1일. https : //www.zeit.de/gesellschaft/zeitgeschehen/2017-05/wolfgang-kraushaar-1968er-bewegung-rudi-dutschke-protestantismus-interview/seite-2?fbclid=IwAR0W1QBICACALaSfJueWc-6OEg_owQc6sr50-xWawOzX-Gtj3cj4tUoEfW4

123. 정일권, 『문화막시즘의 황혼 : 21세기 유럽 사회민주주의 시대의 종언』(서울 : CLC, 2020) 참고.

운 인류에 대한 유토피아적 개념을 발전시켰다는 사실을 확인하면서,[124] 새로운 인류에 대한 독일 특유의 낭만주의적-유토피아주의적 집착과 환상에는 히틀러의 나치즘과 교육혁명을 외쳤던 개혁교육학 전통에서처럼 소아에 대한 우생학적이고 인종주의적 개량이라는 폭력과 야만이 존재했다는 사실을 보았다. 니체도 인간정신의 3단계(낙타, 사자 그리고 최고단계의 소아)를 말하면서 소아와 소아기를 찬양했는데, 이것은 독일 낭만주의 철학의 산물이다. 하지만 이렇게 소아를 찬양하는 낭만주의적이고 미학주의적인 철학자 니체의 위버멘쉬 개념이 히틀러의 나치즘에 이르러서는 우생학적이고 인종학적인 인종 청소라는 폭력과 야만을 낳았다는 사실을 간과해서는 안 된다.

이제 프로이트의 정신분석학의 주요개념 중 하나인 에로스와 타나토스 개념이 세기말 운동과 깊게 연관되어 있으며, 이 개념에는 니체가 찬양한 디오니소스적 광기가 존재한다는 것을 살펴보고자 한다.

8. 에로스와 타나토스, 디오니소스적 광기 그리고 세기말의 퇴폐주의

독일 보훔 대학교 예술사연구소의 게랄트 슈뢰더(Gerald Schröder) 교수는 2009~2010년 겨울학기 강의에서 "프로이트 이전의 무의식-데카당스, 상징주의 그리고 세기말"이라는 제목으로 "프로이트는 개념적으로나 구상적으로나 결코 무의식의 창시자로 간주되지 않는다."고 주장했다.

---

124. de-accademic.com, Fin de Siècle : Endzeitgefühle. https : //universal_lexikon. de-academic.com/238070/Fin_de_Si%C3%A8cle%3A_Endzeitgef%C3%BChle

그는 "무의식이라는 개념은 19세기에 이미 사용되고 있었고, 하르트만(Eduard von Hartmann)과 철학자 피에르 자네(Pierre Janet)와 같은 신경학자가 무의식 개념의 정교화를 위해 연구했다."고 말했다.[125] 1869년에 출간된 하르트만의 저서『무의식의 철학(Die hilosophiedes Unbewussten)』은 헤겔, 쇼펜하우어, 그리고 쉘링에게 큰 영향을 주었다. 슈뢰더 교수는 또한 "많은 화가들이 19세기 중후반에 인간 영혼의 내면세계들과 심연들에 대해 관심을 가졌는데, 이들은 프로이트의 정신분석학의 동시대적인 발전과 비견되는 그들 자신만의 특정한 예술적 방식으로 이를 연구했다."고 지적했다.

슈뢰더 교수에 의하면 프로이트뿐 아니라 다른 예술가들에게도 꿈과 광기는 무의식을 향한 특권적인 길이 되었고, 그들의 환상들은 이제 — 정신분석학과는 달리 — 독창적인 예술적 작품들을 생산하게 만들었다. 슈뢰더 교수는 프로이트의 에로스와 타나토스에 대한 연구는 독창적인 것이라기보다는 세기말의 퇴폐주의적이고 데카당스적인 시대정신의 영향이라는 것을 다음과 같이 분석했다. "세기말적인 예술가들도 더욱더 성적이고 병적인 환상들(sexuelle und morbide Phantasien)에 천착하게 되었는데, 프로이트도 조금 후에 이를 에로스와 타나토스라는 두 근본적인 충동의 표현으로 묘사했다." 즉, 프로이트와 세기말의 많은 예술가들에게서 공통적으로 발견되는 이러한 데카당스적이고 퇴폐주의적이며 성적이고 병적인 환상들을 프로이트는 에로스와 타나토스라는 표현으로 이해했던 것이다. 프로이트의 정신분석학에서 발견되는 꿈, 광기, 에로스, 타나토스 그리고

---

125. http : //www.kunstgeschichte.ruhr-uni-bochum.de/studium/vvz/ws09/40634.html.de

무의식 등은 프로이트 개인의 독창적인 개념들과 사유들이 아니라, 1900 년대 세기말적, 후기 낭만주의적(검은 낭만주의적), 데카당스적, 그리고 퇴폐 주의적 예술사조와 시대정신의 산물이다.[126]

　"세기말 비엔나에서의 에로스와 타나토스 : 지그문트 프로이트, 오토 바인닝거, 아루투어 슈니츨러"[127]라는 글 역시 프로이트의 정신분석학에 서 말하는 에로스와 타나토스가 독창적인 것이라기보다는 19세기 말과 20세기 초 오스트리아 비엔나의 세기말 문학과 예술에서 유행했던 것이라 는 사실을 잘 보여 준다. 오토 바인닝거(Otto Weininger)는 오스트리아 비 엔나 출신으로, 비엔나 대학을 졸업하고 다음해에 졸업 논문을 발전시킨 『성(性)과 성격(Geschlecht und Charakter)』을 발표했는데, 이탈리아를 여행 하고 돌아온 후 자살했다. 슈니츨러(Arthur Schnitzler)의 작품에도 멜랑콜 리아, 회의와 세속적 아이러니 등이 잘 표현되었다. 이렇게 비엔나의 세기 말 사조는 일종의 낭만주의, 특히 후기 낭만주의나 검은 낭만주의와 일맥 상통한다고 할 수 있다. 우리는 앞에서 검은 낭만주의와 마찬가지로 20세 기 초 비엔나의 세기말에서도 꿈, 무의식, 디오니소스적 광기 그리고 에로 스에 대한 집착뿐 아니라 죽음에 대한 매혹을 발견할 수 있다는 사실을 보 았다. 프로이트의 에로스와 타나토스에 대한 입장도 바로 이러한 당시 문 화적 시대정신의 산물로 파악해야 한다.

---

126. 위의 문서.
127. Katja Garloff, "5. Eros and Thanatos in Fin-de-Siècle Vienna Sigmund Freud, Otto Weininger, Arthur Schnitzler", in : Katja Garloff, *Mixed Feelings : Tropes of Love in German Jewish Culture* (Ithaca, NY : Cornell University Press, 2016).

프로이트의 에로스와 타나토스, 곧 성적인 충동과 죽음 충동은 니체가
말한 디오니소스적인 것이다. 프로이트, 세기말 그리고 (검은) 낭만주의 등
에서 모두 발견되는 에로스와 타나토스에는 디오니소스적인 광기도 포함
된다. 스페인 언론『뉴 바르셀로나 포스트(New Barcelona Post)』는 "에로스
와 타나토스 : 하나의 디오니소스적 피드백"이라는 소제목으로 이 사실을
분석하고 있다. 전술한 것처럼 프로이트의 정신분석학에는 디오니소스적
광기를 찬양한 니체와 쇼펜하우어의 강한 영향력이 존재한다.[128]『근대 속
의 에로스와 타나토스 : 유럽 사유 속 반기독교적 특징의 완성자로서의 니
체와 프로이트』[129]라는 연구서도 프로이트의 에로스와 타나토스는 프로
이트의 독창적인 사유가 아니라 니체에게서도 발견되는 것이라고 보았다.
또한 디오니소스적 광기를 철학적으로 찬양한 니체와 디오니소스적인 에
로스와 타나토스를 계승하는 프로이트가 유럽 사유에서 존재했던 반기독
교적 특징을 완성한 학자들이라고 분석했다.

9. 이드와 디오니소스적인 것 : 니체와 쇼펜하우어가 프로이트에게
   미친 영향

여기서는 프로이트 정신분석학과 니체와 쇼펜하우어의 깊은 관계에

---

128. Jacobo Zabalo, "THE MYTH OF A DAMNED GENIUS (I): EROS AND
     THANATOS", 2018년 10월 31일. https : //www.thenewbarcelonapost.com/
     en/egon-schiele-the-myth-of-a-damned-genius-i-eros-and-thanatos/
129. Ulrich Irion, *Eros und Thanatos in der Moderne : Nietzsche und Freud als*
     Vollender eines anti-christlichen Grundzugs im europäischen Denken (PU :
     Koenigshausen & Neumann, 1992).

대해서 살펴보고자 한다. 독일 베를린 심리학 대학교의 퀸터 괴데(Günter Gödde) 교수는 『'무의식'의 전통 노선들 : 쇼펜하우어, 니체, 프로이트』라는 책을 통해 꿈과 무의식에 대한 프로이트의 연구는 그 이전의 쇼펜하우어와 니체의 영향이라고 주장했다. 그는 무의식에 대한 쇼펜하우어의 사상이 니체를 거쳐 프로이트까지 도달한다는 계보학적 전통 노선들을 명쾌하게 분석했다.

이 연구서는 쇼펜하우어와 니체에게서 발견되는 이러한 '충동적이고 비이성적인 무의식' 철학에 대한 프로이트의 수용을 보여 주면서, 프로이트의 개념들과 쇼펜하우어와 니체의 개념들 사이의 구조 비교(Strukturvergleiche)를 시도했다.[130] 이 책에 대한 독일의 저명한 언론 『쥐드도이체 짜이퉁(Süddeutsche Zeitung)』의 서평에는 "프로이트의 무의식은 독일 낭만주의자들, 쇼펜하우어와 니체에게 있어서 충동적이고 비이성적인 것으로 이미 존재했었다."고 적혀 있다. 또한 프로이트는 이렇게 독일 낭만주의, 쇼펜하우어 그리고 니체에게서 발견되는 충동적이고 비이성적인 무의식 개념을 죽음 충동(Todestriebe), 이드(Es), 그리고 마지막에는 '회복할 수 없는 파괴성'으로까지 확장시킨다고 분석되었다.[131]

"무의식 : 낭만주의와 당대의 사조들에서 발견되는 정신분석학의 핵심 개념의 기원들"을 분석한 우도 로이슈너는 프로이트에게 미친 니체의 강한

---

130. Günter Gödde, *Traditionslinien des 'Unbewußten' : Schopenhauer-Nietzsche-Freud* (Gießen : Psychosozial Verlag, 2009).
131. perlentaucher, "Rezensionsnotiz zu Süddeutsche Zeitung", 2000년 7월 15일. https : //www.perlentaucher.de/buch/guenter-goedde/traditionslinien-des-unbewussten.html

영향력을 다음과 같이 분석한다. "니체에게 있어서도 무의식은 하나의 친숙한 개념이었다. 니체는 독일 낭만주의로부터 차용된 디오니소스적인 것과 아폴론적인 것의 구분을 통해서 프로이트가 말한 에스(Es, 이드, 원초아)와 이히(Ich, 자아) 사이의 정신분석학적 이분법을 동등하게 미리 보여 주었다."[132] 프로이트가 직접 독일어로 에스(이드)라는 개념을 '니체의 언어 사용에 의지해서' 차용했는데,[133] 바로 이 에스 개념은 니체가 말하는 디오니소스적인 것에 해당한다. 독일어로 에스는 어둡고, 무의식적이며, 육욕적이고, 충동적이며, 격정적이고, 반사회적이다. 바로 프로이트의 정신분석학의 핵심 개념 중 하나인 이드 개념은 니체가 말한 어둡고 무의식적이고 육욕적이며 충동적이고 반사회적인 디오니소스적인 광기에 직접적으로 해당한다.[134]

『니체의 무의식에 대한 철학』[135]이라는 책도 무의식에 대한 연구가 프로이트만의 독창적인 것이라기보다는 쇼펜하우어와 니체와 같은 독일 낭만주의 철학의 관심이었다는 사실을 잘 보여 준다. 이 책은 '오늘날의 니체(Nietzsche heute)'라는 니체 연구 시리즈에 포함되었는데, 특히 무의식에 대

---

132. https : //www.udo-leuschner.de/pdf/freud.pdf ; 그의 다른 책에서도 프로이트 비판이 소개되어 있다. Udo Leuschner, *Entfremdung-Neurose-Ideologie* (Köln : Bund-Verlag, 1990).

133. Sigmund Freud, *Neue Folge der Vorlesungen zur Einführung in die Psychoanalyse*, Gesammelte Werke, Bd. 15 (Frankfurt am Main : Fischer Verlag, 1961), 79.

134. 필자는 이미 디오니소스의 철학자인 니체의 철학을 르네 지라르의 문화이론과 그리스 비극 연구에 기초하여 '디오니소스적 광기와 폭력'을 화두로 비판한 바 있다. 정일권, 『우상의 황혼과 그리스도 : 르네 지라르와 현대 사상』 참고.

135. Claus Zittel, Jutta George (Hrsg), *Nietzsches Philosophie des Unbewussten* (Berlin : De Gruyter, 2012).

한 니체 철학을 자세하게 분석하고 있다. 『쇼펜하우어와 니체에 대한 특별한 고려 속에서 본 프로이트의 사유방식과 작업방식에 미친 낭만주의의 영향』[136]이라는 연구서도 꿈, 무의식, 광기, 에로스와 타나토스 등에 대한 프로이트의 연구들이 독일 낭만주의로부터 영향을 받았으며, 특히 독일 낭만주의 철학 중에서도 쇼펜하우어와 니체 철학으로부터 강한 영향을 받았다는 사실을 보여 주었다. 또한 쇼펜하우어와 니체의 사상이 프로이트의 정신분석학뿐 아니라, 칼 융의 심층심리학에도 큰 영향을 주었다는 사실도 소개했다.

니체 연구 시리즈에 포함된 『니체와 프로이트』[137]라는 연구서도 프로이트 사상에 니체가 강하게 영향을 미쳤음을 분석했다. 이 책은 2017년에 출간된 『니체, 프로이트 그리고 정신분석학』[138]이라는 연구서에서 프로이트가 처음에는 니체야말로 인간 심리에 대한 최고의 인식가라고 찬양하면서 그를 극찬했지만, 칼 융과 알프레드 아들러(Alfred Adler)와 결별한 후에는 니체의 책들에 대해 알지도 못하고 읽지도 않았다고 주장한 것을 소개했다. 이 책은 "칼 융과 아들러와의 우정이 깨진 이유는 칼 융과 아들러가 니체를 정신분석학의 선구자로 인정했기 때문이었다."라고 적고 있다.

『니체, 프로이트 그리고 정신분석학』이라는 책의 출판사의 소개 내용에는 "어떻게 자신이 이미 인용하고 찬양하던 니체를 모른단 말인가? 어떻

---

136. Dominika Wosnitza, *Der Einfluss der Romantik auf Freuds Denk-und Arbeitsweise unter besonderer Berücksichtigung der Werke von Schopenhauer und Nietzsche* (Grin Verlag, 2007).
137. Reinhard Gasser, *Nietzsche und Freud* (Berlin : de Gruyter, 1997).
138. Mimoun Azizi, *Nietzsche, Freud und die Psychoanalyse* (Hamburg : Dr. Kovač Verlag, 2017).

게 비엔나 지성계에서도 이미 읽혀졌던 당대의 가장 영향력 있는 철학자인 니체를 프로이트가 모를 수 있단 말인가? 프로이트는 니체가 이미 자신보다 먼저 정신분석학을 무의식을 연구하는 새로운 방법으로 묘사했음을 인정했다."라고 적혀 있다. 이 책은 니체가 프로이트에게 강한 영향력을 미쳤다는 것을 설명하면서 "프로이트의 정신분석학의 거의 모든 구성 요소들은 이미 니체의 저작들에게서 발견될 수 있다는 사실을 증명하고자 한다. 정신분석학의 발견자는 프로이트가 아니라 니체다."라고 주장한다. 또한 저자는 니체 저작들 속의 메타심리학을 분석하면서 "프로이트의 정신분석학은 하나의 니체의 작품이다."라고까지 주장한다. 즉, 정신분석학의 참된 창시자와 개척자는 니체라는 것이다.

"프로이트 개념들에 미친 니체의 영향"[139]이라는 논문도 프로이트가 여러 번 자신은 니체의 책들을 읽지 않았다고 주장했지만, 프로이트의 사상 속에 녹아 있는 니체 철학의 흔적들과 영향들에 대해 잘 분석하고 있다.

10. 에로틱한 '남색자 클럽' 반더포겔 : 프로이트, 토마스 만, 한스 블뤼흐

최초의 노벨문학상 수상자이지만 최근 독일에서 그의 소아성애적 문학으로 인해 크게 비판받고 있는 토마스 만도 자신의 책에서 프로이트의 정신분석학에 대한 쇼펜하우어와 니체의 영향을 주장한다. 독일 낭만주의

---

139. A. H. Chapman, M. Chapman-Santana, "The influence of Nietzsche on Freud's ideas", *British Journal of Psychiatry* 74, 1995, 251-253.

에서처럼 소아성애적 관점을 표현한 토마스 만은 독일 최초의 동성애 저널에 글을 기고한 인물로, 독일 낭만주의 소위 성소수자 운동에 있어서 핵심적인 인물 중 한 명이다. 독일 최초의 동성애 저널인『독특한 자 : 남성적 문화를 위한 하나의 저널(Der Eigene : Ein Blatt für männliche Kultur)』에 토마스 만과 그의 아들 클라우스 만(Klaus Mann)이 글을 기고했는데, 이 저널은 아돌프 브란트(Adolf Brand)에 의해 발간되었다. 이 저널은 1896년부터 1932년까지 발간되었다.[140]

토마스 만의 저서『쇼펜하우어, 니체, 프로이트』[141]도 프로이트의 정신분석학에 미친 쇼펜하우어와 니체의 영향을 잘 보여 준다. 이후에 소개하겠지만 프로이트와 토마스 만은 일종의 동성애 국가론이라 할 수 있는 한스 블뤼흐(Hans Blüher)의 남성 동맹적 국가 건설(Blühers männerbündische Staatenbildung) 이념에 대해서 활발한 논의를 주고받았다.

앞에서 논의한 것처럼 독일 세기말의 데카당스와 퇴폐주의적 미학주의를 대변하는 슈테판 게오르게는 일종의 동성애 국가로서의 새로운 독일 제국을 꿈꾸었는데, 한스 블뤼흐도 이러한 사상과 유사한 관점을 전개했다. 플라톤의『국가론』과『향연』을 모델로 해서 독일을 동성애적-소아성애적 교육국가라는 새로운 제국으로 재건하고자 했던 독일 낭만주의 소위 성소수자 학생운동을 슈테판 게오르게나 한스 블뤼흐에게서 발견할 수 있다.

---

140. 이 사실은 "에로스와 지배 : 개혁교육학에 대한 또 다른 시선"이라는 제목으로 2010년 7월 23일 독일 빌레펠트 대학교에서의 위르겐 욀커스 교수의 특강에서 소개되었다. https : //www.uzh.ch/cmsssl/ife/dam/jcr : 00000000-4a53-efca-ffff-fffff86119fb/Bielefelddef.pdf
141. Thomas Mann, Schopenhauer, Nietzsche, Freud (Lübeck, 1875/Zürich, 1955).

_반더포겔 운동에 참여하는 학생들

　한스 블뤼흐의 저서 『에로틱한 현상으로서의 독일 반더포겔 운동 : 성적 전복의 인식에 대한 하나의 기여』[142]는 반더포겔을 에로틱한 운동으로 파악하는 가장 대표적이고 고전적인 연구서이다. 독일 교육학 저널에 기고된 논문 "독일 학생운동 속의 남색 : 하나의 문화학문적 접근"[143]도 중요한 자료이다. 20세기 초반의 독일 특유의 낭만주의 소위 성소수자 학생운동이자 일종의 에로틱한 남색클럽인 반더포겔은, 한스 블뤼흐의 책 제목처럼 에로틱한 현상으로서 '성적인 전복(Sexuellen Inversion)'을 기획했다. 즉,

---

142. Hans Blüher, *Die deutsche Wandervogel-Bewegungals erotisches Phänomen : ein Beitrag zur Erkenntnis der sexuellen Inversion* (Chiemsee : Kampmann & Schnabel, 1922).
143. Sven Reiß, "Päderastie in der deutschen Jugendbewegung : Eine kulturwissenschaftliche Annäherung", *Zeitschrift für Pädagogik* 62(5), 2016, 670-683.

독일 낭만주의가 정상성에 대한 전복을 위해서 퀴어스럽고 반정상적이고 일탈적인 것을 추구한 것과 마찬가지로, 20세기 초반의 독일 낭만주의 학생운동인 반더포겔도 정상적인 성이 아니라 성적인 전복, 곧 동성애적이고 소아성애적인 에로티시즘을 추구했다.

독일 낭만주의에서 말하는 에로스는 디오니소스적이고 퀴어스러운 에로스로, 정상적인 에로스가 아니라 전복의 에로스로서 초기부터 소아성애적이었다. 미소년들로 구성된 우리나라의 삼국시대의 화랑도도 일종의 남색자 집단이라는 연구들이 있어 왔는데,[144] 20세기 초의 반더포겔 운동도 일종의 화랑도와 같은 측면이 존재한다. 슈테판 게오르게와 같은 독일 시인은 삼국시대의 국가론에서나 존재했던 화랑도와 같은 이러한 전근대적인 국가론에 기초해서 새로운 제국인 '비밀 독일'을 건설하려고 했다. 그리고 게오르게 학파가 아도르노, 발터 벤야민 그리고 헬무터 베커(Hellmut Becker)와 같은 독일 프랑크푸르트 학파에까지 계승되면서 20세기 독일 정치와 교육을 설계하게 되었다.

최근 독일 주요 언론에 매우 잘 알려진 독일 녹색당 출신의 유명 언론인 크리스티안 퓔러(Christian Füller)는 자신의 저서 『혁명은 아이들을 성폭행했다 : 독일 반항운동들 속에서의 성폭력』[145]에서 독일 반더포겔 학생운동은 남색자들의 클럽(Päderastenclub)이었다고 주장한다. 또한 그는 다음

---

144. 박노자, "화랑들이 '변태'여서 부끄러운가?", 한겨레 21 칼럼, 2006년 9월 1일. http : //legacy.h21.hani.co.kr/section-021109000/2006/09/021109000200-609010625041.html
145. Christian Füller, *Die Revolution missbraucht ihre Kinder : Sexuelle Gewaltindeutschen Protestbewegungen* (München : Carl Hanser Verlag, 2015).

과 같은 소제목으로 독일 좌우 낭만주의 성소수자 학생운동 속의 아동 인권 유린 문제를 고발했다. "에로스가 정치를 만든다 : 이념으로서의 성폭력, 성욕망의 대상으로서의 소년, 그리스적 에로스와 독일적 에로스, 반더포겔 : 독일 학생운동의 요람에 존재하는 남색, 학생운동과 아동 포르노그래피, 독일 녹색당의 소아성애적 정당 구조들".

크리스티안 퓔러는 2015년 7월 31일 독일 주류 신문 『벨트』에 기고한 "소아성애 : 아동들의 나체 사진들이 왜 무해하지 않는가?"라는 기사에서 동성애적 소아성애(남색)가 단순한 일탈이 아니라, 독일의 낭만주의 성소수자 운동의 경우 정치의 핵심이 된다고 분석했다. 그는 한스 블뤼흐가 "소아들의 신체에 대한 강간을 정치적인 문제로 설명하는 정치적 이론을 만들었다."고 비판했다.

이 언론에서 크리스티안 퓔러는 "소아성애적 그룹 지도자들과 소아기의 반더포겔들 사이의 성관계는 이제 국가 건설적 행위가 된다. 프로이트와 토마스 만은 한스 블뤼흐의 남성 동맹적 국가 건설(männerbündische Staatenbildung)에 대해 활발한 논의를 주고 받았다."고 분석했다. [146] '소아기의 반더포겔들'이라는 표현에서 알 수 있듯이 반더포겔 운동도 소아와 청소

---

146. Christian Füller, "Warum Nacktbilder von Kindern nie harmlos sind". https : //
www. welt. de/kultur/article144645185/Warum-Nacktbilder-von-Kindern-nie-
harmlos-sind. html?fbclid=IwAR3OV1I4GyCKl92b1hVGKl_ZFZKNNa7wxKRW
ZMy2S5zhF24Qyxr4xhKlYDA.
"Die sexualisierte Beziehungzwischen pädosexuellen Gruppenführern und
kindlichen Wandervögeln wurde nun zum staatsbildenden Akt. Sigmund
Freud und Thomas Mann traten in regen Austausch über Blühers
männerbündische Staatenbildung."

년으로 구성된 독일 특유의 낭만주의적 학생운동이었다.

크리스티안 필러의 이 주장은 바로 오스트리아 비엔나의 세기말 사조에서 볼 수 있는 것처럼 벌거벗은 소아에 대한 미학적 표현은 결코 무해한 것이 아니며, 실제로는 소아성애적 아동 매춘과 아동 강간이라는 어두운 그림자를 가지고 있다는 것을 보여 준다. 즉, 세기말적이고 퇴폐주의적 소위 성소수자 운동은 소아와 청소년의 나체를 미학적으로 찬양하지만, 그것은 실제로 소아성애적 성폭력을 은폐하고 있다는 것이다.

크리스티안 필러는 독일 정치의 경우 근대성에 대한 반대 기획으로서의 남색(Päderastie als Gegenentwurf zur Moderne)이 주장되었다고 분석했다. 반근대주의와 탈현대주의를 표방했던 독일 낭만주의적 반대운동은 바로 동성애적 소아성애(남색)를 근대성에 대한 반대 기획이라고 주장하면서, 교육의 디오니스소적 에로틱화와 정치의 퀴어스러운 에로틱화를 통해 영미 청교도주의적 국가에 대한 반대국가로서의 '비밀 독일'을 지향했다.

이런 독일 낭만주의 성소수자 운동의 전통에서 독일 68도 소아성애를 '파시즘 격파를 위한 위대한 행위'로 찬양했다. 『남독일 신문(*Süddeutsche Zeitung*)』은 2015년 4월 12일 "가족 도덕의 저편에서"라는 보도에서 크리스티안 필러가 "소아성애자들의 선전선동 리스트들을 반박하고 있다"라는 소제목으로 그의 책을 상세하게 소개했다. 이 기사는 독일 "좌파 진영에서는 소아성애가 안티파시즘적인 위대한 행위로 재해석되었다."고 소개했다.[147]

---

147. Sven Reichardt, "Sachbuch : Jenseits der Familienmoral", 2015년 4월 12일. https : //www.sueddeutsche.de/kultur/sachbuch-jenseits-der-familienmoral-1.2431609

소아기를 유토피아와 황금시대로 신화화하는 독일 낭만주의는 이러한 동성애적 소아성애(남색) 운동에서 볼 수 있는 것처럼 반정상적이고 전복적인 에로스를 일종의 낭만주의적-반근대주의적 기획으로 파악했다. 즉, 소아성애가 단지 몇몇 독일 성소수자들의 기이한 성적 취향에 머무는 것이 아니라, 영미 청교도주의가 말하는 정상적인 에로스와 그 산물인 근대 자본주의와 개인주의 그리고 자유주의적 문명 세계에 대한 반대운동으로서 파악된 것이다. 소아성애는 독일 낭만주의에서는 반근대주의적 기획이었고, 비슷한 맥락에서 독일 68 좌파 낭만주의 학생운동도 소아성애를 파시즘 격파를 위한 위대한 행위로 찬양했다. 그래서 독일 68은 소아성애적 안티파로 불린다.

필자는 앞에서 프로이트와 토마스 만이 일종의 화랑도와 같은 에로틱한 남색자 클럽인 반더포겔 운동을 이끈 한스 블뤼흐에 대해서 활발한 토론을 했다는 사실을 소개했는데, 프로이트와 한스 블뤼흐는 두 차례에 걸쳐 직접 만나기도 했다. 『지금까지 미출간된 편지들 속에 나타난 지그문트 프로이트와 한스 블뤼흐』[148]라는 책은 1912년과 1913년에 프로이트와 한스 블뤼흐가 편지를 주고받았다는 사실을 보여 준다. 두 사람은 편지를 통해 동성애에 대한 평가를 나누었는데, 그 의견들이 모두 일치하지는 않았다.

크리스티안 필러는 『문학비평』에서 "1900년 이후로 반더포겔 운동의 선동가인 한스 블뤼흐가 토마스 만, 라이너 마리아 릴케(Rainer Maria Rilke)

---

148. John Neubauer, *Sigmund Freud und Hans Blueher in bisher unveroeffentlichten Briefen* (Stuttgart : Klett-Cotta, 1996).

혹은 지그문트 프로이트가 읽은 자신의 글들에서 12~15세 아이들이 불러 일으키는 미칠 정도의 성적인 욕망들과 보다 나이 많은 반더포겔들과 보다 어린 반더포겔들 사이의 '남성 간의 공동체'의 에로스를 비신체적인, 유사 신비적인 체험들로 찬양했다."는 사실을 상기시켰다.

크리스티안 퓔러는 프로이트와 토마스 만이 반더포겔 운동을 열렬하게 찬양하는 한스 블뤼흐의 글들을 읽고 토론했다는 사실과 함께 20세기 초반의 독일 반더포겔 학생운동이나 독일 68 신좌파 운동과 같은 독일 특유의 낭만주의적-사회주의적 반항운동들과 개혁운동들의 맹점은 바로 아동 성폭력이라는 사실을 비판적으로 분석했다. 즉, 그는 독일 반항운동들과 개혁운동들의 맹점으로서의 아동 성폭력이 반더포겔 운동에서부터 시작되었다고 말한 것이다. 또한 그는 "1896년부터 독일 숲속을 돌아다녔던 반더포겔들로부터 시작해서 개혁교육학을 거쳐 68 운동의 반권위주의적 교육을 한다고 외친 사설 유치원 운동에 이르기까지 이러한 동성애적 소아성애(남색) 운동의 아동 강간은 지속되었다. 그러한 위장된 소아성애자들의 예로는, 개혁교육학자이자 학생운동의 스피커였던 구스타프 뷔네켄 (Gustav Wyneken), 오덴발트 학교의 오랜 교장이었던 게롤드 베커(Gerold Becker), 그리고 독일 녹색당의 소아권리 운동가로 활동했던 베르너 포겔 (Werner Vogel)을 들 수 있다."고 말했다.[149]

작가로서의 블뤼흐의 재능을 높게 평가한 사람들 중에는 프로이트도

---

149. Oliver Pfohlmann, "Im Kampfanzug des Revolutionärs. Von den Wandervögeln bis zur Netzbewegung : Christian Füller über Kindesmissbrauch als blinder Fleck deutscher Protest-und Reformbewegungen", *Literaturkritik. de* Nr. 11, November 2015. https : //literaturkritik.de/id/21185

포함된다. 1912년 7월 10일에 프로이트는 블뤼흐에게 다음과 같이 편지를 썼다. "의심할 여지없이 당신은 매우 강한 지성인, 탁월한 관찰자, 용기 있는 사람, 그리고 많은 억압들(Hemmungen)이 없는 분입니다. 내가 당신의 글에서 읽은 것은 동성애에 대한 일반적인 문헌들보다 훨씬 더 분별 있는 것이며, 대부분의 의학적인 글들보다 더 옳습니다."[150] 한스 블뤼흐는 반더포겔 분석에 대한 자신의 세 번째 책의 원고를 프로이트에게 보냈다. 그리고 프로이트는 블뤼흐가 출판사를 찾을 수 있도록 돕고 싶다고 말했던 사실이 『독일 학생운동 속의 동성애 : 20세기 초반의 학생운동, 정신분석학 그리고 학생 심리학에 대한 논의 속에 있는 남성들 간의 우정과 섹슈얼리티』[151]라는 연구서에 소개되어 있다. 이 책은 이렇게 독일 반더포겔 소위 성소수자 학생운동과 프로이트의 정신분석학이 깊게 관련되어 있음을 보여 준다.

하지만 독일어 위키피디아 자료를 보면, 프로이트가 한스 블뤼흐를 찬양하고 있다는 사실과 함께 한스 블뤼흐가 정치적-세계관적으로 보수주의자로 변했을 때 블뤼흐에 대한 프로이트의 평가가 부정적으로 변했다는 내용도 소개되어 있다. 이 자료는 또한 한스 블뤼흐의 초기 저작들 속에 나타나는 동성애와 남성성에 대한 서로 다른 개념들과 한스 블뤼흐의 입장이 동성애 운동과 프로이트의 정신분석학 사이의 '가교 역할'을 한다고

---

150. John Neubauer, "Sigmund Freud und Hans Blüher in bisher unveröffentlichten Briefen", *Psyche* 50, 1996, 138ff.
151. Ulfried Geuter, *Homosexualität in der deutschen Jugendbewegung : Jungenfreundschaft und Sexualität im Diskurs von Jugendbewegung, Psychoanalyse und Jugendpsychologie am Beginn des 20. Jahrhunderts* (Frankfurt a. M. : Suhrkamp, 1994), 80.

분석한 연구를 소개했다.[152]

이 연구자는 울리케 부루노테(Ulrike Brunotte)로, 그는 『에로스와 전쟁 사이에서 : 근대 속의 남성 동맹과 제의』[153]라는 연구서를 썼다. 이 책에 의 하면 플라톤의 『향연』에 등장하는 '교육학적 에로스'에 기초한 소년 사랑 (Knabenliebe)을 새로운 교육원리로 주장한 20세기 독일 좌우 낭만주의 성 소수자 운동을 전개한 학생운동(반더포겔 운동, 히틀러유켄트, 독일 개혁교육학, 독일 68과 독일 녹색당)은 반권위주의적-루소주의적 교육혁명을 추구했지만, 실제로는 매우 반여성적이고, 군사주의적이며, 권위주의적인 운동이었다.

이 책은 플라톤적 에로스와 전쟁의 문제를 다루면서 독일 좌우 낭만주 의 성소수자 학생운동(반더포겔과 히틀러유켄트)의 군사주의적 문화를 비판 했다. 독일 68 성혁명도 반권위주의적 교육혁명을 외쳤지만, 그들이 추진 한 소아성애 운동에서는 아동 인권 유린과 같은 성범죄가 이루어졌으며, 실제로는 매우 파시즘적이고 권위주의적이며 억압적인 성문화였다. 이후 에 등장하겠지만 이러한 독일 좌우 낭만주의 성소수자 학생운동은 모두 '플라톤적 소년 사랑'을 새로운 교육원리로 주장했는데, 이 플라톤적 소년 사랑은 일본 사무라이나 이슬람 문화권에서 잔존하고 있는 사무라이적-군사주의적 소년 강간(Knabenraub)이다.

정상성에 도전하는 독일 낭만주의의 영향을 받은 프로이트를 포함한 많은 독일계 학자들은 이 디오니소스적이고 퀴어스러운 에로스를 지속적

---

152. WIKIPEDIA, Hans Blüher. https : //de.wikipedia.org/wiki/Hans_ Bl%C3%BCher

153. Ulrike Brunotte, *Zwischen Eros und Krieg : Männerbund und Ritual in der Moderne* (Berlin : C Klaus Wagenbach Verlag, 2004).

으로 플라톤적 에로스, 교육학적 에로스, 에로스와 타나토스(프로이트), 국가 창조자로서의 에로스(토마스 만), 에로틱한 교육(발터 벤야민), 에로스와 문명(마르쿠제) 그리고 에로티카 로마나(괴테) 등의 이름으로 찬양해 왔다. 하지만 『에로스와 전쟁 사이에서 : 근대 속의 남성 동맹과 제의』라는 책의 제목처럼, 독일 낭만주의 학생운동에서 말하는 에로스는 매우 전쟁적이고 남성 동맹적이었다.

앞에서 논한 것처럼 위르겐 욀커스 교수는 『에로스와 지배』라는 책에서 독일 낭만주의 개혁교육학을 비판했는데, 바로 독일 낭만주의 개혁교육학에서 말하는 에로스가 매우 권위주의적이고 지배주의적인 개념이었다는 것이다. 또한 반권위주의적 교육의 이름으로 유행된 독일 프랑크푸르트 학파의 비판교육이론과 독일 68 반권위주의적 조기성교육도 실제로는 매우 권위주의적이고 소아성애적이었다는 사실을 전술한 바 있다.

『퀴어 이론과 유대인에 대한 질문』이라는 책에는 프로이트, 블뤼흐, 성적인 전복, 남성 동맹, 동성애 그리고 문화 형성에 대한 프로이트의 이론을 다룬 논문이 수록되어 있다. 이 논문에는 프로이트와 달리 한스 블뤼흐는 자신이 참여하는 독일 반더포겔 운동과 같은 남성 영웅들에게는 오이디푸스적인 문제에 기초한 어떠한 노이로제적인 비정상 발달이 존재하지 않는다고 주장했던 사실이 소개되었다. 즉, 한스 블뤼흐는 "여성화된 유대인의 부패한 동성애와는 대조적으로 독일 남성들 사이의 동성애는 건강한 전복이다."라고 주장했다.[154]

---

154. "Freud, Blüher, and the Secessio Inversa : Männerbünde, Homosexuality, and Freud'sTheory of Cultural Formation", in : *Queer Theory and the Jewish Question*, (ed.) Daniel Boyarin, Daniel Itzkovitz, Anne Pelligrini (New York :

필자는 이후 다그마 헤르조그(Dagmar Herzog) 교수가 독일 나치 시대는 성억압의 시대가 아니라 성적으로 문란했던 소돔과 고모라의 시대였다는 사실을 역사적으로 논증함으로써, 독일 68 성정치 운동의 역사 왜곡을 지적한 것에 대해 소개할 것이다. 흔히 나치 시대는 동성애가 탄압받은 시대라고 알고 있지만, 독일 반더포겔 운동의 열렬한 찬양자였던 한스 블뤼흐의 주장에서 볼 수 있는 것처럼 나치 시대에는 동성애를 포함한 성적인 자유분방함은 장려되었지만, 유대인들의 여성적인 동성애는 철저하게 탄압받았다.

11. '에로스의 정치학' 비판 : 프로이트와 토마스 만의 소아성애

토마스 만의『베네치아에서의 죽음』이라는 작품은 최근 독일에서 소아성애적인 작품으로 거세게 비판받고 있는데, 토마스 만은 자신의 이 작품이 프로이트의 정신분석학으로부터 직접적인 영향을 받아 만들어진 것이라고 고백한 바 있다. 그는 "『베네치아에서의 죽음』이라는 나의 소설은 프로이트의 직접적인 영향 아래서 탄생한 것이다. 프로이트가 없었다면 나는 이러한 에로틱한 모티브를 다룰 생각조차 하지 못했을 것이다."[155]라고 말했다.

2012년 독일 저명 언론『프랑크푸르트 알게마이네 짜이퉁』은『베네치

Columbia University Press, 2003), 90-120.

155. Interview mit Aldo Sorani, veröffentlicht am 08. Mai 1925 in der Tageszeitung "La Stampa" in Mailand, zitiert nach "Hamburger Fremdenblatt". Abend-Ausgabe, Nr. 155 am 06. Juni 1925.

아에서의 죽음』에서 드러난 동성애적 소아성애(남색)의 문제를 지적하면서, "토마스 만의 소아성애적 문학작품은 오늘날 어려움에 봉착하게 되었다." 는 사실을 "문학비평의 톨레랑스가 시험대에 올랐다"라는 제목으로 보도 했다. 이 보도는 현대 독일 문학을 대표하는 토마스 만의 『베네치아에서의 죽음』에서 드러나는 것처럼, 그가 플라톤의 『향연』에 등장하는 동성애적 소아성애(남색)를 찬양하면서 그것을 즐겼다는 사실에 대한 비판적 언론기 사이다.[156]

독일 저명 언론『슈피겔』지의 보도처럼,『베네치아에서의 죽음』은 토마스 만 자신의 동성애적 소아성애의 삶이 반영된 것이다.[157] 플라톤의『향연』에 등장하는 동성애적 소아성애(남색)에 대한 독일 특유의 찬양은 광범위하며, 토마스 만도 이에 속한다. 독일어권 위키백과가 토마스 만의『베네치아에서의 죽음』에 대해 설명한 것처럼, 그의 동성애적-소아성애적 문학세계에는 플라톤의『향연』, 니체, 에로틱한 괴테, 후기낭만주의의 데카당스가 대변되었고, 독일 나치들이 찬양했던 바그너, 그리스 신화와 디오니

---

156. Edo Reents, "100 JAHRE "TOD IN VENEDIG" : Pervers? Was für ein pfuscherisches Wort!", 2012년 7월 23일. https : //www.faz.net/aktuell/feuilleton/buecher/100-jahre-tod-in-venedig-pervers-was-fuer-ein-pfuscherisches-wort-11829625.html?fbclid=IwAR32tnEkAerBUFFnOUOwPW6OVYE8LMykpbm2IO0bgt3vCKaUiVe4G1FI4Xo

157. Volker Hage, "Tadzios schönes Geheimnis", 2002년 12월 20일. https : //www.spiegel.de/kultur/tadzios-schoenes-geheimnis-a-1d60811d-0002-0001-0000-000025990846
"er hielt "Tod in Venedig" für "vollkommen geglückt", und er hat denautobiografischen Hintergrund der "gewagten Novelle" nieverheimlicht, ganz im Gegenteil : Nichts sei erfunden, bekräftigte er später, "alles war gegeben", auch 'Tadzio und die Seinen'"."

소스적 광기 등이 영향을 주었다.

독일 퀴어 사이트에도 토마스 만의 남색적 소년 사랑과 정치가 소개되어 있다.[158] 이처럼 독일 낭만주의 운동은 에로틱한 운동이었다. 독일 특유의 과도한 그리스 동경으로 인해서 플라톤의 『향연』에 등장하는 동성애적 소아성애(남색) 전통이 토마스 만까지 이르게 된다. 독일 낭만주의와 에로티시즘의 깊은 연관은 '에로틱한 괴테'를 경유해서 독일 나치 시대의 '에로티시즘을 향한 독일 특유의 의지'에까지 이른다.

토마스 만은 동성애적 소아성애(남색)의 삶을 수행했을 뿐 아니라, 근친상간에 대한 문학적 작업에도 몰두했다. 소아성애와 근친상간에 대한 천착은 정상성에 반항하는 독일 낭만주의의 독특한 특징으로, 약한 형태로나마 프로이트의 정신분석학을 경유해서 독일 68 학생운동과 독일 녹색당, 독일 프랑크푸르트 학파의 비판이론과 소아성애를 최후의 금기로 주장한 테오도어 아도르노 그리고 미셸 푸코와 주디스 버틀러와 같은 포스트모던적-정신분석학적 성소수자 운동 철학자들에게까지 지속된다.

독일 하이델베르크 대학교의 '독일 문학연구 시리즈'에 포함되어 출간된 『근친상간에 대한 작업 : 리하르트 바그너와 토마스 만』[159]이라는 연구서는 독일 (후기)낭만주의 전통을 대변하는 리하르트 바그너와 독일 최초의 노벨문학상 수상자이자 동성애적 소아성애(남색)로 비판받고 있는 토

---

158. Erwin In het Panhuis, "Das verschwurbelte Coming-out des Thomas Manna", 2020년 7월 4일. https://www.queer.de/detail.php?article_id=36507 ; Sebastian Galyga, "Thomas Mann: Am Meer verliebte er sich in junge Männer", 2023년 6월 18일. https://www.queer.de/detail.php?article_id=45975

159. Christine Emig, *Arbeit am Inzest : Richard Wagner und Thomas Mann* (Heidelberger Beiträge zur deutschen Literatur) (Verlag Peter Lang, 1998).

마스 만이 근친상간에 대한 낭만주의적 작업에 천착했다는 사실을 논의한다. 이 책은 근친상간이 토마스 만의 평생의 모티브였고, 이러한 모티브에 대한 집착에는 디오니소스적인 지평과 안드로진 이상 등이 존재한다는 내용을 담고 있다.

독일 낭만주의 운동은 근친상간 모티브를 구성하고자 하는 집착을 보였다.[160] 그렇기에 소아성애와 근친상간에 대해서 천착하고 이를 수행하거나 옹호하는 독일 68, 독일 녹색당, 미셸 푸코 그리고 주디스 버틀러의 입장은 모두 독일 낭만주의 전통의 영향을 강하게 받고 있다.

2015년에 토마스 만의 도시라고 불리는 뤼베크의 대학교를 '토마스 만 대학교'로 개칭하려는 시도가 있었는데, 많은 교수들의 비판으로 인해서 무산된 바 있다. 토마스 만의 동성애적 소아성애(남색)뿐 아니라, 독일 법조계의 탈유대인화를 주장했던 토마스 만의 반유대주의도 최근 독일에서 강하게 비판받고 있기 때문이다. 이 대학교는 2023년 현재 뤼베크 대학교(Universität zu Lübeck)로 여전히 표기되고 있다.

프로이트뿐 아니라 토마스 만도 반더포겔 운동에 대한 한스 블뤼흐의 저서들을 읽고 다음과 같이 적었다. "정치가이자 국가 창조자로서의 에로스(Eros als Staatsmann, als Staatsschöpfer)라는 개념은 오래전부터 친숙한 개념인데, 오늘날 우리 시대에서 새롭고 재기발랄하게 다시 유포되고 있다."[161] 이렇게 정상성에 도전하고 파계하고 전복하는 독일 특유의 낭만주

---

160. Jochen Hörisch, "Dialektik der Romantik" in : *Athenäum. Jahrbuch für Romantik 2003* (Brill | Schöningh, 2003), 48.

161. Thomas Mann, "Von Deutscher Republik", in : ders., *Reden und Aufsätze*, Bd. 2. (Frankfurt a. M. : Fischer, 1965), 48.

의적 에로스와 이 디오니소스적 에로스를 향한 독일 특유의 의지는 '에로 틱한 괴테'를 경유해서 '에로틱한 교육(발터 벤야민)'과 '국가 창조자로서의 에로스(토마스 만)'라는 사상으로 계승되면서 교육의 에로틱화뿐 아니라 정 치의 에로틱화를 추구하게 된다. 이러한 독일 낭만주의 학생운동의 전복 적 에로스가 21세기 글로벌 성혁명 운동과 교육계와 정치계의 디오니소스 적 에로틱화를 추구하는 21세기 글로벌 사회주의 성정치와 성교육 운동의 계보학적 뿌리와 진원지이다. 21세기 글로벌 성혁명 운동의 뿌리는 바로 독일 낭만주의 운동에서 시작된 반정상적 에로스의 교육학과 에로스의 정 치학 운동이다.

한스 블뤼흐에 대한 독일어 위키피디아 자료에는 1919년 2월에 토마스 만이 "독일 제국, 유대교 그리고 사회주의"라는 한스 블뤼흐의 강의를 직 접 들었고, 그날 토마스 만은 한스 블뤼흐에게 감사하면서 그의 일기장에 "그의 강의는 탁월했고, 나에게는 그의 한 마디 한 마디가 모두 영혼으로 부터 나와서 표현된 것이었다."고 적었다고 소개한다.[162]

독일 문학을 대표하는 토마스 만은 '에로스의 정치학(Politik des Eros)' 을 주장하면서 에로스를 일종의 정치가와 국가 창조자로 파악했는데, 이 러한 독일 특유의 낭만주의적 에로스의 정치학은 그 뿌리가 깊다. 『에로스 의 정치학 : 1880-1934년 사이의 학문, 정치, 그리고 학생문화 속의 남성동 맹』[163]이라는 책도 20세기 초 반더포겔과 같은 독일 낭만주의 학생운동 속

---

162. Ulrike Brunotte, *Zwischen Eros und Krieg : Männerbund und Ritual in der Moderne* (Berlin : C Klaus Wagenbach Verlag, 2004), 88.
163. Claudia Bruns, *Politik des Eros : Der Männerbund in Wissenschaft, Politik und Jugendkultur (1880-1934)* (Köln, Weimar, Wien : Böhlau, 2008).

174 에로스와 광기 : 프로이트의 황혼

에 나타난 에로스의 정치학을 분석하고 있다. 『낭만주의적 소아 : 괴테로부터 토마스 만에 이르는 하나의 시적인 유형』[164]이라는 연구서는 '하이델베르크 독일 문학연구 시리즈'에 포함된 책으로, 괴테로부터 토마스 만에 이르기까지 '낭만주의적 소아'를 화두로 독일 낭만주의 전통에서 발견되는 소아와 소아기에 대한 찬양을 잘 분석했다. 토마스 만의 사상에도 이러한 낭만주의적 소아 찬양이 흐르고 있지만, 그 시적인 소아 찬양에는 소아성애적 폭력이 은폐되어 있다.

발터 벤야민의 스승이자 상습적인 소아성애자인 개혁교육학자 구스타프 뷔네켄도 자신의 아동 성폭력을 스스로 변호하면서 『에로스』[165]라는 책을 출간했다. 정상성에 도전하는 퀴어스러운 독일 낭만주의에서 말하는 에로스는 디오니소스적 에로스이며, 반정상적인 에로스다. 프로이트의 에로스와 타나토스 개념도 이러한 독일 낭만주의에서의 디오니소스적-퀴어적 에로스와 깊게 관련된다. 비슷한 맥락으로 한스 블뤼흐는 에로틱한 남색자 집단인 반더포겔 학생운동을 찬양하면서 성적인 전복, 곧 디오니소스적이고 반정상적이며 전복석인 에로스를 찬양했다. 빌헬름 라이히와 마르쿠제와 같은 혁명적 좌파 프로이트 추종자들은 통음난무를 성유토피아(Sexualutopie)로 설파하기도 했다.[166]

---

164. Angela Winkler, *Das romantische Kind : Ein poetischer Typus von Goethe bis Thomas Mann* (Heidelberger Beiträge zur deutschen Literatur, 9) (Frankfurt a. M. u. a. : Lang, 2000).

165. Gustav Wyneken, *Eros* (Lauenburg : A. Saal, 1921).

166. Martin Lindner, *Leben in der Krise : Zeitromane der neuen Sachlichkeit und die intellektuelle Mentalität der klassischen Moderne* (Stuttgart, 1994), 28.

68 학생운동의 구루였던 마르쿠제의『에로스와 문명』[167]은 '프로이트에 대한 철학적 연구'라는 부제가 보여 주듯이 프로이트의 정신분석학에 대한 성유토피아적 해석을 담고 있는데, 그의 책은 게이 운동과 성정치 운동에 큰 영향을 주었다. 마르쿠제는 이 책에서 성억압으로부터 자유로운 성유 토피아적인 사회에 대한 개념을 하나의 조직적인 철학으로 발전시켰다. 이렇게 성유토피아를 주장하는 빌헬름 라이히와 마르쿠제의 책들은 유럽 68 문화혁명 운동 당시에 유행한 히피 운동, 자유로운 성 운동에 크게 영향을 주었으며, 이러한 성유토피아론은 공산주의적인 가정 해체 이론과 관련되어 있었다. 당시 자유로운 성유토피아를 꿈꾸었던 젊은이들은 공산주의적 코뮌이라는 공동체에서 실제로 자유연애주의, 폴리아모리(polyamorie, 다자성애) 등의 삶을 추구했다. 마르쿠제는 독일 낭만주의 소아운동, 청소년운동 그리고 학생운동에서 발견되는 이 뒤틀리고 비뚤어진 에로스의 억압을 비판하면서, 독일 낭만주의적-디오니소스적 에로스의 해방을 주장했다.

이렇게 독일 낭만주의 철학은 에로스의 정치학과 교육학을 주장한다. 현대 독일 낭만주의 연구의 대가이자 낭만주의적 멜랑콜리아를 대변하는 발터 벤야민도 '에로틱한 교육(Erotische Erziehung)'을 공산주의 교육으로 주장한다. 즉, 이렇게 현대 퀴어 이론과 일맥상통하는 디오니소스적 독일 낭만주의는, 정치학과 교육학의 낭만주의화(퀴어화와 히피화)를 추구하면서 정치학과 교육학을 에로틱하게 만들려고 한다. 독일 낭만주의를 병적인 것으로 비판하면서 거리를 둔 괴테조차도『에로티카 로마나(Erotica

---

167. Herbert Marcuswe, *Eros and Civilization : A Philosophical Inquiry into Freud* (Boston : Beacon Press, 1974).

Romana)』라는 책을 쓴 에로틱한 자이다.

2019년 9월 15일, 서남부 독일방송은 "'정치인으로서의 에로스'-토마스 만과 슈테판 게오르게에게 있어서의 동성애와 정치"라는 프로그램을 방송했다. 토마스 만이 플라톤의 『국가론』에 기초해서 '비밀 독일'을 꿈꿨던 슈테판 게오르게와 마찬가지로 플라톤적 소년사랑을 찬양했다는 자료다. 슈테판 게오르게는 일종의 동성애 국가로서의 '비밀 독일'을 주장한 20세기 초반 독일에서 가장 유명하고 영향력 있는 인물로서 독일 성소수자 운동의 대부 중 한 인물이다.[168]

토마스 만도 게오르게 학파에 속하는데, 게오르게 학파는 오늘날에도 여전히 존재한다. 2016년 10월 2일 독일 주요 언론 『벨트』는 "게오르게 학파가 오늘날에도 여전히 존재한다. 센세이션"이라는 제목으로 그들이 비밀스러운 곳에서 정기적으로 만난다는 사실을 보도했다.[169] 최근 독일에서는 게오르게 르네상스가 발생하고 있다. 동성애적 비밀동맹(Homoerotischen Geheimbundes)인 엘리트적 독일 게오르게 학파를 모방한 단체가 네덜란드 암스테르담에도 존재하는데, 그 비밀단체의 이름은 카스트룸 페리그리니(Castrum Perigrini)이다. 카스트룸 페리그리니에서도 동성애적 소아성애(남색)으로 인한 아동 인권 유린 사태가 고발되었다.

---

168. Manfred Koch, ""Eros als Staatsmann"-Homosexualität und Politik bei Thomas Mann und Stefan George", 2019년 9월 15일. https : //www.swr.de/swr2/doku-und-feature/swr2-essay-2019-10-21-100.html?fbclid=IwAR3kc2NMp-V6_5fyTZ3EByW1yVwtszH52lfn5dQMi2J_mnRG9VaW6ZngOLU

169. Sarah Pines, "Der George-Kreis existiert noch. Eine Sensation", 2016년 10월 2일. https : //www.welt.de/kultur/plus158487181/Der-George-Kreis-existiert-noch-Eine-Sensation.html

에로틱한 괴테를 모델로 삼는 토마스 만은 최근 독일에서 소아성애와 근친상간 문제 못지않게 나치적 반유대주의로 인해 비판받고 있다. 토마스 만의 나치적 반유대주의는 그의 작품 "형제 히틀러"[170]에서도 드러난다. 이 작품에서는 형제로 부른 히틀러에 대한 양가적인 애증과 함께 히틀러와 토마스 만 자신의 형제적 유사성이 표현되어 있다. 토마스 만은 이 작품에서 예술가 히틀러의 열등감을 중요하게 다루었다. 독일 히틀러 민족사회주의(나치즘)는 히틀러 개인의 예술가로서의 열등감뿐 아니라, 보다 더 큰 범위에서 영미 세계에 대한 독일 특유의 열등감이 축적되어서 발생한 것으로 보았다. 토마스 만의 작품 "형제 히틀러"는 히틀러를 예비한 슈테판 게오르게의 낭만주의적-미학주의적 파시즘과 '전체주의적 유혹'을 보여 주고 있다.[171] 또한 형제 히틀러에 대한 토마스 만의 양가적인 애증은 '적과 같은 쌍둥이 형제'로 평가되는 독일 좌우 사회주의(독일 좌파 국제사회주의인 칼 마르크스의 공산주의와 독일 우파 민족사회주의인 히틀러 나치즘)가 적과 같은 형제로서 느끼는 양가적 감정에서도 드러난다.

---

170. Thomas Mann, "Bruder Hitler", *Das Neue Tage-Buch* 25, März 1939, Jahrgang 7, Heft. 13, 306-309.

171. Winfried Eckel, "Die totalitaristische Versuchung der Literatur in Ästhetizismus und Avantgarde. Das Beispiel Stefan Georges und F. T. Marinettis-mit einem Blick auf Gottfried Benn", *Comparatio-Zeitschrift für Vergleichende Literaturwissenschaft* 3(2), 2011 ; "Kein Geringerer als Thomas Mann hat den Kunstanspruch faschistischer Politik ausdrücklich bestätigt" ; "(…) muß man nicht, ob man will oder nicht, in dem Phänomen eine Erscheinungsform des Künstlertums wiedererkennen?" ; Thomas Mann, "Bruder Hitler" (1939), in : ders., *Gesammelte Werke*, Bd. XII (Frankfurt a. M. : S. Fischer, 1960), 848.

에로스와
광기
프로이트의
황혼

정신분석학적 교육학과
독일 낭만주의
개혁교육학 비판

3장

정신분석학적 교육학과
독일 낭만주의
개혁교육학 비판

1. 정신분석학적 교육학, 개혁교육학, 서머힐 학교와 오덴발트 학교

이 장에서는 교육학에 미친 프로이트의 정신분석학의 영향사에 대해서 비판적으로 분석하고자 한다. 프로이트는 소아교육 혹은 아동교육 분야만큼 자신의 정신분석학에 대한 관심이 컸던 분야는 없었다고 말했다. "정신분석학의 모든 적용들 중에서 소아교육 이론과 실천 분야만큼 수많은 관심이 쏟아지고, 수많은 희망들이 일깨워져서 수많은 성실한 협력자들을 끌어들인 분야는 없었다."[1] 필자는 그동안 설명했던 독일 반더포겔 학생운동, 낭만주의 개혁교육학, 독일 프랑크푸르트 학파의 비판교육이론 그리고 독일 68과 녹색당의 소아성애적 성교육의 최종적인 기원이 프로이트의

---

1. Sigmund Freud (1925), "Geleitwort zur ersten Auflage", in : August Aichhorn, *Verwahrloste Jugend : Die Psychoanalyse in der Fürsorgeerziehung* (Bern, Stuttgart, Toronto : Hans Huber, 1987), 7-8.

정신분석학에 있다는 사실을 이 장에서 추가적으로 소개하고자 한다.

독일어 위키피디아는 '정신분석학적 교육학(Psychoanalytische Pädagogik)' 이 프로이트의 정신분석학을 교육학 분야에 적용해서 탄생한 것으로, 주요 대표적 학자들 중에는 프로이트의 딸인 안나 프로이트, 성혁명과 성정치 운동의 아버지 빌헬름 라이히, 그리고 초기부터 교육학적 주제에 대해서 발표하고 토론에 참여했던 개인심리학의 창시자인 알프레드 아들러가 있다고 소개한다.

또한 이 자료는 1960년대에 프로이트 당시 20세기 초반에 전성기를 누렸던 이 정신분석학적 교육학을 재발견하려는 개인들과 그룹들이 생겼다고 소개한다. 1964년에는 『정신분석학과 교육학(Psychoanalyse und Erziehung)』이라는 전집이 출간되어 『정신분석학적 교육학 저널(Zeitschrift für Psychoanalytische Pädagogik)』에 이미 출간되었던 중요한 논문들이 재출간되었다는 사실도 소개한다. 또한 이 시기 동안 "프로이트의 정신분석학에 대한 독일 68 세대의 관심이 다시금 일어났다."는 사실을 소개하면서 "반권위주의적 교육의 맥락에서 고전적인 정신분석학적-교육학적 학자들이 (물론 일면적이고 선택적이긴 하지만) 수용되어서 경직되고 충동성을 거부하는 교육 스타일에 저항하는 것으로 논증되었다."는 사실도 소개했다.[2]

즉, 정신분석학적 교육학에 대한 이 자료는 독일 68 소아성애적 안티파의 반권위주의적 교육의 근거와 권위인 프로이트의 정신분석학을 교육학에 수용하고 적용한 정신분석학적 교육학이 재발견되었다고 말한다. 필자

---

2. WIKIPEDIA, Psychoanalytische Pädagogik. https : //de. wikipedia. org/wiki/Psychoanalytische_P%C3%A4dagogik

는 이미 독일 68 신좌파 운동이 프로이트의 정신분석학을 열렬하게 수용
해서 유행시켰다는 사실을 지적한 바 있는데, 프로이트의 정신분석학이 정
신분석학적 교육학이라는 이름으로 독일 68과 녹색당의 반권위주의적 교
육운동의 근거로 작용했던 것이다.

그렇기에 프로이트의 정신분석학은 독일 68, 녹색당 그리고 오덴발트
학교에서 반권위주의적 교육의 미명 아래서 자행된 소아성애적 아동 인권
유린 사태로부터 자유로울 수 없다. 일부 합리적이고 과학적인 요소가 있
다고 하더라도 프로이트의 정신분석학 자체가 독일 낭만주의 운동의 산물
이기에 독일 좌우 낭만주의-사회주의 학생운동, 개혁교육학 그리고 비판
교육이론의 이름 아래서 자행된 소아성애적 아동 강간 사태와도 사상적으
로 깊게 얽혀 있다.

_ 소아성애 사태로 폐교된 오덴발트 학교

"사랑, 리비도 그리고 개혁교육학"이라는 논문은 유네스코 우수학교이

자 독일 68 반권위주의적 교육과 진보교육을 상징하는 오덴발트 학교에서 발생한 소아성애적-남색적 아동 인권 유린 사태를 교육학적으로 반성하고 비판하는 연구서의 제16장에 실렸다.『오덴발트 학교 이후에 독일 개혁교육은 얼마나 더 가능한가?』[3]라는 연구서는 오덴발트 학교에서의 방대한 소아성애 사태가 플라톤적 소년 사랑을 교육원리로까지 격상시킨 독일 개혁교육학 자체의 문제라고 지적하면서 더 이상 지속되기 힘들다고 분석한다. 이 논문은 "정신분석학적 교육학은 교육학이 아닌 프로이트의 정신분석학을 따르고 있다."고 비판하면서 개혁교육학적인 정신분석학 수용도 '모순적이고 선택적으로' 이루어졌다고 분석한다.

이 논문은 "프로이트의 문화이론보다는 프로이트의 무의식이나 공격충동 이론에 나타난 어두운 부분들이 더 부각되었다."고 지적하는 위르켄 윌커스 교수의 입장도 소개한다. 그리고 정신분석학적 교육학이 프로이트보다는 수많은 개혁교육학적인 글들로부터 더 많은 영향을 받았을 것으로 추정한다.

또한 이 논문은 정신분석학적 교육학이 남색자 집단인 반더포겔 운동의 열렬한 지지자이자 '에로스의 기쁜 소식(die frohe Botschaft des Eros)', 곧 보다 성숙한 남성과 자라나는 남성들 사이의 정열적인 관계를 옹호하는 한스 블뤼흐, 마르틴 부버(Martin Buber), 헤르만 놀(Herman Nohl) 혹은 구스타프 뷔네켄(Gustav Wyneken)과 같은 학자들의 영향을 더 많이 받았다고 비판한다. 앞에서 우리는 에로스의 기쁜 소식을 전하는 이러한 학자들

---

3. Damian Miller, Jürgen Oelkers (Hrsg.), *Reformpädagogik nach der Odenwaldschule-Wie weiter?* (Basel : Beltz Juventa, 2014).

이 동성애적 소아성애(남색) 운동을 지지하고 찬양한 소애성애자들이거나 소아성애 옹호자들이라는 사실을 보았다. 이 논문은 "이러한 영향력 있는 개혁교육학자들의 작품이 '교육학적 에로스'라는 개념을 넘어서 정신분석학적 교육학자들에게 반드시 영향을 주었을 것이다."라고 분석한다.[4]

위르겐 윌커스 교수는 "현대 아동심리학은 프로이트 학파에 의해서 지배당했고, 개혁교육학에서 말하는 '새로운 교육'도 자주 프로이트의 정신분석학에 호소했다."고 분석했다. 프로이트의 정신분석학은 영국 진보교육의 상징인 서머힐 학교의 창립자 알렉산더 닐에게도 깊은 영향을 주었다. 오덴발트 학교는 독일의 서머힐 학교라고 불린다. 윌커스 교수에 의하면 알렉산더 닐은 빌헬름 라이히와 서신 교환을 통해서 우정을 나누었다. 윌커스 교수는 "가장 잘 알려진 프로이트의 추종자는 바로 알렉산더 닐인데, 그는 오슬로에서 빌헬름 라이히가 제공한 심리치료를 받았고, 교육에서의 자유에 대한 그의 가르침을 정신분석학에 접목했다."고 지적한다.

윌커스 교수는 서머힐 학교에 미친 신지학의 강한 영향에 대해서도 탁월하게 분석했다. 그는 "프로이트가 없었다면 서머힐도 존재하지 못했다."고 주장한다. 마찬가지로 프로이트가 없었다면 오덴발트 학교도 존재할 수 없었을 것이라고 할 수 있다. 윌커스 교수는 국제적인 개혁교육학에 미친 프로이트의 정신분석학의 영향이 얼마나 강했는지에 대해서는 독일 68 학생운동이 추진한 반권위주의적 교육을 위해 설립된 사설 유치원이 잘 보여 준다고 주장한다.[5]

---

4. 위의 문서, 270-271.
5. Jürgen Oelkers, Reformpädagogik im internationalen Vergleich. Vorlesung im Sommersemester 2007 : Übersicht. https : //www.uzh.ch/cmsssl/ife/dam/jcr :

만약 프로이트가 없었다면 알렉산더 닐의 서머힐 학교와 소아성애자들의 천국으로 폭로된 오덴발트 학교는 존재하지 않았을 것이며, 독일 68 학생운동, 독일 프랑크푸르트 학파의 비판이론과 비판교육이론도 존재하지 않았을 것이다. 또한 독일 68 신좌파도 기사회생할 수 없었을 것이다.

위르겐 하버마스 이후로 독일 철학계에서 가장 유명한 철학자 페터 슬로터다이크는 2005년 독일어권에서 가장 유명한 철학방송인 "별의 순간"에 출연해서 프로이트막시즘이 아니었다면 68 신좌파 운동은 성공할 수 없었다는 사실을 지적한 바 있다. 그는 유럽 68 좌파는 프로이트막시즘을 통해서 기사회생했다고 분석했고, 독일 프랑크푸르트 학파의 비판이론에 존재하는 과장된 부정주의(Negativismus)와 자기비판을 비판했다. 그리고 그는 헤겔막시즘(Hegelmarxismus)과 프로이트막시즘에 대해 언급하면서, 서유럽 68 신좌파는 프로이트막시즘으로 변신함으로써 겨우 살아남게 되었다고 주장했다.

현대 독일의 국가 철학자로 평가받는 슬로터다이크는 위르겐 하버마스의 대척점에 서서 독일 프랑크푸르트 학파의 비판이론의 '종언'을 주장하고, 이 비판이론의 뿌리 깊은 부정주의를 비판했다. 그는 독일 68 신좌파 운동이 만약 프로이트막시즘이라는 새로운 전략을 채택하지 않았다면 구소련 공산주의의 야만과 폭력에 대한 충격과 실망으로 인해서 결코 소생할 수 없었을 것이라고 정확하게 분석했다. 그는 또한 프로이트 정신분석의 심리치료적 요소를 칼 마르크스의 혁명사상에 통합시킴으로써 보다 문화막시즘적이고 사회심리학적으로 진화했기에 신좌파가 생존할 수 있

---

ffffffff-ddf6-e1f2-ffff-ffff8df783eb/013_GesamtSS07.pdf

었다고 분석했다.[6]

위르겐 욀커스 교수에 의하면 이후 서머힐에서는 성적인 자유분방함이 지배적이었는데, 이것이 당시 영국 행정당국이 서머힐 학교를 폐교시키는 근거로 작용했다.[7] 이 서머힐 학교는 주지주의적 교육만 반대한 것이 아니라, 도덕적 교육비판의 이름으로 반도덕주의적 지향을 보이기도 했다. 2016년, 『교육학 저널(Zeitschrift für Pädagogik)』에 실린 "독일 학생운동에서의 남색 : 하나의 문화학문적인 접근"이라는 논문은 프로이트의 정신분석학의 탄생과 그 섹스 연구로 인해서 모든 성도덕이 의문시되기 시작했다는 사실을 탁월하게 분석했다.[8] 스스로 최초의 반도덕주의자라고 선언한 디오니소스의 철학자 니체로부터 강한 영향을 받은 프로이트의 정신분석학은 그 이론 속에 니체주의적이고 디오니소스적이며 반도덕주의적인 지평이 흐르고 있어서 성도덕의 퇴조와 몰락을 가져왔다.

2. '사회주의적 새 인간'을 향한 독일 68 소아성애 운동

"새로운 인류를 위한 길에서 : 독일 초기 사설 유치원 운동에서의 정신분석학의 수용"이라는 논문은 프로이트의 정신분석학이 소위 반권위주의

---

6. Sternstunde Philosophie-Der Philosoph im Gespräch mit Marco Meier, Die Welt im Grossen und Ganzen-Peter Sloterdijk (2005).

7. Jürgen Oelkers, Vorlesung "Pädagogik der Romantik" Programmübersicht. https : //www.uzh.ch/cmsssl/ife/dam/jcr : ffffffff-ddf6-e1f2-0000-000064019 c91/011_Gesamt0506.pdf

8. Sven Reiß, "Päderastie in der deutschen Jugendbewegung : Eine kultur-wissenschaftliche Annäherung", Zeitschrift für Pädagogik 62(5), 2016, 675.

적 교육의 이름으로 행해진 독일 68 사설 유치원 운동에 깊은 영향을 주었다는 것을 정확하게 증언한다.[9] 이 논문을 실은 『루시퍼-사랑(*Luzifer-Amor*)』이라는 정신분석학 저널의 명칭은 악마적인 것을 의도적으로 추구한 독일 검은 낭만주의처럼 독일 낭만주의의 산물인 프로이트의 정신분석학도 퀴어스럽고, 그로테스크하며, 디오니소스적이고 광기 어린 에로스를 추구한다는 사실을 보여 주는 것 같다. 이 논문은 독일 68 신좌파가 프로이트의 정신분석학에 기초해 소아성욕이라는 프로이트적 관념에 근거한 소아성애적 조기성교육을 실험한 사설 유치원 운동을 통해서 '새로운 인류로 이끌어 주는 급진적이며 유토피아주의적인 기획'을 가졌다고 주장한다.

이 논문은 프로이트의 정신분석학이 '사회주의적 새 인간'을 목표로 하는 독일 68 사설 유치원 운동의 학문적 근거로 작용했다고 주장할 뿐만 아니라 "새로운 정신분석학적 실험실"이라는 소제목 아래서 독일 68 유치원 운동이 사회주의적 새 인류를 위한 정신분석학적 실험실 역할을 했다는 것도 소개했다. 독일 68 운동은 본래 '하나의 새로운 사회를 건설하는 실험실'로서 사설 유치원을 이해하고자 했다. 독일 68 운동은 프로이트가 말한 소아의 성욕을 이론적 출발점으로 삼아 반권위주의적 교육의 이름으로 이 유치원 운동과 '쾌락에 대한 합리화(Rationalisierung der Lust)'를 가르치는 교사들에 대한 교육을 통해서 쾌락적 공동체(Lustvolle Gemeinschaft)를 건설하려고 기획했다.[10] 우리는 이후 4장에서 다그마 헤르조그 교수의 『쾌

---

9. Anthony D. Kauders, "Auf dem Weg zum neuen Menschen : Die Rezeption der Psychoanalyse in der frühen Kinderladenbewegung", *Luzifer-Amor : Zeitschrift zur Geschichte der Psychoanalyse* 54, 2014, 7-24.
10. 위의 문서, 7-9.

락의 정치화(*Politisierung der Lust*)』라는 책을 통해서 독일 68 운동이 소아와 청소년의 성욕과 그 쾌락을 정치화해서 사회주의적 새 인간 탄생을 목표로 하는 정치교육으로서의 성교육을 시도했다는 사실을 보게 될 것이다.

이 책에서 독일 68 동성애적 소아성애(남색) 운동이 궁극적으로는 소아와 청소년을 사회주의적 새 인간으로 개조하겠다는 기획이었다는 사실이 밝혀졌다. 그리고 니체의 위버멘쉬 개념을 계승하는 이러한 유토피아주의적-사회주의적 기획에는 사회다원주의적, 우생학적 그리고 나치적 위험이 존재했다. 이러한 소아와 청소년을 사회주의적 새 인간으로 개조하겠다는 독일 특유의 낭만주의적 소아성애 운동에서 아동 강간 사태가 지속적으로 발생했다. 앞에서 소개한 논문은 결론 부분에서 "자유롭고 반권위적인 사회를 창조하기 위해서는 우선적으로 경제가 극복되어야만 하는 것이 아니다. 오히려 기대되는 경제적 변혁 이전에 새롭게 구성되어야 하는 것은 바로 인간의 심리 그 자체이다."[11]라고 분석했다.

즉, 독일 68 운동은 소아의 성욕을 인정하고 주장하는 프로이트의 정신분석학에 기반한 정신분석학적 교육학을 통해 반권위주의적 교육의 이름으로 소아와 청소년의 의식과 심리 자체를 개조해서 사회주의적 새 인간을 만들려고 한 것이다. 니체의 위버멘쉬 개념 이후로 독일 좌우 낭만주의-사회주의 운동에서는 새 인간에 대한 매우 강한 집착을 통해서 인간을 극복의 대상으로 삼는 철학적 사유가 유행하게 되었다. 하지만 이러한 독일 특유의 반휴머니즘적 인간 극복과 인간 개조 기획에는 나치적, 우생학적, 사회다원주의적 특성, 그리고 성다원주의의 폭력과 야만이 존재했다는

---

11. 위의 문서, 16.

사실을 기억해야 한다.

독일 68 운동권이 정치로 진출해서 만든 정당인 녹색당도 소아와 청소년의 생식기적 성욕이 주는 쾌락의 정치화를 통해 소아와 청소년을 사회주의적 새 인간으로 개조하려는 목적으로 소아성애 운동을 했다. 그러다가 2014년에 결국 소아성애 운동 과거사에 대해서 공식 사과했다. 독일 녹색당의 소아성애 운동 과거사에 대한 청산 보고서에도 소아가 새 인류로 만들기 가장 쉬운 인간이라고 소개되어 있다. 이 보고서에는 독일 68 운동권에서 "소아는 매우 흥미로운 존재로 간주되었다. 왜냐하면 그들은 장자크 루소적인 의미에서 매우 순수하고, 매우 타락하지 않은 자연적 존재로서 가장 빠르고 쉽게 새로운 인류로 발전되는 존재로서 …… 미래 사회의 선구자이다."[12]라고 기록되어 있다.

즉, 이렇게 루소주의적 의미에서 소아기를 유토피아와 황금시대로 찬양하고, 소아를 신비화하고 신화화해서 그들을 세계의 낭만주의화라는 새로운 세계 질서와 사회로 이끄는 메시야적 혁명 주체와 선구자로 파악했던 독일 낭만주의가 곧 독일 68과 녹색당의 소아성애 운동의 더 궁극적인 기원이다. 소아야말로 가장 빠르고 가장 쉽게 사회주의적 새 인간으로 개조될 수 있는 인간이라고 생각했던 독일 68과 녹색당은 가장 연약한 소아와 청소년을 희생시켰고, 그들의 인권을 유린하면서 아동 강간을 범했다

---

12. Bernhard Pörksen, Hanne Detel, *Der entfesselte Skandal* (Köln : Herbert von Halem, 2012), 222 ; Bündnis 90/Die Grünen, *Aufarbeitung und Verantwortung-Berichte und Dokumente zur Arbeit der Arbeitsgruppe Aufarbeitung von BÜNDNIS 90/DIE GRÜNEN* (Berlin : Bündnis 90/Die Grünen, 2016), 253.

는 사실을 우리는 기억해야 한다.

필자는 독일 68 소아성애적 안티파가 1968년 이후 반권위주의적이고 자유로운 아동교육을 목표로 설립한 사설 유치원에 미친 프로이트의 정신분석학의 영향을 좀 더 깊이 추적할 것이다. 이후 상술하겠지만 사설 유치원 운동에서도 소아성애적 아동 강간이 일어났다.

그러므로 프로이트와 그의 정신분석학은 독일 68 소아성애적 안티파의 아동 강간, 아동 성폭행, 그리고 아동 인권 유린에 대한 책임으로부터 결코 자유로울 수 없다. 정신분석학적 교육학이라는 새로운 학문의 이름으로 국제 개혁교육학에 지대한 영향을 준 프로이트의 정신분석학은, 독일 68 소아성애적 안티파의 소위 반권위주의적 교육과 독일 프랑크푸르트 학파의 비판이론과 비판교육이론에 결정적인 영향을 주었다. 프로이트가 없었다면 독일 68 소아성애적 안티파의 이러한 소아성애적 조기 성교육 운동은 존재하지 못했을 것이다. 프로이트에게 독일 68과 녹색당 등의 프로이트막시즘의 소아성애 운동에서 발생한 아동 강간이라는 철학적 책임에 대한 면죄부를 주는 것은 정당하지 않다. 프로이트의 정신분석학에도 상당한 책임이 있기에, 우리는 프로이트와 그의 정신분석학에 대해서 보다 더 깊이 비판적으로 분석하고 성찰해야 한다.

1921년 영국에 서머힐 학교를 창립한 알렉산더 닐은 프로이트의 정신분석학에 기초를 둔 소아 및 아동 이해의 입장에서 아동의 요구를 철저하게 존중하는 교육을 실천했다. 그의 교육학은 반주지주의적이고 반도덕주의적 성향을 갖게 되었다. 알렉산더 닐이 출간한 책의 서문은 프로이트의 정신분석학을 계승하는 에리히 프롬(Erich Fromm)이 쓰기도 했다.

윌커스 교수는 프로이트의 정신분석학이 영국의 서머힐과 독일의 오덴발트 학교와 같은 국제적인 개혁교육학에 지대한 영향을 미쳤다고 본다. 그는 "프로이트의 정신분석학은 프로이트가 활동한 오스트리아 비엔나에 서는 그다지 큰 영향이 없었거나 매우 주변적으로 존재했지만, 국제적인 개혁교육학에는 강한 영향을 주었다."고 말했다. 그는 또한 1918년에서부 터 1934년에 이르기까지 비엔나를 중심으로 한 오스트리아의 학교개혁 운 동이 프로이트의 이론에 기초한 정신분석학자들에 의해서 이루어진 것이 아니었다고 주장했다. [13]

독일 국제방송(Deutsche Welle)은 "프로이트의 유산"이라는 방송에서 오스트리아 비엔나는 2006년에 프로이트 탄생 150주년을 기념하여 여러 전시회 등 축하행사를 진행했지만, "흥미롭게도 비엔나에는 프로이트의 정신분석학을 가르치는 교수진이 전혀 없다."고 소개했다. [14] 이렇게 정작 프로이트가 활동한 오스트리아의 비엔나에는 프로이트의 정신분석학을 계승하는 교수진이 전혀 없을 뿐만 아니라 교육학에 미친 영향도 미미하 지만, 흥미롭게도 프로이트의 이론은 영국의 서머힐 학교와 미국의 개혁교 육학에는 큰 영향을 주었다고 윌커스 교수는 지적했다.

윌커스 교수는 "미국의 개혁교육학은 1920년대와 1950년대 사이에 프 로이트의 정신분석학적 모델의 영향을 받았다."고 설명했다. 윌커스 교수 의 표현처럼 프로이트의 정신분석학이 없었다면, 영국의 서머힐도 독일의 오덴발트 학교도 그리고 미국의 개혁교육학도 존재하지 않았다고 할 정도

---

13. Jürgen Oelkers, Reformpädagogik im internationalen Vergleich. Vorlesung im Sommersemester 2007 : Übersicht.
14. Soraia Vilela, "Freuds Erbe", 2006년 4월 5일. https : //www.dw.com/de/freuds-erbe/a-1953599

로 프로이트의 정신분석학, 특히 소아의 성과 관련된 이론은 결정적인 영향을 미쳤다. 프로이트의 이론은, 성교육이 가장 중요한 정치교육이라고 주장하는 독일의 소아성애 교수이자 독일 성교육의 교황이라 평가되는 헬무트 켄틀러(Helmut Kentler) 교수와 이런 사상을 국내에 유포시키는 김누리 교수에게까지 영향을 미치고 있다.

3. 독일 68 반권위주의적 교육 속의 낭만주의 소아기 신화

프로이트의 정신분석학은 국제 개혁교육학뿐 아니라, 독일 68 소아성애적 안티파의 사회주의적 새 인간을 향한 인간 개조를 목표로 하는 소위 반권위주의적 교육운동과 그 이론적 기초를 제공한 독일 프랑크푸르트 학파의 비판교육 이론에 초석적 영향을 주었다. 윌커스 교수는 특히 프로이트의 아동 발달 단계에 대한 이론과 소아성욕의 인정이 결정적 영향을 주었다고 분석했다.

프로이트의 영향으로 인해서 "노이로제 치유는 소아기부터 시작해야 한다."는 인식이 확산되었다. 윌커스 교수는 "일반적으로 프로이트의 정신분석학적 방법은 진보적 교육에 대한 풍부화로 이해되었다."고 지적했다. 또한 윌커스 교수는 이와 같은 맥락에서 프로이트의 딸인 안나 프로이트가 1935년에 정신분석학이 심리치료로만 제한되는 것을 원하지 않고 학부모들과 교사들에게도 추천했다는 점도 설명했다.[15]

---

15. Jürgen Oelkers, Reformpädagogik im internationalen Vergleich. Vorlesung im Sommersemester 2007 : Übersicht.

독일어권에서는 소아와 청소년의 조기 성애화, 과잉 성애화 그리고 조기 성교육에 대한 프로이트의 입장에 대한 논란이 거세다. 독일 68 신좌파의 반권위주의적 교육의 이름으로 이루어진 조기 성교육 운동을 프로이트에 근거해서 반대하는 사람들은 다음과 같은 프로이트의 글을 인용한다. "성적으로 자극받은 소아들은 더 이상 교육이 불가능하다. 수치심의 파괴는 모든 영역에서의 탈억제와 잔혹성 그리고 동료 인간의 인격에 대한 무시를 가져온다."[16] 오스트리아의 성교육 사이트도 프로이트의 이 글을 인용한다.[17] 유럽연합(EU)에 걸쳐서 활동하는 단체인 '위험에 빠진 아동들을 위한 행동(Aktion Kinder in Gefahr)'도 이데올로기적인 조기 성교육을 반대하면서 프로이트의 이 문구를 근거로 삼아 조기 성교육을 반대하고 있다.[18]

하지만 독일의 언론포탈(Presseportal)은 2019년에 "잘못된 프로이트의 인용문에 대한 전문가들의 견해"라는 제목으로 앞에서 언급한 프로이트의 인용문이 잘못 인용되었다는 사실을 전문가들의 입장에서 소개한다.[19] 프로이트 전문가들은 이 말이 프로이트의 입상과 모순되기 때문에 프로이트

---

16. "Kinder, die sexuell stimuliert werden, sind nicht mehr erziehungsfähig. Die Zerstörung der Scham bewirkt eineEnthemmung auf allen anderen Gebieten, eine Brutalität und Missachtung der Persönlichkeit derMitmenschen."

17. http : //www. sexualerziehung. at/wir-brauchen-die-sexuelle-stimulierung-der-schueler/?fbclid=IwAR2_vqhqRjMwDIc3LVFAXF0gZV1r3F0PXEMZILWUC0GX2THtm7FzX8jjXWU

18. Aktion Kinder in Gefahr, "Freud : Kinder, die sexuell stimuliert werden, sind nicht erziehungsfähig". https : //www. aktion-kig. eu/2016/09/freud-kinder-die-sexuell-stimulier/

19. Presspotal, "Experten über falsches Freud-Zitat : widerspricht seinen Positionen", 2019년 11월 29일. https : //www. presseportal. de/pm/133833/4453871

가 한 말이라고 보기 어렵다고 말했다. 필자도 프로이트의 이 문구를 근거로 제시하는 각주와 문헌자료를 직접 찾아보았지만 그러한 문구는 발견할 수 없었다. 즉, 프로이트의 말을 근거로 삼아 조기 성교육을 반대하는 것 역시 그 근거가 학문적이지 않고 빈약하다는 것이다. 소아의 성욕을 이론화한 프로이트가 빌헬름 라이히와 독일 68과 녹색당처럼 노골적으로 소아성애 운동을 한 것은 아니지만, 그렇다고 소아성애 운동으로부터 완전히 자유롭다고도 할 수 없다. 왜냐하면 프로이트의 정신분석학 자체가 소아기를 찬양하고 신화화하는 독일 낭만주의의 유산이기 때문이다.

독일 낭만주의의 소아기 신화와 소아기 이데올로기(Kindheitsideologie)에는 성적인 차원도 존재하는데, 노발리스의 푸른 꽃에서 꽃은 소아를 상징하면서 또한 성적인 차원을 표현하고 있다. 우리는 이미 노발리스도 소아성애적인 성범죄자였다는 사실을 확인하였다. 1900년경의 프로이트도 이러한 소아성애적 관점을 가진 독일 낭만주의의 영향과 당대 비엔나의 소아 매춘과 소아성애 문화의 영향으로 인해 소아의 성욕에 대해 집착하고 연구했던 것이다.

독일 언론 타츠(TAZ)는 "소아성애에 대한 성적인 심리치료"라는 제목으로 "소아기는 19세기의 발명품이다. 그리고 프로이트가 최초로 소아도 하나의 성 혹은 성욕을 가지고 있다는 사실을 우리로 하여금 의식하게 했다."라고 주장한다. 하지만 이 언론은 소아기적 성을 이론화한 프로이트의 이론이 소아성애 운동을 직접적으로 지지하는 것은 아니라는 의미에서 다음과 같이 적고 있다. "소아의 성욕은 성인의 성욕과는 근본적으로 다르다. 소아의 성은 많은 경우 무의식적이고, 놀이적이며 또한 구체적인 대상자에게 지향되어 있지 않다. …… 만약 9세 아이가 포르노를 보게 된다면 그 아이는 언젠가 또래 아이들과 성행위를 실천하게 될 것이다."[20] 하지만 이 언론은 소아의 성욕을 최초로 이론화한 프로이트가 영향을 받은 독일 낭만주의 운동의 소아성애적 소아기 신화와 소아기 이데올로기, 그리고 1900년대 비엔나의 세기말의 소아성애 문화와 아동 매춘 문화 등에 대해서는 제대로 분석하지 못하고 있다.

2018년에 출간된 "소아성욕의 교육화에 대하여 : '소아의 순수성', 소아의 성해방 그리고 소아의 조기 성애화에 대한 담론화들"이라는 논문은 독일 68 운동이 소아의 성욕을 정치화했을 뿐 아니라, 교육화했다는 사실을 소개한다. 김누리 교수가 국내에서 유포하고 있는 성교육이 가장 중요한 정치교육이라는 사상도 소아의 성욕과 성적 쾌락의 정치화와 교육화에서 파생된 것이다.

이 논문은 "'소아의 순수성'과 교육학에서의 그 항구성"이라는 소제목 아래서 프로이트의 정신분석학과 독일 68 반권위주의적 교육의 프로이트 막시즘 등에서 종말을 선언한 '소아의 순수성' 개념이 현재에도 여전히 교육학에서 지속되고 있다고 했다. 또한 기독교적-보수적 진영에서는 소아와 청소년의 조기 성애화와 과잉 성애화에 저항하면서 고전적이고 전통적인 의미에서의 소아의 성적인 순수성을 보존하려고 노력하고 있다는 사실을 소개했다.[21]

---

20. *TAZ*, "Sexualtherapeut über Pädophilie : "Das wird es immer geben", 2013년 10월 15일. https : //taz.de/Sexualtherapeut-ueber-Paedophilie/!5057202/
21. Christin Sager, "Zur Pädagogisierung kindlicher Sexualität : Diskursivierungen über die 'kindliche Unschuld', die 'Befreiung der kindlichen Sexualität' und die 'Frühsexualisierung der Kinder'", *Widersprüche : Zeitschrift fürs sozialistische Politik im Bildungs-, Gesundheits- und Sozialbereich* 38(148), 2018, 11-28.

이 논문은 독일 낭만주의 전통으로부터 파생된 소아와 청소년에 대한 신화적 격상이 독일 68 반권위주의적 성교육에 계승되고 있다고 주장하는 독일의 "낭만주의의 소아기 신화와 교육학과 소아 연구에서의 그 연속성들"[22]이라는 논문을 소개하고 있다.

또한 독일 68 반권위주의적 조기 성교육에서 말하는 소아의 성해방과 소아성욕 그리고 소아의 성적 자기결정권 사상에 독일 낭만주의에서 발견되는 '소아에 대한 낭만주의화(Romantisierung des Kindes)' 사상이 계승되고 있다고 설명한다. 즉, 소아에 대한 '새로운 교육'을 통해서 '새로운 사회'를 건설하겠다는 이념은 독일 낭만주의와 개혁교육학에서부터 알려진 소아기 이데올로기의 동기라는 것이다.[23]

이 논문은 독일 68 반권위주의적 교육운동을 통해서 소아도 성적인 주체이기 때문에 성적인 권리를 인정해야 한다는 관념이 퍼졌고, 그러한 성혁명 운동 당시에는 '성적인 쾌락'을 성교육의 가장 중요한 가치로 삼았다고 소개한다. 독일 68 반권위주의적 조기 성교육에서는 소아도 '쾌락 육체(Lustkörper)'를 가지고 있다는 사상이 퍼졌다. 또한 프로이트의 쾌락 원리(Lustprinzip)에 기초한 소아와 청소년의 성적 쾌락의 정치화를 추구했다.

그렇지만 이 논문은 "21세기에 접어들면서 소아기에 대한 탈성애화(Entsexualisierung der Kindheit)가 성교육 서적들에 등장하게 되었다."고 소

22. Meike Sophia Baader, "Der romantische Kindheitsmythos und seine Kontinuitäten in der Pädagogik und in der Kindheitsforschung", *Zeitschrift für Erziehungswissenschaft* 7, 2004, 416-430.

23. Christin Sager, "Zur Pädagogisierung kindlicher Sexualität : Diskursivierungen über die 'kindliche Unschuld', die 'Befreiung der kindlichen Sexualität' und die 'Frühsexualisierung der Kinder'", 22.

개하면서 21세기에 접어들면서 독일 성교육에서 성계몽(Sexualaufklärung)
이나 성교육(Sexualerziehung)이 아니라, 사랑 교육(Liebeserziehung)이 핵심
개념으로 부상하게 되었다고 말한다. 즉, 독일 68 성혁명이 추구한 성적
쾌락이 아니라, 무엇이 참된 사랑(Liebe)인지를 가르치는 성교육이 점차 증
가하고 있다는 것이다. 이 논문은 "1990년대 이후로 성교육 분야에서 사랑
개념(Liebesbegriff)을 배제하고 생각할 수 없게 되었다."며 독일의 변화된
분위기를 전하고 있다.[24]

이 논문은 또한 "1960년대와 1985년 사이 아카데믹한 학문 분야로 확
립된 성과학(Sexualwissenschaften)과 정신분석학은…… 20년 전부터 학문
분야에서 점차적으로 퇴출되고 있다."라고 말한다. 독일 68 신좌파는 정신
분석학뿐 아니라 반권위주의적 교육의 이름으로 소아와 청소년의 성적 쾌
락을 핵심가치로 하는 성과학과 성교육 분야를 하나의 학문 분야로 정착
시켰지만, 21세기에 접어들면서 프로이트의 정신분석학에 기반한 성교육
과 성과학 분야들이 점차 독일 대학에서 퇴출당하고 있다는 것을 증언하
고 있다.[25]

독일 사회교육학 교수인 크리스티안 니메이어(Christian Niemeyer)는
"독일의 성적인 도덕 패닉"이라는 논문에서 "프로이트는 비엔나에서 소돔
과 고모라를 발견했지만 니체야말로 참으로 한 걸음 더 빠르게 나아갔다
(물론 그 혹독한 결과들과 함께)."고 주장했다. 그는 독일 교육학이 직면하고
있는 도덕적 패닉이라는 비극의 원인과 기원을 분석하면서 프로이트의 정

---

24. 위의 문서, 23.
25. 위의 문서, 24.

신분석학도 독일 교육의 도덕적 해이에 일조하고 있다고 주장했다. 이 논문은 독일에서의 '성적인 황폐화(Sexuelle Verwahrlosung)'를 화두로 편집된 책에 실렸다.[26] 이렇게 소아의 성적인 순수성을 해체하면서 시작된 독일 68 반권위주의적 성교육은 반도덕주의적 지향으로 흘러서 결국에는 성적인 황폐화와 패닉에 가까운 도덕적 성교육의 몰락을 가져왔다. 이러한 독일 개혁교육학 사상에는 니체주의가 강한 영향을 주었는데, 니체는 스스로 자신이 최초의 반도덕주의 철학자라고 주장했다. 니체의 이러한 디오니소스적 광기와 반도덕주의는 프로이트의 정신분석학에도 큰 영향을 주었다.

『독일의 성적인 비극 : 소아들이 더 이상 사랑이 무엇인지를 배우지 못한다면』[27]이라는 2009년의 연구서도 프로이트의 정신분석학에 기반한 독일 68 반권위주의적-소아성애적 성교육이 독일 성교육에 비극적인 결과를 가져왔다고 주장한다. 21세기에 접어들면서, 특히 2010년 오덴발트 학교의 소아성애 사태와 2014년 독일 녹색당의 소아성애 운동 과거사에 대한 공식사과와 그 청산 작업 이후에 그동안 매우 강하게 성담론과 성교육담론으로 지성적 헤게모니를 장악했던 프로이트의 정신분석학에 기반한 소위 반권위주의적 성교육 담론이 저물고 있다. 이러한 독일 특유의 성도덕

26. Niemeyer, C., "Deutschlands sexuelle Moralpaniken : Eine Tragödie in sechs Akten,aufzuführen unmittelbar vor Betreten der rettenden Arche", in : Schetsche, M., Schmidt, R.-B. (Hrsg.) Sexuelle Verwahrlosung : Empirische Befunde-Gesellschaftliche Diskurse-Sozialethische Reflexionen (Wiesbaden : VS-Verlag, 2010), 27-50.
27. Bernd Siggelkow, Wolfgang Büscher, Deutschlands sexuelle Tragödie : Wenn Kinder nicht mehr lernen, was Liebe ist (München : Gerth Medien, 2008).

의 패닉과 비극으로부터 프로이트의 정신분석학이 완전히 자유롭다고 보는 것은 옳지 않다.

　미국에서 퀴어 이론과 문화막시즘 등을 탁월하게 분석하고 있는 주요 논객인 제임스 린제이(James Lindsay) 박사는 퀴어 이론의 주요 목적 중 하나가 바로 '소아의 순수성을 파괴'해서 소아와 청소년을 성적으로 퀴어화시키는 것이라고 주장했다. 소아와 청소년의 성적인 순수성에 대한 개념을 공격하고 해체하는 것이 퀴어 이론의 가장 중요한 기획 중 하나다.

　또한 린제이 박사는 퀴어 이론이 정상성의 파괴를 목표로 한다는 사실도 소개했다.[28] 독일 낭만주의 운동도 일종의 퀴어 운동이기에, 퀴어 낭만주의라는 표현으로도 사용된다. 독일 낭만주의에서 찬양했던 그 에로스가 바로 퀴어스럽고 반정상적인 에로스였다. 이 독일 낭만주의의 삐뚤어지고 뒤틀려진 에로스는 반정상적인 소아성애와 근친상간을 찬양할 뿐 아니라 21세기 성중립적인 젠더 개념과 맥을 같이하는 자웅동체와 안드로진 개념에도 집착했다.

4. '세계 퀴어화'의 주체인 '신적인 소아' : 독일 낭만주의의 소아기 신화

　우리는 이미 독일 낭만주의가 소아기를 일종의 유토피아와 황금시대로 파악하면서 소아를 찬양하고 신화화한다는 사실을 보았다. 여기서는

---

28. The New Discourses Podcast with James Lindsay, Gayle Rubin's "Thinking Sex" Part 2 : Erasing Boundaries. https : //www.youtube.com/watch?v=4xQlvfzn1GE

'신적인 소아(Göttliche Kinder)'에 대해 보다 자세하게 논의하면서 이러한 소아기 신화화에는 소아성애적 아동 강간이 은폐되어 있다는 사실을 밝힐 것이다.

『신적인 소아 : 독일 낭만주의에서의 소아기 이데올로기』[29]라는 연구서는 독일 낭만주의가 소아기를 유토피아적인 황금시대로 찬양하는 소아기 이데올로기와 소아를 신적인 존재로 숭배하고 찬양하는 신적인 소아라는 개념을 가졌다는 사실을 비판적으로 분석하고 있다. 이러한 독일 낭만주의 특유의 소아기 이데올로기와 신적인 소아 사상은 소아의 성을 최초로 이론화한 프로이트의 정신분석학과 정신분석학적 교육학의 이름으로 프로이트의 이론을 광범위하게 수용한 독일, 국제 낭만주의 개혁교육학 운동, 반더포겔, 히틀러유켄트, 독일 68과 같은 독일 좌우 낭만주의-사회주의 학생운동에 지대한 영향을 주었다.

독일 특유의 낭만주의적 소아기 찬양 이데올로기로 인해 독일 특유의 반근대주의적, 반현대주의적 그리고 포스트모던적 기획으로서의 소아성애 운동이 탄생했다. 프랑스 포스트모더니즘 철학자 대부분이 소아성애의 비범죄화와 탈금기화를 주장한 것도 소아성애 운동을 반근대주의적 기획으로 파악한 독일 낭만주의 성소수자 학생운동과 맥을 같이한다. 사회주의 운동은 본래부터 소아와 청소년을 앞세우는 낭만주의 학생운동, 소아 운동, 청소년 운동 그리고 소아철학이었기 때문에, 소아성애 운동은 본질적으로 반근대주의적이고 포스트모던적(반현대주의적) 기획으로 파악되었

29. Yvonne-Patricia Alefeld, *Göttliche Kinder : die Kindheitsideologie in der Romantik* (Paderborn : Ferdinand Schöningh, 1996).

다. 독일 낭만주의 소아철학 자체가 소아성애적이고 포스트모던적인 철학이었다.

메이케 소피아 바더 교수의 "낭만주의의 소아기 신화와 교육학과 소아 연구에서의 그 연속성들"이라는 논문도 독일 낭만주의 전통으로부터 파생된 소아와 청소년에 대한 신화적 격상에 관해 분석하고 있다.[30] 이 교육학 교수의 주장에 의하면 독일 낭만주의에서 발견된 소아기 신화가 교육학과 소아연구 혹은 아동연구에 지속적으로 영향을 주고 있다. 1~2장에서 저자가 주장한 것처럼 아동기 혹은 소아기를 유토피아적인 황금시대로 파악하는 독일 낭만주의의 소아기 신화와 소아기 이데올로기는 소아의 성을 인정한 프로이트의 정신분석학에서도 계승된다.

그러므로 독일 68과 녹색당 등의 소아성애적 안티파의 동성애적 소아 성애(남색) 운동 속에서 드러난 아동 강간 사태의 이론적 책임은 소아성욕을 최초로 이론화했다고 주장되는 프로이트의 정신분석학과 함께 더 궁극적으로는 소아기를 유토피아로 신화화하고 이데올로기화한 독일 낭만주의에게 있다. 성교육은 가장 중요한 정치교육이라고 주상하는 헬무트 켄틀러 교수와 국내 김누리 교수 등이 주장하는 성교육은 생물학적으로 성호르몬의 주기에 부합하는 자연스러운 성교육이 아니라, 정치이데올로기적으로 강요되고 세뇌시키는 사회주의적 정치교육이다.

이러한 소아성애적-사회주의적 조기 성교육은 사회주의적 새 인간의 탄생을 목적으로 하는 반권위주의적-사회주의적 재교육(Umerziehung, 세

---

30. Meike Sophia Baader, "Der romantische Kindheitsmythos und seine Kontinuitäten in der Pädagogik und in der Kindheitsforschung".

뇌)이다. 이들이 말하는 성교육은 본질적으로 사회주의적 정치교육이다. 위르겐 욀커스 교수의 주장처럼 프로이트가 주장한 소아성욕과 오이디푸스 콤플렉스는 존재하지 않으며, 성교육은 사춘기 이후의 생물학적이고 해부학적 교육에 초점을 두어야 한다. 프로이트의 소아성욕 사상은 비판 받아야 하며, 소아의 성적인 순수성은 복권되어야 한다.

욀커스 교수도 영미권의 국제 개혁교육학과 독일 개혁교육학에서 발견 되는 '새로운 교육(Neue Erziehung)' 운동은 프로이트의 정신분석학을 수용 했을 뿐 아니라, '신성한 소아(Heiligen Kindes)'와 같은 종교적 표현들 속에 서 발견할 수 있는 것처럼 소아에 대한 에소테릭하거나 마술적인 이론들 (Esoterische oder Magische Theorien des Kindes)을 결코 배제하지 않았다고 분석했다.

욀커스 교수가 분석한 것처럼 서머힐 학교와 오덴발트 학교에서도 신 지학의 영향이 매우 컸다. 또한 욀커스 교수는 신지학과 같은 이러한 에소 테릭하고 마술적인 세계관을 가진 그룹들이 주로 새로운 교육이라는 이름 으로 개혁교육학 운동을 일으켰고, 독일 낭만주의에서 발견되는 신적인 소 아, 즉 소아기 신화와 소아기 이데올로기와 함께 신성한 소아라는 매우 에 소테릭하고 마술적인 아동 이해를 교육학에 점차 도입했다고 분석했다.[31]

우리는 이 점에서 독일 초기 낭만주의 철학자 노발리스가 마술적 관념 론(Magischer Idealismus)을 대변했다는 사실[32]과 독일 초기 낭만주의 철학

31. Jürgen Oelkers, Reformpädagogik im internationalen Vergleich. Vorlesung im Sommersemester 2007 : Übersicht.
32. Heinrich Simon, *Der Magische Idealismus : Studien zur Philosophie des Novalis* (Heidelberg : Carl Winter, 1906).

자 프리드리히 슐레겔이 독일 최초의 인도학 개척자라는 사실을 기억해야 한다. 독일 낭만주의 운동의 마술적 관념론과 인도-게르만주의적 인도 광기와 인도 찬양으로 인해서 독일 낭만주의 개혁교육학 운동에서는 이러한 신화적이고 에소테릭하며 마술적인 아동 이해가 등장하게 되었다.

윌커스 교수는 "낭만주의의 교육학"이라는 주제로 진행된 스위스 쮜리히 대학교 강의에서 노발리스의 '소아들에 대한 낭만적 관점'을 소개하며, 노발리스가 꿈속에서 찾고자 했던 푸른 꽃에서처럼 "꽃들은 소아들의 상징이다."라는 노발리스의 주장을 상세히 소개했다.

또한 윌커스 교수는 독일 낭만주의에서 발견되는 '신비와 신화로서의 소아기에 대한 양식화'를 비판적으로 분석했다. 즉, 독일 낭만주의에 있어서 소아기는 인류의 천국 혹은 황금시대라는 것이다. 그리고 그는 독일 개혁교육학에서 말하는 '플라톤적 에로스'라고도 불리는 '교육학적 에로스'라는 개념은 국제적으로도 어떠한 비교를 찾아볼 수 없다고 지적했다.[33]

교사-학생 사이의 동성애적 소아성애를 포함하는 독일 특유의 '교육학적 에로스' 개념은 독일 낭만주의 개혁교육학만의 독특하고 별난 개념이다. 독일인들이 지금까지도 포기하지 않고 때로는 자랑스럽게 말하는 독일만의 독특하고 별난 독자노선의 산물 중 하나가 바로 이 '교육학적 에로스' 개념이다.

프로이트 학파의 학자로 잘 알려진 알렉산더 닐이 설립한 서머힐 학교의 경우처럼, '교육의 중심에 있는 소아'는 바로 소아에 대한 낭만주의적 이해로부터 유래되었다. 윌커스 교수는 개혁교육학에서 발견되는 신성한 소

---

33. Jürgen Oelkers, Vorlesung "Pädagogik der Romantik" Programmübersicht.

아라는 낭만주의적 개념이 "기독교적 구원자에 대한 세속화로부터 탄생한 것"이라고 분석했다. 또한 그는 "원죄로부터의 자유와 기독교 신앙의 점진적인 상실 속에서 남은 것은 교육학의 신성한 중심으로서의 소아에 대한 개념이다."라고 분석했다. 즉, 이렇게 원죄 없는 존재로서 신화화되고 신성화된 소아는 신성하면서도 또한 이교적이라고 지적한 것이다.

월커스 교수는 나아가 독일 낭만주의에서는 소아를 낭만주의 운동의 궁극적인 목적인 세계의 낭만주의화를 이끄는 메시야적인 존재로 신화적으로 격상시키고 있음을 다음과 같이 지적한다. "소아는 성인이 결코 할 수 없는 것, 곧 세계를 낭만주의화할 수 있다. 독일 낭만주의에 있어서 소아기는 시와 같다. 왜냐하면 소아기는 일상을 탈피해서 세계를 동화 혹은 꿈과 동일시하기 때문이다." 월커스 교수는 소아기가 낭만주의화를 벗어나는 관습적이고 비시적인(Unpoetischen) 삶에 대한 비판을 의미한다는 것과 소아기를 성인의 산문적인 일상에 대한 반대기획(Gegenentwurf)으로 본 독일 낭만주의를 비판적으로 분석했다.[34]

월커스 교수는 "독일 낭만주의는 더 이상 소아를 죄인인 소아(Sündige Kind)로서가 아니라, 소아 속에서 완성된 인간(Vollendeten Menschen)으로 발견한다. 독일 낭만주의에서 작은 소아와 아동은 성인이 본받아야 할 모델이 된다. 독일 낭만주의에서 인간은 오직 소아로서만 완성될 수 있으며, 그가 성인이 되었을 때는 무죄한 순수성과 완전성의 상태를 상실하게 된다고 간주했다."고 말한다.[35]

---

34. 위의 문서.
35. 위의 문서.

윌커스 교수는 또한 독일 낭만주의가 "세계 자체가 낭만주의화되어야 하는데, 그것은 세계가 소아기가 되어야만 한다는 것이다."라고 말한 것을 소개하면서 낭만주의의 최종목표는 세계의 낭만주의화, 곧 세계의 소아기화임을 설명했다. 그는 또한 "이러한 낭만주의적 소아기를 통해서 성인의 모든 세계는 정죄받게 되는데, 이는 성인의 세계는 소아기적인 것(Das Kindliche)을 상실했기 때문이라고 본다."는 것과 존 듀이(John Dewy) 등이 말하는 진보적 교육에서도 "소아를 새로운 세계로 향하는 열쇠로 주장한다."는 것을 설명하였다.[36]

바로 이러한 독일 낭만주의 운동에서 발견되는 소아기에 대한 신화적인 동경과 찬양으로부터 독일 반더포겔 성소수자(동성애적, 소아성애적, 남색적) 학생운동과 68 학생운동에서의 동성애적 소아성애 운동이 탄생했는데, 이들은 모두 소아성애를 반근대주의적 기획으로 파악했다. 즉, 소아기를 유토피아적 황금시대와 천국으로 동화적이고 몽환적으로 파악한 독일 낭만주의 운동은 소아성욕에 기초한 소아성애(남색) 운동을 일종의 사회주의적 새 인간을 향한 유토피아주의적이고 반근대주의적 기획으로 파악한 것이다. 프로이트와 칼 마르크스를 포함한 독일 낭만주의 운동의 영향에 있는 독일 특유의 성담론은 소아성애 운동을 세계의 낭만주의화를 위한 기획으로 파악했다. 독일의 경우 소아성애 운동의 철학적 뿌리는 매우 깊다. 소아성애 자체가 반근대주의적이고 포스트모던적인 기획이었다. 그래서 프랑스 포스트모던 철학자들 대부분이 소아성애 옹호자들이었다.

2010년 2월 4일, 독일 국영방송 도이치란트풍크의 '소아기'에 대한 방

---

36. 위의 문서.

송에서는 독일 낭만주의에서 소아기가 미화되었다는 사실과 노발리스가 소아기를 성인들이 결코 도달할 수 없는 이상인 황금기(Goldenen Zeitalter)로 묘사했다는 사실이 소개되었다. 독일 프라이부르크 대학교의 문학과 정신분석학 연구회(Freiburger Arbeitskreis Literatur und Psychoanlayse e.V.)가 "낭만주의적 유토피아와 트라우마적 경험 사이에서 : 문학과 정신분석학에서의 소아기에 대한 묘사"라는 제목으로 괴팅엔 대학교에도 소개한 이 방송은 "그러나 소아기에 대한 탈마술화(Entzaubreung)는 오래 지체되지 않았고, 소아기는 1900년에 출간된 프로이트의『꿈의 해석』을 통해서 중대한 변화를 경험하게 된다."고 전했다. 또한 이 방송은 "프로이트에게 있어서 소아기라는 주제는 두 가지 점에서 매우 중요하다. 프로이트는 소아기에 대한 이상화와 마술화를 지양했다. 프로이트의 또 다른 중요한 인식은 바로 이후 성장 과정에 미치는 소아기의 큰 의미에 대한 것이다."라고 지적하면서 "프로이트에 의하면 소아기, 즉 인간의 초기 발전단계에 근본적으로 모든 것의 기초가 놓인다. 그렇기에 소아기는 이후 노이로제들의 기원 장소다. 이후의 왜곡들을 지양하기 위해서 회귀해야만 하는 그곳이 바로 소아기이다."[37]라고 전했다.

5. '교육학적 에로스' 속의 디오니소스적 광기

위르겐 욀커스 교수는 독일 낭만주의 개혁교육학의 핵심개념이자 플라

---

37. Freiburger Arbeitskreis Literatur und Psychoanalyse e.V., "Tagung "Kindheiten" im Deutschlandfunk", 2010년 4월 13일. https://www.litpsych.uni-freiburg.de/wp/?cat=3&paged=2

톤적 에로스라고도 불리는 '교육학적 에로스' 개념 속의 광기를 분석한 바 있다. 윌커스 교수는 "오덴발트 학교의 창립자 파울 계헵(Paul Geheeb)이야말로 '교육학적 에로스'를 체화한 이로서, '교육학적 에로스'가 내포하는 신적인 광기의 충만함(Das Erfülltsein vom göttlichen Wahn)은 파울 계헵에게 있어서 플라톤적인 것이었다."[38]라고 지적했다. '교육학적 에로스' 개념에 정상적인 의식 상태를 극복하는 신적인 광기가 포함되어 있다는 사실은 오덴발트 학교의 창립자인 파울 계헵 탄생 90주년을 기념하여 오덴발트 학교의 교사들이 출간한 책에도 등장한다. 윌커스 교수는 오덴발트 학교의 교사들이 출간한 이 책이 창립자 파울 계헵을 교육학의 신적인 광기 속에서 바라보고 그를 교육학의 기적 현상으로 찬양하고 있다고 비판한다. 윌커스 교수에 의하면 '교육학적 에로스'에서 그 에로스는 '사랑의 광기로서의 에로스(Eros, der Wahnsinn der Liebe)'였다.[39]

동성애, 소아성애 그리고 남색의 고전적인 근거 본문은 플라톤의 『향연』이다. 남색은 고대 그리스의 제도화된 동성애였다. 고대 그리스에서는 여성이 공적인 영역에서 배제되었기에, 최고의 에로스는 동성애적인 남색이었다. 이 남색은 통과의례적이고 교육적 목적을 가지고 있었는데, 젊은 소년들을 성인 사회로 진입시키기 위함이었다.

프로이트의 리비도 이론도 플라톤의 에로스 개념으로부터 영향을 받

---

38. *Erziehung zur Humanität : Paul Geheeb zum 90. Geburtstag*, Herausgegeben von Mitarbeitern der Odenwaldschule (Heidelberg : Verlag Lambert Schneider, 1960), 49.

39. Jürgen Oelkers, 1. Eine andere Sicht auf "Reformpädagogik". https://www.ife. uzh.ch/dam/jcr:ffffffff-ddf6-e1f2-0000-000012dacb95/GesamtVLHS2010.pdf

았다고 한다. 고대 그리스뿐 아니라, 일본 선불교에서도 통과의례적이고 교육적인 목적으로 동성애적 남색이 이루어졌다.

어린 미소년에 대한 남색의 신화적 모델은 제우스의 남색 행위였다. 그리고 플라톤의 에로스는 동성애와 소아성애를 의미했다. 어린 소년은 통과의례 속에서 남색을 통해 성인이 된다. 『향연』은 창녀가 동행하기도 하는, 질펀하게 술을 마시는 잔치를 의미한다. 제우스의 미소년 납치하기 등이 남색의 신화적 모델이 되었고, 이 미소년에 대한 사랑은 교육, 군사, 철학 분야의 통과의례적인 교육제도로 제도화되었다.

그리고 플라톤의 『향연』에는 남색에 관한 디오니소스적 광기에 대한 언급도 등장한다. 플라톤의 『향연』에서는 디오니소스적 통음난무와 광기가 부정적인 것이 아니라 긍정적인 것, 마치 복과 같이 받아들여진다. 곧, "광기가 복을 가져온다.", "에로스가 일종의 광기"인 것이다. 플라톤의 『향연』은 프로이트와 라캉에게까지 영향을 주었다.[40]

윌커스 교수는 독일 낭만주의를 낭만적으로 이해하는 것을 비판하면서 낭만주의의 경악(Der Schrecken der Romantik)에 대해서도 강조했다. 그리고 독일 낭만주의자들이 매우 특별하게 관심을 둔 광기의 상태에 대해서 이미 노발리스가 "광기와 진리의 차이는 그 기능들의 차이에서 존재한다. 광기는 진리로부터 산다."고 주장했다고 설명했다. 이렇게 윌커스 교수는 노발리스가 광기 혹은 밤에 대한 모티브에 천착했다는 것을 상기시켰다.

윌커스 교수는 프로이트도 무의식에 대한 낭만주의적 개념으로부터 영

---

40. Raoul Mortley, *Platonic Love* (Ideas of the West Book 2) (Delacroix Press, 2013).

향을 받았음을 지적한다. "프로이트의 무의식은 조화를 파괴하는 악마적인 세력(Eine dämonische Macht)인데, 왜냐하면 그것은 어린 소아기에 불행한 방식으로 반복되기 때문이다." 윌커스 교수는 프로이트의 무의식에 대해 "소아기의 트라우마들에 대한 억압은 결코 이를 제거할 수 없는데, 반대로 그 트라우마들은 통제할 수 없는 방식으로 의식을 통해서 작용하게 된다. 그러나 이는 공포의 측면을 강화시킨다."라고 분석한다. 또한 프로이트의 무의식 개념에 있는 공포와 경악에 대해 설명하면서 "프로이트는 정신분석학보다는 낭만주의에 더 가깝다."고 결론짓는다.

윌커스 교수는 "이드(Es)는 프로이트에게 있어서 하나의 어두운 세력이다. 반면에 자아(Ich)는 불행하고 위협적인 충동세계에 대해서 무기력하다. 그래서 독일 낭만주의자들의 밤은 호프만이 묘사한 것처럼 섬뜩하고 (Graulich) 경악스럽다(Entsetzlich)."고 말한다. 즉, 프로이트의 정신분석학에서 특히 무의식과 꿈 그리고 니체의 디오니소스적인 것에 해당하는 이드는 독일 낭만주의 운동에서 발견된 낯설고, 섬뜩하며, 광기적이고, 경악스러운 것을 잘 보여 준다.[41]

그러므로 낭만주의를 낭만적으로 순진하게 이해하는 것은 부적절하다. 독일 낭만주의는 프로이트의 글처럼 낯설고 섬뜩한 것이다. 독일 낭만주의가 찬양하는 밤은 아름답고 낭만적인 밤이 아니라, 쉽게 비유하자면 처녀귀신들이 등장하는 "전설의 고향"에서나 볼 수 있는 섬뜩하고 경악스러운 밤인 것이다.

이렇게 프로이트의 정신분석학이 천착한 꿈, 무의식, 디오니소스적 에

---

41. Jürgen Oelkers, Vorlesung "Pädagogik der Romantik" Programmübersicht.

로스와 타나토스, 광기 등은 모두 독일 낭만주의 운동이 영미 계몽주의와 청교도주의에 맞서는 반대운동을 하면서 구축한 반대세계들(Gegenwelten)에 속한다. 『낭만주의에서의 반대세계들 : 낭만주의적 세계관과 실제의 낭만주의화에 대한 연구』[42]라는 책은 이를 잘 보여 준다.

독일 반더포겔 운동의 이론가 한스 블뤼허가 주장한 성적인 전복 이론처럼 독일 낭만주의는 정상적인 이성애와 가족에 기초한 영미 청교도주의 문명의 산물인 계몽주의, 자본주의, 개인주의 그리고 자유주의 등에 대해 전복적인 반대운동을 하면서 정상성의 종말을 선언하고자 했다. 그리고 동성애적 소아성애(남색)를 비롯한 각종 성적인 전복과 반대운동을 찬양해 왔다. 이 성적인 전복과 반대운동에는 동성애, 소아성애뿐 아니라 근친상간도 존재했다는 사실을 앞에서 이미 논증했다.

독일 낭만주의의 퀴어스러운 에로스에 등장하는 동성애적 소아성애(남색)와 근친상간은 모두 영미 청교도주의의 대척점에 서 있는 틀어지고, 왜곡되며, 비뚤어지고, 파계적이고, 광기적이고, 전복적인 에로스다. 영미 청교도주의와 계몽주의의 근대성에 대한 반근대주의적 기획으로서의 독일 낭만주의의 반대운동은 꿈, 무의식, 비이성, 광기, 퀴어스러운 에로스, 소아성애와 근친상간 그리고 자웅동체와 안드로진과 같은 각종 반대세계로 도피하고 있다. 나아가 에로틱한 교육(발터 벤야민)과 에로틱한 정치학(토마스 만)을 통해서 성취되는 일종의 동성애적 소아성애(남색) 국가라는 반대국가(슈테판 게오르게)까지 꿈꾸었다. 21세기 무정부주의적 퀴어젠더 운동

42. Hartmut Meyer, *Gegenwelten in der Romantik : Untersuchung der romantischen Weltsicht und der Romantisierung der Wirklichkeit* (GRIN Verlag, 2020).

의 기원은 바로 이러한 반정상성(Anti-Normativität)을 추구한 독일 낭만주의
다. 독일 낭만주의에서 찬양한 에로스가 바로 퀴어젠더였다. 독일 낭만주
의의 에로스는 퀴어스러웠고 자웅동체와 안드로진 등에 집착한 젠더였다.

윌커스 교수는 독일 특유의 '교육학적 에로스'를 실천하고자 했던 오덴
발트 학교에서 그동안 자행된 '에로스적 지배와 통제' 시스템 그리고 낭만
주의적 나체주의에 대해서 다음과 같이 비판한다. "소아들이 나체주의를
원하는지 그렇지 않은지는 문제되지 않았다. 소아들은 나체주의라는 통
치(Regime der Freikörperkultur)에 복종해야만 했다." 윌커스 교수에 의하면
오덴발트 학교는 "(독일 낭만주의적) 알몸문화(Nacktheit)를 통해서 (영미 청교
도주의적인) 얌전한 척하기(Prüderie)를 극복하려고 했다".

또한 윌커스 교수는 오덴발트 학교가 건축 당시부터 개인 샤워실을 일
부러 만들지 않았다는 사실도 소개한다. 오덴발트 학교는 개인 샤워실 대
신 거대한 공동 샤워실에서 공동체적인 샤워(Gemeinschaftliche Duschen)를
하도록 설계되었다. 오덴발트 학교에서는 소아와 청소년이 복종해야만 하
는 나체주의라는 통치가 존재했다. 빌헬름 라이히도 나체주의직 알몸 성
교육을 강조했다.

'나체주의를 통한 얌전한 척하기의 격파(Bekämpfung von Prüderie durch
Nacktheit)에 대한 이념'은 오덴발트 학교와 비슷한 독일 낭만주의 개혁교
육학을 추구한 다른 전원 기숙사 학교에서도 추구되었다고 윌커스 교수
는 기록하고 있다.[43] 독일 여성 철학자 한나 아렌트(Hannah Arendt)는 마
틴 하이데거를 비판하면서 하이데거 철학에는 개체와 개인이 없다고 비판

---

43. Jürgen Oelkers, 1. Eine andere Sicht auf "Reformpädagogik".

한 바 있다. 니체와 하이데거 같은 독일 특유의 낭만주의적-사회주의적 철학에는 공동체, 집단, 민족 그리고 국가만 존재하지, 개인의 자유와 주권에 대해서는 거의 강조하지 않는 것이 사실이다.

우리나라의 2022년 개정 교육과정에도 개인의 기본권과 자유를 침해할 정도로 공동체 의식이 지나치게 강조되어 있는데, 이러한 반자유주의적-사회주의적 공동체 의식에 대한 강조는 나치적인 위험을 내포하고 있다. 스스로 공산주의자라고 주장하는 슬라보예 지젝은 이미 독일 히틀러의 민족사회주의(나치즘) 운동이 이러한 급진적인 공동체 의식을 강조했다는 사실을 지적한 바 있다.

윌커스 교수 또한 "독일 나치즘은 어떤 점에서 하나의 학생운동이다." 라고 말했다. 즉, 독일 우파 민족사회주의적 학생운동이었던 히틀러의 나치즘은 히틀러에게서 정치적 구원을 열망했고, '의지론적인 영도자-이데올로기(willenstheoretischen Führer-Ideologie)'를 가진 운동이었던 것이다. 히틀러의 나치즘은 당시 젊은 학생 세대로부터 열렬한 지지를 받았다. 독일제인 사회주의는 본래 성인 운동이 아니라, 소아와 청소년을 유토피아주의적 혁명 주체로 앞세운 학생운동이었다.[44]

독일 낭만주의 전통에서는 소아, 소아기, 그리고 학생들이 신화화되고 페티시화된다. 독일 최초 인도학 개척자인 프리드리히 슐레겔 이후 독일은 인도게르만주의와 루소주의에 기초해서 인도가 타락한 서구문명과 달리 자유롭고 순수한 인류 문명의 소아기에 해당한다고 생각해서 인도를 찬양

---

44. Jürgen Oelkers, Reformpädagogik im internationalen Vergleich, Vorlesung im Sommersemester 2007 : Übersicht.

하는 관점이 지배적이게 되었다. 이러한 루소주의적-인도게르만주의적 인도찬양은 독일 좌우 낭만주의 성소수자 운동, 독일 개혁교육학, 독일 68운동과 녹색당 등에 깊이 영향을 주었다.

앞서 독일 나치 시대는 성억압의 시대가 아니라 일종의 소돔과 고모라의 시대였다고 소개했는데, 이러한 정상성에 도전하고 반항하는 파계적 독일 좌우 낭만주의 학생운동에는 독일-그리스 전통의 디오니소스적인 새로운 신화운동(Neue Mythologie)뿐 아니라, 힌두교와 불교와 같은 인도게르만주의, 신지학 그리고 루돌프 슈타이너의 인지학도 강한 영향을 미쳤다.

발터 벤야민의 학생형이상학(Metaphysik der Jugend)과 에로틱한 교육에서 발견되는, 학생(미소년)을 성적 욕망의 대상으로 페티시화하는 관점을 비판적으로 분석하는 『페티시 학생』[45]이 출간되었다. 『신화 학생 : 이상과 위기 징후. 20세기 초반의 정치문화의 한 측면』[46]도 독일 낭만주의 학생운동에서 나타나는 '신화화된 학생'에 대해서 비판적으로 조명했다. 앞에서 논한 것처럼 독일 성소수자 운동의 대부인 슈테판 게오르게도 이런 의미에서 자신의 남색적 대상이었던 미소년 막시민을 페티시화하고 새로운 신으로 신성화시켰다. 이 책은 독일 낭만주의 학생운동에서 발견되는 학생과 청소년의 신화화를 비판적으로 분석한다. 소아 신화는 반계몽주의적 낭만주의 인류학(Romantische Anthropologie)과 루소주의적 교육학의 중요한 특

---

45. Peter Dudek, *Fetisch Jugend : Walter Benjamin und Siegfried Bernfeld-Jugendprotest am Vorabend des Ersten Weltkrieges* (Bad Heilbrunn : Klinkhardt, 2002).

46. Barbara Stambolis, *Mythos Jugend : Leitbild und Krisensymptom. Ein Aspekt der politischen Kultur im 20. Jahrhundert* (Wochenschau Verlag, 2003).

징이다.

주디스 버틀러에게도 큰 영향을 준, 발터 벤야민이 찬양하는 학생형이 상학은 전술한 독일 낭만주의 운동의 소아형이상학의 연장선상에 서 있다. 독일 낭만주의 철학은 본래부터 소아철학, 소아형이상학 그리고 학생형이상학이었다. 국내에서 김누리 교수 등이 변호하고 있는 학생인권조례운동도 바로 이러한 독일 좌우 낭만주의-사회주의 성소수자 학생운동에 기원을 두고 있다.

하지만 이미 본 것처럼 마약을 복용하고 그로 인해서 멜랑콜리아를 찬양하는 현대 독일 낭만주의 철학자 발터 벤야민이 찬양하는 학생형이상학, 학생철학 그리고 소아철학은 에로틱한 교육이라는 이름으로 교육학의 에로틱화를 기획으로 삼고 있다. 그러나 이 사상은 학생, 소아 그리고 청소년을 성적 욕망의 대상으로 페티시화하고 있다.

독일 낭만주의 운동에서 발견되는 이러한 동성애적, 소아성애적 그리고 남색적 조기 성애화와 과잉 성애화 교육은 소아와 청소년을 성적 욕망의 대상으로 신성화하고 페티시화하지만, 동시에 가장 상처받기 쉬운 사회적 약자인 소아와 청소년을 소아성애적으로 강간하고 있기도 하다. 윌커스 교수가 비판한 것처럼 프로이트가 소아성욕을 확립함으로써 소아와 청소년을 성욕망의 대상으로 만들어 버린 것이다.

6. 독일 교육학적 원리와 이상으로서의 플라톤적 소년 강간

2010년 3월 7일에 정치와 언론 분야의 독일 온라인 매거진 '텔레폴리스(Telepolis)'는 "소년 사랑이 교육학적 원리로 격상되다"라는 제목으로 2010년에 비로소 폭로되기 시작한 오덴발트 학교에서의 집단적이고 구조적인 소아성애 사태의 교육철학적 배후와 정치적 배후조직에 대해 보도했다.

이 언론은 오덴발트 학교 소아성애 사태 배후에 있는 독일 교육계의 대부 헬무트 베커가 슈테판 게오르게 학파의 인맥에 속한다는 것을 소개하면서 '비밀 독일'의 검은 네트워크(Schwarzen Netzwerke des 'Geheimen Deutschlands')에 대해 언급했다. 또한 독일 프랑크푸르트 학파의 비판이론과 비판교육이론의 설계자인 아도르노와 헬무트 베커와 같은 학자들이 프로이트의 정신분석학에 기초해 독일 교육을 새롭게 설계하면서 '교육의 심리학화(Psychologisierung von Bildung und Erziehung)'를 시도했다고 보도했다.

'텔레폴리스'는 독일 특유의 개혁교육학의 배후에는 독일 낭만주의, 루소주의, 플라톤주의 등이 존재한다고 분석하면서 이 비밀조직들이 에로스적인 것을 교육기획으로 삼은 동성애적인 센터들(Homoerotische Zentren)을 가지고 있으며, '플라톤적 난쟁이국가(Platonischen Zwergstaat)'로서의 '교육자-국가'와 '반대-국가(Gegen-Staat)'를 지향했다고 분석했다. 독일 68 진보교육의 성지이자 유네스코 제휴교육기관 중에서도 모델로 평가되어 온 오덴발트 학교에서 자행된 수백 명의 피해자를 남긴 동성애적 소아성애(남색) 사태의 배후에 이러한 독일 정치계와 교육계의 비밀조직과 그림자정부(Schattenreich)가 존재한다고 이 독일 언론은 심도 있게 분석했다.[47]

---

47. Rudolf Maresch, "Knabenliebe zum pädagogischen Prinzip erhoben", 2010년 3월 7일. https://www.heise.de/tp/features/Knabenliebe-zum-paedagogischen-Prinzip-erhoben-3384761.html ; Rudolf Maresch, "Rhizome des Geheimen Deutschlands", 2010년 2월 28일. https://www.heise.de/tp/features/Rhizome-

이 언론은 독일 교육의 설계자인 헬무트 베커도 이 비밀조직에 속한다고 분석했다. 그렇기에 오덴발트 학교에서의 집단적 소아성애 스캔들은 단순히 학교만의 문제가 아니라, 독일이 지향했던 개혁교육학 자체의 문제라는 것이다. 이 언론은 수십 년간 플라톤의 『향연』에 등장하는 '교육학적 에로스' 개념을 교육학적 원리로 주장하면서 동성애적 소아성애(남색)를 집단적으로 수행한 오덴발트 학교의 배후에 독일 대통령을 배출한 바이츠제크가와 독일 교육계를 움직이는 헬무트 베커 등이 존재하며, 이들을 중심으로 하는 비밀조직과 그림자 정부가 존재한다는 것을 매우 심도 있게 분석했다. 하지만 앞에서 설명한 것처럼 플라톤적 소년 사랑은 일본 사무라이와 아프가니스탄 등 전근대주의적 군사 문화와 남성동맹에서 흔히 발견되는 일종의 플라톤적 소년 강간이었다.

학생인권조례의 원조와 진원지는 독일 68 좌파 교육학이다. 독일 언론 『벨트』는 2015년에 독일 녹색당 출신의 유명 언론인 크리스티안 퓔러의 책을 "아동 성폭력 : 좌파 교육학의 추한 비밀?"이라는 제목으로 보도했다. 2010년에 독일 68 반권위주의적 좌파교육, 진보교육, 개혁교육 그리고 교육혁명의 메카였던 오덴발트 학교에서의 동성애적 소아성애(남색) 사태로 인해 12명의 학생들이 자살했고 수십 년간 900여 명의 성폭력 희생자가 발생했다. 이 언론 보도는 바로 이러한 독일 68 좌파교육의 소아성애 과거사 청산에 대한 기사다. 독일 성소수자 운동과 개혁교육의 대부인 슈테판 게오르게는 '비밀 독일'을 꿈꾸었는데, 그는 동성애적 소아성애(남색)를 지칭

des-Geheimen-Deutschlands-3384601.html

하는 비밀언어를 사용했다.[48]

오덴발트 학교에서의 아동 성폭력 사태는 바로 20세기 초 독일 특유의 낭만주의적, 에로티시즘적 그리고 데카당스적 남색 운동으로부터 시작된다. 김누리 교수는 독일 68 한국 86을 외치면서 독일 68 교육혁명을 모델처럼 찬양하지만, 독일 68은 본질적으로 소아성애적 안티파였고, 그 뿌리는 20세기 초 독일 특유의 광범위한 남색 운동에 있다. 20세기 초의 이러한 독일 낭만주의적, 사회주의적, 허무주의적, 영지주의적 그리고 독일 이교적 반항학생운동인 반더포겔 운동과 히틀러유겐트에는 신지학과 루돌프 슈타이너의 인지학의 영향이 존재했으며, 슈테판 게오르게의 남색 운동에도 신지학회의 강한 영향이 존재했다.

독일의 저명 언론『슈피겔』은 2010년에 "나의 여성 성기를 쳐다보렴"이라는 제목으로 독일 좌파의 아동 성폭력을 비판했다. 이 "나의 여성 성기를 쳐다보렴"이라는 문구는 독일 68 성교육의 아이콘이자 교황인 헬무트 켄틀러 교수가 서문을 쓰기도 한 독일 개신교 청소년 사역과 관련된 출판사에서 출간한 조기 성교육 교재와 관련된다. 크게 논란이 되었던 서울시 교육청의 '나다움 어린이책' 사업의 기원과 원조도 바로 독일 68 조기 성교육 교재다. 이 기사는 "독일 좌파 또한 성폭력의 역사를 가지고 있다. 독일 68의 기획들 중에는 소아의 성해방이 속한다. …… 그래서 소아성애를 진

---

48. Alan Posener, "Das schmutzige Geheimnis der linken Pädagogik?", 2015년 3월 18일. https://www.welt.de/kultur/literarischewelt/article138531446/Das-schmutzige-Geheimnis-der-linken-Paedagogik.html?fbclid=IwAR2GZvJ8StVRc93__hSX2XR5PDTQuGG7Qg-zySF6IAXiN0Qm4GR4SReYlWY

보적으로 간주하는 풍토가 발생했다."고 적고 있다.[49]

게르만 민족박물관 출판사가 2013년에 출간한 『학생 궐기 : 자기결정
과 유혹 사이의 독일 학생운동』이라는 자료는 독일 낭만주의 성소수자 학
생운동(동성애적 소아성애 운동)의 상징처럼 간주되었던 나체의 미소년을 표
지 사진으로 선택했다.[50] 플라톤적-교육학적 에로스와 플라톤적 미소년
사랑을 교육원리로 삼는 독일 좌우 낭만주의 개혁교육학과 학생운동에서
플라톤적 미(美)를 상징하는 미소년의 나체가 하나의 상징처럼 신성화된
것이다.

전술한 것처럼 독일 반더포겔 학생운동, 히틀러유겐트, 독일 개혁교육
학 운동, 독일 68 학생운동 모두 영미 청교도주의를 의식적으로 반대하고
전복하고자 하는 독일 특유의 낭만주의적 나체주의 정신 속에서 나체 문
화(Nacktkultur)와 알몸 성교육을 장려했다. 특히 이러한 나체주의에서는
플라톤적 에로스를 계승하면서 미소년의 나체를 아름다움의 상징으로 즐
겨 사용했다. 하지만 플라톤주의적 독일 좌우 낭만주의 학생운동에서의
소아와 미소년의 나체에 대한 숭배는 어린 소년에 대한 소아성애적 성폭력
을 의미했다.

49. Jan Fleischhauer, Wiebke Hollersen, "Kuck mal, meine Vagina", 2010년 6월 20일.
   https://www.spiegel.de/politik/kuck-mal-meine-vagina-a-2602651b-0002-
   0001-0000-000071029982?fbclid=IwAR0fZyw_BuAkWG-_hyAdo92YE_WHL76
   NJNFzPGw8H7FVzsxEuV3nmtzKnEI
50. Ulrich Großmann, Claudia Selheim, Barbara Stambolis (Hrsg.), *Aufbruch der
   Jugend : Deutsche Jugendbewegung zwischen Selbstbestimmung und
   Verführung* (Nürnberg : Verlag des Germanischen Nationalmuseums, 2013).

7. 소아도 성적인 존재다 : 독일 녹색당 소아성애 운동의 근거인 성적 자기결정권

성적 자기결정권 개념은 학생인권조례의 핵심개념이다. 김누리 교수 등이 주장하는 학생인권조례의 계보학적 기원과 진원지는 바로 이 책에서 비판하는 독일 좌우 낭만주의-사회주의 성소수자 학생운동(반더포겔, 히틀러유겐트, 독일 68)이다. 독일 68 학생운동의 산물인 독일 녹색당은 바로 이 성적 자기결정권을 핵심개념으로 주장하면서 소아성애 운동을 전개했다. 그러나 독일 녹색당은 2014년 당대회에서 당대표가 소아성애 운동 과거사를 공식적으로 사과했다. 성적 자기결정권에 근거한 소아성애 운동을 전개한 과거에 대한 독일 녹색당의 공식보고서는 성적 자기결정권, 특히 소아와 청소년의 성적 자기결정권이 독일 녹색당의 핵심적 정치구호였다는 사실을 인정한다. 독일 녹색당의 1981년 선거홍보물에는 "모든 인간은 …… 성적 자기결정권을 가진다. 그렇기에 우리는 성인, 청소년 그리고 소아 사이의 동의적인 성관계의 비범죄화를 주장한다."라고 적혀 있다.[51] 독일 녹색당 정치인들은 성인과 소아 사이의 성관계를 '소아의 성적 자기결

---

51. Bündnis 90/Die Grünen, *Aufarbeitung und Verantwortung-Berichte und Dokumente zur Arbeit der Arbeitsgruppe Aufarbeitung von BÜNDNIS 90/DIE GRÜNEN*, 75.
"Eine Wahlbroschüre von 1981 …… Jeder Mensch, unabhängig von Geschlecht und Alter, hat das Recht auf sexuelle Selbstbestimmung. Deshalb fordern wir die Entkriminalisierung von einvernehmlicher Sexualität zwischen Erwachsenen, Jugendlichen und Kindern."

정권의 요소로 정착'시키고자 했다.[52] 그리고 독일 녹색당에는 성적 자기 결정권과 아동권리(혹은 학생권리)를 주장하면서 소아성애 운동을 주도한 학생권리가들이 활동했다.

플라톤적 소년 사랑 이후로 플라톤주의에 심취한 독일 낭만주의 전통에서 성소수자 운동(동성애적 소아성애 운동)이 전개되었고, 이 소아성애적 전통은 미소년에 대한 찬양과 격상을 주장했다. 이 전통 속에서 독일 68, 녹색당, 미셸 푸코 그리고 주디스 버틀러 모두 소아의 고유한 섹슈얼리티가 존재한다고 주장했다. 소아성욕을 이론화했던 프로이트가 없었다면 소아성애 운동을 한 독일 68, 녹색당, 미셸 푸코 그리고 주디스 버틀러와 같은 소아성애 철학자들이 존재하지 않았을 수도 있다. 그들은 모두 자신들이 소아의 친구와 해방자라고 외치고 빌헬름 라이히를 추종하면서 소아와 청소년의 성정치와 성해방 운동을 주장했다. 하지만 그들은 거의 대부분 소아성애자들이거나 소아성애 옹호자들이었다. 21세기에 접어들면서 독일에서도 플라톤적 소년 사랑이 실제로는 플라톤적 소년 강간이었다는 사실이 인식되었다.

앞에서 소개한 독일 녹색당 출신의 크리스티안 퓔러는 독일 언론 『벨트』에 기고한 "소아성애 : 왜 소아들의 나체 사진이 무해하지 않은가?"라는 글에서 "소아에 대한 격상 자체에 이미 아동 성폭력이 존재한다."라는 소제목으로 매우 '독일적 명령'인 독일 낭만주의 전통의 소아성애적 나체주의를 비판했다. 이 글은 일종의 남색자클럽인 반더포겔 운동, 독일 개혁교육학 그리고 독일 68 성혁명 운동에서 볼 수 있는 소아와 청소년에 대한 찬

---

52. 위의 문서, 89.

양과 격상은 소아성애적 강간과 매춘이라는 아동 성폭력과 아동 인권 유린을 위한 것이라고 지적했다. [53] 그렇기에 독일 낭만주의 운동에서 발견되는 소아 찬양과 소아 신화화를 반영하는 소아철학과 학생형이상학 자체에 소아성애적 아동 강간에서 자행되는 그루밍과 가스라이팅의 위험이 존재한다.

르네 지라르의 희생염소 메커니즘(Scapegaot Mechanism) 이론에서 볼 수 있는 것처럼, 가장 연약한 사회적 약자인 소아와 청소년이 이러한 소아성애적인 담론의 그루밍과 가스라이팅에 의해 세뇌당한 이후 아동 강간을 당하지만, 또 다른 한편으로는 소아와 청소년이 신격화되고 신화화된다. 독일 낭만주의 운동 이후 소아와 청소년을 찬양하고 그들의 성적 자기결정권과 성적 욕망을 주장하는 많은 이론가들은 소아성애자나 소아성애 옹호자였다. 그래서 오스트리아의 보넬리(Raphael Bonelli) 교수는 조기 성애화와 조기 성교육이 소아성애자들의 수법(Frühsexualisierung ist das 'Muster der Pädophilen')이라고 주장한다. [54]

크리스티안 퓔러는 소아와 청소년의 성적 자기결정권을 강조하는 독일 낭만주의 성혁명 개념 자체가 집단적 (소아성애적인) 가해자 전략이라고 주장한다. 그는 "집단적 가해자 전략으로서의 성해방"이라는 제목으로 교

---

53. Christian Füller, "Warum Nacktbilder von Kindern nie harmlos sind", 2015년 7월 31일. https://www.welt.de/kultur/article144645185/Warum-Nacktbilder-von-Kindern-nie-harmlos-sind.html?wtrid=socialmedia.socialflow....socialflow_facebook&fbclid=IwAR29NdyUn0Q_FITt77kfg3Hrsgy6eBMwAZtMUZXHJvazjCg87xyH1Gzd3ICnA
54. kath.net, "Psychiater Bonelli : Frühsexualisierung ist das 'Muster der Pädophilen'", 2015년 5월 29일. https://www.kath.net/news/50745

육학적 에로스 개념으로 무해화된 성폭력 문제가 독일 개혁교육학과 대안 운동에서 일어났다고 비판한다.[55] 소아와 청소년의 성적 자기결정권과 고유한 성욕망을 강조하면서 소아성애를 수행하거나 옹호하는 사상은 현대 성소수자 운동의 두 기둥인 미셸 푸코와 주디스 버틀러에게서도 발견된다.[56]

『낭만주의와 폭력 : 19세기, 20세기 그리고 21세기 학생운동들』[57]이라는 연구서는 독일 낭만주의의 산물인 독일 학생운동들 속의 폭력을 비판적으로 조명한다. 독일 좌우 낭만주의 학생운동들 속에서는 정치적 폭력뿐 아니라, 성소수자 운동의 아동 성폭력도 존재했다. 이 책은 1990년대 동유럽 공산주의의 붕괴 이후 과거의 독일 낭만주의 전통의 학생운동들(나치 시대의 반더포겔과 히틀러유겐트, 독일 68 그리고 녹색당)이 황혼기에 접어들었고, 이제는 새로운 학생 세대가 등장했다는 핵심테제를 담고 있다.

독일 68의 명백한 역사 왜곡으로부터 파생된 '지적 사기'인 사회주의 성정치에 저항하는 폴란드와 헝가리를 비롯한 동유럽은 이러한 성혁명 사상을 '서구의 아편', 보다 정확하게 말하자면 서유럽의 아편으로 파악한다. 헝가리에서 작성된 "서구의 아편으로서의 다양한 성(性)"이라는 글은 서유럽 성소수자 운동이 소아의 성적 자기결정권 개념을 통해서 소아성애의 처

55. Die Freie Welt, "Sexuelle Befreiung als kollektive Täterstrategie", 2015년 4월 14일. https://www.freiewelt.net/interview/sexuelle-befreiung-als-kollektive-taeterstrategie-10057974/
56. 정일권, 『미셸 푸코와 주디스 버틀러의 황혼 : 성 소수자 운동의 아동 인권 유린과 젠더의 종말』(서울 : CLC, 2022) 참고.
57. Christoph Klotter, Niels Beckenbach, *Romantik und Gewalt : Jugendbewegungen im 19.,20. und 21. Jahrhundert* (Springer Verlag, 2011).

벌 가능성을 폐지하려고 한다는 사실을 정확히 지적했다.[58] 성적 자기결정권은 독일 68 성혁명적-소아성애적 학생운동의 핵심개념이다. 그리고 국내 학생인권조례 등에서 강조되는 이 소아의 성적 자기결정권은 소아성애자들의 집단적 가해자 전략과 수법이었다.

이러한 소아와 청소년의 성적 자기결정권 개념과 깊이 연관되어 있는 것이 바로 소아의 성욕 인정과 성적인 존재로서의 소아에 대한 프로이트의 이념이다. 그리고 성적인 존재로서의 소아의 성욕과 자기결정권 개념에 이론적 권위를 제공한 것이 바로 소아의 성욕을 인정한 프로이트의 정신분석학이다.

필자는 이에 덧붙여 성교육이 가장 중요한 정치교육이라고 주장한 독일 성교육의 교황인 헬무트 켄틀러 교수가 소아의 성욕을 이론적 기초로 해서 감행한 소아성애 실험에 대해 비판하고자 한다. 앞에서 우리는 소아의 성욕을 인정하고 최초로 이론화한 프로이트의 정신분석학이 독일 68 반권위주의적-소아성애적 조기 성교육의 근거가 되었다는 사실을 보았다. 가장 대표적인 예가 바로 소아의 성욕을 외치며 소아성애가 아동의 발달에 유익하다는 주장을 하면서 소아성애 실험을 감행한 헬무트 켄틀러 교수다. 그의 소아성애 실험은 바로 독일 68 소아성애적 안티파의 소아성애를 상징적으로 보여 준다.

프랑스 68 소아성애적 안티파의 상징이 미셸 푸코라면 켄틀러 교수는 빌헬름 라이히-마르쿠제를 계승하는 전형적인 독일 68의 소아성애적 안티

---

58. Rab Irén, "VIELFALTIGE SEXUALITÄT ALS OPIUM DES ABENDLANDES", 2021년 7월 14일. https://ungarnreal.de/vielfaltige-sexualitaet-als-opium-des-abendlandes/

파 운동의 대표적 전형이었다. 푸코는 빌헬름 라이히-마르쿠제의 사회주의 성혁명과 성유토피아론을 계승하는 들뢰즈와 가타리의 『안티 오이디푸스』의 서문을 쓴 동성애 철학자다. 기 소르망 교수의 푸코의 소아성애적 강간 범죄 고발과 독일 헬무트 켄틀러 교수의 소아성애 실험 폭로와 그 청산작업은 21세기 독일과 프랑스의 68 소아성애적 안티파의 몰락을 잘 보여 준다.

2020년 7월 30일에 독일 공영 라디오방송 도이치란트풍크는 "독일 개신교회와 헬무트 켄틀러 : 성해방으로부터 성폭력으로"라는 제목으로 켄틀러 교수가 소아도 성적인 존재라고 주장하면서 소아성애 실험을 했다는 사실을 소개했다. 프로이트막시스트들은 인간은 태어나면서부터 성적인 존재로 태어나므로 소아도 성적인 존재라는 논리, 그리고 소아도 오르가즘 쾌락을 느낄 권리가 있다는 논리로 소아성애를 정당화하고 정상화하고자 했다.

정치학자 테레사 네트비히(Teresa Nentwig) 박사는 이 독일 언론을 통해서 "켄틀러 교수는 60년대 말부터 고아가 된 13~15세의 젊은 소년들을 베를린의 그와 친분이 있는 남색자들에게 보내 그들의 보호 아래에 있도록 넘겨 주는 실험을 했다. 2008년에 작고한 헬무트 켄틀러 교수는 사실상 성폭력의 한 형태인 이 실험들에 대한 자신의 긍정적인 평가를 결코 수정하지 않았다."고 주장했다. 그리고 네트비히 박사는 "실제로 이 소아성애 실험은 성공적으로 진행되지 못했다. 나는 이 실험의 두 희생자와 이야기를 나누었다. 그들은 희생자로 묘사될 수 있으며, 그 피해는 지저분한(dreckig) 것이었다."라고 말했다.[59]

---

59. Michael Hollenbach, "Die Evangelische Kirche und Helmut Kentler : Von

독일의 볼프캉 라이젠베르크(Wolfgang Leisenberg) 교수는 프로이트의 쾌락원리와 독일 68의 쾌락의 정치화의 깊은 연관성에 대해 "멋진 새로운 젠더-세계"라는 소제목으로 학교 교실 안에서의 프로이트의 쾌락원리에 대해 비판하면서, 사회주의적 새로운 인간은 이 쾌락원리를 따르는 사람들이라고 분석했다. 사회주의적 인간론에 의하면 욕망하는 '기계인간'은 쾌락원리를 따라서 성욕망을 충족하는 '욕망하는 기계'이다.[60]

sexueller Befreiung zu sexuellem Missbrauch", 2020년 7월 30일. https://www.deutschlandfunk.de/die-evangelische-kirche-und-helmut-kentler-von-sexueller.886.de.html?dram:article_id=481491

60. Wolfgang Leisenberg, "Gender Mainstreaming-auf dem Weg zum neuen Menschen", 2014년 8월 14일. https://www.gemeindenetzwerk.de/?p=11191

Freud

독일 68 성정치 사상의
역사 왜곡과
지적 사기

4장

독일 68 성정치 사상의
역사 왜곡과
지적 사기

1. 독일 68 성정치의 대전제는 역사적 거짓말에 기초한 오류

지금까지 우리는 독일 68 신좌파가 반권위주의적 교육을 프로이트의 정신분석학과 정신분석학적 교육학을 주요 근거로 삼아서 전개했다는 사실을 보았다. 필자는 여기서부터 독일 68의 반권위주의적 성교육과 성정치가 역사 왜곡에 기초한 '지적 사기'라는 사실을 소개하고자 한다. 빌헬름 라이히의 성혁명 사상의 대전제는 오류다. 성혁명 사상의 대전제인 독일 나치즘(파시즘) 시대가 성억압의 시대라는 주장은 틀렸다. 이후 보다 상세하게 소개할 미국 역사학자 다그마 헤르조그 교수의 최근 연구에 의하면 빌헬름 라이히의 성혁명 사상과 독일 68 성정치 사상은 역사 왜곡이다. 빌헬름 라이히의 성혁명 사상의 대전제에는 오류가 있다. 독일 나치즘(파시즘) 시대는 성억압의 시대가 아니라, 성적으로 문란한 소돔과 고모라의 시대였기 때문이다.

독일 68 성혁명과 성정치 운동의 명백한 역사 왜곡과 지적 사기로 인해 21세기 독일에서조차 성정치 운동의 실패와 그 황혼이 논해지고 있다. 특히 2010년 오덴발트 학교에서의 집단적 소아성애 사태와 2014년 독일 녹색당의 소아성애 운동 과거사에 대한 공식사과 이후, 독일 68 성정치 운동은 소아성애적 아동 인권 유린으로 인해 실패했고 이제 황혼에 접어들었다. 앞에서 설명한 것처럼, 독일 녹색당은 소아성애 과거사 청산 보고서를 직접 작성했다. 21세기 독일 68 사회주의 성정치 운동과 성소수자 운동은 소아성애 문제로 인해 실패했고, 2010년 이후 독일 교육계와 언론계에서는 이 독일 68 성혁명의 어두운 그림자인 소아성애적-남색적 아동 인권 유린 과거사 청산이 대세로 떠오르고 있다.

빌헬름 라이히의 성혁명 개념은 본래 인류에 대한 사회주의적 재구조화와 사회주의적 새 인간을 생산하기 위한 것인데, 이 성혁명 개념은 독일 나치즘(파시즘)이 성억압의 시대라는 대전제와 도그마 위에 세워졌다. 빌헬름 라이히와 독일 68 학생운동은 바로 파시즘 격파 혹은 안티파시즘을 위해서 성혁명, 성정치 그리고 성해방을 외쳤지만, 독일 68 성혁명은 소아성애로 인해 실패했다. 독일 낭만주의 특유의 성혁명 사상을 대한민국에 강요해서는 안 된다. 독일 68 성혁명은 소아성애적 아동 인권 유린으로 인해 실패했고, 성혁명의 대전제도 오류에 기반한 사상누각일 뿐이기 때문이다.

2. 독일 나치 시대는 성억압의 시대가 아니라 '소돔과 고모라'의 시대

빌헬름 라이히의 성혁명과 독일 68 성혁명 운동은 독일 나치즘(파시즘)이 성억압의 산물이기에, 파시즘 격파를 위해서는 성혁명, 성정치 그리고 성해방이 필요하다고 주장한다. 즉, 성혁명 사상의 대전제는 독일 나치즘 (파시즘)이 성억압의 시대라는 믿음이다. 하지만 이는 역사 왜곡이다. 미국 뉴욕시립대학교의 역사학 특훈 교수인 다그마 헤르조그는 섹슈얼리티와 젠더의 역사, 정신분석, 신학과 종교, 유대-기독교 관계, 홀로코스트에 대한 기억 그리고 독일 나치 시대의 성정치 분야에 있어 국제적 명성을 가진 학자로, 독일 나치 시대가 성억압의 시대였다는 독일 68 신좌파의 주장을 반박한다. 헤르조그 교수는 독일에서 가장 저명한 강좌인 2021 아도르노 강좌에 초대되기도 했다.[1]

2014년 12월에 그녀는 미국 뉴욕시립대학교의 막스 베버 강좌에 초대되어 프로이트의 정신분석학이 당시 독일어권에서 많은 비판을 받았지만, 독일과 미국의 68 신좌파들이 열렬하게 수용함으로써 유행하게 되었다고 말했다.[2] 2013년에 독일 연방 정치교육원(Bundeszentrale für politische Bildung)에는 "과거사 청산으로부터 전체주의로?"라는 제목으로 헤르조그 교수의 연구를 상세하게 설명하는 글이 실렸다. 헤르조그 교수는 독일어로 번역된 『쾌락의 정치화 : 20세기 독일 역사 속에서의 성(性)』[3]이라는 책에서 독일 68 성혁명 운동이 독일 나치 시대의 역사를 성억압의 시대로 왜곡

1. Institut für Sozialforschung Frankfurt am Main, Adorno-Vorlesungen 2021 : Dagmar Herzog "Liebe, Geld, Mord (1900-1950)" (1/3), 2021년 6월 23일. https://www.youtube.com/watch?v=HVFXaU43yns&t=4074s
2. Dagmar Herzog, "On Aggression : Psychoanalysis as Moral Politics in Post-Nazi Germany". Max Weber Lecture by Dagmar Herzog, distinguished professor of history and the Daniel Rose faculty scholar at the Graduate Center at CUNY, 10 December 2014. https://www.youtube.com/watch?v=eanNkdCCJqk
3. Dagmar Herzog, Die Politisierung der Lust : Sexualität in der deutschen Geschichte des 20. Jahrhunderts (München : Siedler, 2005).

하고 있다고 주장했다. 이 글은 헤르조그 교수의 책을 다음과 같이 상세하게 소개하고 있다. "독일에서의 성의 문화역사를 다룬 『쾌락의 정치화』라는 책의 저자 다그마 헤르조그 교수는 독일 나치 시대의 성에 대한 자세가 특별한 경직과 거부로 각인되어 있다는 통상적인 견해를 반박한다. 이러한 견해는 독일 68 학생운동 안에서 특히 빌헬름 라이히의 이론에 근거해서 자주 주장되었다."[4]

또한 이 글은 헤르조그 교수의 독일 68 성혁명 이론의 수정이 독일의 저명한 역사학자 괴츠 알리(Götz Aly) 교수의 주장과 일맥상통한다고 설명한다. "헤르조그 교수도 괴츠 알리 교수와 유사하게 독일 나치 시대의 성적인 문란함에 대한 침묵이 가지는 면제적이고 갈등 제한적인 효과에 대해서 말한다. …… 교회적인 분위기로 특징지워진 관계들과 비교한다면 사람들은 독일 나치 시대의 철저하게 (성적으로) 자유화된 분위기에 대해서 침묵한다."[5] 이 자료는 독일 나치즘의 성정치에서 이루어진 혼전 섹스와 혼외 섹스 장려에 대해 역사적으로 분석한 헤르조그 교수의 책을 인용한다.[6] 뿐만 아니라 2차 세계대전 이후 독일 교회들이 나치 시대의 수많은 낙태의 경우처럼 '가치 타락과 나치즘이라는 주제'를 깊이 다루었다면, 독일 68 학생운동은 '성억압 가설(Repressionshypothese)에 대한 수용과 구축'을 시도했고, 이 성억압 가설은 곧바로 독일 『슈피겔』지에 의해 수용되었다고

---

4. Wilhelm Reich, *Die Massenpsychologie des Faschismus* (Köln : Kiepenheuer & Witsch, 1971).

5. Dagmar Herzog, *Die Politisierung der Lust : Sexualität in der deutschen Geschichte des 20. Jahrhunderts*, 130.

6. 위의 문서, 80.

4장 독일 68 성정치 사상의 역사 왜곡과 지적 사기 233

설명한다.[7]

독일 도이치란트풍크 방송도 헤르조그 교수의 책을 소개하면서 나치 시대를 성억압적인 시대로 주장하는 독일 68 학생운동과는 달리, "1950년 대에는 나치들이 성적인 문란을 장려했다는 믿음이 지배했다."고 소개했다.[8] 독일 『문학비평』 저널에 실린 글도 헤르조그 교수의 연구를 소개하면서 나치 시대는 소돔과 고모라가 지배했던 시대였다는 것과 독일 나치즘의 성적인 방임과 나치 시대의 독일인들의 성적인 문란에 대해서 소개하고 있다.[9]

프로이트의 정신분석학은 독일 68 소아성애적 안티파의 파시즘이론의 근거로 작용했다. 함부르크 사회연구소(Hamburger Institut für Sozialforschung)는 2021년 6월 23일부터 25일까지 개최된 독일어권에서 가장 저명한 강좌 중 하나인 아도르노 강좌에서의 헤르조그 교수의 강의를 보도하면서, 헤르조그 교수가 독일 68 학생운동의 파시즘 이론을 반박하면서 주장한 "1920년대 독일은 이미 성도덕과 관련해서 유럽 국가들 중에서 성적으로 가장 자유분방한 국가였다."는 사실을 소개했다. 독일 68 학생운동은 "나

---

7. Martin Maier, "Von der 'Aufarbeitung der Vergangenheit' zum Totalitarismus?", 2013년 6월 5일. https://www.bpb.de/geschichte/zeitgeschichte/deutschlandarchiv/162703/von-der-aufarbeitung-der-vergangenheit-zum-totalitarismus

8. Eike Gebhardt, "Fingerspitzengefühl statt Ellenbogen", 2005년 8월 12일. https://www.deutschlandfunk.de/fingerspitzengefuehl-statt-ellenbogen-100.html
"Im Gegensatz zu den 68ern, die Nazis ja für sexualrepressiv hielten, herrschte in den 50er Jahren der Glaube, die Nazis hätten die Promiskuität gefördert. Diesen Widerspruch galt es zu verstehen."

9. Jörg von Bilavsky, "Last mit der Lust : Dagmar Herzog über Sex und Erinnerung in der deutschen Geschichte des 20. Jahrhunderts", *Literaturkritik.de* Nr. 6. Juni 2009. https://literaturkritik.de/id/13161

치즘과 홀로코스트의 부상은 사회심리학적으로 독일 시민들의 억압적 성
도덕으로 인해서 발생했다고 설명할 수 있다."는 테제를 주장했지만, 헤르
조그 교수는 이를 반박했다고 소개했다. 헤르조그 교수는 프로이트와 비
정통적 정신분석학자 빌헬름 라이히에 기초한 독일 68 학생운동의 파시즘
이론을 반박하면서, 당시 독일은 유럽에서 가장 성적으로 자유롭고 문란
한 국가였다고 주장했다.[10]

3. 나치즘과 홀로코스트는 성억압의 산물인가?

다그마 헤르조그 교수는 다음과 같이 주장한다. "억압된 성의 표현으
로서의 파시즘과 홀로코스트에 대하여 1970년대부터 등장한 해석들은
1950년대의 숨 막히는 경직성과 소시민성 가운데 자란, 정치적으로 비
판적인 젊은이들에게 매력적으로 이해되었다는 사실은 놀랍지 않다.
사실 우리는 독일 68에 대해서 비록 안티파시즘적이라는 자기양식화
(Selbststilisierung als Antifaschistisch)에도 불구하고 그들을 안티후기파시즘
적인 운동(Antipostfaschistische Bewegung)으로, 즉 서독에서 파시즘 이후에
발생한 문화에 대한 반항으로 이해해야만 한다."[11]

---

10. Martin Bauer, Jens Bisky, "Die Eugenik verlernen. Bericht zu den Adorno-
    Vorlesungen "Eugenische Phantasmen : Behinderung, Macht, Moral" von
    Dagmar Herzog am 23., 24. und 25. Juni 2021", 2021년 6월 29일. https://www.
    soziopolis. de/die-eugenik-verlernen. html
    "……dass Deutschland bereits in den 1920er-Jahren zu den in Sachen
    Sexualmoral freizügigsten Ländern Europas zählte."
11. Dagmar Herzog, *Die Politisierung der Lust : Sexualität in der deutschen*

앞에서 소개한 독일 연방 정치교육원 자료는 헤르조그 교수의 연구에 기초해서 기독교민주연합(CDU)이 주도했던 서독 연방 공화국의 초대 수상인 아데나워(Konrad Adenauer) 시대에 이미 성적으로 문란한 나치들에 대한 인식이 존재했다는 다른 연구도 소개했다.[12] 유겐 코곤(Eugen Kogon)은 1946년에 처음 출간한 그의 책에서 나치들의 여성화(Verweiblichung)와 나치 당원조직들 속에서의 동성애에 대해서 적었다.[13] "성적인 청결과 단정함이 독일 나치들과 구별되는 점이었다. 육욕과 공격적이고 성적인 연출은 엄금되었다."[14] 또한 독일 연방 정치교육원 자료는 독일 68 학생운동이 성해방을 통해서 독일인들의 만행에 대한 나치 시대의 부모들로부터 물려받은 죄과를 극복할 수 있다고 본 사실을 지적하는 연구[15]도 소개했다.[16]

헤르조그 교수는 독일 68 성혁명 운동에서의 쾌락의 정치화뿐 아니라, 독일 나치 시대를 분석한『쾌락의 정치화』라는 책에서 다음과 같이 질문한다. "전체 현상으로서의 독일 제3제국(나치 시대)뿐 아니라 홀로코스트가 정기적으로 성억압의 산물로 묘사되고, 안티파시즘적인 명령으로서의 성

Geschichte des 20. Jahrhunderts, 170.

12. Sebastian Winter, Verjudete Nazis, Deutsches Heil, "Sexualitätsentwürfe der westdeutschen 68er-Bewegung vor dem Hintergrund von NS-Vergangenheit und Adenauer-Zeit", *Psychosozial* 124, 2011, 61-73.

13. 위의 문서, 63.

14. 위의 문서, 64.

15. Klaus Theweleit, "Salzen & Entsalzen. Wechsel in den sexuellen Phantasien einer Generation," in : ders., *Ghosts : Drei leicht inkorrekte Vorträge* (Frankfurt a. Main, Basel : Stroemfeld, 1998), 127f.

16. Martin Maier, "Von der 'Aufarbeitung der Vergangenheit' zum Totalitarismus?", 2013년 6월 5일. https://www.bpb.de/geschichte/zeitgeschichte/deutschlandarchiv/162703/von-der-aufarbeitung-der-vergangenheit-zum-totalitarismus

해방이 주장되는 것을 어떻게 설명할 수 있을까?" 헤르조그 교수는 1940
년대 후반과 1950년대의 서독 자료들을 연구하면서 '독일에 대한 재기독
교화에 대한 요구'와 '독일 나치에 의해서 파묻힌 전통적인 가족 가치들에
대한 존중 회복에 대한 숙원'을 발견했다.[17]

오스트리아 빈 대학교의 정치학 교수인 릴리아나 라도니치(Ljiljana
Radonić)도 2013년 다름슈타트 공과대학에서 개최된 "독일 제3제국에서의
쾌락의 정치화-나치 시대의 성해방"이라는 특강에서 헤르조그 교수의 연
구를 소개했다. 그녀는 독일 나치 시대에는 성해방이 게르만적 혹은 아리
안적 특권으로 정의되었다는 사실과 이러한 성개방적이고 성친화적인 독
일 나치 시대의 측면이 전후에 망각되었다는 사실을 지적했다.[18] 쾌락의
정치화는 독일 68 학생운동뿐 아니라, 히틀러의 나치 시대에도 발생했다.
독일 좌우 낭만주의 학생운동으로서 1933년 히틀러의 나치 학생운동과
독일 68 학생운동은 모두 디오니소스적 쾌락의 정치화와 성해방을 추구했
다는 것이 역사적 사실이다.

오스트리아 국영방송은 2017년 4월 8일에 "쾌락의 정치화"라는 제목
아래 "다그마 헤르조그 교수의 『쾌락의 정치화』라는 책은 독일 제3제국에
서 성이 실제로 어떠했는지와 어떻게 그러한 역사 왜곡이 이루어졌는지에
대해서 분석한다"라는 소제목으로 방송했다. 이 방송은 헤르조그 교수의

---

17. Dagmar Herzog, *Die Politisierung der Lust : Sexualität in der deutschen
Geschichte des 20. Jahrhunderts* (Gießen : Psychosozial-Verlag, 2021), 3.
18. Ljiljana Radonić, "Politisierung der Lust im Dritten Reich-'Befreiung' der
Sexualität auf nationalsozialistisch", TU Darmstadt. https://homepage.univie.
ac.at/ljiljana.radonic/vortraege_en.html

연구에 대해 소개하면서 "제3제국에서는 어떠한 얌전함도 존재하지 않았다. …… 역사적으로 올바르게 고려한다면 독일 나치들은 성적으로 개방적이었다. 단, 그 성적인 개방이 건강한 아리아인들에 대한 것이라는 전제 하에서 그러하다. …… 나치들은 20세기 초의 성적인 개방성과 맥을 같이 했고, 당시 독일은 유럽에서 성적으로 가장 자유로운 국가였다."고 설명했다.

또한 이 방송은 "처음에는 젊은 아리아인들이 비밀스럽게, 그러나 곧바로 완전히 노골적으로 섹스하도록 장려되었다. 1934년 독일소녀동맹(BDM : Bund Deutscher Mädchen)의 지도자 여성은 자신들에게 배당된 젊은 소녀들이 혼전 성관계를 하도록 장려하라는 명령을 받게 되었는데, 그 명령은 엄중하고 비밀스럽게 수행하라는 메모와 함께였다. 이미 1935년에 독일소녀동맹에서 발생한 일은 공공연한 비밀이었다. 드레스텐에서 빅토어 클렘퍼러(Viktor Klemperer)는 자신의 일기장에 다음과 같이 적고 있다. "안네마리 쾰러(Annemarie Köhler)는 병원들이 임신뿐 아니라 임질로 병든 15세 소녀들로 넘쳐나고 있었다고 절망하면서 이야기했다."" 이 방송은 또한 "1950년대의 얌전함"이라는 소제목으로 1950년대에는 보수주의와 얌전함이 반나치주의의 초기 형식으로 해석되었다고 보도했다.[19]

헤르조그 교수는 독일 68 학생운동이 '독일의 민족적 과거에 대한 심각하게 왜곡된 이해'를 가졌다고 비판한다.[20] 독일 제3제국은 성적으로 문

---

19. oe1.ORF.at, "Die Politisierung der Lust", 2017년 4월 8일. https://oe1.orf.at/artikel/203960/Die-Politisierung-der-Lust

20. Dagmar Herzog, *Sex after fascism : memory and morality in twentieth-century Germany* (Princeton, NJ : Princeton University Press, 2005), 183.

란하고 도덕적으로 파계적이었기에 전후 기독교민주연합(CDU) 정당이 주도하는 1950년대의 독일은 이러한 나치 과거사를 청산하려고 했다. 독일의 60년대 급진주의자들은 이러한 기독교민주연합 국가(CDU-Staat)로서의 1950년대 독일을 나치 시대의 연장으로 왜곡해서 이해했다. 독일 68 세대들은 그들이 성장한 1950년대의 청교도주의에 반항하면서 스스로는 안티파시즘적인 입장을 추구했지만, 실제로 이것은 나치들의 기독교 도덕에 대한 부정에 더 근접하는 입장이었다.[21]

헤르조그 교수의 연구를 비롯해 20세기 독일에서의 성에 대한 다른 역사적 연구는 히틀러 나치즘의 반부르주아적이고 성적으로 파계적인 측면들을 잘 보여 주고 있다.[22] 이 연구는 히틀러유겐트와 독일소녀동맹 같은 학생운동에서 발견되는 '성적인 문란, 그룹섹스, 소아성애 그리고 일반적으로 뻔뻔스러운 성적인 쾌락 추구' 등에 대해서도 소개하고 있다.[23]

독일의 저명 언론 『쥐드도이체 짜이퉁』은 2010년 5월 19일에 헤르조그 교수의 연구를 소개하면서, 히틀러의 학생운동이었던 히틀러유겐트 운동이 성적으로 문란했다는 사실을 "히틀러유겐트에서의 자유로운 섹스"라는 소제목으로 소개했다. 또한 성적인 "부정을 장려하다"라는 소제목으로 나치 시대의 성적인 문란과 나체 문화의 존재에 대해 소개했다. 그리고 전후 1950년대 기독교민주연합 정당이 주도한 기독교적 보수주의 시대에는 가

21. Mark Fenemore, "The Recent Historiography of Sexuality in Twentieth-Century Germany", *The Historical Journal* 52(3), 2009, 772.
22. 위의 문서, 773.
23. 위의 문서, 775. 'the incidence of promiscuity, group sex, 'sexual intercourse involving minors' and, generally, unabashed pleasure in sexuality".

정적이고 성적으로 도덕적인 가치들이 나치들의 반부르주아적인 부도덕을 치유할 수 있는 대안으로 제시되었다는 사실도 소개했다.[24]

독일『문학비평』저널은 헤르조그 교수의 책을 서평 형식으로 소개하면서 그녀의 역사연구가 독일 68 운동의 잘못된 역사 버전들(Falsche Geschichtsversionen)을 반박한다는 것과 독일 나치 시대의 성적인 방임에 대해서 분석한다고 소개한다. 또한 이 저널은 독일 나치 시대에 대한 일반적인 견해를 반박하면서 나치 시대에는 철두철미하게 쾌락이 강조되고 결혼이 신성한 것으로 간주되지 않는 성정치가 이루어졌다고 밝힌 그녀의 연구를 소개했다. 덧붙여 이 서평은 2차 세계대전 이후 독일 교회가 소돔과 고모라가 지배한 나치 시대를 비판했다고 설명했다.

이 서평은 에로티시즘에 대한 나치적 의지(Nationalsozialistische Wille zur Erotik)가 관철되고 강제되었다고 소개한다. 또한 헤르조그 교수의 연구에 대해 "혼전 성관계와 혼외 성관계가 결코 드문 일이 아니었으며, 그것은 관용될 뿐 아니라 상황에 따라서는 선전되기도 했다."고 소개하면서 독일 나치 시대의 독일인들의 성적인 문란이 1945년 이후에도 지속되었다고 말한다.[25] 히틀러의 최측근인 하인리히 힘믈러(Heinrich Himmler)는 일부다처제까지 장려했다.[26] 이러한 히틀러의 나치즘에서 발견되는 에로스를 향한 나

---

24. *Süddeutsche Zeitung*, "Die German Angst vor Sex", 2010년 5월 19일. https://www.sueddeutsche.de/kultur/das-buch-dagmar-herzog-die-politisierung-der-lust-die-german-angst-vor-sex-1.892318-0

25. Jörg von Bilavsky, "Last mit der Lust : Dagmar Herzog über Sex und Erinnerung in der deutschen Geschichte des 20. Jahrhunderts".

26. Nicole Loroff, "Gender and Sexuality in Nazi Germany", *Constellations* 3(1), 2011, 54.

치적 의지는 퀴어젠더적인 에로스를 향한 독일 특유의 낭만주의적 의지에
까지 거슬러 올라간다.

2008년 4월 10일, 독일의 저명 언론『프랑크푸르트 룬트샤우(*Frankfurter
Rundschau*)』는 "침대 속의 안티파시즘"이라는 제목으로 헤르조그 교수의
연구가 독일 68 운동의 관점주의적 협착(Perspektivischen Verengung)을 비
판하고 있다고 소개했다. 이 언론은 그녀의 연구가 독일 나치 시대를 보수
적이고 성적으로 경직된 사회로 묘사하는 것은 독일 68 성혁명 운동의 역
사적 사실들에 위배되는 하나의 수사학적 전략에 불과하다는 것을 보여
준다고 말했다. 물론 독일인들로 제한되었지만, 이 언론은 나치즘이 성적
으로 매우 관대했던 역사적 사실을 강조하는 헤르조그 교수의 연구를 소
개했다.

성과 쾌락에 적대적인 것은 오히려 독일 전후 시대였다. 그래서 이 언
론은 독일 68 신좌파는 비록 자신들은 스스로를 안티파시즘적으로 이해
하지만, 신좌파를 안티후기파시즘적인 운동으로 이해하는 것이 더 옳다는
헤르조그 교수의 입장을 소개한다. "독일 68 운동은 성억압과 파시즘적인
시스템의 형성 사이에 존재하는 밀접한 관련성을 주장했다. 이 이론의 대
표적 증인은 바로 정신분석학자 빌헬름 라이히다." 이 언론은 헤르조그 교
수의 연구를 소개하면서 "독일 과거사에 대한 68 세대의 관계는 그들의 자
기인식(Selbstwahrnehmung) 속에서 보여지는 것보다 훨씬 더 복잡하고 모
순적이다."라고 설명했다. 또한 "독일 파시즘에 대한 독일 68의 논쟁은 그
들의 어린 시절이었던 2차 세계대전 이후 시대와 우선적으로 관련된다.
…… 독일 68 세대는 전후 시기와 나치즘 사이에 존재하는 사회적 유사성
들을 강조하지만, 이는 아데나워 시대에 대한 협착된 관점으로 빠지게 되

었다. 나치즘에 대해서 독일 68 세대는 자주 무차별적인 안티파시즘 개념을 적용했다."고 밝힌 헤르조그 교수의 말을 소개했다.

이 언론은 또한 헤르조그 교수의 연구에 기초하여 독일 68 세대가 그들의 언어적 급진주의와 파시즘 개념을 무차별적으로 사용함으로써 독일 나치즘에 대한 과거사 청산으로부터 멀어지고 있다고 주장한다. 이 언론은 "독일 68 성혁명 운동의 소아의 성에 대한 집중과 정치화로 인해 새로운 규범이 탄생되었다. 당시에는 소아의 욕구에 부합하든지 혹은 아니든지 간에 소아는 성적인 존재로 활동해야 한다고 여겨졌다. 1980년대에 등장한 가족 내에서의 성폭력과 아동 포르노그래피에 대한 논쟁으로 인해 소아의 성에 대한 이러한 논의들은 신랄한 비판을 받게 되었다."[27]고 밝혔다.

앞에서 보았듯이 소아성애적 안티파인 독일 68 신좌파 운동은 소아기적 성을 이론화한 프로이트의 정신분석학을 성혁명적이고 성정치적으로 보다 급진화시켰다. 오스트리아 비엔나의 세기말에 유행했던 소아 매춘과 소아성애라는 문화적 상황으로부터 탄생한 프로이트의 소아성욕에 대한 이론은, 독일 68과 녹색당의 소아성애 운동의 권위와 근거가 되었다. 이렇게 독일 68 소아성애적 안티파 학생운동은 프로이트의 소아성욕 이론을 그 근거와 권위로 삼아 소아성욕 이론에 집중했다. 그리고 소아도 성적인 존재라고 주장하면서 조기 성애화되고 과잉 성애화된 소아와 청소년을 사회주의적 새 인간으로 개조해서 사회주의적 사회변혁을 시도하려고 했다.

---

27. Beate Schappach, Andreas Schwab, "Antifaschismus im Bett", 2019년 1월 29일. https://www.fr.de/politik/antifaschismus-bett-11579933.html

독일의 저명 언론『짜이트』도 2005년 10월 13일에 헤르조그 교수의 책에 기초해서 다음과 같이 보도했다. "2차 세계대전 이후 1950년대의 나치즘은 성적으로 참을 수 없을 정도로 허용적인 시대로 간주되었기에, 독일을 도덕적으로 새롭게 정초하기 위해서는 도덕적 엄격성(Sittenstrenge)이 시급한 것으로 보였다. 그러나 독일 68 세대에게는 반대로 나치즘이 성적으로 억압된 것으로, 억압된 쾌락의 정권으로 간주되었기에 성해방이 제공된 길로 보였다." 이 언론도 앞에서 소개한, 독일소녀동맹에서 엄격하고 비밀스럽게 장려된 혼전 성관계를 지적하는 헤르조그 교수의 연구를 소개한다. 이 언론은 "성적인 열정은 기독교적 도덕에 맞서서 일정한 목적을 가지고 신성화되었다."고 보도했다. 또한 "독일 68 세대의 성적인 문란함은 (홀로코스트와 같은) 대량학살을 성억압의 결과로 설명하는 것으로부터 나온다."고 분석한 헤르조그 교수의 연구를 소개했다. [28]

독일의 저명 언론『프랑크푸르트 알게마이네 짜이퉁』도 2018년 11월 28일 보도를 통해 "독일-미국 역사가 다그마 헤르조그는 성의 역사에 대한 그녀의 도발적인 연구들로 잘 알려져 있다. 그녀의 가장 잘 알려진 책인『쾌락의 정치화』속에는 독일 나치 시대의 성정치가 훨씬 더 개방적이었다는 사실이 드러난다. 헤르조그의 연구는 빌헬름 라이히의 책들이나 헤르베르트 마르쿠제의 책들로부터 1968년 학생운동이 도출한 가르침, 곧 나치즘은 성억압의 토양 속에서 자랐다는 광범위하게 퍼진 견해들에 대해서

---

28. Elisabeth von Thadden, "Die ruinierte Intimität. Dagmar Herzogs 'Politisierung der Lust' rekonstruiert, wie im deutschen 20. Jahrhundert bis in die Betten hinein regiert wurde", 2005년 10월 13일. https://www.zeit.de/2005/42/ST-Lust-TAB

의도적으로 맞서고 있다. 이것으로부터 헤르조그는 최근 몇 년 동안 성혁명에 대한 새로운 평가를 시도하고 있다."라고 소개한다.[29]

4. 독일 낭만주의의 나체주의적 성교육과 '안티파시즘적 육체'

오스트리아 언론 『프로필』은 "하켄크로이츠 아래에서의 섹스 : 학문에서의 나치들의 쾌락 이해"라는 제목으로 헤르조그 교수의 『쾌락의 정치화』가 독일 나치 시대의 성생활이라는 금기 영역에 대해 논했다고 소개했다. 이 언론은 "그녀의 감탄스러운 테제는 독일 나치즘이 성적으로 억압된 성격으로 특징지어진다는 독일 68 세대의 오래된 도그마를 수정했다."고 설명한다.

이 언론은 다음과 같이 소개한다. "좌파 인텔리겐치아들은 무엇보다도 프로이트의 제자인 빌헬름 라이히와 독일인들에게 강요된 육체-갑옷(Körperpanzer)에 대한 라이히의 이론에 호소했다. 쾌락과 에로티시즘을 체험할 수 없는 육체-갑옷의 무능력은 좌절을 경험하게 만들고, 이는 결국 (홀로코스트와 같은) 대량학살로 분출되게 한다. 하지만 헤르조그 교수는 이것이 완전히 틀린 주장이라고 설명한다. 나치들의 목적은 성을 억압하는 것이 아니었다. ⋯⋯ 나치 선전선동에는 아리안적-게르만적 자연성(Natürlichkeit)과 대조되는 시민적 협착과 편협한 얌전함에 대한 논쟁적 묘사들로 가득 차 있다. 아리안적 삶의 느낌은 나체주의와 생활개혁운동

---

29. Andreas Mayer, "Als der gesunde Sex erfunden wurde", 2018년 11월 28일. https://www.faz.net/aktuell/feuilleton/buecher/rezensionen/sachbuch/sachbuch-zur-geschichte-der-sexualitaet-von-dagmar-herzog-15912303.html

(Lebensreformbewegung)의 요소들을 수용했다. 19세기 중반부터 독일과 스위스에서 형성된 생활개혁가들은 '자연으로 돌아가라.'는 모토 아래서 시골 생활, 반물질주의적 생활양식 그리고 채식주의를 도시 문명 속에서 발견되는 문명 타락에 맞서는 전략으로 설파했다."[30]

독일 특유의 낭만주의적-반계몽주의적 나체주의는 일종의 남색자들의 클럽이었던 반더포겔 운동, 히틀러유겐트, 독일 개혁교육학 운동 그리고 독일 68 학생운동과 녹색당으로까지 이어진다. 영미 계몽주의, 자본주의, 상업주의, 개인주의 그리고 자유주의 전통에 맞서서 독일 특유의 독자노선을 주장하는 독일 낭만주의는 이후 좌우로 분열된다. 독일 좌우 낭만주의-반계몽주의 학생운동에서 이러한 아리안적-게르만적 자연성과 나체주의가 장려되었다. 이후 소개할 『교육학의 거장들』(한길사, 2004)에 소개된 독일 개혁교육학 운동가들도 독일 특유의 반문명주의적-루소주의적 생활개혁운동과 19세기 중반부터 독일과 스위스에서 형성된 생활개혁가들의 영향을 받았다. 하지만 이러한 독일 특유의 낭만주의적-디오니소스적 나체주의 문화 속에서 동성애적 소아성애(남색)라는 아동 인권 유린이 자행되었다.

이 오스트리아 언론은 다른 언론에서도 다룬 독일소녀동맹에서 강제된 혼전 성관계뿐 아니라, 헤르조그 교수의 연구에 기초하여 히틀러유겐트에서도 성적인 문란이 청소년기 소년들에게 바람직한 행동으로 간주되

---

30. Sebastian Hofer, "Sex unterm Hakenkreuz : Das Lustverständnis der Nationalsozialisten in der Wissenschaft", 2008년 5월 24일. https://www.profil. at/oesterreich/sex-unterm-hakenkreuz-das-lustverstaendnis-der-nationalsozialisten-in-der-wissenschaft/400889099

었던 사실을 소개했다. 또한 이 언론은 히틀러의 핵심 측근인 괴벨스(Josef Goebbels)의 성중독(Sexsucht)에 대해서도 언급하고 있다.[31] 빌헬름 라이히의 육체-갑옷 이론에 맞서서 독일 68 성혁명 운동은 헤르조그 교수의 『쾌락의 정치화』의 6장 제목처럼 '안티파시즘적 육체(Antifaschistische Körper)'를 추구했는데, 이 안티파시즘적 육체는 무엇보다도 소아성애를 통해서 이루어졌다. 헤르조그 교수는 "안티파시즘적 육체 : 학생운동, 성혁명 그리고 반권위주의적 소아교육"이라는 논문에서도 이 안티파시즘적 육체라는 개념을 비판적으로 다루었다.[32]

　미셸 푸코도 이와 유사한 맥락에서 안티파시즘적인 육체에 대해서 말했다. 이렇게 독일 68 소아성애적 안티파가 주장한 안티파시즘적인 육체는 무엇보다도 소아성애를 통해서 이루어졌고, 그 소아성애 운동으로 인해 수많은 소아들이 성적으로 강간당하고 폭행당했다. 헤르조그 교수의 논문 제목처럼 독일 68은 프로이트의 정신분석학과 정신분석학적 교육학을 재발견해서 '반권위주의적 소아교육'을 실시했는데, 이러한 반권위주의적 소아교육 혹은 소아 조기 성교육은 소아성애적 아동 인권 유린이라는 어두운 그림자를 남겼다. 앞에서 본 것처럼 독일 68은 프로이트의 소아성욕 이론에 기초해서 소아의 쾌락 육체를 주장했는데, 소아의 쾌락 육체 사상은 이러한 안티파시즘적인 육체 사상과 맥을 같이한다. 즉, 태어나면서부터 성적인 존재인 소아의 쾌락 육체는 소아성애를 통해서 안티파시즘적

31. 위의 문서.
32. Dagmar Herzog, "Antifaschistische Köerper : Studentenbewegung, sexuelle Revolution und antiautoritaere Kindererziehung", in : *Nachkrieg in Deutschland*, (ed.) Klaus Naumann (Hamburger Edition, 2001).

육체가 된다는 것이다. 이렇게 독일 68과 프랑스 68의 소아성애적 안티파는 소아와 청소년의 쾌락 육체에서 수행되는 소아성애적 성행위를 안티파시즘을 위한 위대한 행위로 찬양해 왔다.

또한 독일 특유의 낭만주의적 나체주의는 20세기 초 독일 나치 시대의 독일 개혁교육학에서도 발견된다. 이후 자주 언급될 오덴발트 학교의 소아성애 사태도 독일 낭만주의적 나체주의 교육과 밀접히 관련되어 있다. 나체주의는 독일 개혁교육학의 중요한 특징이었다. 영국 빅토리아 시대의 청교도적 성도덕의 대척점에서 독일 낭만주의적-디오니소스적 나체주의를 표방한 독일 나치 시대의 반더포겔 운동, 히틀러유겐트, 독일 68 운동과 적군파 그리고 독일 녹색당과 같은 독일 특유의 좌우 낭만주의-사회주의 소위 성소수자 학생운동은 모두 소아와 청소년의 쾌락 육체를 통해서 성적 쾌락의 정치화를 추구했다. 하지만, 그러한 낭만주의적-소아성애적 이념 아래서 수많은 소아들과 청소년들이 강간과 성폭행을 당했다.

이후에 논의하겠지만, 국내 김누리 교수가 찬양하는 독일 68 반권위주의적-루소주의적 진보교육의 메카인 오덴발트 학교는 3m 높이의 거대한 남근상을 교육 상징처럼 세워 놓고 독일 특유의 낭만주의적 나체주의 교육을 실시했다. 2010년 이후로 오덴발트 학교는 소아성애자들(혹은 남색자들)의 천국이 되었고, 어린 학생들에게는 '지옥'과 같은 학교라는 사실이 마침내 폭로되었다.[33] 수십 년간 12명의 어린 학생들이 소아성애적 강간으로

---

33. Alan Posener, "Das schmutzige Geheimnis der linken Pädagogik?", 2015년 3월 18일. https://www.welt.de/kultur/literarischewelt/article138531446/Das-schmutzige-Geheimnis-der-linken-Paedagogik.html?fbclid=IwAR2GZvJ8StVRc93__hSX2XR5PDTQuGG7Qg-zySF6IAXiN0Qm4GR4SReYlWY

인해 자살했고, 약 900여 명의 희생자가 있었다.

위르겐 윌커스 교수는 "개혁교육 : 하나의 독일적 운명인가?"라는 강연에서 오덴발트 학교뿐 아니라 『교육학의 거장들』[34]에서 독일 교육학의 거장들로 소개된 독일 개혁교육학의 선구자들이 나체교육(알몸교육), '교육학적 에로스' 그리고 성적 자기결정권 등을 핵심개념으로 삼아 소아성애적(혹은 남색적) 교육을 했다고 비판했다. 오덴발트 학교를 비롯한 독일 개혁교육에서 나체교육은 핵심적 이념이었다.[35] 성혁명 개념의 창시자 빌헬름 라이히도 나체교육을 주장했는데, 이는 모두 독일 특유의 낭만주의 운동의 유산이다.

2010년 5월 19일에 『남독일 신문(Süddeutsche Zeitung)』은 "홀로코스트를 성(性)의 영역으로 이동시켰다"라는 소제목으로 "헤르조그 교수는 독일 68 학생운동이 그들의 부모세대에 의해 자행된 홀로코스트 이후의 죄과와 슬픔을 정치적 행동주의와 성 영역으로의 이동(Verschiebungen)을 통해서 극복하고자 했다는 점에서 68 학생운동의 트라우마를 인식했던 독일 사회학자 라이무트 라이히의 해석을 따르고 있다."고 적었다.[36] 즉, 독일 68 학생운동은 홀로코스트에 대한 책임을 회피하면서 그것을 성적인 영역으로 이동시켜서 홀로코스트와 대량학살이 성억압의 결과라는 역사 왜곡에

---

34. 한스 쇼이얼 외 저, 정영근 외 역, 『교육학의 거장들 1』(서울 : 한길사, 2004).
35. Jürgen Olkers, Reformpädagogik : Eindeutsches Schicksal?, Vortrag in der Universität Wuppertal am 13.07.2010. https://www.uzh.ch/cmsssl/ife/dam/jcr:00000000-4a53-efca-0000-00006ec8fb56/WuppertalRP.pdf
36. Süddeutsche Zeitung, "Die German Angst vor Sex", 2010년 5월 19일. https://www.sueddeutsche.de/kultur/das-buch-dagmar-herzog-die-politisierung-der-lust-die-german-angst-vor-sex-1.892318-3

기반한 이상한 주장을 하게 되었다는 것이다. 이러한 성혁명, 성정치 그리고 성해방 사상은 독일 특유의 역사로부터 나온 이론이기에 결코 보편적으로 일반화될 수 없다. 그러나 이 매우 특정한 독일제 성정치 사상은 21세기에도 여전히 글로벌 성혁명 운동의 진원지와 철학적 권위로 영미권 좌파와 사회주의 계열에서 유행하고 있다.

5. 독일 낭만주의의 성적인 독자노선 비판

2006년에 앤 앨런(Ann Allen) 교수는 "성적인 독자노선? 독일에서의 쾌락과 악"이라는 제목으로 헤르조그 교수의 책에 대한 서평을 '인문학과 사회과학 온라인 저널(H-Net : Humanities & Social Sciences Online)'에 기고했다. 앤 앨런 교수는 헤르조그 교수의 연구를 다음과 같이 평가했다. "나치 시대의 성적인 요소들에 대한 독일인들의 집착은 그들로 하여금 홀로코스트의 역사를 직면하도록 권장하지 못했다. 성에 대한 독일인들의 끊임없는 논의는 홀로코스트에 대한 책임을 회피하고 과거를 왜곡하고자 하는 독일인들의 일반적인 경향을 강화시켰다."[37] 앤 앨런 교수도 독일 68 학생 운동의 명백한 역사 왜곡 문제를 이와 같이 지적했다.

앤 앨런 교수는 헤르조그 교수의 연구에 대해 다음과 같이 요약했다.

---

37. Ann Allen, A Sexual Sonderweg? Pleasure and Evil in Germany (Review of Dagmar Herzog-*Sex After Fascism : Memory and Morality in Twentieth-Century Germany*), H-German, H-Net Reviews, January 2006. http://www.h-net.org/reviews/showrev.php?id=11348
"In fact, the endless discussions of sex reinforced a general tendency to avoid responsibility and to distort the past."

"홀로코스트의 범죄자들의 심리에 대한 너무 많은 강조는 홀로코스트의 희생자들을 보이지 않게 만들어 버렸다. 나치 과거사의 범죄들에 대해서 시끄럽게 비난했던 자들(독일 68 학생운동)이 반유대주의적 편견을 극복한 것도 아니었다. 실제로 그들 중 일부는 유대인들을 향한 적대적 태도를 계속 가졌다. 홀로코스트를 성적인 문제들에 대한 논의를 위한 프레임으로 사용하는 경향은 독일인들로 하여금 홀로코스트에 대한 역사적 인식보다는 자기 연민을 가지게 했다." 또한 "헤르조그 교수가 나치즘의 범죄에 대한 독일인들의 책임을 회피하고 최소화하며 혹은 하찮아 보이게 만들고자 하는 독일인들의 경향을 비판하는 것은 옳다."고 평가했다.[38]

앤 앨런 교수는 다음과 같이 독일 68 성정치의 실패를 소개했다. "헤르조그 교수는 성과 정치를 관련시키고자 하는 시도가 막다른 길에 도착했다고 결론짓는다. 환멸을 느낀 독일 68 학생운동의 베테랑들은 할 수 없이 성해방이 정치적 혁명을 발생시키지는 못한다고 결론 내렸다. 실제로 1970년대의 페미니스트들도 새롭게 '해방된' 도덕이 옛날 방식의 성차별주의를 변호하는 하나의 유행적 근거였다는 사실을 지적했었다."[39]

빌헬름 라이히의 프로이트막시즘은 유럽 68 학생 문화혁명 시기에 깊숙이 수용되었다. 그의 책은 68 운동 당시 광범위하게 읽혀졌다. 특히 라이히는 "소아의 성은 해방되어야만 한다. 그렇지 않을 경우 소아의 성억압은 파시즘적인 시스템을 생산하게 된다."고 주장했다. 독일 68 소아성애적 안티파는 본질적으로 그리고 태생적으로 소아성애적이었다. 왜냐하면 빌

---

38. 위의 문서. "She is right to criticize Germans' tendency to avoid, minimize, or trivialize the responsibility of Germans for the crimes of National Socialism."
39. 위의 문서.

헬름 라이히가 외친 성혁명과 성해방은 무엇보다도 소아와 청소년의 성해방이기 때문이다.

소아와 청소년의 성해방의 핵심적 기초는 바로 프로이트의 소아성욕 개념이다. 그들은 소아의 성억압이 히틀러의 나치즘과 같은 파시즘을 생산한다는 이상한 이론에 기초해서 성혁명 운동을 전개했다. 즉, 성혁명 운동의 대전제와 출발점은 바로 소아의 성억압에 대한 해방이었다. 소아도 성욕과 오르가즘을 가진다는 것과 소아를 성억압으로부터 해방시켜야 한다고 주장하는 사상이 바로 소아성애 운동의 핵심 중 하나다. 하지만 이러한 반권위주의적 소아교육과 소아성욕에 기반한 소아성애 운동은 히틀러의 나치즘 시대가 성적으로 굉장히 문란했던 소돔과 고모라의 시대였다는 사실을 철저하게 은폐하는 역사 왜곡에 기초하고 있는 사상이며, 이는 보편화되기 힘든 독일 특유의 별나고 이상한 운동이다.

빌헬름 라이히의 주장은 독일 68 운동권에 의해서 수용되었고, 이후 독일연방공화국(BRD)의 학교 성교육 과정에 영향을 주었으며,[40] 여러 다른 학문 분야에서도 하나의 신앙고백(Credo)처럼 되었다. 라이히의 이론에 기초한 독일 조기 성교육에는 소아성애적인 요구(Pädophiler Forderungen)가 포함되어 있어 최근 독일에서도 비판이 제기되고 있다.[41]

빌헬름 라이히는 반권위주의적 교육을 위해서 '세대적인 가정 질서의 해체(Auflösung generationaler Familienordnung)'를 주장했다. 이러한 사상은

---

40. Christin Sager, *Das aufgeklärte Kind : Zur Geschichte der bundesre-publikanischen Sexualaufklärung (1950-2010)* (transcript Verlag, 2015), 129ff.

41. Günther Deegener, Bewertung pädophiler Forderungen im Deutschen Kinderschutzbund (archivierte Version auf Docplayer), 2016, 3ff.

미국의 여성운동과 젠더정치적 개념들에 깊은 영향을 준 프로이트막시즘 적인 페미니즘에까지 영향을 주었다. 독일 프랑크푸르트 학파의 비판이론 도 문화막시즘인데, 특히 프로이트막시즘이라 할 수 있다.

프로이트는 인류 문화가 충동을 억압하거나 거부함으로써 성립된다는 문화철학적 입장을 주장한다. 문화적인 성취란 성 에너지를 '승화'한 결과 이며, 성억압 또는 성억제는 모든 문화 발전의 불가결한 요소로 여겨진다. 그러나 빌헬름 라이히의 성혁명 개념은 전혀 성억압 없이 완전히 자유로운 성생활을 하면서도 고도의 문화를 발전시킨 사회가 존재했다는 주장에 근거한다. 프로이트가 말한 성은 사춘기 이후의 성이지만, 빌헬름 라이히 는 사춘기 이전 어린아이들의 성해방을 주장하기에 소아성애 문제가 항상 등장한다.

빌헬름 라이히는 생식기 중심의 섹슈얼리티에서 근대성의 병폐를 치유 할 수 있는 힘을 보았다. 그는 청소년의 성관계를 격려해야 하고, 어린이의 성관계조차 막아서는 안 된다고 주장했다. 그에게는 성욕을 억제하는 것 이야말로 모든 악의 근원이기 때문이다. 그는 어려서부터 집의 하녀와 지 속적으로 성관계를 가졌다고 한다. 또한 그의 어머니가 가정교사와 불륜 을 범한 이후 아버지는 큰 상처와 분노를 경험했다. 결국 어머니는 자살하 고 이후 아버지도 죽게 되었다.

앞에서 "성적인 독자노선? 독일에서의 쾌락과 악"이라는 글을 소개했 는데, '독일만의 독자노선'이라는 개념은 매우 뿌리 깊고 유명한 개념이다. 독일의 메르켈 총리는 이 독일만의 독자노선을 언급하면서 시리아 난민수 용 등과 관련해서 국경 없는 독일 등을 주장하기도 했다. 또한 이 개념은 독일 좌우 낭만주의-사회주의 운동, 디오니소스적-낭만주의적 독일 이교,

독일 낭만주의적 새로운 신화학 그리고 디오니스소적 인도-게르만주의와 매우 밀접하게 연동되어 있다. 뿐만 아니라 독일인들 특유의 '에로티시즘에 대한 의지'는 플라톤의 『향연』에 기반한 성소수자 운동으로 분출되는데, 그 운동은 소아성애적 아동 인권 유린이라는 어둡고 추한 그림자가 존재한다.

오늘날 퀴어 낭만주의와 퀴어 이론이 주장하는 정상성의 종말과 마찬가지로 독일 낭만주의도 정상성에 도전하면서 이성애에 기초한 영미 청교도주의에 대한 반대운동과 전복으로서 동성애에 기초한 국가론, 교육학 그리고 정치학을 시도했다고 할 수 있다. 그러므로 21세기 글로벌 성혁명과 사회주의 성정치의 진원지는 독일 낭만주의라 할 수 있다. 영미권의 좌파와 사회주의자들도 바로 이 독일 낭만주의, 독일 68 그리고 독일 프랑크푸르트 학파의 비판이론과 비판교육이론 등을 철학적 근거로 삼아서 퀴어스럽고 반정상적인 성정치를 시도하고 있다.

6. 독일 좌우 낭만주의 학생운동 : 반더포겔로부터 히틀러유겐트까지

우리는 다그마 헤르조그의 역사연구를 통해 독일 나치 시대가 독일 68 사회주의 학생운동의 선전선동에서 주장하는 것처럼 성억압의 시대가 아니라, '쾌락에의 의지'가 관철된 소돔과 고모라의 시대였다는 사실을 보았다. 독일소녀동맹뿐 아니라 히틀러 청소년단인 히틀러유겐트에서도 성적인 문란이 보편적이었다는 사실을 소개했는데, 여기서부터는 히틀러유겐트에 대한 논의와 함께 그 이전 전통인 독일 반더포겔 운동에 대해서도 논의하고자 한다.

국내에서 진행되는 학생인권조례와 청소년 인권운동의 원조와 진원지는 바로 독일 좌우 낭만주의-사회주의 학생바항운동이다. 학생인권조례가 추구하는 청소년 인권운동이라는 미명 아래 이루어지는 사회주의 학생 성정치 운동에는 히틀러유겐트와 같은 위험이 존재한다. 『학생운동의 어두운 측면들 : 반더포겔로부터 히틀러유겐트까지』[42]는 독일 드레스덴 공과대학교 교수로서 사회교육학, 심리학 그리고 니체 연구로 잘 알려진 크리스티안 니메이어 교수의 책으로, 반더포겔 운동으로부터 히틀러유겐트까지의 연속성과 함께 독일 좌우 낭만주의 학생운동의 어두운 측면을 고발한다.

그는 일종의 남색자들 클럽인 반더포겔 운동이 히틀러유겐트까지 계승되며 진화했다고 분석한다. 그는 또한 반더포겔 운동이 히틀러유겐트까지 계승되었다는 사실이 그동안 은폐되어 왔다는 것을 고발하면서 반더포겔로부터 히틀러유겐트까지 이르는 연속성을 역사적으로 주장하고 있다. "히틀러유겐트를 위한 교육적 실마리로서의 개혁교육학으로부터 파생된 체험교육"[43]이라는 연구 논문도 그동안 의도적으로 은폐되어 왔던 반더포겔과 히틀러유겐트 학생운동 사이의 유사성과 연속성에 대한 것이다.

프로이센 이후의 독일 사회주의 전통이 독일 우파사회주의(히틀러의 민족사회주의)와 독일 좌파사회주의(칼 마르크스의 국제사회주의)로 분열되면서

---

42. Christian Niemeyer, *Die dunklen Seiten der Jugendbewegung : Vom Wandervogel zur Hitlerjugend* (Tübingen : A. Francke Verlag, 2013).
43. Claudia Böckenstette, "Die aus der Reformpädagogik hervorgegangene Erlebnispädagogik als erzieherischer Leitfadenfür die Hitler-Jugend", Masterarbeit, 2009.

민족사회주의와 국제사회주의 중에서 무엇이 참된 사회주의인지에 대해 '적과 같은 쌍둥이'처럼 내부적으로 투쟁했던 것과 같이, 독일 낭만주의 학생운동도 좌우로 분열되면서 무엇이 참된 학생운동인지에 대해서 내부적으로 논쟁했다.

『학생운동, 반유대주의 그리고 극우적 정치학』이라는 책에 실린 "자유로운 시민 학생운동 속의 좌파적 흐름들"이라는 논문은 "진보적인 흐름들과 퇴행적인 흐름들의 공존이 학생운동 전체에 있어서 본질적이었고 항구적인 노선투쟁을 가져왔다."고 분석한다. 이 논문은 반더포겔 운동에서 사회주의와 공산주의로 향하는 학생운동의 강한 좌익적 그룹들이 형성되었고, 독일 바이마르 시대에는 히틀러 운동의 나치즘으로 기운 학생운동과 관련된 부분들로서 우파적인 민족주의적 지향들이 우세해졌다고 소개했다. 또한 에른스트 블로흐가 분석한 '학생운동의 사회 유토피아(Die Sozialutopie der Jugendbewegung)' 사상을 소개하고 있으며, 해방운동인 동시에 도피운동으로서의 학생운동을 분석했다.[44]

이러한 독일 특유의 낭만주의 학생운동의 좌익적 흐름들 속에서 특히 독일 낭만주의의 상징이었던 노발리스의 푸른 꽃에 대한 추구가 등장했다. 『푸른 꽃을 찾아서 : 학생운동의 좌파적 흐름들』[45]이라는 책은 이러한

---

44. Eckard Holler, "Linke Strömungen in der freien bürgerlichen Jugendbewegung", in : Gideon Botsch, Josef Haverkamp (Hrsg.), *Jugendbewegung, Antisemitismus und rechtsradikale Politik : Vom "Freideutschen Jugendtag" bis zur Gegenwart* (Europäisch-Jüdische Studien. Beiträge 13) (Berlin, Boston : Walter de Gruyter, 2014), 165.
45. Jürgen Reulecke, Eckard Holler, *Auf der Suche nach der Blauen Blume : Kutzlebs Gedicht als "unser Zuhause", Linke Strömungen in der Jugendbewegung*

사실을 잘 분석한다.

7. 독일 낭만주의의 상징인 '푸른 꽃'의 독(毒)과 소아성애

독일의 바이에른 방송은 2015년 2월 11일에 "독일 낭만주의의 푸른 꽃"
이라는 방송에서 노발리스의 푸른 꽃에는 오해할 여지 없이 성적인 함의가
있다고 소개했다. 또한 노발리스의 푸른 꽃을 "갈망, 자기추구, 섹스"라는
소제목으로 소개했다.[46] 독일의 저명 신문 『짜이트』는 1969년에 "노발리스
도 성범죄자였다"라는 제목으로 1794년부터 1795년까지 14세의 어린 소
녀 조피 폰 퀸과 사랑에 빠져 약혼한 노발리스가 성범죄자였다는 사실은
의심할 여지가 없다고 보도했다. 특히 이 언론은 14세 어린 소녀와의 사랑
은 '소아들 그리고 성인에게 의존되어 있는 자들과의 부도덕(Unzucht mit
Minderjährigen und Abhängigen)'이라는 관점에서 볼 때 노발리스를 성범죄
자로 보아야 한다고 말하면서 "독일 문학사에서 가장 순수하고 순결한 사
랑으로 묘사되어 온 조피 폰 퀸과의 사랑은 범죄일 수 있는가?"라고 질문
한다. 이 언론은 이와 관련해서 동성애자인 플라톤과 프랑스의 시인 샤를
보들레르가 마약 중독자였던 사실도 소개한다. 또한 노발리스 연구 전문
가인 마틴 그레고어-델린(Martin Gregor-Dellin)이 "사랑스럽고, 흡연하고,
포도주를 마시고, 교태 부리는 아이는…… 그 교태 가운데 실제로 (성인 남

(Schriftenreihe des Mindener Kreises) (Baunach : Spurbuchverlag, 2016).
46. BR, "Die Blaue Blume der Romantik", 2015년 2월 11일. https://www.br.de/
   radio/bayern2/sendungen/radiowissen/deutsch-und-literatur/novalis-blaue-
   blume100.html

자에게 성적 매력을 드러내는 어린 소녀) 롤리타를 이미 나타내고 있다."라고
말했던 것을 소개했다.[47]

『롤리타』는 러시아 출생의 미국 작가 블라디미르 나보코프의 장편소설
로, 파격적인 소아성애를 묘사해 많은 논란과 함께 롤리타 신드롬을 일으
켰다. 노발리스의 경우처럼 소아기에 대한 찬양과 얽혀 있는 소아성애적
차원은 독일 낭만주의 운동에서부터 시작된다. 발터 벤야민, 괴테 그리고
검은 낭만주의를 대표하면서 프로이트의 정신분석학에도 깊은 영향을 준
호프만도 독일 낭만주의 운동의 상징인 푸른 꽃에 대해 자주 언급했다. 동
성애적 소아성애자들의 클럽이었던 나치 시대의 독일 낭만주의 학생운동
인 반더포겔 운동의 상징도 바로 이 푸른 꽃이었다.

독일 낭만주의 철학자의 마술적 관념론은 잘 알려져 있다.『마술적 관
념론 : 노발리스의 철학에 대한 연구들』[48]이라는 책도 이를 잘 보여 준다.
독일 좌우 낭만주의 운동은 막스 베버(Max Weber)가 근대적 합리화의 과
정으로 파악한 세계의 탈마술화(Entzauberung der Welt)에 대한 반계몽주
의적 반대운동으로, 세계의 재마술화(Wiederverzauberung der Welt)를 위한
시도다. 노발리스가 추구한 세계의 낭만주의화는 독일 특유의 반계몽주의
와 비이성주의가 낳은 낭만주의적-반근대주의적 퇴행운동이다.

반더포겔 운동의 상징인 노발리스의 푸른 꽃은 일종의 독(Gift)으로서,

47. Rudolf Walter Leonhardt, "Auch Novalis war ein Sexualdelinquent", 1969년 9월
   12일. https://www.zeit.de/1969/37/auch-novalis-war-ein-sexualdelinquent
   "Das liebe, tabakrauchende, weintrinkende, kokette Kind……… (das in seiner)
   Koketterie tatsächlich Lolita antizipierte".
48. Heinrich Simon, Der Magische Idealismus : Studien Zur Philosophie Des
   Novalis (Heidelberg : Verlag nicht ermittelbar, 1906).

독일 특유의 사회병리를 보여 준다. 해리 프로스(Harry Pross)는 『히틀러 이전과 이후 : 독일 사회병리에 대하여』라는 책에서 "푸른 꽃의 독"이라는 제목으로 학생운동과 히틀러주의의 유사성을 강조했다.[49]

독일의 저명한 시사 잡지인 『슈피겔』은 1964년 9월 22일에 "푸른 꽃의 독"이라는 기사를 통해 해리 프로스의 책을 소개하면서 20세기 초반의 매우 독일적인 혁명인 학생운동에서 발견되는 독일 역사 속의 병리적인 현상들을 비판적으로 분석했다. 『슈피겔』지는 학생운동 속에서 표현되는 생활태도의 반문명적이고 비이성적 정서를 비판적으로 분석했다. 이 기사는 "해리 프로스에게 있어서 학생운동은 합리적으로 극복되어야 할 상황 속에서 보여지는 전형적인 독일적 실패(Charakteristische deutsche Fehlleistung)로 간주된다. 독일인들은 사회문제를 합리적으로 해결하는 대신 결코 실행될 수 없는 믿음으로 도피했고 주관적으로만 만족할 수 있는 느낌에 자신을 내맡긴 결과, 경제·사회 구조와 정신적 세계 해석 사이의 불균형만 심화시켜 버렸다. 그렇기에 프로스는 반더포겔 운동의 푸른 꽃 속에서 현혹하는 독을 발견했다."라고 적고 있다. 즉, 반더포겔과 같은 독일 낭만주의 학생운동의 상징인 푸른 꽃이 품고 있는 매혹적인 독은 젊은이들로 하여금 현대 사회의 과제들에 대해 숙련시키는 대신 그들을 소외시켜서 독일 나치의 '민족적 갱신의 북소리'에 취약하게 만들어 버린 것이다.

또한 이 기사는 독일 학생운동에는 공산주의자, 나치들, 민주주의자들 그리고 완전히 비정치적인 인물들이 모두 존재했다는 사실도 소개한다.

---

49. Harry Pross, "Das Gift der blauen Blume", in : *Vor und nach Hitler : Zur deutschen Sozialpathologie* (Olten, Freiburg i. Br : Walter-Verlag, 1962).

즉, 독일 낭만주의 학생운동에 독일 좌익과 독일 우익이 공존했다는 것이다. 또한 프로스가 "비이성적 구원론의 시대 속에서 젊은이들은 가장 방어력이 없는 사람들이며, 개인적 자아를 동맹이나 민족공동체와 같은 공동체성 속에서 용해시키려는 교묘한 유혹에 취약한 사람들이다."라는 것을 강조하고 있다고 설명하면서 학생운동의 많은 그룹들에 존재한 동성애적 측면들에 대해 인정했다.

결론적으로『슈피겔』지는 "학생운동은 개별적으로 긍정적인 기여를 했음에도 불구하고 20세기 독일 시민의식의 질병(Krankheit des deutschen bürgerlichen Bewußtseins)을 보여 주는 가장 현저한 징후들 중 하나다."라고 주장한다. 독일 낭만주의 학생운동 출신인 괴테가 질풍노도의 시기를 지나 인정하듯이 독일 낭만주의는 독일인들 특유의 질병이다.『슈피겔』지는 독일 학생운동에 대해 '민주화된 산업사회의 조건들에 대한 부족한 적응성의 발현'이라고 요약한다. 또한 독일 학생운동은 관념론적으로 위장된 비이성주의가 집약되는 곳이며, 바로 그러한 독일 관념론적 비이성주의에 대한 통속적 오용이 히틀러의 대중적 성공을 의심할 바 없이 부추겼다고 분석했다.[50]

---

50. *Spiegel*, "DAS GIFT DER BLAUEN BLUME", 1964년 9월 22일. https://www.spiegel.de/politik/das-gift-der-blauen-blume-a-3cd2e90f-0002-0001-0000-000046175479

Freud

독일
프랑크푸르트 학파의
비판교육이론 비판

5장

독일
프랑크푸르트 학파의
비판교육이론 비판

1. 게오르게 학파로부터 프랑크푸르트 학파로(헬무트 베커와 아도르노)

독일 비판교육이론을 전개한 테오도어 아도르노와 독일 교육의 설계
자인 헬무트 베커 모두 '비밀 독일'을 꿈꾸면서 독일 나치 시대에 성소수
자 운동을 전개한 시인 슈테판 게오르게로부터 많은 영향을 받은 학자들
이다. 슈테판 게오르게는 플라톤의 『국가론』과 『향연』에 등장하는 소년 사
랑과 '교육학적 에로스'에 기초해서 새로운 제국인 독일제국을 건설하려고
했던 인물로서, 20세기 초반 독일에서 막강한 영향력을 행사했다. 게오르
게 인맥과 학파는 이후 20세기 중후반 독일 정치계와 교육계를 주도적으
로 설계하였는데, 독일 리하르트 폰 바이츠제커(Richard von Weizsäcker) 전
대통령, 독일 프랑크푸르트 학파의 테오도어 아도르노, 헬무트 베커 그리
고 발터 벤야민 등이 여기에 속한다. 헬무트 베커는 수백 명의 학생들을 조
직적으로 강간해서 동성애적 소아성애자들(남색자들)의 천국이 되어 버린

오덴발트 학교의 교장인 게롤드 베커의 배후 인물인데, 최근 독일에서 크게 비판받고 있다. 헬무트 베커는 게롤드 베커가 상습적 소아성애자인 것을 알면서도 오덴발트 학교의 교장이 되도록 그를 후원했다.

문제는 독일 성소수자 운동가(남색 운동가)인 슈테판 게오르게 인맥 중 독일 교육계의 대부인 헬무트 베커가 있으며, 헬무트 베커가 독일 프랑크푸르트 학파의 아도르노와 호르크하이머(Max Horkheimer) 등과 깊은 관계를 가지면서 비판교육이론의 이름으로 독일 68 교육개혁과 교육혁명을 주도했다는 것이다. 독일 프랑크푸르트 학파의 비판이론을 교육학에 적용한 독일 68 비판교육이론 혹은 비판적 교육학(Kritische Erziehungswissenschaft)은 테오도어 아도르노와 헬무트 베커 등에 의해서 정립되고 설계되었다. 아도르노의 책『성숙성을 향한 교육 : 강의들과 1959년부터 1969년에 이르는 헬무트 베커와의 대화』[1]는 슈테판 게오르게 학파와 인맥에 속하는 아도르노와 헬무트 베커라는 두 학자의 10년에 걸친 깊은 관계를 잘 보여 준다. 이러한 독일식 비판적 교육이론과 비판적 교육철학에 기초해서 민주시민교육, 차별금지법, 성인지 감수성을 화두로 하는 퀴어젠더 교육, 그리고 조기 성애화와 조기 성교육이 강제되고 있다.

테오도어 아도르노와 함께 전후 독일 교육의 설계자로 평가되고, 전후 독일 인문학계를 자신의 인맥으로 구성한 헬무트 베커는 유네스코에도 깊이 관여했다. 그는 일종의 동성애 국가로서의 '비밀 독일'을 꿈꾼 슈테판 게오르게의 추종자로서, 프랑스 파리에 본부를 둔 유네스코의 성인교

1. Theodor W. Adorno, *Erziehung zur Mündigkeit : Vorträge und Gespräche mit Hellmut Becker 1959 bis 1969* (Frankfurt : Suhrkamp, 1973).

육위원회와 다른 위원회 위원으로 활발하게 활동했다.[2] 5세 어린이들을 대상으로 자위행위 조기 성교육을 기획했던 유네스코 포괄적 성교육(CSE)도 이렇게 헬무트 베커와 아도르노, 독일 비판교육이론 그리고 프로이트막시즘의 사상으로부터 강한 영향을 받았다. 문제는 이런 조기 성교육이 플라톤의 『향연』에 등장하는 '교육학적 에로스' 개념에 기초하고 있기에, 소아성애적 조기성애화를 추구한다는 것이다. 독일 진보교육의 메카인 오덴발트 학교에서의 구조적이고 집단적인 동성애적 소아성애(남색) 사태의 배후에는 독일 전 대통령 리하르트 폰 바이츠제커, 독일 교육의 설계자 헬무트 베커, 그리고 오덴발트 학교의 교장이자 소아성애의 주범 게롤드 베커의 동성애적 파트너인 '독일 교육계의 교황' 하르트문트 폰 헨티히(Hartmut von Hentig) 교수 등이 존재했다. 헬무트 베커는 슈테판 게오르게의 인맥과 학파에 속하는 사람으로서, 2차 세계대전 이후 '비밀 독일'을 기획한 학자이다.[3]

헬무트 베커는 독일 프랑크푸르트 학파의 호르크하이머와 아도르노 그리고 비판이론과도 깊은 관계가 있었으며, '소아성애자들과의 우정

---

2. Christian und Birgit Böhm, Das "System Hellmut Becker" Wie die Gesamtschule in die deutschen Länder kam. http : //www. schulformdebatte. de/PDF-Schulformdebatte/104.%20Zur%20Diskussion/126.%20Das%20System%20Hellmut%20Becker.pdf
   "Die UNESCO engagiert sich in Deutschland somit ebenfalls für die Abschaffung des bestehenden gegliederten Bildungssystems. Becker und sein Netzwerk sind auch in dieser Organisation aktiv."
3. 위의 문서, "Sie eint der Glaube an das "Geheime Deutschland". So diskutieren sie darüber, wie die Zukunft Deutschlands nach dem Ende des "Dritten Reiches" gestaltet werden kann."

(Freundschaft zu Pädophilen)'을 가진 인물이다. 그는 독일 교육계의 설계자와 비판교육이론의 아버지로서 슈테판 게오르게의 시들을 교육 과정에 추천하기도 했다. 또한 '게오르게 학파의 소아성애적 제의(통과제의로서의 구강성교, pädophilen Rituale des George-Kreises〈etwa die Fellatio als Initiation〉)'에 대한 전승된 소문들도 존재했다. 헬무트 베커는 게오르게의 서정시와 그 달인들과 가까이 지낸 학자이기에 당시의 성적인 통과제의로부터 오늘날의 성적인 강간으로 이어지는 직접적인 관련성과 결코 무관하지 않다.[4]

조기 성교육을 핵심개념으로 하는 유네스코 국제 성교육 가이드인 포괄적 성교육(CSE)은 5세 때부터 자위행위에 대한 조기 성교육을 기획했다가 기독교계의 반발로 무산되었다. 라엘리안이라는 단체는 2009년 유네스코가 기독교계의 로비에 굴복해 최초의 성교육에 관한 보고서에 포함됐던 "5세 때부터 자위행위에 대해 가르쳐야 한다."는 내용이 삭제됐다고 지적했다. 당시 삭제된 이 부분이 해당 보고서의 2018년 개정판에도 여전히 빠진 상태로 남아 있다는 것이다.[5] 국내에서 유네스코 포괄적 성교육의 5세 자위 조기 성교육을 지지하고 선전하는 라엘리안은 UFO와 외계인을 믿는 에소테릭한 단체로, 최근 스위스 등에서 소아성애 문제로 금지되었다. 그리고 2011년 유럽인권법원(Der Europäische Gerichtshof für Menschenrechts)은 라엘리안 운동의 서적들이 소아성애를 유발할 수 있기에 불법이라고

4. Andreas Gruschka, "Erregte Aufklärung-ein pädagogisches und publizistisches Desaster-inmemoriam Katharina Rutschky", *Pädagogische Korrespondenz* 42, 2010, 5-22.
5. 이광열, "유네스코가 권고하는 포괄적 조기 성교육 해야. 라엘리안, '세계 아동 성교육의 날' 맞아 UNESCO 지침 따를 것 촉구", CRS NEWS, 2020년 11월 18일. http://www.dailywrn.com/16624

규정한 스위스의 결정이 옳다고 판단했다.[6]

"포괄적 성교육 개념에 근거한 나다움 어린이책의 젠더감수성 분석"과 같은 국내 연구논문들도 모두 유네스코 포괄적 조기 성교육에 기초한 것이다. 유럽연합 국회의원으로서 성소수자 운동에 지대한 영향을 준 프랑스 68과 독일 68 운동의 아이콘인 다니엘 콘-벤디트(Daniel Cohn-Bendit)는 방송 중에 5세 어린아이를 향한 소아성애적 발언을 공공연하게 하여 최근 신랄한 비판을 받고 있다.

2. 슈테판 게오르게의 독일 동성애 국가론과 동성애 교육학

독일 녹색당 출신의 저명 언론인 크리스티안 퓔러는 플라톤의 『향연』에 등장하는 '교육학적 에로스' 개념에 기초해서 정당화되는 플라톤적 소년 사랑, 곧 동성애적 소아성애 혹은 남색이 새로운 독일제국의 '교육 이상'으로 찬양되었다고 분석한다.[7] 하지만 이 플라톤적 소년 사랑은 본래 소년 강간이었다. 『그리스 소년 사랑』이라는 연구서는 그리스 크레타(Creta)에서 행해진 '소년 사랑에 대한 제의적 절차들'에서 소년 강간이 이루어졌다고 주장한다.[8]

---

6. kath.ch, "Plakate der Raël-Sekte zu Recht verboten", 2011년 1월 14일. https : // www.kath.ch/newsd/plakate-der-rael-sekte-zu-recht-verboten/

7. Christian Füller, "Warum Nacktbilder von Kindern nie harmlos sind", 2015년 7월 31일. https ://www.welt.de/kultur/article144645185/Warum-Nacktbilder-von-Kindern-nie-harmlos-sind.html?fbclid=IwAR3OV1I4GyCKl92b1hVGKl_ZFZKNN a7wxKRWZMy2S5zhF24Qyxr4xhKlYDA

8. Harald Patzer, *Die griechische Knabenliebe* (Sitzungsberichte der Wissenschaftlichen

"그리스 남색과 현대 동성애 : 하나의 문화 비교"라는 연구도 이 책을 주요근거로 삼으면서 "그리스적 소년 사랑은 특정한 제의로 특징지어지는 네, 그 세의 중에 상징적으로 묘사된 (약혼녀 강간과 유사한) 소년 강간도 이에 속한다."고 지적했다. [9] 독일 특유의 낭만주의적-반계몽주의적 개혁교육학에서 교육원리로까지 격상된 이 플라톤적 소년 사랑은 실제로 군사주의적-권위주의적 소년 강간이었다. 하나의 고정된 제도로서의 남색은 일본의 사무라이, 터키의 군조직 야니차렌(Janitscharen), 그리고 이집트의 군사주의적 문화에서도 발견된다. [10]

플라톤적-그리스적 소년 강간은 지금도 이슬람 문화권에서 부분적으로 행해진다. 최근 유럽에서도 문제가 되고 있는 '타하루시(집단강간)' 문화와 함께 아프가니스탄의 악습인 '바차 바지(Bacha bazi)'에 대한 관심이 커지고 있다. '바차 바지'는 문자적으로 '소년 놀이(Knabenspiel)'이지만, 이 풍속에 대한 독일어 위키피디아 자료의 소개처럼 "20세기 초반까지 중앙아시아에서 광범위하게 행해졌고 지금까지도 아프가니스탄의 일부 지역에서

Gesellschaft an der Johann-Wolfgang-Goethe-Universität Frankfurt am Main, 19, 1) (Wiesbaden : F. Steiner, 1982), 71.

9. Sophie Thümmrich, Griechische Päderastie und moderne Homosexualität (Ein Kulturvergleich, Seminar Paper, 2010). https : //www.grin.com/document/304313

"Die dorische Knabenliebe zeichnete sich durch bestimmte Rituale aus. Dazu gehörte der symbolisch dargestellte Knabenraub (ähnlich dem Brautraub)."

10. Kriegsreisende, Homosexualität. http : //www.kriegsreisende.de/krieger/homosexualitaet.htm

"Die Päderastie als feste Institution lässt sich nämlich auch sehr gut für so entfernte Kriegergesellschaften wie die japanischen Samurai, die türkischen Janitscharen oder die ägyptischen Mameluken nachweisen."

아직도 행해지고 있는 소아 매춘을 말한다. …… 그 소년은 성인 남성들 그룹 앞에서 여성 복장을 한 채 춤추고 노래하며 성인들을 성적으로 만족시킨다."[11]

필자는 이후 독일 성소수자 운동의 대부 슈테판 게오르게가 그의 플라톤주의, 니체주의 그리고 영지주의 철학 속에서 새롭게 신성화시킨 미소년신(Knaben-Gott)인 막시민을 신이교적으로 숭배한 것에 관해 소개할 것이다. 플라톤적 에로스의 성육신으로 여겨졌던 이 미소년은 젊은 시절에 죽은 후 신으로 숭배받은 막시민인데, 그는 안드로진적인 존재로 이해되었다.

크리스티안 퓔러는 플라톤의 『향연』 속 소년 사랑(실제로는 소년 강간)을 교육국가의 모델로 하는 독일 특유의 낭만주의 정치학과 교육학에서 소아성애가 새로운 국가, 세계 평화 그리고 평등사회를 위한 이념으로 찬양되어 왔다고 분석했다.[12] 이렇게 독일 68은 플라톤적 소년 강간을 교육원리로 격상시켜서 소아성애를 안티파시즘적인 위대한 행위이자 세계 평화와 평등사회를 위한 이념이라고 찬양했다.

성교육을 정치교육으로 주장한 대표적 학자는 독일 성소수자 운동의 대부이자 소아성애 교수인 헬무트 켄틀러이다. 독일 괴팅엔 대학교 민주주의연구 연구소(Göttinger Institut für Demokratieforschung)의 젊은 여성 정

---

11. WIKIPEDIA, Bacha bazi. https : //de. wikipedia. org/wiki/Bacha_bazi
12. Christian Füller, "Warum Nacktbilder von Kindern nie harmlos sind".
    "Und eine großartige Tarnung : Kindesmissbrauch für einen neuen Staat, den Weltfrieden oder eine egalitäre Gesellschaft-nicht wenige sind daraufhereingefallen."

치학자의 보고서는 헬무트 켄틀러 교수가 성교육을 정치교육으로 파악했다고 주장한다.[13] 동성애자인 헬무트 켄틀러 교수는 집 없는 고아들을 일종의 '퀴어 가족'의 '돌봄 아버지들'에게 넘겨주었다. 그런데, 그 돌봄 아버지들은 동성애적 소아성애자들로서, 수십 년간 그 아이들을 동성애적 소아성애의 성노예처럼 학대한 것이 폭로되어 독일 지성계에 큰 충격을 주었다.

크리스티안 퓔러는 2020년 6월 25일 독일 언론 『벨트』에 "관공서의 아동 성폭력 : 소아성애적 평행공화국의 켄틀러 게이트"라는 제목으로 집 없는 고아들을 소아성애 실험에 이용한 헬무트 켄틀러의 게이트에는 일종의 동성애 국가인 '소아성애적 평행공화국'이 존재했다고 분석했다.[14] 켄틀러 게이트로 인해 2021년 독일 전역에서 소아성애 네트워크에 대한 광범위한 조사가 시작되었다. 이러한 광범위한 소아성애 네트워크 혹은 남색 네트워크가 일종의 동성애 국가와 소아성애적 평행공화국을 구성하고 있다는 사실은, 이후 살펴볼 슈테판 게오르게의 소아성애적-남색적 '비밀 독일' 사

13. Teresa Nentwig, "Die Unterstützung pädosexueller bzw. päderastischer Interessen durch die Berliner Senatsverwaltung", Göttinger Institut für Demokratieforschung, 2016, 15. https : //www.berlin.de/sen/bjf/aktuelles2/kentler-gutachten.pdf
"In der Wissenscha gilt Helmut Kentler als Vertreter einer kritisch-emanzipatorischen bzw. kritisch-emanzipativen Sexualpädagogik. Ende der 1960er, Anfang der 1970er Jahre machte er sich dafür stark, Sexualerziehung als "politische Bildung", als "politische Erziehung" zu betrachten."
14. Christian Füller, "KINDESMISSBRAUCH VOM AMT : Das Kentler-Gate der pädophilen Nebenrepublik", 2020년 6월 25일. https : //www.welt.de/kultur/plus210136653/Paedophile-Nebenrepublik-Drei-Jahrzehnte-staatlich-organisierter-Missbrauch.html

상과도 연결된다.

2015년 3월 14일 독일 주요 신문 『쥐드도이체 짜이퉁』은 "이데올로기와 아동 성학대 : 어떻게 남색자들은 영향력을 행사했는가?"라는 제목으로 크리스티안 퓔러의 입장을 소개했다. 크리스티안 퓔러는 독일 뮌헨에 위치한 어느 사설유치원의 문서에서 드러난 것처럼, 독일 68 반권위주의적 교육이 '권위주의적 성격의 발생원인이 바로 소아의 성억압'이라고 주장했던 것을 상기시킨다. 그에 따르면 독일 68 반권위주의적 교육에서는 나체교육을 강조했고, 성적 수치심으로 인해 나체교육을 거부한 자들은 반권위주의적 교육개념에 적응하지 못한 자들로 치부되었다. 그리하여 이러한 독일 68 반권위주의적 교육이념을 따르는 유치원들에서는 소아에 대한 성적인 강간(Sexuelle Übergriffe)이 보통의 일(Normalfall)이었다.[15]

이렇게 권위주의적 성격 형성의 원인을 소아의 성억압으로 이해하면서 소아성애를 파시즘 격파를 위한 위대한 행위로 찬양한 독일 68 반권위주의적 교육은 본질적으로 소아성애적이다. 독일 68 반권위주의적 교육을 계승하고 있는 주디스 버틀러 등의 푸코적 퀴어젠더 페미니즘과 퀴어 무정부주의도 본질적으로 소아성애적이다.[16] 이렇게 독일 특유의 좌우 낭만주

---

15. Thorsten Denkler, "Ideologie und Kindesmissbrauch : Wie Päderasten Einfluss nehmen", 2015년 3월 14일. https://www.sueddeutsche.de/politik/ideologie-und-kindesmissbrauch-wie-paederasten-einfluss-nehmen-1.2393535
"Grundlage für die Entstehung des 'autoritäten Charakters' sei 'die Unterdrückung der kindlichen Sexualität', zitiert Füller aus dem Papier eines Münchener Kinderladens. Die pädagogische Gegenmaßnahme? Wenn nackt rumrennen auf dem Plan stand, dann hatten sich alle nackt auszuziehen. Wer sich aus Scham verweigerte, der passte nicht ins antiautoritäre Erziehungskonzept."
16. 퀴어 이론이 본질적으로 소아성애적이라는 사실은 다음의 책을 참고하라. 정일권,

의적 운동에서 파생된 루소주의적 그리고 반권위주의적 교육철학은 소아
성애와 나체주의와 깊게 얽혀 있다.

독일 68 반권위주의적 교육철학을 대변하는 책은 바로 독일 프랑크푸
르트 학파의 비판이론 핵심철학자인 아도르노의 1968년의 저서인『권위주
의적 성격』이다.[17] 이미 설명한 것처럼 동성애적-소아성애적 교육국가로서
의 '비밀 독일'을 꿈꾼 슈테판 게오르게 학파와 인맥에 속하는 아도르노는,
1967년에 오스트리아 빈 대학교의 사회주의 학생운동 단체의 초청으로 이
루어진 강의에서 소아성애를 포함한 성적인 금기의 철폐를 주장했다.[18]

미소년들로 구성된 우리나라의 삼국시대 화랑도도 일종의 남색자 집
단이라는 주장들이 제기되어 왔다.[19] 20세기 초 슈테판 게오르게와 같은
독일 시인은 삼국시대의 국가론에서나 존재했던 화랑도처럼 전근대적인
국가론에 기초해서 일종의 동성애적 소아성애에 기반을 둔 새로운 제국으
로서의 '비밀 독일'을 건설하려고 했다. 그리고 이러한 사상에 깊이 영향을

『미셸 푸코와 주디스 버틀러의 황혼 : 성 소수자 운동의 아동 인권 유린과 젠더의
종말』(서울 : CLC, 2022).

17. Theodor W. Adorno, *Der autoritäre Charakter Band 1* (Amsterdam : Verlag de
Munter, 1968).

18. Ein Vortrag von Theodor W. Adorno, gehalten an der Universität Wien am 16.
10. 1967 ; Veranstaltung durch den Verband Sozialistischer Studenten
Österreichs. Erstmals publiziert in : Fischer Bücherei, Bd. 518/519, unter dem
Titel *Sexualität und Verbrechen* (Frankfurt und Hamburg, 1963) ; außerdem
abgedruckt in : Band 10.2 der Gesammelten Schriften (Frarkfurt am Main :
Suhrkamp Verlag, 2003), 533 - 554.

19. 박노자, "화랑들이 '변태'여서 부끄러운가", 한겨레 21 칼럼, 2006년 9월 1일. http :
//legacy.h21.hani.co.kr/section-021109000/2006/09/021109000200609010625041.
html

받은 학자들이 20세기 중후반 독일 교육계와 정치계에 막강한 영향력을 행사했다.

3. 플라톤의 『국가론』과 『향연』에 기초한 '비밀 독일' : 슈테판 게오르게

2021년 7월 3일, 독일 ZDF 방송은 '비밀 독일'을 외치면서 20세기 초반 독일을 배후에서 움직였던 슈테판 게오르게에 대해 소개했다. 21세기 독일에는 슈테판 게오르게가 여전히 살아 있으며, 르네상스를 맞이하고 있음을 보여 준 것이다. 슈테판 게오르게는 그의 '카리스마적 지배'로 자신을 추종하는 게오르게 학파를 통해서 20세기 초 독일의 정치계, 교육계 그리고 철학계 등을 배후에서 움직였던 인물이다.[20]

이 방송은 독일 68 진보교육, 루소주의적 교육 그리고 반권위주의적 교육의 메카이자 유네스코 우수학교로 평가받았던 오덴발트 학교에서의 집단적이고 구조적인 소아성애 사태가 플라톤의 『국가론』을 모델로 삼고 '비밀 독일'을 외치며 새로운 독일제국을 꿈꾸었던 슈테판 게오르게와도 깊이 연관되어 있음을 비판적으로 분석하였다.[21] 이 오덴발트 학교의 모토는 장 자크 루소가 원했던 학교가 되는 것이었다.

---

20. Ulrich Raulff, *Kreis ohne Meister : Stefan Georges Nachleben. Eine abgründige Geschichte* (München : Verlag C. H. Beck, 2009) ; Thomas Karlauf, *Stefan George : Die Entdeckung des Charisma* (München : Karl Blessing Verlag, 2007).
21. 3sat, "Kultur-Stefan George", 2021년 7월 3일. https : //www.3sat.de/kultur/kulturdoku/stefan-george-100.html

톰 크루즈 주연의 영화 "작전명 발키리"의 히틀러 암살 미수 실화에 등
장하는 인물도 바로 이 슈테판 게오르게의 열렬한 추종자였다. 그는 총
살 전에 "비밀 독일 만세!"라고 외쳤다고 한다. "작전명 발키리"에서 톰 크
루즈가 연기한 주인공이 죽기 전에 외쳤던 말이 "비밀 독일"이 아니라 "성
스러운(Heilige) 독일 만세!"라는 주장이 있기도 하지만, 톰 크루즈가 연기
한 클라우스 폰 슈타우펜베르크(Claus von Stauffenberg)를 기념하는 2009
년 심포지엄의 글들은 "비밀 독일 만세!"라는 제목으로 2012년에 출간되었
다.[22] "비밀 독일 만세!"가 오리지널 버전이고 "성스러운 독일 만세!"는 왜
곡된 후기 버전으로 보아야 한다. 독일 주요 언론『벨트』도 "성스러운 독
일 만세!"라는 말은 '비밀 독일'의 깊은 의미를 모르는 사람이 전승했을 것
으로 보인다고 설명하고 있다.[23] 독일 국영방송 도이치란트풍크도 "비밀
독일 만세!"라는 제목으로 이 내용을 소개했다.[24]

2007년 8월 12일, 독일 저명 언론『슈피겔』지는 "비밀 독일의 영도자"라
는 제목으로, 히틀러의 나치즘을 준비했던 카리스마적 시인 슈테판 게오
르게가 20세기 초 독일에서 가장 영향력 있는 시민이었다고 보도했다. 막
스 베버는 그의 넘치는 카리스마를 지켜보면서 최근 한국어로도 번역된

---

22. Jakobus Kaffanke OSB, Thomas Krause, Edwin E. Weber (Hrsg.), *Es lebe das
'Geheime Deutschland'! : Claus Schenk Graf von Stauffenberg. Person-
Motivation-Rezeption,* Beiträge des Sigmaringer Claus von Stauffenberg-
Symposiums von 11. Juli 2009 (Lit Verlag, 2012).
23. Martin Riedel, "Widerstand : Im geheimen Deutschland", 2006년 7월 15일.
https : //www.welt.de/print-welt/article229447/Widerstand-Im-geheimen-
Deutschland.html
24. Andreas Mölle, "Es lebe das geheime Deutschland!", 2007년 8월 26일. https : //
www.deutschlandfunkkultur.de/es-lebe-das-geheime-deutschland-100.html

『카리스마적 지배(Charismatische Herrschaft)』라는 책을 썼다고 한다.

슈테판 게오르게는 '교육학적 에로스' 개념에 기초해서 제자들과 동성애적 소아성애(남색) 관계를 가졌다. 슈테판 게오르게는 히틀러의 길을 예비한 자이며, 독일 나치즘은 슈테판 게오르게의 사상이 실현된 것이라고도 한다. 20세기 초 에른스트 융거(Ernst Jünger)와 마틴 하이데거 같은 독일 보수혁명가들도 그로부터 강한 영향을 받았다. 2014년 이후 마틴 하이데거의 나치적 입장이 명료하게 드러나고 있는 그의 철학적 일기장인『검은 노트(Schwarze Hefte)』의 편집자이자 하이데거 전문가인 페터 트라버니(Peter Trawny) 교수의 "하이데거의 정치와 시학 : 슈테판 게오르게와 '비밀 독일'"이라는 논문도 하이데거에게 미친 슈테판 게오르게의 영향을 잘 보여 준다.[25]

카리스마적 지배를 행사했던 슈테판 게오르게는 그의 인맥을 통해서 20세기 초 독일을 움직였다. 이 인맥에는 독일 리하르트 폰 바이츠제커 전 대통령과 그의 형제인 저명한 핵물리학자 칼 프리드리히 폰 바이츠제커 (Carl Friedrich von Weizsäcker), 독일 프랑크푸르트 학파의 테오도어 아도르노, 발터 벤야민, 헝가리의 루카치 등이 속한다.[26]

『시학, 해석, 사유 : 마틴 하이데거, 한스-게오르그 가다머 그리고 테오도어 아도르노의 슈테판 게오르게 수용』[27]이라는 연구서도 20세기 독일

---

25. Peter Trawny, "Politik und Dichtung bei Heidegger : Stefan George und Das 'geheime deutschland'", *Existentia* 16(1-2), 2006, 11-22.

26. Malte Herwig, "Führer des geheimen Deutschland.", 2007년 8월 12일. https : // www.spiegel.de/kultur/fuehrer-des-geheimen-deutschland-a-0d391c 5f-0002-0001-0000-000052559456

27. Kirsten Harder, *Dichten, Deuten, Denken : Die Stefan-George-Rezeption Von Martin Heidegger, Hans-Georg Gadamer und Theodor W. Adorno* (Ohio State

슈테판 게오르게 학파의 영향을 잘 보여 준다. 오덴발트 학교의 광범위한 소아성애 사태 배후에는 게오르게 학파에 속하는 독일 리하르트 폰 바이츠제커 진 대통령이 존재하는데, 그의 형제 칼 프리드리히 폰 바이츠제커 남작도 게오르게 학파에 속한다.

오덴발트 학교에서의 구조적이고 집단적인 동성애적 소아성애(남색) 사태의 이론적 기원은 20세기 초 독일의 동성애적 소아성애 운동이다. 슈테판 게오르게, 발터 벤야민의 멘토이자 독일 개혁교육학의 아버지인 구스타프 뷔네켄, 그리고 독일 좌우 낭만주의-사회주의 학생운동인 반더포겔 운동과 히틀러유겐트 등이 오덴발트 학교 소아성애 사태의 이전과 배후에 존재했다.

최초의 언론 폭로 이후 11년 만에 독일 주류 언론에 의해서 방대하게 폭로되기 시작한 오덴발트 학교의 소아성애 사태의 이념적 배후에는 독일 낭만주의 성소수자 운동의 대부인 슈테판 게오르게가 존재한다. 이 폭로로 인해 독일 68의 산물인 독일 녹색당이 2014년에 소아성애 운동 과거사에 대해 공식 사과했다.

독일 저명 언론『프랑크푸르트 알게마이네 짜이퉁』은 2010년 4월 5일에 "독일 개혁교육학의 대부 : 슈테판 게오르게의 정신에서 나온 남색?"이라는 제목으로 독일의 반권위주의적, 낭만주의적, 루소주의적 개혁교육학과 성소수자 운동의 대부가 바로 슈테판 게오르게라는 사실을 드러냈다.[28]

University, 2005).

28. *Frankfurter Allgemeine Zeitung*, "DER ÜBERVATER DER REFORMPÄDAGOGIK : Päderastie aus dem Geist Stefan Georges?", 2010년 4월 5일. https : //www.faz. net/aktuell/feuilleton/themen/der-uebervater-der-reformpaedagogik-

성소수자 운동은 독일제다. 성소수자 권리운동과 인권운동, 사회주의 성정치 그리고 21세기 글로벌 성혁명의 원조와 진원지도 독일이다. 특히 독일 좌우 낭만주의-사회주의 학생운동이 그 진원지다. 독일 낭만주의 성소수자 운동가이자 플라톤적 소년 강간에 기초한 동성애적 소아성애자인 슈테판 게오르게야말로 독일 68 진보교육의 소아성애적 조기 성교육, 독일 녹색당의 소아성애 운동 등의 배후에 있는 대부다. 그는 20세기 초반 독일에서 가장 유명했던 인물로서, 히틀러의 나치 시대가 바로 그가 꿈꾸었던 새로운 제국의 그림자라고 한다.

발터 벤야민과 테오도어 아도르노 모두 슈테판 게오르게로부터 깊은 영향을 받고 그의 사상을 수용했다. 최근 소아성애자로 알려진 독일 최초의 노벨문학상 수상자인 토마스 만도 슈테판 게오르게로부터 많은 영향을 받았다. 하지만 그가 정당화한 플라톤적 소년 사랑은 진정한 사랑이 아니라 군사주의적, 권위주의적 그리고 사무라이적 소년 강간이었다. 슈테판 게오르게 인맥과 학파에서는 많은 어린 학생들이 성폭력으로 인해서 자살했다. 슈테판 게오르게는 이후 독일 68과 녹색당의 소아성애 운동에도 큰 영향을 주었다. 독일 언론들은 오덴발트 학교에서의 집단적 소아성애의 이념적 기원도 슈테판 게오르게까지 소급된다고 비판한다.

4. 영미 청교도주의의 정상 개미 vs 독일 낭만주의의 반정상 베짱이

'비밀 독일'을 꿈꾸었던 슈테판 게오르게는 『프랑크푸르트 알게마이네

---

paederastie-aus-dem-geist-stefan-georges-1967216.html

짜이퉁』의 기사처럼[29] '비밀 언어(Geheimsprache)'를 사용했는데, 특히 자신
의 동성애적 소아성애(남색)를 비밀스럽게 지칭할 때 사용했다. 필자는 앞
서 독일소녀동맹 지도자들이 어린 소녀들에게 혼전 성관계를 권장하면서
그것을 '엄격하고도 비밀스럽게' 명령했다는 사실을 지적한 바 있다. 이러
한 에소테릭하고 비밀스러운 측면들은 독일 특유의 낭만주의 전통과 얽
혀 있는 인도-게르만주의, 독일-그리스 디오니소스적인 새로운 신화 운동
(Neue Mythologie), 독일 특유의 인도 동경과 힌두교-불교의 영향 그리고 이
후 신지학과 루돌프 슈타이너의 인지학의 영향 때문이다. 『게오르게-학파
와 신지학』[30]이라는 책은 슈테판 게오르게 학파에게 미친 신지학과 인지학
의 영향을 잘 분석했다. 이 책은 또한 슈테판 게오르게의 '비밀 독일'과 비
밀스럽고 에소테릭한 신지학과 인지학 사이에 존재하는 깊은 관계에 대해
서도 분석했다.

2007년 8월 12일『슈피겔』지는 "비밀 독일의 영도자"라는 제목의 보
도에서 "슈테판 게오르게가 미(美) 자체에 대한 사랑으로서의 소년 사랑
에 관한 플라톤적 관념에 호소하고 있다."고 소개하면서 슈테판 게오르게
와 그 학파의 동성애적 소아성애(남색)의 '발각을 방어할 수 있는 최선의 보
호'와 '공공연한 비밀'에 대해서 설명하였다. 또한 게오르게가 동성애적 소
아성애(남색)를 지칭할 때는 언제나 일종의 비밀언어인 '아브라카다브라

29. *Frankfurter Allgemeine Zeitung*, "Der Dichter als Gedenkstörung", 2018년 7월
    14일. https : //www.faz.net/aktuell/feuilleton/buecher/autoren/dichter-als-
    gedenkstoerung-nachbemerkung-zu-stefan-george-15690119.html
30. Jan Stottmeister, *Der George-Kreis und die Theosophie*, Castrum Peregrini,
    Neue Folge Bd. 6 (Göttingen : Wallstein-Verlag, 2014).

(Abrakadabra)'라는 언어를 사용했다는 내용도 소개했다.[31] 독일 언론 『타게스짜이퉁』은 2007년에 "시인 군주"라는 제목으로 슈테판 게오르게에 대한 연구서[32]를 소개하면서 이 새로운 연구서가 슈테판 게오르게의 지배 행위들과 그의 작품에 나타나는 동성애적 본질을 잘 드러내고 있다고 설명했다. 특히 슈테판 게오르게는 자신의 동성애적 소아성애(남색)의 대상인 미소년들을 "S.S."라는 비밀언어로 지칭했는데, 이는 '매우 달콤한 녀석들(Sehr Süßer)'이라는 의미였다고 보도했다. 또한 "선택받은 소년들 혹은 미소년들로 구성된 슈테판 게오르게의 국가(Staat Georges)는 동성애적 비밀(Schwulen Geheimnis)과 독일 형법 175조항에 대한 두려움에 기초하고 있다."고 소개했다. 이 언론은 다른 새로운 연구서를 소개하면서 '남색을 교육학적 열정으로, 최고의 현존재형식으로 설명하고자 하는 엄청난 시도로서의 슈테판 게오르게의 시학'을 소개하고 있다.[33]

『슈피겔』지는 또한 슈테판 게오르게가 '영미 정상 개미의 승리(Sieg der angloamerikanischen Normalameise)'를 두려워했다는 내용을 보도하기도 했다.[34] 독일 『문학비평』 저널은 슈테판 게오르게의 반동적인 반근대주의

---

31. Malte Herwig, "Führer des geheimen Deutschland", 2007년 8월 12일. https : // www. spiegel. de/kultur/fuehrer-des-geheimen-deutschland-a-0d391c 5f-0002-0001-0000-000052559456

"…… immer, wenn von Päderastie hätte gesprochen werden sollen, Abrakadabra gesagt."
32. Thomas Karlauf, *Stefan George : Die Entdeckung des Charisma* (München : Karl Blessing Verlag, 2007).
33. *TAZ*, "Der Dichterfürst", 2008년 8월 28일. https : //taz. de/Stefan-George/!5195987/
34. Malte Herwig, "Führer des geheimen Deutschland", 2007년 8월 12일. https : // www. spiegel. de/kultur/fuehrer-des-geheimen-deutschland-a-0d391c 5f-0002-0001-0000-000052559456

는 그의 반미주의에서 드러난다고 설명하면서 슈테판 게오르게가 "영미 정상 개미들의 승리로 인한 모든 진정한 민족들의 멸절이라는 망상에 깊이 빠져 있었다."고 분석했다. 슈테판 게오르게는 영미 정상개미들의 승리의 결과로 인류의 완전한 탈영혼화, 미국화, 지구의 개미화(Die Völlige Entseelung der Menschheit, die Amerikanisierung, die Verameisung der Erde)가 등장할 것이라고 보았던 것이다.[35] 독일 낭만주의 전통에 서 있는 슈테판 게오르게의 '영미 정상 개미들'이라는 표현은 독일 낭만주의가 영미 세계의 청교도주의, 자본주의, 상업주의 그리고 자유주의의 대척점에 서 있다는 사실을 잘 보여 준다. 프리드리히 횔덜린(Johann Christian Friedrich Hölderlin)을 계승하는 20세기 슈테판 게오르게는 '영미 정상 개미'의 대척점에 서 있는 독일 특유의 낭만주의적-사회주의적 '반정상 베짱이'를 대변한다. 정상성에 대한 도전과 반항은 독일 낭만주의 운동의 본질적 특성이다.

독일 주요 언론들은 2018년에 열린 슈테판 게오르게 탄생 150주년 기념식에서 축하 행사 대신 게오르게와 그의 인맥에서 발생한 동성애적 소아성애(남색)라는 아동 성폭력과 연구의 책임에 대한 뜨거운 논쟁이 일어났다고 전했다. 한 언론은 그의 출생지 빙겐에서 축하 행사가 취소되었다는 보도와 함께 "게오르게 학파의 새로운 구성원들의 통과의례에서 성적인 행위들과 강요들이 있었다."고 소개했다. 또한 슈테판 게오르게의 이름으로 자행된 성폭력들과 '교육학적 에로스'라는 이데올로기에 기초한 소아성애적

---

35. Jan Süselbeck, "Ameise und Vollmeise", *Literaturkritik. de* Nr. 2, Februar 2008. https : //literaturkritik.de/id/11589

아동 인권 유린이 오덴발트 학교에서도 발생했다는 사실을 소개했다. 이에 "이러한 매우 엄중한 비난들로 인해서 게오르게 출생지인 빙겐의 시장은 게오르게 탄생 150주년 축하 행사를 취소할 수밖에 없었다."고 보도했다.[36]

남서독일방송(Südwestrundfunk)은 "빙겐은 슈테판 게오르게를 기념해 왔지만, 이제는 아니다"라는 제목으로 "게오르게 학파에서 발생한 성폭력 의혹에 대한 언론보도 이후 빙겐은 축하 기념행사를 포기했다. 빙겐 도시는 게오르게의 생일에 그를 기념하는 대신 그에 대해 비판적으로 토론하고, 슈테판 게오르게의 '비밀 독일' 사상을 가진 인맥들 가운데서는 모든 것이 비밀스러운(Geheim) 것이었는지에 대해 질문하게 되었다."고 보도했다. 또한 이 방송은 빙겐에 슈테판 게오르게 김나지움(교육기관)과 슈테판 게오르게 박물관이 있다는 것을 상기시키면서, 만약 성폭력 의혹이 의심될 경우 빙겐에 위치한 게오르게 학교의 개명도 추진한다고 보도했다.[37]

5. 게오르게 학파의 미소년-신(神) 막시민 숭배 : 신지학의 영향

독일 주요 언론 『쥐드도이체 짜이퉁』은 "범죄자로서의 시인"이라는 제

---

36. Johanna Dupré, "Zu Stefan Georges 150. gibt es in Bingen keinen Festakt-sondern eine Diskussion um sexuellen Missbrauch und Forschungsverantwortung", 2018년 7월 14일. https : //www.echo-online.de/kultur/kulturnachrichten/zu-stefan-georges-150-gibt-es-in-bingen-keinen-festakt-sondern-eine-diskussion-um-sexuellen-missbrauch-und-forschungsverantwortung_18919556

37. Rabea Amri, "Bingen feiert Stefan George-nun doch nicht", 2018년 7월 12일. https : //www.swr.de/swr2/literatur/article-swr-12550.html

목으로 게오르게 탄생 150주년 기념 언론보도를 했다. 슈테판 게오르게는 마약 중독자인 프랑스의 시인 샤를 보들레르의 대표작이자 유일한 시집인『악의 꽃』을 독일어로 번역했다. 이 신문은 게오르게가 보들레르의 작품에서 "비난받는 자로서의 시인, 시민적 사회에 대해 진실을 말하는 범죄자로서의 시인이라는 모티브를 발견하고 그것에 충실히 머물렀다."고 보도했다. 또한 슈테판 게오르게가 자신의 미소년 제자 막시민을 자신의 신(Eigenen Gott)으로 만들었다는 내용과 함께 "초기 작품들의 미학적 비도덕주의와 그의 절대적 예술에 대한 관념, 그리고 자신 주위에 모인 젊은 미소년들이 하나의 대체 가족(Ersatzfamilie)이 되어 버렸다."고 소개했다. 뿐만 아니라 게오르게의 미학적 근본주의(Ästhetischer Fundamentalismus)와 그의 반시민성(Antibürgerlichkeit)을 비판적으로 분석하면서 슈테판 게오르게 탄생 150주년에 독일인들은 그에 대한 축하 행사보다는 게오르게 학파 속에서 발생한 성폭력 비난들에 대해 더 많은 관심을 가졌다고 보도했다.[38]

"슈테판 게오르게의 신이교적 막시민-종교"라는 논문은 슈테판 게오르게와 게오르게 학파에서 죽음 이후 신성화된 미소년 막시민을 새로운 신으로 숭배하는 신이교적 종교성을 비판적으로 분석했다. 이 논문은 신성화된 미소년 막시민이 하나의 새로운 '독일적 신(Der deutsche Gott Maximin)'이라는 사실도 지적했다. 또한 플라톤주의자이자 니체주의자인 슈테판 게오르게가 새롭게 제작한 독일적 신 막시민은 오직 '독일적 토양'에서만 가능한 신이라는 사실도 지적했다. 독일적 신 막시민은 기독교의

38. Jens Bisky, "Der Dichter als Verbrecher", 2018년 7월 12일. https : //www. sueddeutsche. de/kultur/150-geburtstag-von-stefan-george-der-dichter-als-verbrecher-1. 4050178

그리스도와 비교된다. 막시민은 플라톤적 에로스를 대변한다고 여겨졌다. 그리고 이 논문에서는 플라톤의『향연』에 등장하는 본래 원형적 인간이 안드로진이라는 사실을 소개하면서, 죽음 이후 신성화된 미소년 막시민이 바로 그 자웅동체적인 안드로진을 보여 준다고 설명한다. 또한 디오니소스적-영지주의적인 새로운 독일적 신 막시민이 플라톤적 에로스의 현대적 재탄생으로 해석되었다고 분석한다.[39]

1530년에 프랑스 국왕 프랑수아 1세가 설립한 고등교육기관인 콜레주 드 프랑스(Collège de France)에 "죽은 시인의 사회"라는 글이 실렸다. 슈테판 게오르게 학파와 그 인맥을 분석한 이 글은 게오르게 학파에서 제의적 통과의례 가운데 수행된 성적인 행위(남색 행위)와 게오르게 학파의 헤테로토피아적 성격(The heterotopian character of the circle)에 대해 분석했다.[40]

이렇게 독일의 '반정상 베짱이'들은 정상성에 대한 독일 낭만주의의 도전과 반항을 계승하고 있다. 독일 낭만주의 학생운동의 인도게르만주의적인 인도 동경과 인도 광기는 독일 나치 시대의 학생운동에서도 지속된다.

독일 언론『타게스슈피겔』도 슈테판 게오르게 탄생 150주년에 "강요된 성적인 행위들과 제의적 강독"이라는 소제목으로 게오르게 학파의 신입회원들에 대한 통과의례 속에서 발생한 성관계와 소아성애적 성폭력 문제를 심도 있게 보도했다. 이 언론은 오덴발트 학교의 많은 교사들이 '교육학적

---

39. Georg Doerr, "Stefan Georges neopagane Maximin-Religion-Bricolage und intramundane Eschatologie", in : Braungart, Wolfgang (Hrsg.), *Stefan George und die Religion* (De Gruyter : Berlin 2015), 53-81.

40. Hennig Trüper, "A Dead Poet's Society", 2011년 3월 28일. https : // booksandideas.net/A-Dead-Poet-s-Society.html

에로스'라는 교육원리에 입각하여 슈테판 게오르게의 작품들에 호소하면서 소아성애적 성폭력을 범했던 사실을 분석했다. 또한 '남색을 교육학적 열정을 가지고 최고의 정신적 삶의 형식으로 설명하려는 슈테판 게오르게의 엄청난 시도'를 비판적으로 분석했다.[41]

21세기 독일에서는 2010년 오덴발트 학교의 거대한 소아성애 사태 이후로 독일 개혁교육학의 핵심이념이었던 '교육학적 에로스'로부터의 결별이 시도되고 있다. 독일 언론『타게스슈피겔』도 "개혁학교 : 교육학적 에로스로부터의 결별"이라는 제목으로 오덴발트 학교의 소아성애 사태 이후로 독일 개혁교육학에서 슈테판 게오르게로 대표되는 '교육학적 에로스'로부터의 결별이 시작되었다고 보도했다.[42]

21세기 독일 교육계에서는 독일 68 성혁명 운동 어두운 그림자인 소아성애적 아동 성폭력 문제로 인해서 소아성애 운동 과거사 청산이 대세이다. 독일 68 성정치의 역사 왜곡과 지적 사기로 인해서 사회주의 성정치 운동은 실패했고, 이제 황혼을 맞이하고 있다. 독일 68 한국 86을 외치면서 독일 68 교육혁명을 시도하는 김누리 교수는 21세기 독일에서 청산되고 있는 소아성애적 교육이념을 가지고 뒷북을 치고 있다.

41. Norbert Hummelt, "150. Geburtstag von Stefan George : Im Bannkreis der Sphinx", 2018년 7월 12일. https : //www.tagesspiegel.de/kultur/150-geburtstag-von-stefan-george-im-bannkreis-der-sphinx/22791204.html

42. Peter Dudek, "Reformschulen : Abschied vom pädagogischen Eros", 2010년 3월 18일. https : //www.tagesspiegel.de/wissen/abschied-vom-padagogischen-eros-7075507.html

6. 독일 좌우 낭만주의의 퇴행과 폭력 : 칼 마르크스, 히틀러, 독일 68, 적군파(RAF)

독일에서 가장 유명한 철학자인 페터 슬로터다이크, 그리고 독일 ZDF 방송에서 철학방송을 진행하기도 한 뤼디거 자프란스키(Rüdiger Safranski)가 저술한 독일 낭만주의에 대한 고전적 베스트셀러인『낭만주의 : 독일적 사건』[43]이라는 책은 낭만주의가 매우 특정적인 독일적 사건과 현상이라는 사실을 잘 보여 준다.

자프란스키는 독일 낭만주의에 대한 이 대표적인 연구서에서 히틀러의 독일 민족사회주의(나치즘)가 독일 낭만주의의 결과라고 보는 이사야 벌린(Isaiah Berlin)과 오스트리아의 에리히 푀겔린(Erich Hermann Wilhelm Vögelin)을 언급하고 있다. 독일 사회학자 헬무트 플레스너(Helmut Plessner)도 독일 낭만주의가 히틀러의 나치즘을 가져왔다고 본다. 영국과 프랑스의 앞선 계몽주의, 자유주의, 민주주의에 비교한다면, 독일은 이 계몽주의적 자유주의와 민주주의가 지체된 유럽의 후진국이었다. 헬무트 플레스너가 저술한 독일인들의 멘탈리티에 대한 연구서『지체된 국가 : 시민 정신의 정치적 유혹성』[44]은 이러한 사실을 명쾌하게 보여 주고 있다. 하지만 독일은 그들만의 독자노선을 고집하면서 독일 특유의 낭만주의적, 반자유주의적, 반개인주의적, 사회주의적 그리고 국가주의적인 길을 걸어갔

---

43. Rüdiger Safranski, *Romantik : Einedeutsche Affäre* (München : Carl Hanser Verlag, 2007).

44. Helmuth Plessner, *Verspätete Nation : Über die politische Verführbarkeit bürgerlichen Geistes* (Stuttgart : Kohlhammer, 1959).

다. 헬무트 플레스너는 이 책에서 독일 특유의 낭만주의적 민족주의가 반계몽주의적-반자유주의적 후진국 독일을 만들었다고 분석한다. 특히 영미세계와 프랑스에서처럼 개인의 자유와 권리에 기초한 계몽주의, 민주주의 그리고 자유주의 전통이 확립되지 못한 낭만주의적 민족 개념(Romantische Volkstumbegriff)에 기초한 낭만주의적 민족사회주의가 독일의 전통이 되었고, 이는 이후 히틀러의 독일 나치즘을 생산하게 되었다고 말한다.

뤼디거 자프란스키는 『낭만주의 : 독일적 사건』에서 칼 마르크스, 프로이트의 정신분석, 프리드리히 니체, 쇼펜하우어, 마틴 하이데거, 독일 68 학생운동을 모두 낭만주의 운동으로 파악한다. 이렇게 독일 낭만주의를 배제하고서 독일 철학과 사상을 논할 수 없다. 독일 낭만주의는 독일 철학과 사유에 깊이 각인되어 있으며, 독일적 스캔들이면서도 독일적 질병이다. 칼 마르크스의 사상은 이러한 독일 특유의 전근대적인 낭만주의 경제학의 독일 좌익적 산물이며, 히틀러의 민족사회주의(나치즘)는 독일 낭만주의의 우익적 산물이다. 사회주의는 독일 낭만주의의 산물로서 전근대적이고 퇴행적이다. 독일 68 학생운동 출신 학자인 리하르트 뢰벤탈(Richard Löwenthal)은 자신의 책 『낭만주의적 퇴행 : 과거로 향한 혁명의 길들과 잘못된 길들』[45]을 통해 독일 68 학생운동과 그 반항운동을 '낭만주의적 퇴행'으로 비판한 바 있다.

독일 낭만주의 연구의 대가 자프란스키는 마틴 하이데거의 '정치적 낭만주의'가 가진 위험성을 정확하게 분석했다. 자프란스키는 이사야 벌린,

---

45. Richard Löwenthal, *Der romantische Rückfall : Wege und Irrwege einer rückwärts gewendeten Revolution* (Stuttgart : Kohlhammer, 1970).

에리히 푀겔린 그리고 게오르그 루카치와는 달리 독일 낭만주의를 보다 동정적으로 이해하려고 하여 독일 낭만주의가 계몽주의로부터의 급진적인 단절을 의미한다고 주장하지는 않았다. 하지만, 독일 히틀러의 나치즘이나 마틴 하이데거의 존재철학 속에 있는 '정치적 낭만주의'에 대해서는 매우 비판적이다.[46] 독일 낭만주의 음악은 지금까지도 인류 보편적으로 향유될 수 있는 아름다운 독일제이지만, 독일 좌우 낭만주의 정치학과 그 '정치적 낭만주의'는 20세기 좌우 독일 사회주의의 폭력과 야만을 가져왔다. 독일 좌우 낭만주의 운동은 독일 좌우 사회주의 운동(공산주의와 나치즘)과 얽혀 있다. 독일 낭만주의 운동은 무엇보다도 학생운동과 학생들의 반항운동이었고, 동시에 에로틱한 운동이자 플라톤의 『향연』의 남색을 모델로 하는 남색 운동이었다. 에로틱한 괴테를 모방하고자 했던 독일 최초의 노벨 문학상 수상자 토마스 만의 남색에 이르기까지, 독일 낭만주의와 에로티시즘 그리고 그 퇴폐상은 깊게 얽혀 있다.

또한 독일 낭만주의 운동은 자프란스키의 분석처럼 디오니소스적-에로틱한 운동이었다. 독일 낭만주의 운동은 이후에 살펴볼 발터 벤야민의 경우처럼 새로운 영지주의 운동 혹은 제2의 영지주의 운동이었고, 허무주의 운동이었다. 신학적으로 보면 이 새로운 영지주의 운동인 독일 낭만주의 운동은 디오니소스적 독일 이교 운동이고, 19세기 말부터는 신지학회와 루돌프 슈타이너의 인지학회로부터 강한 영향을 받았다. 유럽의 그 어느 국가도 사라져 버린 그리스 신들을 다시 동경하지 않았지만, 독일 특유의 길을 강조한 독일은 새로운 이교로서 디오니소스로 대표되는 그리스

---

46. Rüdiger Safranski, *Romantik : Einedeutsche Affäre*.

신들을 동경하고 다시금 불러냈다. 독일 낭만주의-사회주의의 새로운 신과 메시야는 디오니소스였다. 자프란스키는 칼 마르크스도 낭만주의 운동에 속하는 것으로 파악했는데, 칼 마르크스의 경제학도 독일 낭만주의 경제학의 좌파적 산물로 보아야 한다. 꿈, 무의식, 광기, 죽음과 자살, 에로스와 타나토스 등은 모두 독일 특유의 낭만주의가 집착한 주제들이다. 성소수자 운동, 동성애적 소아성애(남색) 학생운동도 모두 독일 낭만주의의 산물이다. 자프란스키도 독일 낭만주의가 정상성에 도전했으며, 독일 낭만주의를 '독일인들의 집착'으로 분석했다. 즉, 독일적 사건이자 독일적 질병인 낭만주의와 관념론 철학 및 그 유산들에 대한 보다 냉철하고 비판적인 이해가 필요한 것이다.

독일 ZDF 방송의 유명한 철학방송인 "철학 4중주"는 "독일 68 운동과 적군파(RAF)는 낭만주의 사건인가?"라는 제목으로 방송을 했다. 이 방송에서 페터 슬로터다이크와 자프란스키는 독일 68 운동과 그 급진적 산물인 독일 적군파가 모두 낭만주의 운동이라고 분석했다.[47] 독일 68 학생운동과 적군파는 68 운동권 출신이 과거를 자기성찰하면서 적은 책의 소제목처럼 '낭만주의적 반항(Die romantische Revolte)'이었다.[48] 이 책의 저자는 독일 68 운동이 막시즘의 르네상스를 의미하기도 하지만, 이 운동의 더 깊은 사상의 원천은 장 자크 루소의 낭만주의 인류학이라고 주장한다. 그리고 독일 68 낭만주의 학생반항운동의 특징들은 "비정상성(Die Anormalitä),

---

47. Peter Sloterdijk, 68 und die RAF-eine romantische Affäre?. https : //petersloterdijk. net/das-philosophische-quartett/68-und-die-raf-eine-romantische-affaere/
48. Wolfgang Kraushaar, *Die blinden Flecken der 68er Bewegung* (Stuttgart : Klett-Cotta Verlag, 2018), 27.

모험, 집단도취(Rausch), 축제⋯⋯ 영원히 지속되는 대화, 꿈, 환상, 유토피아, 라틴아메리카, 아프리카 혹은 아시아, 특히 중국과 베트남 같은 멀고 이국적인 국가들에 대한 동경"에서 나타난다고 주장한다.[49] 또한 이 책은 독일 68 학생운동의 스승인 헤르베르트 마르쿠제가 '디오니소스적 쾌락원리'를 주장하면서 독일 초기 낭만주의자 노발리스를 변호하고 인용했다는 사실을 소개한다.[50]

저자는 또한 "마르쿠제는 새로운 낭만주의자다. 계몽주의의 거부, 반합리주의, 인과율에 대한 포기 그리고 반정상성은 독일 낭만주의의 특징이다. 마르쿠제가 현실 원리보다 더 우선권을 부여했던 쾌락원리는 고전적 의미에서 (독일) 낭만주의적이다."라고 주장한다.[51] 정상성에 대한 도전과 반항, 곧 반정상성은 독일 낭만주의의 근본적인 특징이다. 이렇게 독일 좌우 낭만주의 운동은 디오니소스적 쾌락원리에 기초한 반정상성을 추구했다. 독일 68 학생운동의 이러한 낭만주의적-디오니소스적 쾌락원리는 소아성애적 안티파시즘 운동과 밀접하게 연관된다. 독일 낭만주의는 반계몽주의적 낭만주의의 대표적 상징으로서 소아를 찬양하고 신성시하면서도 동시에 그들을 플라톤적 소년 사랑이라는 이름으로 강간하고 유린했다. 독일 좌우 낭만주의 학생운동에서의 디오니소스적 쾌락원리에 기반한 소년 찬양과 소년 강간은 야누스의 두 얼굴처럼 공존한다.

정상성에 도전하고 반항하는 반계몽주의적-비이성주의적 독일 낭만주의 운동은, 독일 68 학생반항운동과 적군파에게까지 지속된다. 독일 68

---

49. 위의 문서, 35.
50. 위의 문서, 40.
51. 위의 문서, 44.

학생운동의 아이콘인 루디 두취케의 대척점에 있었던 뢰벤탈은 자신의 책
『낭만주의적 퇴행 : 과거로 향한 혁명의 길들과 잘못된 길들』에서 독일 68
학생운동은 일종의 낭만주의적 퇴행운동이라고 주장했다.[52] 김누리 교수
는 독일 68을 독일 민주화를 이룬 진보로 주장하지만, 사실 독일 68 운동
은 낭만주의적 퇴행운동이었다. 창조적 혁신을 엔진으로 삼는 자본주의가
진보적이고, 사회주의는 본래 과거지향적 낭만주의적 퇴행운동이었다.

독일뿐 아니라 유럽에서 가장 유명한 원조 여성학자 알리체 슈바르처
는 2019년에 독일 슈투트가르트에서 진행된 "독일-유럽의 창녀촌"이라는
강의에서 2013년에 자신이 저술한『매춘, 독일적 스캔들』을 소개하며 독일
녹색당과 사민당(SPD) 중심의 자유로운 매춘 정책을 비판했다. 이 책의 부
제는 "독일은 어떻게 여성 인신매매의 파라다이스가 되었는가?"이다.[53]

그녀는 독일 68 학생운동의 산물인 독일 녹색당과 적색 사민당(SPD)의
매춘 합법화, 즉 자유로운 매춘을 비판하면서 매춘의 비범죄화와 정상화
를 반대한다. 그녀는 2019년 강의에서 독일 좌파 페미니즘이 추진한 정책
의 결과로 독일이 '유럽의 창녀촌'이 되어 버렸고, 태국보다 더 유명한 섹스
여행의 성지로 변해 버렸으며, 매춘 합법화로 인해 인신매매가 성행한다고
주장했다. 그녀는 자신의 책을 통해서 유럽에서 가장 자유방임주의적인
독일의 매춘 합법화를 비판적으로 공론화시켰다. 또한 독일 녹색당과 좌

---

52. Richard Löwenthal, *Der romantische Rückfall : Wege und Irrwege einer rückwärts gewendeten Revolution.*

53. Alice Schwarzer, *Prostitution, Ein deutscher Skandal : Wie konnten wir zum Paradies der Frauenhändler werden?* (Köln : Kiepenheuer und Witsch Verlag, 2013).

파정당이 마르쿠제적인 성 유토피아와 성혁명 정신으로 동성애뿐 아니라 소아성애도 주장하고 수행했는데, 결국 독일은 그들이 꿈꾸었던 자유로운 매춘이 가능한 성 유토피아로서의 독일이 아니라 '태국보다 더 좋은 유럽의 창녀촌으로서의 독일'이 되어 버렸다고 비판했다. 우리는 이렇게 독일을 태국보다 더 좋은 유럽의 창녀촌으로 만들어 버린 독일 68과 녹색당의 책임뿐 아니라, 디오니소스적 에로스와 광기를 이론화한 프로이트의 철학적 책임을 배제할 수 없다. 20세기 유럽에서 성 담론의 범람을 가능하게 한 첫 이론가가 바로 프로이트이기 때문이다. 독일을 칸트와 헤겔 같은 합리적이고 이성적인 철학의 나라로만 볼 수 없다. 우리는 정상성에 도전하는 에로스를 찬양하면서 성적으로 가장 문란하고 자유분방한 낭만주의적 히피국가가 독일이었다는 사실을 기억해야 한다.

독일 좌우 낭만주의 운동과 좌우 사회주의 운동은 모두 학생운동이었다. 독일 낭만주의 운동도 질풍노도의 학생운동이었다. 이러한 학생운동은 전형적으로 독일적인 것이다. 『전형적으로 독일적인 : 학생운동. 하나의 현상 역사에 대한 연구들』[54]이라는 책은 이러한 학생운동들이 매우 독일적인 운동이었다는 사실을 잘 보여 준다. 『낭만주의와 폭력 : 19세기, 20세기 그리고 21세기 학생운동들』[55]이라는 연구서 역시 세계의 낭만주의화를 추구했던 독일 낭만주의의 산물인 독일 학생운동들 속 폭력을 비판적으로 조명한다. 최근 독일에서는 칼 마르크스와 히틀러에게서 발견되는 독일

---

54. Joachim H. Knoll, Julius H. Schoeps, *Typisch deutsch : Die Jugendbewegung. Beiträge zu einer Phänomengeschichte* (Opladen : Leske & Budrich, 1988).

55. Christoph Klotter, Niels Beckenbach, *Romantik und Gewalt : Jugendbewegungen im 19., 20. und 21. Jahrhundert* (Springer-Verlag, 2011).

좌우 사회주의적 '정치적 낭만주의'의 정치적 폭력과 야만뿐 아니라 플라톤의 『향연』 속 소년 사랑에 기초해서 발생한 독일 좌우 낭만주의적-사회주의적 학생운동에서 발견되는 성소수자 운동이 남긴 어두운 그림자인 아동 성폭력의 문제를 강하게 비판하고 있다.

"폭력에 대한 매혹 : 보수혁명과 신좌파"라는 논문은 칼 슈미트와 마틴 하이데거 같은 독일 보수혁명가들뿐 아니라, 독일 68 신좌파 사상 모두 '폭력에 대한 매혹'을 경험했다고 비판적으로 분석했다. 특히 이 논문은 조지 소렐(Georges Sorel)의 신화와 폭력에 대한 사상이 독일 우파 민족사회주의 전통의 보수혁명과 독일 좌파 국제사회주의 전통인 독일 68 신좌파 모두에게 폭력에 대한 매혹을 불러일으켰다고 비판한다. 즉, 독일 좌우 사회주의-낭만주의 운동 모두 '창조적 카오스'라는 개념에 기초해서 혁명적 폭력을 정당화하면서 폭력에 대한 유혹을 경험했다는 것이다.[56] 이 논문은 독일 68 학생운동이 '파르티잔(빨치산)적이고 대도시에 적합한 투쟁 형식으로서의 도시 게릴라 운동'이라고 설명한다.[57]

"폭력의 신화와 신화의 폭력 : 독일 바이마르 공화국의 우파와 좌파 지식인들에 대한 조지 소렐의 영향"이라는 논문도 독일 좌우 사회주의-낭만주의 전통에서 모두 발견되는 신화적 폭력에 대한 매혹의 문제를 비판적으로 분석했다.[58] 독일 좌우 낭만주의-사회주의 운동은 '적과 같은 쌍둥이'

---

56. Marcus M. Payk, "Faszination der Gewalt : Konservative Revolution und Neue Linke", *Zeitschrift für Historische Forschung* 5(1), 2008, 40-61. http : //www.zeithistorische-forschungen.de/16126041-Payk-1-2008

57. 위의 문서, 58.

58. Manfred Gangl, "Mythos der Gewalt und Gewalt des Mythos : Georges Sorels Einfluß auf rechte und linke Intellektuelle der Weimarer Republik", in : ders.,

다. 그래서 헤겔의 좌파 제자가 칼 마르크스이고, 독일 우파 민족사회주의자(나치) 마틴 하이데거의 좌파 제자가 독일 68 운동의 핵심 철학자 헤르베르트 마르쿠제이다. 그리고 독일 좌파 사회주의 운동인 68 운동과 독일 프랑크푸르트 학파에 속하는 발터 벤야민도 히틀러의 헌법학자이자 독일 우파 민족사회주의를 대변하는 칼 슈미트 연구에 심취했다. 칼 슈미트가 독일 68 학생운동과 같은 독일 좌파 국제사회주의 전통뿐 아니라 독일 우파에도 큰 영향을 주고 있다는 사실은, 독일 좌우 사회주의 전통이 '적과 같은 쌍둥이'라는 사실을 잘 보여 준다.

7. 발터 벤야민의 '에로틱한 교육'과 공산주의 교육 비판

발터 벤야민은 20세기 독일 낭만주의 연구가로 프랑크푸르트 학파에 속하며, 주디스 버틀러와 같은 퀴어낭만주의적 성소수자 학생운동에도 지대한 영향을 준 학자다. 그도 독일 낭만주의 학생운동 출신으로서 학생 형이상학과 에로틱한 교육[59] 그리고 공산주의 교육을 주장한다. 『반항, 에로스 그리고 언어 : 발터 벤야민의 학생 형이상학』[60]이라는 책은 이 문제를 다룬다. 한길사에서 출간한 『교육학의 거장들』[61]에 포함된 독일 교육개혁자

Intellektuellendiskurse in der Weimarer Republik : Zur politischen Kultur einer Gemengelage, Darmstadt 1994, 2., neubearb. u. erw. Aufl. (Frankfurt : Peter Lang, 2007), 171-195.

59. Walter Benjamin, "Erotische Erziehung", in : *Gesammelte Schriften 2*, 71-72.
60. Johannes Steizinger, *Revolte, Erosund Sprache : Walter Benjamins Metaphysik der Jugend* (Berlin : Kulturverlag Kadmos, 2013).
61. 한스 쇼이얼 외 저, 정영근 외 역, 『교육학의 거장들 1』(서울 : 한길사, 2004).

혹은 개혁교육학의 아버지라 할 수 있는 구스타프 뷔네켄은 발터 벤야민의 스승으로, 플라톤의『향연』에 등장하는 동성애적 소아성애(남색)를 교육학적 원리로 주장한 상습적인 소아성애자다. 최근 독일 교육계에서는 이러한 독일 교육혁명, 개혁교육, 진보교육, 교육개혁 선구자들의 소아성애적 교육과 그 행위에 대한 비판이 거세다. 상습적인 소아성애자 뷔네켄을 멘토로 삼고 교육을 받은 발터 벤야민에게도 동성애적 소아성애(남색)를 찬양하는 측면이 있다. 발터 벤야민 영어권 공식 홈페이지에서도 그가 "동성애가 중요한 역할을 하는 에로틱한 교육에 대한 개념들을 찬양한다." 고 적혀 있다.[62]

또한 발터 벤야민은 공산주의적 조기 성교육을 주장하면서 가정과 결혼을 해체하려고 하고, 레즈비언적 사랑을 찬양하며, 매춘의 도덕주의적 악마화를 비난하면서 창녀에 대한 논의를 길게 한다.[63] 발터 벤야민은 '종교로서의 자본주의'를 비판하는 사회주의자로, 예술종교(Kunstreligion)를 추종하는 독일 낭만주의 전통에 서 있는 학자다. 또한 그는 공산주의적-에로틱한 청소년 성교육을 주장하는 철학자이다. 그는 독일 프랑크푸르트 학파와 테오도어 아도르노와도 관계가 있는데, 아도르노는 1967년 강연에서 동성애, 매춘, 소아성애 등의 성적인 금기의 폐지를 주장하고, 소아

62. International Walter Benjamin Society, "EROS | ἔρως IN WALTER BENJAMIN'S PHILOSOPHY", 2019년 5월 24일. http : //walterbenjamin.info/event/eros-%E1%BC%94%CF%81%CF%89%CF%82-in-walter-benjamins-philosophy/
"…… whilst at the same time lauding ideas of an 'erotic education' in which homosexuality plays a major role."
63. Johannes Steizinger, *Revolte, Erosund Sprache : Walter Benjamins Metaphysik der Jugend* (Berlin : Kulturverlag Kadmos, 2013).

성애를 최후의 금기라고 표현했다. 발터 벤야민은 또한 아도르노와 함께 '비밀 독일'을 꿈꾸면서 히틀러를 예비한 동성애적 소아성애자 슈테판 게오르게 인맥과 그 학파에 속한다.

발터 벤야민은 아감벤(Giorgio Agamben)이나 주디스 버틀러 등에게 큰 영향을 주었을 뿐만 아니라 한국 좌파 진영에도 잘 알려져 있다. 2010년 독일 교육계에 엄청난 충격을 준 오덴발트 학교에서의 집단적이고 구조적인 소아성애 사태는, 플라톤의 『향연』에 등장하는 '교육학적 에로스' 개념에 기초한 그리스 남색을 모델로 했다. 독일 교육계에서 최초로 개혁교육학의 이름으로 이 '교육학적 에로스'를 교육원리로 천명하고 교육개혁을 시도한 학자가 바로 발터 벤야민의 스승이자 상습적인 남색자인 구스타프 뷔네켄이다. 발터 벤야민은 그에게서 독일 철학과 문학을 배웠다.

뷔네켄은 남색이라는 아동 성폭력으로 기소되었을 때도 플라톤의 『향연』에 등장하는 남색을 인용하면서 자기를 변호했다고 한다. 발터 벤야민도 당시 독일 학생운동과 반항운동이었던 반더포겔 운동에 심취해 큰 영향을 받아서 일종의 학생형이상학을 전개했다. 20세기 초 이러한 독일 특유의 학생운동과 반항운동은 독일 낭만주의 운동으로서 사회주의적, 영지주의적, 허무주의적 운동이었다. '제2의 영지주의 운동'을 표방한 독일 낭만주의 운동에서 발견되는 그리스적 남색 운동은 독일 나치에게도 큰 영향을 주었다.[64]

발터 벤야민은 초현실주의에 심취하고 이후 자살로 생을 마감한다. 그가 교육받은 이 반계몽주의적인 반항적 학생운동은 플라톤의 『향연』에 등

---

64. 위의 문서.

장하는 남색 전통을 계승하는 성소수자 운동이었다. 흔히들 히틀러의 독일 나치가 동성애 운동을 탄압했다고 아는데, 반더포겔 운동이 히틀러에 의해 탄압받았던 이유는 이 그룹의 다수가 유대인들이었기 때문이다. 히틀러의 독일 나치즘을 준비하는 역할을 한 슈테판 게오르게 학파는 이후 '비밀 독일의 영도자'로 평가되었는데, 게오르게 학파에도 '교육학적 에로스'에 기초한 남색 운동이 존재했다. 이 게오르게 인맥에도 다수의 유대인들이 참여했기에 히틀러에 의해서 '유대인 운동'으로 인식되었다.[65] 독일 나치 시대의 남색 운동은 독일 68 성혁명과 녹색당까지 이어진다.

발터 벤야민은 이러한 "독일 학생문화운동의 개념들을 결코 포기하지 않았으며, 그것을 보다 정화된 형식 안에서 보존하기 원했다. 벤야민은 이러한 개념들을 그의 텍스트들 속에서 보다 은폐되고 에소테릭한 형식으로 계속 전달하고 있다". 구스타프 뷔네켄과 슈테판 게오르게는 젊은 발터 벤야민의 정신적인 영도자였다.[66]

하지만 발터 벤야민과 슈테판 게오르게 철학의 미학적 근본주의(Ästhetischer Fundamentalismus)에는 전체주의적 위험이 존재한다. 『미학적 근본주의 : 슈테판 게오르게와 독일 반근대주의』[67]라는 연구서는 반계몽주의

65. Wolfgang Waldner, Der Talmi-Dichterfürst Stefan George und seine Bewunderer. https : //www.wolfgang-waldner.com/der-george-kreis/

66. Georg Doerr, "'Läuterung des Samens'-Gustav Wyneken und Stefan George als geistige Führer des jungen Walter Benjamin", in : Braungart, Wolfgang (Hrsg.), Stefan George und die Jugendbewegung (Stuttgart : J. B. Metzler, 2018), 217-241.

67. Stefan Breuer, Ästhetischer Fundamentalismus : Stefan George und der deutsche Antimodernismus (Darmstadt : Wissenschaftliche BucHrsgesellschaft WBG, 1995).

적-낭만주의적 독일 반근대주의 전통에 서 있는 슈테판 게오르게의 미학적 근본주의를 비판한다. 『근대에 대한 미학적 비판 : 슈테판 게오르게에 대한 발터 벤야민과 유대인 지식인들의 관계』[68]라는 책도 슈테판 게오르게와 그 학파에 속하는 발터 벤야민의 반근대주의적-반계몽주의적 미학주의를 비판적으로 분석했다. 뿐만 아니라 슈테판 게오르게의 '미학주의와 아방가르드 속 문학의 전체주의적 유혹'에 대한 비판도 존재한다.[69]

낭만주의적 사회주의는 소아기적, 사춘기적 그리고 질풍노도적 반항 감정이자 반항이데올로기로서 이제 철이 지났다. 자유주의, 개인주의 그리고 자본주의가 현실주의적 인류학에 기반한 보다 성숙한 성인들의 이념이다. 사회주의는 질투와 원한의 감정이 정치 제도화된 것이다.

8. 독일 '교육학 거장들'의 소아성애적 아동 성폭력

전술한 것처럼 발터 벤야민은 20세기 초반의 독일 낭만주의 성소수자 운동의 대부인 슈테판 게오르게로부터 큰 영향을 받았으며, 국내에서 독일 『교육학의 거장들』 중 한 명으로 소개된 구스타프 뷔네켄을 스승으로

---

68. Geret Luhr, *Ästhetische Kritik der Moderne : Über das Verhältnis Walter Benjamins und der jüdischen Intelligenz zu Stefan George* (Marburg : LiteraturWissenschaft. de, 2002)

69. Winfried Eckel, "Die totalitaristische Versuchung der Literatur in Ästhetizismus und Avantgarde Das Beispiel Stefan Georges und F. T. Marinettis-mit einem Blick auf Gottfried Benn", *Comparatio-Zeitschrift für Vergleichende Literaturwissenschaft* 3(2), 2011. https : //www. avl. uni-mainz. de/files/2018/07/Aesthetischer-Totalitarismus. pdf

모셨다. 독일 교육개혁자 혹은 개혁교육학의 아버지라 할 수 있는 뷔네켄은 플라톤의 『항연』에 등장하는 동성애적 소아성애(남색)를 교육학적 원리로 주장한 상습적인 소아성애자다. 그는 나체로 학생들을 성폭행해서 기소당하기도 했다. 독일 낭만주의 운동에서 지속되는 나체주의는 20세기 초반의 교육혁명을 주장한 독일 개혁교육 운동에서도 발견된다. 독일 『교육학의 거장들』로 국내에 소개된 오덴발트 학교의 창립자 파울 게헵 시대에도 소아성애 사태가 있었다.

파울 게헵 당시에 토마스 만의 아들 클라우스 만이 오덴발트 학교에 다녔는데, 클라우스 만은 『노인(Der Alte)』이라는 소설에서 소녀들을 성적으로 유린하는 교장을 묘사했다. 파울 게헵은 이 소설의 내용이 자신의 이야기라고 생각해서 대외적으로 오덴발트 학교의 이미지가 나빠질 것을 우려했다고 한다. 파울 게헵과 다른 교사들은 초창기부터 학생들을 성적으로 유린했는데, 형편이 어려운 학생들이 장학금을 받고 오덴발트에 다녔기 때문에 학부모들이 아동 성폭력 문제를 제대로 공론화시키지 못했다고 한다. 오덴발트 학교는 학부모들의 항의 편지를 그대로 보관했다고 한다.[70] 이렇게 소아성애 사태로 인해서 지금은 폐교된 오덴발트 학교는 토마스 만의 두 아들이 다녔던 학교이며, 막스 베버와도 인연이 있는 100년 전통의 엘리트 학교였다.

구스타프 뷔네켄은 학생들의 성적 자기결정권을 강조하고 학부모들의

---

70. Matthias Bartsch, Markus Verbeet, "The Roots of Abuse : Decades of Molestation Haunt Odenwaldschule", 2010년 7월 22일. https://www.spiegel.de/international/germany/the-roots-of-abuse-decades-of-molestation-haunt-odenwaldschule-a-707658.html

교육권리를 박탈하려고 했는데, 이는 그가 주장한 '교육학적 에로스' 개념 때문이다. 즉, 그는 학생과 선생이 에로스적 관계(동성애적 소아성애 관계 혹은 남색관계)가 되어야 하기에 학부모들은 교육과정에서 배제되어야 한다고 주장했다. 뷔네켄은 독일 개혁교육학의 선구자로서 당시 그의 학교가 '동성애 학교'라는 것이 이미 알려져 있었다.[71] 이러한 교육사상이 오덴발트 학교에도 영향을 주었다. 오덴발트 학교뿐 아니라 독일 나치 시대의 개혁교육학은 대체적으로 모두 어린 학생들의 성적 자기결정권을 주장하고, 부모의 교육권은 박탈하면서 학부모들로부터 학생들을 이탈시키려고 했다.

『교육학의 거장들』에 포함된 헤르만 리츠(Hermann Lietz)도 뷔네켄 그리고 파울 게헵과 유사한 관점을 보인다.[72] 독일 괴팅엔 대학교 교육학 교수인 헤르만 기제케(Hermann Giesecke)는 『반더포겔로부터 히틀러유겐트까지』[73]라는 연구서를 통해 독일 낭만주의 학생운동인 반더포겔 운동이 히틀러유겐트까지 계승되며 진화한다고 분석한다. 이 교수는 또 다른 연구서 『히틀러의 교육학자들 : 나치적 교육의 이론과 실천』[74]에서 한국에서 『교육학의 거장들』에 소개된 인물들이 히틀러의 교육학자들이었

71. Peter Dudek, *"Versuchsacker für eine neue Jugend" : Die Freie Schulgemeinde Wickersdorf 1906-1945* (Bad Heilbrunn : Klinkhardt, 2009), 480. ; [Rezension] *Zeitschrift für Pädagogik* 56(1), 2010, 140-143.
72. Jürgen Oelkers, *Reformpädagogik : Eine kritische Dogmengeschichte* (Weinheim, München : Juventa, 1989).
73. Hermann Giesecke, *Vom Wandervogel bis zur Hitlerjugend : Jugendarbeit zwischen Politik und Pädagogik* (München : Juventa-Verlag, 1981).
74. Hermann Giesecke, *Hitlers Pädagogen : Theorie und Praxis nationalsozialistischer Erziehung* (München : Juventa-Verlag, 1999).

다고 비판적으로 분석한다. 이 책에서는 히틀러의 나치즘이 교육을 완전하게 국가주의화하기 위해 '전체주의적 교육국가 개념(Konzept des totalen Erziehungsstaates)'을 주장했다는 사실이 비판적으로 성찰되었다. 국내에서 김누리 교수 등이 주장하는 독일 68 교육혁명에도 국가주의적 교육국가 개념이 내포하는 전체주의적-나치적 교육독재의 위험이 존재한다. 독일 68 신좌파 국제사회주의적 교육혁명 이념과 독일 우파 민족사회주의적(히틀러의 나치즘적인) 교육혁명은 모두 독일 특유의 국가주의적 교육독재를 지향했다.

한국에서 독일 교육학의 거장들로 소개된 교육학자들이 추구한 낭만주의적-루소주의적 독일 개혁교육학에 대해서 가장 깊고 방대하게 비판적 연구를 시도한 학자는 스위스 쮜리히 대학교 교육학 교수인 위르겐 욀커스다. 욀커스 교수는 독일 개혁교육, 교육혁명 그리고 루소주의적 교육운동에 대한 방대한 연구서와 논문을 출간했다. 『오덴발트 학교 이후에 독일 개혁교육은 얼마나 더 가능한가?』라는 그의 연구서는 오덴발트 학교에서의 소아성애 사태는 플라톤적 소년 사랑을 교육원리로까지 격상시킨 독일 개혁교육 자체의 문제라고 분석하면서 더 이상 지속되기 힘들다고 설명한다.[75] 욀커스 교수의 또 다른 책 『독일 개혁교육 : 하나의 비판적 도그마 역사』[76]는 독일 개혁교육학의 도그마에 대해서 역사적이고 비판적으로 분석하고 있다.

---

75. Damian Miller, Jürgen Oelkers (Hrsg.), *Reformpädagogik nach der Odenwaldschule-Wie weiter?* (Basel : Beltz Juventa, 2014).

76. Jürgen Oelkers, *Reformpädagogik : Eine kritische Dogmengeschichte* (Basel : Beltz Juventa, 2005).

위르겐 윌커스 교수의 『에로스와 통치 : 독일 개혁교육의 어두운 측면들』[77]은 독일 낭만주의 개혁교육학과 교육혁명 운동에 본질적으로 존재하는 소아성애적 아동 인권 유린 문제를 방대하게 연구한 가장 대표적인 연구서다. 이 책의 뒷면에는 "본래적인 독일 개혁교육학의 참된 민낯은 은폐된 성적인 강간들과 수많은 학생들에 대한 굴욕 그리고 지도자 숭배(Führerkult)와 술책으로 특징지어진다. 개혁교육학의 정치적 선택들은 민족주의적, 쇼비니즘적이었고, 인종주의적이고 반유대주의적 경향들이 자주 동반되었다."라고 적혀 있다. 플라톤적 에로스와 소년 사랑을 교육원리로까지 격상시킨 독일 낭만주의-루소주의 개혁교육학은 반권위주의적 교육으로 스스로 신화화하고 있다. 하지만 윌커스 교수는 이러한 교육이 실제로는 매우 권위주의적, 군사주의적, 남성 동맹적이며, 사무라이적 통제와 지배가 이루어지는 교육이었다고 비판했다.

독일 『교육학의 거장들』에 포함된 루돌프 슈타이너의 인지학(신지학)과 발도르프 교육이 최근 국내에서 매우 광범위하게 수용되고 있다. 그러나 인지학과 발도르프 교육이 파시즘과 홀로코스트를 유대인들의 업보라고 주장하는 카르마 인종주의 등의 문제를 가지고 있어서 청소년 교육에 유해하다고 판단되었고, 이에 2007년부터 독일 정부가 공식적인 조사를 실시하고 있다. 독일 위키백과는 인지학과 발도르프 교육이 에소테릭과 오컬트에 기반하기에 그 학문성이 강하게 비판받고 있다고 소개한다.[78] 국내에서 루돌프 슈타이너의 전집 번역 프로젝트가 진행되고 있다. 국내에서

---

77. Jürgen Oelkers, *Eros und Herrschaft : Die dunklen Seiten der Reformpädagogik* (Basel : Beltz Juventa, 2011).

78. WIKIPEDIA, Rudolf Steiner. https : //de.wikipedia.org/wiki/Rudolf_Steiner

기본소득과 지역 화폐 실현의 근거로 소개되는 독일 기본소득의 대표적 이론가도 바로 루돌프 슈타이너의 인지학 추종자다. 발도르프 교육은 '소아성애자들의 천국'과 '어린아이들의 지옥' 그리고 '홍등가'로 폭로된 오덴발트 학교를 모델로 삼고 있는데, 최근 교사에 의한 세 건의 소아성애 사태가 발생했다.[79] 그리고 『교육학의 거장들』에 포함된 마리아 몬테소리도 무솔리니 지지자로, 로마 가톨릭적이기보다는 신지학적인 관점을 가진다.

9. 독일 낭만주의, 인도게르만주의, 신지학과 인지학, 힌두교-불교

우리는 앞에서 독일 나치 시대가 결코 성억압의 시대가 아니라 일종의 소돔과 고모라의 시대였고, 기독교 성문화에 도전하는 새로운 이교적 문화가 우세했던 시대라는 사실을 보았다. 여기에서는 바로 이러한 독일 좌우 낭만주의 운동과 성소수자 운동에 대한 독일-그리스 전통의 디오니소스적-이교적 영향과 함께 초기 낭만주의로부터 시작된 인도게르만주의와 힌두교-불교의 영향에 대해서 소개하고자 한다. 즉, 독일 좌우 낭만주의 성소수자 학생운동에 미친 힌두교와 불교의 영향에 대해 논의하고자 한다.

2010년 이후로 마침내 폭로된 오덴발트 학교에서의 소아성애 사태는 독일 교육계, 언론 그리고 사회에 엄청난 충격과 파장을 일으켰다. 전술

---

79. Waldorkblog, "Missbrauch und Reformpädagogik - Eine "Collage" zu Waldorf, Odenwaldschule und Steinerscher Sexualmoral", 2010년 3월 13일. https : // waldorfblog. wordpress. com/2010/05/13/missbrauch-und-reformpadagogik-eine-collage-zu-waldorf-odenwaldschule-und-steinerscher-sexualmoral/

한 것처럼 오덴발트 학교는 장 자크 루소가 원했던 학교라고 스스로 선전해 왔다. 오덴발트 학교는 독일 전 대통령 가문, 포르쉐와 보쉬 같은 독일 유명 기업들의 고위층 아이들이 다녔던 엘리트 학교였고, 유네스코 모델 학교로서 독일 68 성혁명 사상과 루소주의적 교육을 실천하는 상징이었다. 그러다 마침내 그곳이 비밀스러운 소아성애자들의 천국이었다는 사실이 2010년 이후로 독일 주류 언론을 통해서 폭로되었다. 오덴발트 학교에서는 독일 특유의 낭만주의적 나체주의의 이름으로 교사들이 자주 나체로 다녔고, 학생들에게도 빌헬름 라이히가 말한 나체 성교육과 알몸 교육을 시켰다. 오덴발트 학교는 독일과 프랑스 68 학생운동의 아이콘이자 독일 녹색당의 아이콘인 다니엘 콘-벤디트가 다닌 학교이기도 하다. 다니엘 콘-벤디트는 자신의 책과 프랑스 방송 등에서 5세 아이들이 옷을 벗기 시작하면 에로틱한 감정을 강하게 느낀다고 공공연하게 이야기했고, 이러한 소아성애적 발언으로 인해 거세게 비난받고 있다. 또한 그는 유럽연합의회 국회의원으로 활동하면서 독일과 프랑스 68 사회주의 성정치에 강력하게 저항하는 동유럽 국가들을 비난하며 차별금지법을 주장한 핵심인물이다. 2021년에는 프랑스 최고 헌법학자 올리비에 뒤아멜(Olivier Duhamel)의 근친상간과 소아성애가 프랑스에서 크게 비판적으로 공론화되었는데, 올리비에 뒤아멜도 다니엘 콘-벤디트처럼 유럽연합의회 국회의원으로 활동하면서 유럽인권법원 등에 사회주의적 성정치를 위한 영향력을 행사했다. 독일 성소수자 운동의 대부 헬무트 켄틀러 교수의 소아성애 실험과 오덴발트 학교의 소아성애 사태는 독일 성소수자 운동의 어두운 그림자와 추한 유산인 소아성애적 아동 인권 유린을 잘 보여 준다. 이런 독일 특유의 낭만주의 성소수자 운동의 배후에는 슈테판 게오르게의 '비밀 독일' 사상과 비밀 불교(밀교)를 비롯한 힌두교와 불교 사상의 영향이 존재한다.

이 오덴발트 학교 학생들은 3m 높이의 거대한 남근상을 세웠는데[80] 이는 오덴발트 학교의 개혁교육학과 진보교육에 미친 인도사상(힌두교와 불교)의 강한 영향을 보여 준다. 『교육자로서의 인도 : 1918년부터 1933년까지의 독일 개혁교육학과 학생운동 속의 오리엔탈리즘』[81]이라는 연구서는 20세기 초반의 독일 낭만주의-사회주의 학생운동과 독일 특유의 낭만주의적-반계몽주의적 개혁교육학에 대한 인도-오리엔탈리즘의 강한 영향을 잘 분석했다. 즉, 인도를 교육학적 모델로 삼았다는 것이다. 이 책은 20세기 초 독일 개혁교육학과 학생운동에 인도의 타고르(Rabindranath Tagore), 간디(Mohandas Karamchand Gandhi), 요가와 바가바드 기타 등이 강한 영향을 주었다는 사실을 역사적으로 보여 주었다.

오덴발트 학교의 창립자 파울 게헵도 이러한 인도사상과 힌두교-불교 사상으로부터 많은 영향을 받았다. 파울 게헵에 대한 독일어권 위키피디아 자료는 그가 『싯타르타(Siddhartha)』의 저자 헤르만 헤세와 깊은 교분이 있었으며, 1930년에 인도의 정치가이자 시인 그리고 철학자인 타고르가 1930년 8월 당시 200명의 학생으로 구성된 오덴발트 학교를 방문했다는 사실을 소개한다. 이 자료가 인도 철학자 타고르의 방문은 파울 게헵이

---

80. Adrian Koerfer, "Erneut versagt die Schule", 2019년 1월 22일. https : //www. fr. de/politik/erneut-versagt-schule-11402973. html?fbclid=IwAR0oq0kdMjfk5U9 vkHIj4X6l80aPf5HKcjcdm-QyVQhHpyS3-qrK2X58l4A
81. Elija Horn, *Indien als Erzieher : Orientalismus in der deutschen Reform-pädagogik und Jugendbewegung 1918-1933* (Bad. Heilbrunn : Verlag Julius Klinkhardt, 2018).

1920년 초반부터 시작한 인도와의 다양한 관계들의 표현[82]이라고 소개하고 있을 정도로 오덴발트 학교의 창립자 파울 게헵과 인도철학의 유착 관계는 광범위하고 깊다.

독일 낭만주의 초기부터 낭만주의적 인도 광기가 존재했다. 이 낭만주의적 인도 광기는 독일 특유의 인도게르만주의의 이름으로 쇼펜하우어와 니체를 경유해서 독일 좌우 낭만주의-사회주의 학생운동(나치 시대의 반더포겔 운동, 히틀러유겐트, 독일 68 학생운동과 녹색당 등), 루소주의적-반권위주의적 독일 개혁교육, 그리고 진보교육에도 강한 영향을 주었다. 바로 인도 남근상(링가)을 연상시키는 3m 높이의 거대한 남근상 아래서 나체 성교육과 알몸 성교육이 이루어지는, 성적으로 자유롭고 문란한 교육환경 속에서 동성애적 소아성애(남색)라는 아동 인권 유린이 벌어지게 된 것이다. 쇼펜하우어는 『의지와 표상으로서의 세계(Die Welt als Wille und Vorstellung)』에서 자신의 테제를 인도의 성기 숭배와 연관시키며 성기를 찬양했다. 쇼펜하우어는 '의지와 표상으로서의 세계'라는 자신의 주장을 뒷받침한다는 근거로 그리스 전통의 팔루스(Phallus, 남근)와 인도의 링가를 언급한다.[83]

토마스 만은 쇼펜하우어의 '두뇌와 성기로서의 세계(Die Welt als Gehirn und Genitalien)'라는 테제를 계승하고 있다.[84] 쉽게 말해서 인류의 성기야

---

82. WIKIPEDIA, Paul Geheeb. https : //de. wikipedia. org/wiki/Paul_Geheeb
83. 쇼펜하우어의 책 『의지와 표상으로서의 세계』에 관한 영어 위키피디아 자료도 이를 잘 설명하고 있다. WIKISOURCE, The World as Will and Representation/Fourth Book. https : //en. wikisource. org/wiki/The_World_as_Will_and_Representation/Fourth_Book
84. Thomas Mann, "Schopenhauer"(1938), in : ders., *Gesammelte Werke in dreizehn Bänden* Bd. 9 (Frankfurt a. M. : Fischer Taschenbuch, 1990), 547.

말로 '의지와 표상으로서의 세계'를 잘 보여 준다는 것이다. 쇼펜하우어는 "성기는 두뇌의 공명판이다. 성기는 인식이 아니라 의지에 종속되는 신체 외부 이상의 것이다."라고 주장하면서[85] "성기는 의지의 참된 중심점"이라고 강조한다. 그리고 이러한 자신의 테제를 잘 뒷받침해 주는 근거로 그리스인들의 팔루스(남근)와 의지에 대한 긍정을 보여 주는 상징인 인도의 링가 숭배를 예로 든다. 이러한 독일 낭만주의적-인도학적 성기 숭배와 성기 집착은 여성 성기를 형상화해서 축제적-파계적으로 찬양하고 숭배하는 퀴어 축제로까지 이어진다. 거대한 남근상을 교육 상징처럼 세워 놓고 플라톤의『향연』이니, 진보교육이니, 교육혁명이니 외치면서 비대칭적 권력관계에 종속되는 어린아이들을 동성애적 소아성애(남색)의 피해자로 강간하는 그런 교육은 단호히 거부되어야 한다.

이렇게 100년 역사의 오덴발트 학교는 나치 시대에 개혁교육학을 지향하면서 창립 당시 풍미했던 인도 오리엔탈리즘으로부터 강한 영향을 받았다. 오덴발트 학교에 세워진 거대한 남근상은 인도의 링가를 떠올리게 하며, 바로 독일 개혁교육학에 미친 인도게르만주의와 힌두교-불교의 영향을 보여 주는 것 같다. 독일 낭만주의 이후 인도게르만주의에 입각하여 힌두교-불교 사상과 영지주의 사상으로 기울어지는 사조가 독일 철학에 존재했는데, 이것은 쇼펜하우어, 니체 그리고 바그너에 이르러 본격화되었다. 르네 지라르의 비판처럼 니체와 하이데거는 신이교주의자들로, 고대 그리스뿐 아니라 불교적 사유로 기울어진다. 앞에서 소개한『교육자로서

---

85. Arthur Schopenhauer, *Die Welt als Wille und Vorstellung, Hauptwerke Band I* (Köln : Parkland, 2000), 368.

의 인도 : 1918년부터 1933년까지의 독일 개혁교육학과 학생운동 속의 오리엔탈리즘』이라는 연구서는 20세기 초반의 독일 낭만주의-사회주의 학생운동과 독일 특유의 낭만주의적-반계몽주의적 개혁교육학에 미친 인도-오리엔탈리즘의 강한 영향력을 정확하게 분석했다. 이 책에서는 독일 나치시대에 풍미했던 신지학회의 영향을 받은 루돌프 슈타이너의 인지학이 독일 개혁교육학 운동에 많은 영향을 주었다는 내용이 소개되었다.[86]

인도를 교육학적 모델로 삼았던 독일 개혁교육학에서 독일 전통의 인도게르만주의의 강한 영향을 발견하게 된다. 전술한 것처럼 독일 낭만주의 운동에서 인도를 동경하고 인도를 모델로 주장하게 된 이유는 바로 영미 세계의 계몽주의, 자본주의, 상업주의, 개인주의 그리고 자유주의에 대한 반대운동으로서 독일 낭만주의 운동이 전개되었기 때문이다. 독일 낭만주의에서는 인도야말로 영미 세계의 계몽주의, 자본주의 그리고 상업주의가 생산하는 현대 물질문명으로부터 전염되지 않은, 순수한 어린아이들과 같은 문명이라고 상상했다. 즉, 독일인들에게 있어서 인도는 장 자크 루소가 말했던 일종의 '고귀한 원시인'들이 사는 곳으로, 루소주의적 의미에서 타락한 문명에 물들지 않은 순수한 유아기와 소아기를 대변하는 곳이었다.[87]

헤겔이 독일 최초의 철학자라고 평가한 영지주의적이고 에소테릭한 야곱 뵈메(Jakob Böhme) 이후 독일 철학에서는 이러한 낭만주의적, 영지주의적, 신이교주의적, 인도게르만주의적 전통이 더 강하게 자리 잡고 있다. 초

---

86. Elija Horn, *Indien als Erzieher : Orientalismus in der deutschen Reformpädagogik und Jugendbewegung 1918-1933.*
87. 위의 문서.

기 독일 낭만주의자 프리드리히 슐레겔은 독일 최초의 인도학 개척자였다. 『독일인들의 신화에 대한 낭만주의적 신화 : 인도게르만적 관계를 향한 프리드리히 슐레겔의 추구』[88]라는 연구서는 바로 독일 최초의 인도학 개척자인 슐레겔의 낭만주의적 인도게르만주의를 잘 보여 준다.

2013년에는 『신비주의와 전체주의』[89]라는 제목으로 히틀러의 나치즘에 미친 독일 신비주의의 강한 영향을 분석한 책이 출간되었다. 이 책에서는 야곱 뵈메와 마이스터 에크하르트(Meister Eckhart) 같은 이들이 심취한 독일 신비주의가 히틀러의 나치즘에 큰 영향을 주었다고 분석한다. 히틀러의 나치즘은 독일 낭만주의적-신비주의적 비이성주의의 산물이다. 야곱 뵈메에 대한 연구 시리즈로 2013년에 출간된 이 책은, 독일 신비주의 전통이 나치즘의 전체주의에 미친 깊은 영향에 대해 자기성찰적으로 분석하면서 야곱 뵈메, 셸링(Friedrich Wilhelm Joseph Schelling), 마틴 하이데거에 대해서도 비판한다. 독일 낭만주의 역시 영지주의적이고 에소테릭한 야곱 뵈메의 신비주의로부터 큰 영향을 받았다. 『신비주의와 낭만주의』[90]라는 연구서는 독일 낭만주의 운동에 지대한 영향을 준 야곱 뵈메의 독일 신비주의를 분석하고 있다. 야곱 뵈메는 마이스터 에크하르트처럼 영지주의적이

88. Chen Tzoref-Ashkenazi, *Der romantische Mythos vom Ursprung der Deutschen : Friedrich Schlegels Suche nach der indogermanischen Verbindung* (Göttingen : Wallstein, 2009).

89. Günther Bonheim, Thomas Regehly, *Mystik und Totalitarismus* (Böhme-Studien. Beiträge zu Philosophie und Philologie) (Berlin : Weißensee-Verlag, 2013).

90. Günther Bonheim, Thomas Isermann, *Mystik und Romantik : Rezeption und Transformation eines religiösen Erfahrungsmusters. Mit einem Themenschwerpunkt zu Jacob Böhme* (Leiden : Brill, 2021).

고 에소테릭한 철학자였다. 야곱 뵈메에 대한 독일어권 위키피디아 자료가 보여 주고 있듯이, 헤겔의 변증법은 그가 독일 최초의 철학자로 평가한 기독교적 신지학자 야곱 뵈메의 변증법으로부터 많은 영향을 받았다. 헤겔의 반논리적 변증법에는 이렇게 독일 특유의 신지학적, 영지주의적 그리고 낭만주의적 비이성주의와 신비주의가 흐르고 있다.[91] 야곱 뵈메의 사상뿐 아니라 불교철학에도 부정변증법이 존재한다. 독일 프랑크푸르트 학파에서 말하는 부정변증법과 계몽의 변증법도 근본적으로 낭만주의적이고 반계몽주의적이다.

---

91. WIKIPEDIA, Jakob Böhme. https : //de. wikipedia. org/wiki/Jakob_B%C3% B6hme

"Auch Georg Wilhelm Friedrich Hegel wurde durch Schelling mit Böhmes Gedankenwelt vertrauter. Hegel würdigte in Böhmes Spekulationen trotz deren "barbarischer" Sprache die in ihnen enthaltenen dialektischen Ansätze. Er nannte ihn den "ersten deutschen Philosophen", weil er als erster in deutscher Sprache schrieb."

에로스와
광기 ————————————————————
　　프로이트의
————————————————————황혼

Freud

파르마코스 오이디푸스 :
프로이트의
'오이디푸스 콤플렉스'
비판

6장

파르마코스 오이디푸스 :
프로이트의
'오이디푸스 콤플렉스' 비판

1. 르네 지라르의 프로이트 비판 : 오이디푸스에 대한 프로이트의 오독과 인지불능

프로이트의 유명한 '오이디푸스 콤플렉스'는 정신분석학의 초석이다. 독일 낭만주의로부터 강한 영향을 받은 프로이트는 디오니소스 축제 때 경연되었던 소포클레스의 그리스 비극작품 『오이디푸스 왕』에 대한 정신분석학적 독법을 시도했다. 하지만 프로이트는 『오이디푸스 왕』을 오독했다. 디오니소스는 독일 낭만주의의 새로운 신과 메시야였다. 프로이트는 그리스 비극작품으로부터 자신의 정신분석학을 위한 문화적 아우라와 권위를 찾고자 했는데, 그리스 비극에 대한 과도한 외경도 독일 낭만주의 문학과 철학의 주요 특징 중 하나였다.

독일의 저명한 철학자 페터 슬로터다이크의 주장처럼 프로이트막시즘이라는 이름으로 독일 68 신좌파가 기사회생했지만, 프로이트의 정신분석학과 독일 68 반권위주의적 교육의 기초인 프로이트막시즘 자체가『오이디푸스 왕』에 대한 오독에 기초한 이론적 사상누각이다. 주디스 버틀러 등에 의해서 소아성애와 근친상간 옹호의 이론적 근거로 제시된 오이디푸스 콤플렉스 이론 역시『오이디푸스 왕』에 대한 명백한 오독이다. 필자는『오이디푸스 왕』,『바카이(Bacchae)』와 같은 그리스 비극작품들에 대한 프로이트, 푸코, 들뢰즈-가타리, 라캉, 버틀러 등의 정신분석학적-성 혁명적 오독을 비판하고자 한다. 동시에 르네 지라르의 그리스 비극 이해에 기초해서 오이디푸스는 소아성애와 근친상간을 지지하는 모델이 아니라, 당시 그리스 폴리스의 파르마코스(희생염소)였다는 사실을 소개하고자 한다.

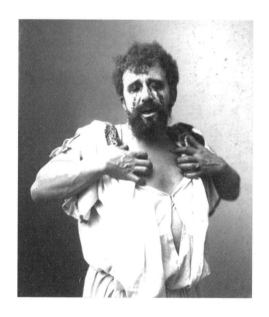

_ 연극으로 표현된 오이디푸스 왕

2021년 그리스 고전학자인 서울대학교의 김헌 교수는 tvN의 "책 읽어주는 나의 서재"에서『오이디푸스 왕』을 강의했다. 이 강의에는 그동안 필자가 여러 르네 지라르 연구서들을 통해서 『오이디푸스 왕』과 프로이트의 오이디푸스 콤플렉스에 관해 분석한 내용들이 많이 등장했다. 김헌 교수의 강의에서도 일종의 오염(Miasma)인 오이디푸스가 문자적으로 희생염소의 노래(Tragoidia)인 그리스 비극에서 희생제물의 역할을 하고 있다는 점이 명확하게 설명되었다. 즉, 오이디푸스는 디오니소스 극장의 제단에서 희생제물로 바쳐졌던 희생염소의 역할을 대체하고 있다. 김헌 교수의 강의에서는 그리스 비극의 존재 목적이 일종의 카타르시스라는 점도 소개되었는데, 오이디푸스는 카타르시스를 위한 카타르마(희생염소) 역할을 하고 있다. 오이디푸스 콤플렉스에서 말하는 근친상간과 부친 살해는 프로이트의 정신분석학과 프로이트막시즘의 성혁명 사상에서 주장하는 성해방이나 성혁명의 논거가 아니라, 그리스 비극의 존재 이유인 군중의 카타르시스를 위한 희생염소인 오이디푸스의 하마르티아(Hamartia, 치명적 죄, 비극적 결함)로 파악해야 한다. 이렇게 오이디푸스를 파르마코스로 파악하는 것이 국내 그리스 고전학계에서 주류적 입장으로 자리 잡고 있다.

주디스 버틀러는 프로이트의 정신분석에서 발견되는 오이디푸스에 대한 인지불능을 기호학적-언어구조주의적으로 계승하고 있다. 프로이트 이후 오이디푸스에 대한 각종 프로이트막시즘적, 포스트모던적, 성혁명적, 기호학적 그리고 언어구조주의적 사변과 거품은 이제 정리되어야 한다. 꿈, 무의식 그리고 비이성에 천착한 독일 낭만주의의 산물인 프로이트의 정신분석처럼, 프로이트막시즘 담론의 산물인 버틀러의 젠더 이론도 그리스 비극에 대한 명백한 오독에 기초한 사변이다. 버틀러의 소아성애와 근친상간 옹호의 이론적 근거로도 작용하는 오이디푸스 콤플렉스의 근친상간과 부친 살해는 희생염소이자 욕받이인 오이디푸스에 대한 최악의 욕(마녀사냥)으로 이해해야지, 성혁명적으로 이해해서는 안 된다. 버틀러는 오이디푸스와 안티고네를 동성애 금기, 근친상간 금기 그리고 소아성애 금기를 해제하고 파괴하는 근거로 오독하고 있다. 하지만 오이디푸스와 안티고네는 카타르시스적 호국문학이자 정치문학인 그리스 비극작품 속의 비극적 주인공들로서, 그리스 폴리스의 희생염소이자 비극적 욕받이들이다.[1]

푸코의 『성의 역사(*L'Historie de la sexualité*)』 1권의 서론에서는 이론적으로 소아성애의 비범죄화를 주장할 뿐 아니라, 버틀러처럼 근친상간 금기의 폐기도 주장하고 있다. 푸코와 버틀러 모두 소아성애와 근친상간을 정당화하기 위한 도구로 오이디푸스 콤플렉스를 제시한다. 소아 오이디푸스의 어머니를 향한 근친상간적 성욕망을 긍정함으로써 소아성애와 근친상간을 이론적으로 정당화하는 것이다. 하지만 르네 지라르의 분석처럼 오이디푸스의 근친상간과 부친 살해는 억압된 성욕망의 상징이 아니라, 오이디푸스의 하마르티아로 읽어야 한다. 즉, 근친상간과 부친 살해는 사회주의 성혁명 운동에 등장하는 퀴어스러운 에로스인 소아성애나 근친상간을 지지하는 것이 아니다. 프로이트의 정신분석학과 프로이트막시즘 모두 『오이디푸스 왕』에 대한 오독에 기초하고 있기에 이론적으로 학문성이 결여되어 있다.

2. 21세기 프로이트의 정신분석학과 '호모 오이디푸스'의 황혼

필자는 이 책에서 프로이트에 대한 보다 조직적이고 체계적인 비판을

---

1. 정일권, 『문화막시즘의 황혼 : 21세기 유럽 사회민주주의 시대의 종언』(서울 : CLC, 2020) 및 정일권, 『미셸 푸코와 주디스 버틀러의 황혼 : 성 소수자 운동의 아동 인권 유린과 젠더의 종말』(서울 : CLC, 2022) 참고.

시도하면서, 그동안 필자의 저서들을 통해 파편적으로 소개했던 르네 지라르의 이론에 기초한 프로이트 비판을 한데 모아 소개하고자 한다. 필자는 2005년에 '불멸의 40인'으로 불리며, 프랑스 지식인의 최고 명예인 아카데미 프랑세즈(Académie française) 종신회원으로 선출된 사상가 르네 지라르의 이론에 기초해서 『오이디푸스 왕』에 대한 명백한 오독으로부터 파생된 오이디푸스 콤플렉스라는 초석과 아킬레스건 위에 세워진 프로이트의 정신분석학과 프로이트막시즘의 황혼을 주장해 왔다.

『뉴욕 리뷰(The New York Review)』지는 "질투의 예언자"라는 제목으로 다음과 같이 르네 지라르를 소개한다. "모방적 욕망과 인간의 폭력에 대한 지라르의 통찰들은 정치, 경제에 대한 칼 마르크스의 이론들과 오이디푸스 콤플렉스에 대한 프로이트의 주장들보다 더 광범위하다. 뿐만 아니라 소셜미디어의 폭발, 포퓰리즘의 부활 그리고 상호 폭력의 증가 모두 현대 세계가 그 행위에 있어서 점점 더 '지라르적으로' 되어 가고 있다는 것을 시사한다. …… 하인리히 슐리만(Heinrich Schliemann)이 호메로스의 서사시가 역사적 진실의 기질(Substrate)을 포함하고 있을 것이라고 추정하고 고대 트로이의 유적지를 발견했듯이, 지라르는 문학 작품들을 인간의 욕망, 갈등 그리고 자기기만에 대한 가장 근본적인 진리들을 담고 있는 보물상자로 접근했다."[2]

'인문학의 다윈' 혹은 '사회과학의 아인슈타인'으로 평가받는 르네 지라르는 국제적으로 프로이트와 칼 마르크스 같은 학문적 위상과 영향력을

---

2. Robert Pogue Harrison, "The Prophet of Envy", *The New York Review*, 2018년 12월 20일. https : //www.nybooks.com/articles/2018/12/20/rene-girard-prophet-envy/

가진 학자로 평가받고 있다. 지라르의 미메시스 이론(Mimetische Theorie, 모방 이론)을 학제적으로 대화하고 응용하는 데 있어 주도적인 역할을 했던 에꼴 폴리테크니크(École Polytechnique)의 사회정치학자이자 스탠포드 대학교의 장 피에르 뒤피(Jean-Pierre Dupuy) 교수는 "그리스도와 카오스 : 르네 지라르와의 대담"이란 글에서 '지라르 현상'에 대해 다음과 같이 말한 바 있다. "지라르는 하나의 현상이다. 세계의 많은 학자들은 그를 당대에 생존하는 위대한 학자들 중 하나로 평가하며, 또 어떤 이들은 그를 프로이트 혹은 칼 마르크스에 비교하기도 한다. 또한 지라르는 일부 인문과학자들에게는 종종 스캔들로 받아들여진다. 그동안 지라르만큼 폄하를 많이 받은 학자도 없을 것이다. 이러한 폄하에도 불구하고 많은 학자들이 지라르에게서 영감을 얻지만, 또한 그것을 숨기는 것이 더 현명하다고 생각한다. 이러한 학자들은 소르본의 닭이 울기 전에 다음과 같이 세 번이나 다짐한다. '나는 이 사람을 알지 못한다.' 지라르의 이론은 바로 이 이론이 겪고 있는 폭력적인 폄하를 설명하고 또한 그것을 예견할 수 있다는 점에서 더욱 도발적이다."[3]

2019년에는 『성(性)의 평범성 : 주디스 버틀러의 젠더-이론에 대한 하나의 비판적인 철학적 관점』[4]이라는 책이 출간되었는데, 이 책의 4장은 "호모

. Jean-Pierre Dupuy, "Le Christ et le Chaos : Entretiens avec René Girard", *Le Nouvel Observateur* no. 1554, 18. 8. 1994, 60. ; 뒤피의 이 말은 다음의 책에도 번역되어 실렸다. René Girard, *Wenn all das beginnt : Ein Gespräch mit Michel Treguer* (Münster, Hamburg, London : Thaur, 1997), 189.
4. Lisa-Marie Lenk, *Banalität des Geschlechts : Eine kritisch philosophische Perspektive zur Gender-Theorie von Judith Butler* (West-östliche Denkwege 31) (Academia Verlag, 2019).

오이디푸스에서 호모 미메티쿠스(Homo mimeticus, 모방적 인간)로"라는 제목으로 보편적 근친상간 금지에 대한 설명 모델들을 분석하고 있다. 인간을 범성욕주의적인 방식으로 '호모 오이디푸스로' 이해할 것이 아니라, 보다 관계심리학적으로 모방하고 경쟁하는 인간, 곧 '호모 미메티쿠스'로 파악해야 한다는 것이다. 즉, 이 책은 프로이트의 오이디푸스 콤플렉스를 비판한 르네 지라르의 문명이론에 기초해서 새로운 학문을 수립할 수 있다는 테제를 담고 있다. 또한 르네 지라르의 미메시스적 인류학을 레비-스트로스(Claude Lévi-Strauss)의 구조주의 인류학과 프로이트의 정신분석학과의 관계에서 논의하고 있다. 주디스 버틀러는 프로이트의 정신분석학에 기초해서 너무 인간을 호모 오이디푸스로만 파악해서 소아성애와 근친상간까지도 옹호한다.

프로이트의 낭만주의적 정신분석학에 기반해서 인간을 호모 오이디푸스로 파악했던 여러 학문 분야들이 쇠퇴하고 있으며, 21세기에는 인간을 호모 미메티쿠스로 파악하는 뇌과학과 인지심리학, 사회과학이 주도하고 있다. 2020년에는 '호모 미메티쿠스'라는 연구 프로젝트가 유럽연합연구위원회(European Research Council, ERC)의 지원을 받아 출범했다.[5] 대한민국 MZ 세대가 많이 사용하고 있는 밈(Meme)도 사회적 미메시스로서, MZ 세대가 일종의 호모 미메티쿠스라는 사실을 잘 보여 준다. 인터넷과 SNS 그리고 메타버스에 보다 익숙한 디지털 네이티브는 초모방적인 시대 속에서 살아가는 호모 미메티쿠스이다. 21세기는 4차 산업혁명, 인공지능, 빅데이

---

5. http : //www.homomimeticus.eu/home/
   "This project has received funding from the European Research Council (ERC) under the European Union's Horizon 2020 research and innovation programme."

터, 사물인터넷 그리고 페이스북과 같은 소셜 네트워크로 인해 초연결사회가 되었다. 이 초연결사회는 또한 모방적 인간인 호모 미메티쿠스가 살아가는 초모방사회(Hypermimetic society)가 되어 간다.[6]

르네 지라르는 인간을 나누어질 수 없는 모나드(Monad)와 같은 개인이 아니라, 상호개인(Interdividual)이라는 신조어로 새롭게 정의했다. 인간은 단순한 모방적 동물이 아니라, 초모방적(Hypermimetic) 존재다. 초모방적인 상호개인들로 인해서 21세기 초연결사회는 점차적으로 초모방적 사회가 되어 가고 있는 것이다. 소셜 네크워크 페이스북의 탄생에 있어서 르네 지라르의 미메시스 이론이 중요한 역할을 했다. 페이스북의 탄생과 성장에 있어서 피터 틸(Peter Thiel)의 초기 투자는 결정적이었다. 스탠포드 대학교에서 지라르의 제자였던 피터 틸은 지라르의 이론을 통해 큰 깨달음을 얻었고, 모방으로 이루어지는 페이스북에 투자하게 되었다고 말한 바 있다. 9.11 테러 이후 지라르는 국제 테러리즘을 이해하기 위해서는 새로운 심리학이 필요하다고 언급한 바 있는데, 글로벌한 차원에서 이루어지는 모방적 욕망과 경쟁을 이해하기 위해서 미메시스적인 심리정치학이 연구되고 있는 것이다. 지라르의 오랜 학문적 동료이자 지라르와 함께 상호개인적 심리학을 선구적으로 연구한 프랑스 파리 대학교의 임상정신병리학 교수인 장 미셸 우구를리앙은 2012년에 『심리정치학』[7]이라는 책을 지라르 연구

---

6. 정일권, "MZ세대와 4차 산업혁명시대 역할-문화철학적 관점에서", 기독교 학술원 영성포럼 발제논문, 2022년 5월 13일, 온누리교회. 필자의 이 논문은 MZ 세대에 대한 문화철학적이고 심리정치학적인 이해와 분석을 시도했다. 또한 4차 산업혁명 시대와 인공지능 시대의 주요 논객 중 한 명인 유발 하라리(Yuval Noah Harari)의 입장을 비판적으로 분석하고자 했다.

7. Jean-Michel Oughourlian, *Psychopolitics : Conversations with Trevor Cribben*

시리즈인 '폭력, 미메시스 그리고 문화 연구' 중 한 권으로 출판했다.

우구를리앙은 비이성적인 모방적 욕망이 생산하는 패턴을 연구하는 심리정치학이 개인의 행동뿐 아니라 국가의 행위도 잘 설명한다고 주장한다. 우구를리앙은 정신분석과 심리학에 관해 지라르와 오래전부터 공동연구를 해 오면서 지라르의 대작인 『창세로부터 은폐되어 온 것들』[8]도 함께 출판했다. 그는 또한 2016년에 『모방적 뇌』[9]라는 연구서를 지라르의 미메시스 이론 연구 시리즈 중 하나로 출판했다. DNA의 발견과 비견되는 것으로 평가받는 거울 뉴런(Mirror neurons)의 발견 이후 '모방적 뇌'는 국제 지라르 학파뿐 아니라 최근 정신분석학과 인지심리학 등에서 주요한 연구 화두가 되었다. 그는 모방에 대한 현대의 뇌과학적 이해에 있어 맹점 혹은 사각지대라 할 수 있는 모방적 경쟁이야말로 정신질환들 뒤에서 오해된 채 숨어 있는 원인이라고 주장한다. 피로사회에서의 자기착취도 많은 경우 우리 자신의 모방적 뇌로부터 온다.[10]

꿈, 무의식, 광기, 그로테스크한 것, 섬뜩한 것, 마약, 에로스와 타나토스 등과 같은 독일 특유의 낭만주의적 사유의 영향 아래에 있는 프로이트의 정신분석학과 호모 오이디푸스라는 인간 이해는, 21세기에 들어와서

Merrill (Studies in Violence, Mimesis & Culture) (East Lansing, MI : Michigan State University Press, 2012).

8. René Girard, _Des choses cachées depuis la fondation du monde_ (Paris : Grasset, 1978) ; René Girard, _Things Hidden since the Foundation of the World_ (Stanford : Stanford University Press, 1987).

9. Jean-Michel Oughourlian, _The Mimetic Brain_ (Studies in Violence, Mimesis & Culture) (East Lansing, MI : Michigan State University Press, 2016).

10. 정일권, 『질투사회 : 르네 지라르와 정치경제학』(서울 : CLC, 2019) 참고.

확실하게 퇴조하고 있다. 『오이디푸스 왕』에 대한 오독 위에 세워진 프로이트의 정신분석학과 독일 68 프로이트막시즘의 사상누각도 무너지기 시작했다. 사회주의 성혁명과 성해방 운동은 정신분석학의 억압이론을 전제하는데, 이 억압이론은 정신분석학의 초석인 오이디푸스 콤플렉스 이론에 기초하고 있다. 하지만 오이디푸스 콤플렉스 이론 자체가 『오이디푸스 왕』에 대한 명백한 오독이기에, 20세기에 풍미했던 성해방 운동 자체는 학문적 근거가 없는 것이다. 이제 우리는 오이디푸스에 대한 프로이트, 라이히, 라캉, 푸코, 들뢰즈-가타리의 인지불능에 대해 논해야 한다. 미셸 푸코도 오이디푸스 콤플렉스에 대해서 말하지만, 희생염소이자 욕받이인 오이디푸스의 정체에 대해서는 알지 못하고 있다.

3. 소포클레스의 오이디푸스와 프로이트의 오이디푸스

르네 지라르의 이론은 국내의 다양한 학문 분야에서 수용되고 있다. 특히 그리스 문명을 다루는 서양 고전학 분야에서도 지라르의 이론이 수용되고 있다. 2014년 서울대학교 서양고전학연구소 콜로키움에서 발표된 이성원 명예교수의 논문 "소포클레스의 오이디푸스와 프로이트의 오이디푸스"는 "프로이트의 오이디푸스 콤플렉스 이론은 근본적으로 재검토되어야 한다."고 주장한다. 이 논문은 오이디푸스가 일종의 희생양, 보다 정확하게 번역하자면 희생염소 역할을 하고 있다는 지라르의 해석을 소개하면서 오이디푸스의 추방은 당시의 인간 희생양이었던 파르마코스 추방과 연관된다고 분석하고 있다. 이성원 교수는 르네 지라르 또는 고전학자 장 피에르 베르낭(Jean-Pierre Vernant)과 같은 학자는 『오이디푸스 왕』이 파르마코스의 추방과 밀접한 관련이 있는 것으로 본다고 설명한다. 파르마코스란 범죄자, 병자, 불구자 등을 수용하는 수용소를 지칭하는 동시에 그곳으로부터 선정되어 희생양이 되는 존재를 의미하기도 했다. 아테네에서는 매년 새해가 되면 이곳에서 무작위적으로 한 사람을 선정하여 골목골목을 끌고 다니며 돌팔매질하여 공동체 밖으로 추방하는 풍습이 있었다. 이렇게 하면 지난해에 쌓인 모든 더러운 것, 나쁜 것이 이들에게 묻어 씻겨 나가 공동체가 다시금 정화된다는 믿음에서였다.[11]

지라르는 그의 책 『폭력과 성스러움(La Violence et le Sacré)』에서 오이디푸스 콤플렉스 이론을 비판하고 오이디푸스를 일종의 인간 제물인 파르마코스 혹은 인간 희생염소로 새롭게 해석했다. 이성원 교수는 이러한 지라르의 입장을 수용해 결론 부분에서 다음과 같이 주장한다. "그러나 가령 코린토스 지방에서는 새해를 맞으면 한 사람을 선정해 말 뒤에 묶어 놓고는 말을 채찍질하여 마을 밖으로 질주하게 하는 풍습이 있었다. 파에톤의 이야기가 이 풍습과 관련되어 있다면, 우리는 이를 어떻게 보아야 할까? 질주하는 말에 매달려 끌려가는 사람은 필경 죽게 될 것인데, 이것이 매년 이행되는 풍습이라면 이것은 파르마코스의 추방과 관련된 것이라 생각해 볼 수 있다."[12]

이성원 교수가 적고 있듯이 프로이트는 오이디푸스 콤플렉스가 모든 인간의 보편 현상이라고 단언하였고, 『오이디푸스 왕』에서 이 콤플렉스가 명백히 표출되고 있음을 확인한다. 오이디푸스는 그리스 신화에 나오

---

11. 이성원, "소포클레스의 오이디푸스와 프로이트의 오이디푸스", 『서양고전학연구』 제55권 제1호, 2016, 15-16.
12. 위의 문서, 42.

는 인물 중에서 가장 널리 알려진 존재일 것이다. 독일 철학자 마틴 하이데거는 『오이디푸스 왕』을 최고의 예술작품으로 평가하기도 했다. 그러나 현대인들이 오이디푸스에 대해 먼저 연상하는 것은 소포클레스의 비극 또는 오이디푸스 신화라기보다는 프로이트 이후 널리 알려진 오이디푸스 콤플렉스 그리고 정신분석학일 것이다. 프로이트는 근친상간과 부친 살해의 하마르티아를 범한 오이디푸스의 이름을 빌려서 자신의 정신분석 현장에서 마주치게 된 복합심리를 명명했고, 나아가 아버지를 제거하고 어머니를 차지하고자 하는 것이 모든 사람의 무의식적 욕망이라고 일반화함으로써 20세기 최대의 논쟁을 불러일으켰다.

프로이트 이후 오이디푸스는 일종의 코드로서 자크 라캉의 정신분석이나 들뢰즈와 가타리의 정신분석에까지 작용되어 왔다. 하지만 오이디푸스 콤플렉스 이론 자체가 『오이디푸스 왕』에 대한 범성욕주의적 오독과 오해에서 나온 것이기에 이제는 전면적으로 재검토되거나 폐기되어야 한다. 실제로 이 이론은 지금은 주류 심리학에서 큰 영향력을 행사하지 못하고 있다. 한국 프로이트학회에서도 오이디푸스 콤플렉스 이론에 대한 지라르의 비판이 옳다고 평가하는 것으로 알고 있다. 프로이트를 좇아서 여전히 오이디푸스와 오이디푸스적인 것에 대해 논하는 자크 라캉이나 들뢰즈와 가타리의 정신분석도 그다지 큰 설득력을 갖지 못하고 있다. 자크 라캉의 정신분석은 "무의식은 언어에 의해서 구조화되어 있다."는 말로 요약될 수 있는데, 프로이트가 연구했던 무의식의 세계를 소쉬르(Ferdinand de Saussure)의 언어학과 레비-스트로스의 구조주의에서 말하는 언어구조주의적 관점에서 이해하려고 하다 보니 그저 애매모호하고 난해한 해석만 생산했을 뿐이다. 이론물리학자 앨런 소칼(Alan David Sokal)은 포스트모더니즘 철학의 지적 사기를 비판하면서, 특히 자크 라캉을 비판하고 있다. 최근의 심리학의 주류는 범성욕주의적인 오이디푸스 담론이 아니라, 뇌과학 또는 인지심리학이다.

이성원 교수는 오이디푸스 콤플렉스 이론에 대해 다음과 같이 근본적인 의문을 제기했다. "20세기 전반부에는 수많은 인류학자들이 오이디푸스 이야기 유형의 민담을 발굴하고, 경우에 따라서는 무리한 해석을 가하면서 오이디푸스 콤플렉스가 인간 사회에서 보편적임을 입증하려고 애썼다. 지금은 신빙성을 많이 상실하여 그 동력이 떨어졌지만, 그럼에도 원래 '강한 이론'은 어떻게든 그것이 옳았음을 입증해 내는 방향으로 관철되는 법인지라(가령 자크 라캉이 프로이트 식의 오이디푸스 개념에는 동의하지 않으면서도 '거세 콤플렉스'라는 프로이트적 용어를 계속 사용하고 있음을 생각해 보라), 오이디푸스 콤플렉스 이론은 계속 반복, 재생산되고 있다고 말할 수 있다. 프로이트는 오이디푸스 콤플렉스의 발견이야말로 자신이 이룬 최대의 성과라고 보았고, 이는 고금을 막론하고 모든 사회에서 발견되는 인간 현실이요, '사실'이라고 단언하였다. 또 이를 인정하면 그것은 정신분석이고 이를 인정하지 않으면 그것은 정신분석으로 간주할 수 없다고까지 하였다. 그러나 한 세기가 지난 지금까지도 우리는 오이디푸스 콤플렉스의 실재를 경험적으로 검증할 수 있는 아무런 수단을 갖고 있지 않다."[13]

이성원 교수에 의하면 프로이트는 단순히 『오이디푸스 왕』을 정신분석학적으로 읽어 내려고 하지 않았다. 오히려 『오이디푸스 왕』에서 일어나는 일들이 정신분석을 이론화하는 기틀이 되었다는 사실을 다음과 같이 지적

---

13. 위의 문서, 37.

했다. "19세기에 이르러 서양 고전문학 중에서도 가장 높이 평가되기에 이른 소포클레스의 이 작품에서 자신이 수행할 작업의 근거와 출발점을 찾음으로써 프로이트는 기의 필마단기로 개척해 나간 정신분석에 오랜 서양 문학 전통의 권위와 아우라를 부여할 수 있었던 것이다."[14] 또한 이성원 교수는 프로이트의 정신분석학이 가지고 있는 일반화의 오류에 대해 다음과 같이 근본적인 의문을 제기했다. "프로이트는 '오이디푸스 콤플렉스'라고 명명할 무의식적 욕망이 자신에게 있었음을 자기분석을 통해 '발견'하고 소포클레스의 비극에서 그러한 콤플렉스가 명백히 표출되고 있음을 '확인'한다. 이제 프로이트에 의해 오이디푸스 콤플렉스는 모든 시대와 모든 사회에서 작용하고 있는 것으로 일반화되고, 심지어는 이를 받아들이는 것만이 정신분석이고 이를 받아들이지 않으면 가짜 정신분석이라고까지 단언하기에 이른다. 그러나 과연 그럴까?"[15]

프로이트는 오이디푸스의 근친상간과 부친 살해라는 최악의 하마르티아가 희생염소나 파르마코스를 향한 그리스 폴리스의 사회적 비난이나 마녀사냥이라는 것을 알아채지 못한 채 과도하게 이를 일반화시켰고, 오이디푸스의 운명이 우리 모두의 운명이라고 생각했다. 이성원 교수는 이에 대해 프로이트의 말을 인용하면서 프로이트를 다음과 같이 분석하고 있다. "프로이트는 『오이디푸스 왕』에서 유아기의 판타지가 드러나고 성취되고 있는 것으로 본다. 그에게 신탁은 무의식적 욕망을 대변한다. 신탁의 내용이 너무도 끔찍하여 이를 벗어나려는 오이디푸스의 필사적인 노력

---

14. 위의 문서, 40.
15. 위의 문서, 41.

은 의식에서 작용하는 '억압'을 의미하고, 그러는 가운데 예언이 어김없이 관철되어 라이오스를 죽이고 이오카스테와 결혼하게 되는데, 이것이 바로 오이디푸스의 운명이다. 이러한 운명은 우리 모두가 '무의식'으로부터 자유롭지 못함을 말해 준다. "오이디푸스의 운명은 우리를 감동시킨다. 그것은 신탁이 그에게 내린 저주를 우리에게도 내려 오이디푸스의 운명이 우리의 운명일 수도 있었기 때문이다. 그것이 우리 모두의 운명이다." "오이디푸스처럼 우리도 우리의 도덕률에 비추어 혐오스럽기 짝이 없는 이 소망을 모른 채 살아가고 있다. 그러나 그 소망은 자연이 우리에게 부과한 것이다." 이 '모름'이 바로 무의식을 대변하고 있다."[16]

프로이트는 오이디푸스의 근친상간과 부친 살해를 "우리의 도덕률에 비추어 혐오스럽기 짝이 없는 소망"이라고 표현했는데, 그는 이것을 모든 인류가 보편적으로 가지고 있는 '무의식적인 욕망'이라고 부당하게 일반화시켰다. 하지만 지라르의 주장처럼 오이디푸스의 혐오스럽기 짝이 없는 반도덕적 근친상간과 부친 살해는 무의식적인 성욕망이 아니라, 파르마코스 역할을 하는 오이디푸스에 대한 마녀사냥으로 보아야 한다. 이러한 지라르의 비판과 그의 새로운 해석은 프로이트 정신분석학에서 파생된 이후의 포스트모던적 정신분석(라캉, 크리스테바, 들뢰즈-가타리)이 천착하고 있는 오이디푸스적인 것에 대한 근본적인 재검토를 의미한다.[17]

지라르의 해석처럼 '오염된 자' 오이디푸스는 희생염소나 파르마코스

---

16. 위의 문서, 34.
17. 정일권, 『르네 지라르와 현대 사상가들의 대화 : 미메시스 이론, 후기구조주의 그리고 해체주의 철학』(서울 : 동연, 2017)의 "8장 들뢰즈 : 『안티 오이디푸스』와 희생양 오이디푸스" 참고.

역할을 하고 있다. 그는 오염의 원인으로서 추방되는 자다. 상처 난 오이디푸스의 발은 희생염소의 신체적 징후로 지목된다. 오이디푸스(Oidipous)라는 이름은 통상 oidein(붓다) + pous(발), 즉 '부은 발'로 풀이된다. 오이디푸스의 부은 발은 희생양의 신체적 징후로 해석될 수 있다. 지라르에 의하면 신화의 주인공들은 신격화되기 전에 엄청난 죄를 저질렀다고 비난받으면서 사형을 받아도 마땅한 존재로 간주된다. 신화의 주인공들이 늘 그런 것은 아니지만, 대부분은 신체에 약간의 손상을 입고 있다. 신들의 무리는 흔히 '불구자들의 집합소'로 비유되는데, 지라르는 이것이 매우 적합한 비유라고 말한다. 인류는 오랫동안 이런 '희생양 징후'를 가진 사람에게로 쉽게 모여드는 모방성을 가지고 있었다는 것이다. 모든 특이한 것은 긴박한 상황에 빠져 흥분해 있는 군중에게 적의에 찬 시선을 유도할 수 있다. 지라르는 희생양 징후로 주목받을 수 있는 특이한 것들 중에는 너무 추한 것도 있지만, 너무 아름다운 것도 해당되며, 불쌍하게 딱한 사람이나 너무 건방지게 돋보이는 사람도 해당된다고 분석한다.[18]

지라르는 오이디푸스의 치명적이고 비극적인 결함과 죄악인 하마르티아를 희생염소로 몰아가기 위한 그리스 폴리스의 사회적 비난 혹은 사회적 마녀사냥으로 새롭게 해석했다. 아리스토텔레스가 『시학』에서 그 용어를 사용한 이래로 하마르티아라는 용어는 비극의 중심개념으로 다루어졌는데, 그것은 "성격이 곧 운명"이라는 명제와 결합하여 비극 주인공의 '성격적 결함'을 의미했다. 아리스토텔레스는 하마르티아의 대표적인 예로 오이디푸스의 근친상간과 부친 살해를 언급하는데, 지라르는 이것을 희생염

---

18. 르네 지라르 저, 김진식 역, 『문화의 기원』(기파랑, 2006), 312.

소에게 전가하는 차이 소멸적 죄로 해석했다.

4. 파르마코스 오이디푸스

국내 문학비평 용어사전은 르네 지라르와 자크 데리다(Jacques Derrida)
의 입장을 중심으로 고대 그리스 폴리스의 인간 희생양이었던 파르마코스
를 다음과 같이 소개하고 있다. "파르마코스는 고대 그리스어로 속죄양을
의미한다. 고대 그리스에서는 전염병이나 기근, 외세 침입, 내부 불안 등
과 같은 재앙이 덮쳤을 때 재앙의 원흉으로 몰아 처형함으로써 민심을 수
습하고 안정을 되찾기 위해 자체의 경비로 인간 제물을 준비해 두고 있었
는데, 이를 가리켜 파르마코스라고 칭했다. 소나 송아지 같은 동물들 이
외의 인간 파르마코스는 대체로 희생을 당하더라도 보복의 위험이 없거나
연고자가 없는 부랑자, 가난한 자, 불구자들 가운데 선택되었다. 특히 르
네 지라르는 전 세계에 널리 퍼져 있는 희생제의를 분석한 자신의 저서『폭
력과 성스러움』에서 이 말을 논의의 중요한 근거로 활용하고 있다. 지라르
에 따르면 희생제의는 집단 내부에 잠재해 있는 폭력을 희생양이라는 특정
한 대상을 향해 분출시킴으로써 발생하는 카타르시스의 효과를 통해 집
단의 질서와 일체감을 유지해 나가기 위해 고안된 문화적 장치이다. 또한
파르마코스는 고대 그리스에서 독과 약을 동시에 의미했던, 다시 말해 독
과 그 해독제, 혹은 병과 그 치료제라는 의미를 함께 가지고 있던 파르마
콘(Pharmakon)이라는 말로 변화했다고 한다. 파르마코스와 파르마콘 모
두 해로우면서 동시에 유익한 것이라는 이중적 의미를 공유하고 있는 것
이다. 한편『플라톤의 제약술』에서 데리다는 글을 의미하는 플라톤의 용어

인 파르마콘과 파르마시아(Pharmacia), 파르마코스를 잇는 의미의 연쇄 안에서 글 혹은 말에서의 의미작용의 논리와 차이의 조건들을 예시함으로써, 이 말을 상호이질적인 것들이 서로 차이를 형성하고 그 차이가 모순이나 대립으로 가지 않으면서 차이와 차이가 서로 얽히는 텍스트를 만들어 내는 차연(Differance)이나 흔적(Trace) 등의 현상을 드러내는 용어로 사용한다."[19]

지라르는 데리다의 파르마콘을 제의적으로 인간 희생양이었던 파르마코스에게 적용한다. 제의적 희생양인 인간 카타르마가 의학적인 카타르시스로 변하는 것은 인간 파르마코스가 독과 약을 동시에 의미하는 파르마콘이라는 말로 변화된 것과 매우 흡사하다.[20] 비극적인 오이디푸스는 고대의 카타르마와 같다. 실제로 희생제물을 제단이나 사원에서 처형함으로써 원초적 집단 폭력을 대체하는 대신, 이제 사람들은 연극과 무대를 통해서 배우가 흉내 내는 카타르마의 운명을 통해 관객들의 정념을 순화시킴으로써 공동체를 구원하는 새로운 카타르시스를 생산한다. 지라르는 플라톤의 파르마콘이 제의적 희생양 파르마코스와 같은 작용을 한다고 주장한다.

지라르는 데리다의 파르마콘 개념을 실제적이고 사회적인 상황과 희생양 메커니즘 속에서 새롭게 해석했다. 그리스 폴리스가 사육했던 제의적 인간 희생양인 파르마코스는 독과 약이 되는 파르마콘이 된다. 데리다가 파르마콘을 언어와 상호텍스트성(Intertexuality)에서만 한정시켜서 이해한

---

19. 네이버 지식백과, 파르마코스 [Pharmakos] (문학비평용어사전, 2006. 1. 30, 국학자료원).
20. René Girard, *Das Heilige und die Gewalt* (Zürich : Benzinger, 1987), 422.

것과 달리, 지라르는 사회적이고 실제적인 상황 속에서 그것을 해석했다. 지라르에 의하면 추방세력은 단지 텍스트 차원에서만 존재하는 것이 아니라 '실제적' 추방을 지시한다.[21] 지라르는 데리다의 이해처럼 실제적인 의미에서 최초 사건에 대한 관련성을 배제해 버리고 오직 텍스트 안에서의 논의로만 한정시킨다면, 결국 해체주의는 원시적 종교의 해체라기보다는 그 반영에 불과하며 '허무주의적 언어유희'로 전락할 위험이 있다고 말한다. 지라르는 본문 외적인 현실에 대한 지시, 곧 텍스트들의 지시성을 부정하는 후기구조주의적 이론들을 비판한다.[22] 또한 허무주의로 향하는 포스트모더니즘의 경향을 비판하면서 희생양 메커니즘 속에서 기호시스템과 언어의 기원까지 설명하는 발생학적 모델(Ein Genetisches Modell)을 제시한다.[23] 나아가 그는 "기호는 희생양이다."라고 주장한다.[24] 지라르에게 있어서 초월적 기표는 희생양인 것이다.

이성원 교수는 파르마코스 추방이 다른 한편으로 아테네의 민주정치와도 관련이 있을 것이라고 본다. 그는 일찍이 도편추방제도(Ostrakismos, 陶片追放制度)가 결국 사회적으로 제도화되고 합리화된 형태의 파르마코

---

21. Guy Vanheeswijck, "The Place of René Girard in Contemporary Philosophy", *Contagion* 10, 2003, 100-102.

22. René Girard, *Ich sah den Satan vom Himmel fallen wie einen Blitz : Eine kritische Apologie des Christentums* (München Carl Hanser Verlag, 2002), 14, 94, 97, 99.

23. Wolfgang Palaver, *René Girards mimetische Theorie : Im Kontext kulturtheoretischer und gesellschaftspolitischer Fragen* (Münster, Hamburg, London : LIT Verlag, 2003), 337-338.

24. René Girard, *Das Ende der Gewalt : Analyse des Menschheitsverhängnisses* (Freiburg : Herder, 1983), 103.

스 추방이 아니냐는 지적이 있었다고 말했다. 우선 시민들이 아고라에 모여 도편추방을 할 것인가 말 것인가를 결정한다. 만약 하기로 결정이 나면 일체의 토론 없이 각자 추방되어야 할 인물의 이름을 적어 낸다. 동일인이 일정 수 이상의 표를 얻으면 그는 아테네를 떠나야 한다. 일체의 항변이나 해명의 기회도 주어지지 않는다. 암묵적 공모에 의해 형성되는 민심은 이토록 무서운 것이다. 추방할 존재에 돌팔매질하는 일(파르마코스의 추방)과 이름을 적은 도기 조각을 단지(투표함)에 던지는 일(도편추방제도)은 상동관계에 있다.[25]

전 서울대학교 종교학과 배철현 교수도 자신의 그리스 비극 강의에서 오이디푸스를 희생양 혹은 파르마코스로 파악하고 다음과 같이 말했다. "그는 테베의 최고 권력자인 왕이면서도 테베의 안녕을 위해 제물로 바쳐져야 할 파르마코스, 즉 희생양이다." 가정과 도시로부터 버려진 오이디푸스는 문명의 가장 근본적인 규범이자 인간과 짐승을 구별하는 터부인 두 가지, 곧 친부 살해와 근친상간을 파계한다고 사회적으로 비난받고 마녀사냥당하는 희생염소 역할을 하고 있다. 오이디푸스는 아테네의 역병을 몰고 온 '오염된 자'로 지목된다. 배철현 교수는 무질서와 혼돈, 야생의 상징인 야산의 아들로 태어날 뿐 아니라 퉁퉁 심하게 부은 발이라는 의미를 지닌 오이디푸스에게서 '괴상한 존재'의 상징, 곧 군중이 주목하게 되는 희생양의 신체적 징후를 다음과 같이 발견하고 있다. "오이디푸스는 문명과 문화의 최소 단위인 '집'을 상실하고 무질서와 혼돈, 야생의 상징인 '야산'의 아들로 그리고 '우연(偶然)'의 아들로 태어난다. 산지의 목동에 의해 목

---

25. 이성원, "소포클레스의 오이디푸스와 프로이트의 오이디푸스", 16.

숨을 건진 오이디푸스는 야만과 문명의 경계에서 자란다. 그에게는 가장 미천한 인간이라도 당연히 소유하게 되는 집과 이름 그리고 부모가 없다. 다른 인간과 구별해 오이디푸스에게 정체성을 준 유일한 것은 '퉁퉁 부은 발(원문에는 '다리'로 표현)'이다. 심하게 부은 발은 그를 문명사회로부터 격리시키고 다른 인간들과는 섞일 수 없게 만든 '괴상한 존재'의 상징이다."[26] 오이디푸스와 같은 인간 희생염소들은 퀴어스럽고, 자웅동체와 안드로진 개념과 같이 성정체성이 붕괴된 젠더적 인물들이며, 괴물스럽고 그로테스크한 존재들이다. 독일 낭만주의의 새로운 신인 디오니소스야말로 오이디푸스처럼 퀴어스럽고, 괴물스러우며, 그로테스크한 존재다.

배철현 교수는 스핑크스 수수께끼의 주인공이 오이디푸스 자신이라는 사실을 다음과 같이 잘 보여 주고 있는데, 필자 역시 이미 『우상의 황혼과 그리스도』[27]에서 이를 설명한 바 있다. '부은 발'을 의미하는 오이디푸스라는 이름의 어원은 "어느 동물이 한목소리를 지니면서도 네 발로 걸었다가 두 발로 걷고, 그 후에 세 발로 걷느냐?"는 스핑크스의 질문을 연상하게 한다. 인간은 어릴 때 네 발로 걷고, 청년이 되면 두 발로 걷고, 나이가 들면 지팡이를 짚으며 세 발로 걷는다. 오이디푸스는 이 수수께끼를 말이 아니라 무대 위에서 실제로 보여 준다. 그는 발이 묶인 채로 태어나 어릴 때 다른 아이들보다 더 오랫동안 네 발로 걸어 다녔고, 자기 운명의 비밀을 찾

26. 배철현, "야만에서 문명으로 가는 길…… 오이디푸스의 희생이 요구됐다. 소포클레스와 민주주의. 배철현의 그리스 비극 읽기 (4) 야만과 문명", 한국경제, 2018년 6월 8일. https : //www.hankyung.com/life/article/2018060834691
27. 정일권, 『우상의 황혼과 그리스도 : 르네 지라르와 현대사상』(서울 : 새물결플러스, 2014).

기 위해 젊은 시절 두 발로 우뚝 서서 테베의 왕으로 통치했으며, 자신의 저주받은 운명을 알고서는 스스로 두 눈을 찔러 상하게 해 말년에 지팡이를 짚고 세 발로 걸어 다녔다.[28] 지라르에 의하면 무질서의 원인으로서 추방되고 살해된 이후 신성화되어서 질서의 초석이 되는 희생염소의 존재 자체가 무질서와 질서가 중첩되는 수수께끼다.

『그리스 비극 깊이 읽기』(푸른역사, 2018)를 출간한 전남대학교 최혜영 교수는 그리스 비극을 당시 그리스의 정치적이고 종교제의적인 맥락으로부터 이탈해서 순수문학작품으로서 심미적이고 미학적으로 읽어 내는 것과는 달리(물론 이것도 하나의 가능한 독법일수도 있지만), 그리스 비극이 아테네 시민들의 대동단결을 이끌어 내기 위한 정치적 프로파간다(Propaganda, 선전)라고 해석했다. 즉, 그리스 비극은 정치적 문학이요 호국신앙의 산물이라는 것이다. 『그리스 비극 깊이 읽기』는 그리스 비극에 대한 미학적-심미적 해석에 강력한 망치질을 가한다. 고대 그리스 비극이 순수문학이 아니라 정치적 문학이었다는 것이다. 그리스 비극들은 기원전 5세기 전후 일종의 아테네 우선주의에 기초해 당시 그리스 내 적대국 내지 경쟁국이던 도시국가(폴리스)들을 깎아내리는 한편, 아테네 시민의 대동단결을 끌어내기 위한 목적에 가까웠다는 것이다. 이런 해석은 지라르가 그리스 비극을 새롭게 읽으면서 자신의 희생양 메커니즘 속에서 해석한 것과 맥을 같이하는 것으로 보인다. 최혜영 교수에 의하면 그리스 비극경연 자체가 사회 내부의 대동단결을 이루고자 하는 희생제의로부터 파생되었다는 것이다. 최

---

28. 배철현, "야만에서 문명으로 가는 길…… 오이디푸스의 희생이 요구됐다. 소포클레스와 민주주의. 배철현의 그리스 비극 읽기 (4) 야만과 문명".

혜영 교수는 오이디푸스 신화에 그리스의 도시국가인 테베가 왜 자주 등장하는지에 대해 질문하면서, 그것은 테베가 아테네의 대척점에 있는 일종의 적국이었다는 점과 관련된다고 말한다. 또한 그리스 비극에서 여성들이 전면에 부각되는 것에 대해 일부에서는 비록 당시에 여성참정권은 없었지만 능동적이고 당당한 주체로서의 여성을 보여 준다고 해석한다. 하지만 최혜영 교수는 이와 정반대로 그리스 비극의 배경이 테베와 같이 아테네의 대척점에 있는 도시라는 사실을 기억한다면 여성이 남성 역할을 하는 망조가 든 나라라는 것을 보여 주는 것이라고 해석했다.[29]

즉, 지라르가 해석하듯이 희생제의와 마찬가지로 그리스 비극도 정상적 사회질서의 전복과 차이 소멸을 보여 주기에, 그리스 비극에 여성들이 전면에 등장하는 것을 액면 그대로 현대 페미니즘적으로 읽는 것은 천진난만하고 낭만적인 것이다. 필자의 불교연구에서 소개한 것처럼, 이러한 해석은 20세기 후반 일부 서구 급진페미니즘 학자들이 탄트라 제의에서 여성이 전면에 등장하는 것을 오해한 것과도 그 맥을 같이한다.[30]

최혜영 교수에 의하면 고대 그리스 폴리스들은 서로 끊임없이 경쟁하고 갈등했다. "전쟁이 만물의 아버지 왕"이라 했던 헤라클레이토스나 "모든 폴리스들은 만성적 전쟁 상태에 있기에, 평화란 전쟁이 잠시 중단된 상태에 불과하다."라고 말했던 플라톤의 말이 우연히 나온 것이 아니었다. 당시 각 폴리스의 최대 현안은 바로 폴리스의 안녕과 존폐에 있었고, 각 폴

---

29. 권재현, "그리스 비극에 테베가 주요 무대로 등장하는 이유를 아시나요? '그리스 비극 깊이 읽기'를 펴낸 최혜영 교수", 주간동아, 2018년 6월 9일. https://m.post. naver.com/viewer/postView.nhn?volumeNo=15992000&memberNo=39087579
30. 정일권, 『붓다와 희생양 : 르네 지라르와 불교문화의 기원』(서울 : SFC, 2013) 참고.

리스의 운명이 걸려 있었던 전쟁이나 외교 문제는 최대의 지상과제에 속했기 때문에 그리스 비극 역시 이러한 국가적 의제를 충실하게 반영하고 있었다는 것이다. 또한 최혜영 교수는 고대 그리스에서는 전쟁 시에 군사력이나 정치적 협상력 등에 못지않게 종교적 예식도 매우 중요했는데, 그 가운데서도 가장 중요했던 것이 에보카티오(Evocatio) 의식이라고 했다. 에보카티오는 '불러내다'라는 뜻의 라틴어 evoco에서 파생된 말로, '신 모셔내기' 혹은 '신 불러내기' 의식이라고 할 수 있다. 아테네가 대 디오니시아 제전을 중시한 것은 국경을 맞댄 최대의 숙적이었던 테베의 주신인 디오니소스 신을 달래 아테네 편으로 돌아서게 만들어야 했기 때문이었다. 최혜영 교수는 그 산물로 탄생한 그리스 비극 속 주요 무대가 테베가 된 것도 그 연장선상에서 이해해야 한다고 주장했다. 나아가 그리스 비극은 아테네에서 매년 디오니소스 신에게 바쳐진 '대 디오니시아 축제'의 일환으로 탄생했는데, 그리스 비극의 어원이 된 트라고디아(Tragodia) 역시 그 제의에서 제물로 바쳐지거나 또는 디오니소스 신의 상징물이었던 염소와 관련된 단어라고 지적했다. 그리스 비극이라는 단어의 그리스 원어 트라고디아는 염소(Tragos)와 노래(Ode 혹은 Oide)의 합성어로, 말 그대로 '염소의 노래'라는 뜻이다.[31]

지라르의 해석처럼 그리스 비극은 보다 더 깊이 종교적으로, 특히 희생제의적으로 읽어야 한다. 염소의 노래로서의 그리스 비극은 희생염소 역할

---

31. 권재현, "그리스 비극에 테베가 주요 무대로 등장하는 이유를 아시나요? '그리스 비극 깊이 읽기'를 펴낸 최혜영 교수" ; 희생염소의 노래(Tragoidia)로서의 그리스 비극에 대해서는 필자의 『우상의 황혼과 그리스도 : 르네 지라르와 현대 사상』에서 상세하게 논의한 바 있다.

을 하는 오이디푸스를 가운데 두고 대동단결한 아테네 시민들의 정치적 문학작품이었다. 아테네 시민들이 최대 숙적이었던 테베의 주신 디오니소스 신을 불러내고 달래는 에보카티오 의식을 한 것은 한국 무속의 신들을 에보카티오 하는 것과 비교될 수 있다. 일본의 수많은 신들에 대한 숭배는 '비극적 희생자 숭배(Tragic Victim Worship)'로 해명될 수 있는데, 많은 무속 신들의 정체는 폭력적이고 비극적이며, 억울한 죽음 이후에 신성화된 희생 염소 혹은 비극적 희생자이다. 평범한 자연사를 통해서는 신들이 탄생하지 못한다. 신들은 오직 폭력적이고 억울하며 비극적인 추방과 죽음을 통해서 탄생한다. 무속에서 신들의 죽음, 살해 그리고 추방의 폭력적 비극성은 이후의 신성과 비례한다. 즉, 비극적이고 폭력적으로 살해될수록 더 영험하고 강한 신이 되는 것이다. 이 무속 신들의 비극성과 신성의 비례관계는 지라르가 말하는 희생양 메커니즘에 의해서 쉽게 설명될 수 있다.

지라르에 의하면 희생양 메커니즘, 보다 정확하게 번역해서 희생염소 메커니즘이 신들을 탄생시킨다. 그리스 로마 신화에 등장하는 신들의 탄생 이야기에는 오이디푸스의 근친상간 같은 신들의 막장 드라마가 잘 기록되어 있는데, 이 신들의 성적인 막장 드라마 역시 희생양 메커니즘 속에서 쉽게 이해될 수 있다. 근친상간과 부친 살해라는 하마르티아를 범한 오이디푸스가 그리스 폴리스의 희생염소 역할을 하고 있듯이, 그리스 로마 신화의 신들도 희생염소 역할을 하고 있다. 신들의 탄생을 말하고 있는 그리스 헤시오도스의 『신통기(Theogony)』에 따르면 태초의 카오스에서 대지의 여신 가이아가 나왔고, 가이아는 우라노스(공간, 천공) 및 산과 바다를 낳았다. 이어 어머니 가이아가 아들 우라노스와 성관계를 해서 낳은 것이 티탄족, 키클롭스족, 헤카톤케이레스족이다. 그리스 로마 신화의 신들의 탄생 이야기에도 세계 신화에서 쉽게 발견되는 근친상간의 모티브가 존재하는 것이다. 고대 인도 베다 시대의 창조주로 파악되는 프라자파티(Prajapati) 신화에도 근친상간의 모티브가 존재한다. 근친상간의 모티브는 보다 원형적인 좌도밀교(비밀 불교)의 명상에도 존재한다.[32]

가이아의 아들 우라노스는 어머니인 가이아와의 근친상간을 통해서 탄생한 그의 자식들을 싫어해 가이아의 몸 안에 숨겼다고 한다. 가이아는 자식들에게 복수를 호소했으나, 티탄족의 크로노스만 말을 들었다. 근친상간을 통해서 탄생한 아들 크로노스는 하르페라는 검을 가지고 아버지 우라노스가 어머니 가이아에게 접근하려 할 때 그의 성기를 잘라 버렸다. 그때 떨어져 나간 우라노스의 성기는 바다를 떠돌아다니며 흰 거품을 만들어 냈고, 이 거품에서 사랑의 여신 아프로디테가 탄생했다. 그리고 크로노스의 행동으로 하늘과 땅이 갈라지게 되었다. 지라르의 비교신화학에 기초해서 분석해 보면 오이디푸스가 근친상간과 부친 살해라는 성범죄를 저지른 것을 깨닫고 스스로를 저주해서 눈을 뽑아 버리고 이후 폴리스에서 추방된 것처럼, 근친상간이라는 최악의 범죄를 지은 가이아의 아들 우라노스는 자신의 아들 크로노스에 의해서 성범죄에 대한 징벌로 성기가 잘렸다고 해석할 수 있다. 인도 최고의 신이자 '에로틱한 요기'인 시바(Siva)도 자신의 성범죄로 인해서 성기가 잘린 후 힌두교에서 숭배되고 있는 링가가 되었다.[33]

그리스 로마 신화의 신들에게 특징적으로 나타나는 성적인 부도덕성

---

32. 정일권,『붓다와 희생양 : 르네 지라르와 불교문화의 기원』참고.
33. 정일권,『예수는 반신화다 : 르네 지라르와 비교신화학』(서울 : 새물결플러스, 2017) 참고.

못지않게 그리스 비극작품의 주인공들도 충격적이고 반인륜적인 범죄를 범한다. 최혜영 교수가 말했듯이, 그리스 비극이 신화적 이야기에 토대를 두긴 했지만 친부 살해(오이디푸스), 친모 살해(오레스테스), 친자 살해(메디아), 남편 살해(클리타임네스트라), 근친상간(오이디푸스)처럼 반인륜적인 내용이 거침없이 등장한다. 이에 영감을 얻어 프로이트의 오이디푸스 콤플렉스나 엘렉트라 콤플렉스 같은 정신분석학적 용어와 이론이 탄생했다.[34] 즉, 프로이트의 정신분석에서 파생된 각종 포스트모던적 정신분석과 성해방과 성혁명 운동과 담론들은, 그리스 신화와 그리스 비극에 대한 오독과 오해에 기초한 것이다. 따라서 오이디푸스의 파계적이고 반인륜적인 범죄들에 대한 오독과 오해에 기초하고 있는 프로이트의 정신분석, 프로이트로부터 파생된 포스트모던적 정신분석 그리고 프로이트의 억압된 성욕 이론에 기초하고 있는 유럽 68 문화혁명의 각종 성해방 운동들과 담론들은 전면적으로 재검토될 필요가 있다. 지라르가 주장하듯이 현대인들은 고대 그리스 신화와 그리스 비극을 제대로 해독하지 못한 채 오해했다. 퀴어젠더, 자웅동체, 안드로진 등은 모두 희생염소 역할을 했던 세계 신들의 전형적인 특징이자 희생염소 징후들이다. 디오니소스적인 새로운 신화학 운동과 연동된 독일 낭만주의와 현대 퀴어젠더 낭만주의는 모두 세계 신화와 신들에 대한 오해와 무지 그리고 인지불능으로부터 파생된 낭만주의적 퇴행담론들이다.

---

34. 권재현, "그리스 비극에 테베가 주요 무대로 등장하는 이유를 아시나요? '그리스 비극 깊이 읽기'를 펴낸 최혜영 교수".

5. 들뢰즈와 가타리의 『안티 오이디푸스』와 디오니소스적 쾌락원리 비판

지금까지 본 것처럼 오이디푸스는 성혁명과 성해방의 상징으로 오해되었다. 반자본주의적이고 프로이트막시즘의 관점에서 쓰인 들뢰즈와 가타리의 책에서도 오이디푸스는 성혁명의 상징으로 오해되고 있다. 독일 헌법학자 칼 슈미트에게 있어서 정치적인 것이 '친구와 적의 구분'이었다면, 빌헬름 라이히에게 있어서 정치적인 것은 바로 '성억압으로부터의 해방과 혁명'이었다. 『오이디푸스 왕』에 대한 프로이트막시즘의 오독과 오해는 프랑스 포스트모더니즘 철학에서도 지속된다. 여기서는 프로이트막시즘에 기초해서 자본주의가 정신분열증을 양산한다고 주장하는 포스트모던 철학자 들뢰즈와 가타리 그리고 그들의 저서 『안티 오이디푸스 : 자본주의와 정신분열증』[35]을 비판적으로 분석하고자 한다. 빌헬름 라이히의 성혁명 개념이 계승되고 푸코가 서문을 쓰기도 한 『안티 오이디푸스』는 서구의 존재 방식을 유지시켜 왔던 '환상들에 대한 해체'를 시도한다고 주장한다.[36]

하지만 『안티 오이디푸스』도 은폐된 희생양 오이디푸스에 대한 그리스 폴리스의 환상을 해체하지 못하고 있다. 전술한 것처럼 빌헬름 라이히와 주디스 버틀러도 파르마코스 역할을 하는 오이디푸스에 대해 비판적 인식을 하지 못하고 있다. 지라르는 희생양 메커니즘이 완벽하게 작동하기 위

---

35. Gilles Deleuze, Félix Guattari, Michel Foucault, *Anti-Oedipus : capitalism and schizophrenia* (Minneapolis : University of Minnesota Press, 1983).

36. Geoffrey Samuel, *Tantric Revisionings : New Understandings of Tibetan Buddhism and Indian Religion* (Delhi : Motilal Banarsidass, 2005), 335.

한 전제조건은 그 메커니즘에 대한 인지불능이라고 말한다.[37] 들뢰즈와 가타리는『자본주의와 정신분열증』이란 제목으로 두 권의 책을 냈다. 첫 번째가『안티 오이디푸스 : 자본주의와 정신분열증』이고, 두 번째가『천개의 고원 : 자본주의와 정신분열증 2(Mille Plateaux : Capitalisme et Schizophrnie 2)』이다.『안티 오이디푸스』는 1968년 문화혁명을 중심으로 하는, 당시 프랑스 정치학의 급진적인 전환의 관점에서 쓰였다. 이 책은 모든 종류의 구조들과 위계질서들에 대한 강한 공격을 포함하고 있다. 들뢰즈의 사유에는 니체적이고 디오니소스적인 것이 흐른다. 그는 1962년에 프랑스에서 니체에 대한 첫 번째 책인『니체와 철학』[38]을 출판했다. 들뢰즈의 책으로 인해 니체는 다양성과 차이의 철학자가 되었다. 즉, '새로운 니체'가 프랑스에서 '리메이크'된 것이다. 니체가 철학에 도입한 새로운 이미지는 '운동'이라는 것이다.[39]

들뢰즈는 니체를 전혀 새롭게 해석했다. 그는 "노마드(방랑하는) 사유"라는 자신의 논문을『새로운 니체』라는 책을 통해 출판했다. 들뢰즈는 니체를 따라서 일종의 '반-철학(Counter-philosophy)'을 제시했다.[40] 니체가 말한 디오니소스적이고 즐거운 긍정을 들뢰즈의 사유에서도 발견할 수 있다. 들뢰즈는 노마드(방랑성), 다양성, 카오스모스(Chaosmos, chaos와

37. René Girard, Das Heilige und die Gewalt, 37, 154, 175f.

38. Gilles Deleuze, Nietzsche et la philosophie (Paris : Presses Universitaires de France, 1962).

39. Chris Fleming, John O'Carroll, "Nietzsche, the Last Atheist", in : Violence, Desire, and the Sacred (Continuum, 2012), 232-233.

40. Gilles Deleuze, "Nomad Thought", (trans.) D. B. Allison, in : The New Nietzsche, (ed.) David Allison (New York : Dell, 1977), 149.

cosmos의 합성어), 정신분열증, 넌센스의 센스, 정신착란, 그리고 다원주의를 강조한다. 들뢰즈는 이렇게 '디오니소스적 사유'를 대변한다.[41] 이 디오니소스적 사유는 사고하는 주체에 갇힌 '명료하고 구분된 개념들'에 대한 데카르트적인 견해를 '가로지르는' 것을 약속한다.[42] 들뢰즈는 유럽 68 문화혁명을 개념적 언어로 철학적 사유에 포함시킨 첫 학자들 중 한 명이다. 그의 디오니소스적 반-철학은 유럽 68 문화혁명의 반-문화(Counter-culture) 운동과 연결되어 있다.

　니체에 대한 새로운 독법을 시도한 들뢰즈가 프랑스 후기구조주의의 분위기를 지배하면서 많은 영향을 주었다는 사실에는 이견이 없다.[43] 데리다도 들뢰즈와 유사한 입장을 펼쳤다. 데리다는 '니체적인 긍정', 곧 '적극적인 해석에 내맡겨진 진리와 기원 없는 세계에 대한 자유로운 놀이의 즐거운 긍정'을 지지한다.[44] 『니체와 철학』에서 들뢰즈는 니체의 『도덕의 계보(Zur Genealogie der Moral)』 어디에서도 니체가 칸트의 『순수 이성 비판(Kritik der reine Vernunft)』을 언급하지 않았을 뿐 아니라, 그 도덕적 주제들이 칸트 저작의 인식론적 초점과는 전혀 다름에도 불구하고, 니체의 이 저작이 칸트의 저작을 재구성하려는 시도였다고 주장한다. 들뢰즈는 자신의 철학자 해석 방법을 '항문 성교(Enculage)'라고 불렀는데, 이는 작가의 뒤를

41. Gilles Deleuze, *Différence et répétition* (Paris : PUF, 1968), 3.
42. Petra Perry, "Deleuze's Nietzsche", *Boundary 2*, 20(1), 1993, 181-183.
43. 위의 문서, 175.
44. Jacques Derrida, "Structure, Sign, and Play in the Discourses of the Human Sciences", in : *The Languages of Criticism and the Sciences of Man*, ed. Richard Macksey and Eugenio Donato (Baltimore : Johns Hopkins University Press, 1970), 264.

파고들어가 자신의 것과 같을 뿐 아니라 기이하고 색다른 '새끼'를 낳는다는 의미다.

들뢰즈와 가타리는 자신들의 작업을 정신분석(Psycho-analyse)에 대한 안티 테제를 담고 있는 분열분석(Schizo-analyse)이라고 부른다. 그들의 분열분석은 오이디푸스 테제를 반대한다. 『안티 오이디푸스』는 프로이트가 말한 오이디푸스 콤플렉스를 겨냥한 것이다. 들뢰즈와 가타리는 욕망을 우주 진화와 역사적 과정의 근본 동인으로 본다. 그러나 프로이트는 욕망을 '부모아(父母我)'의 삼각형(오이디푸스 삼각형)에 넣어 버림으로써 욕망을 가족 드라마 안에 가두었다. 들뢰즈와 가타리는 이러한 프로이트의 생각을 비판하고, 욕망을 오이디푸스 삼각형 안에서 끄집어내 자연과 역사에 집어넣는다. 다시 말해 욕망이란 가족이라는 울타리 안에서의 오이디푸스 콤플렉스에 의해 설명될 수 있는 것이 아니라 우주와 역사를 이끄는 근본동력으로 이해되어야 한다는 것이다. 이후 논의하겠지만 지라르는 이 점에서 가족 드라마로 한정되는 프로이트의 오이디푸스 콤플렉스를 비판하는 들뢰즈와 가타리의 욕망 이론에 어느 정도 동의한다. 지라르에게 있어서 욕망은 오이디푸스 삼각형이 아니라 모방적 욕망의 삼각형(Le désir triangulaire) 속에서 이해된다.

하지만 가족 드라마로 축소해서 파악하는 프로이트의 오이디푸스 콤플렉스를 비판하는 『안티 오이디푸스』도 오이디푸스 신화에 대한 인류학적 이해가 없어서 그것을 그리스 폴리스의 사회적 드라마 속에서 제대로 파악하지 못하고 있다. 들뢰즈와 가타리에 의하면 사회는 욕망통제의 체계이다. 역사에도 어떤 이유나 목적이 없으며, 역사의 근본 동인은 그저 욕망을 따라 움직인다고 본다. 들뢰즈와 가타리는 욕망이 매우 긍정적인 에

너지를 갖고 있지만, 자본주의는 욕망의 혁명성 때문에 그것을 억제하기에 억제된 욕망이 정신질환을 낳는다고 주장한다. 욕망의 흐름이 막히자 '욕망하는 기계들'인 인간은 정신분열자가 되어 이상한 망상에 사로잡히거나 파라노이아(편집증) 환자가 된다는 것이다. 결국 들뢰즈와 가타리는 디오니소스적 욕망의 분출을 지지한다. 성혁명의 아버지인 빌헬름 라이히도 이와 유사한 주장을 전개했었다.

지라르는 『안티 오이디푸스』에 대해서 비판적인 평론을 썼다. 지라르는 이 책이 신화와 그리스 비극의 중요성을 간과하고 있다고 본다. 하지만 지라르는 사회적 병리학의 원인을 유아기에서만 발견하려고 해서는 안 된다는 들뢰즈와 가타리의 입장에 어느 정도 동의한다.[45] 전술한 것처럼 지라르는 레비-스트로스가 신화와 제의를 바르게 이해하지 못하고 있다고 비판했는데,[46] 이 비판은 오이디푸스 신화에 대해서 제대로 이해하지 못하고 있는 『안티 오이디푸스』에도 해당된다는 것이다.

지라르는 들뢰즈와 가타리가 어떤 사회적 망상을 설명하려는 것에는 동의하지만, 그 정신착란을 모든 표현과 모든 특정한 대상의 기저에 흐르는 모방적 욕망의 렌즈로 읽어낸다.[47] 들뢰즈와 가타리의『안티 오이디푸

---

45. René Girard, "Système du délire. Review of 'L'anti-Oedipe,' by Gilles Deleuze", *Critique* 28(306), 1972, 961.

46. René Girard, "Levi-Strauss and Contemporary Theory", in : *To Double Business Bound : Essays on Literature, Art and Mimesis* (Johns Hopkins University Press, 1978).

47. René Girard, *Mensonge romantique et vérité romanesque* (Paris : Grasset, 1961) ; 영어 번역본은 다음과 같다. René Girard, *Deceit, Desire, and the Novel : Self and Other in Literary Structure* (Baltimore : The Johns Hopkins University Press, 1965).

스』에 대한 논평은 "시스템으로서의 망상"이란 제목으로 다시 작성되어 출판되었다.[48] 지라르는 들뢰즈가 말하는 정신분열증 망상을 희생염소 메커니즘이라는 시스템 속에서 이해했다. 지라르는 모방적 욕망이라는 모델을 사용함으로써 욕망을 생리학이나 정신 또는 범성욕주의에 정초하고자 하는 모든 시도들을 거부한다. 지라르에게 있어서 모방적 욕망은 오직 '대화적 관계'와 '상호적 됨(Becoming)' 속에 존재한다. 이 점에서 지라르는 들뢰즈와 가타리 사유의 니체적 지평에 접근한다. 그는 "아버지들과 어머니들에게만 집착했던 프로이트와는 달리 니체는 욕망을 어떤 대상으로부터 분리시켜서 파악한 첫 학자"라고 말한다.[49] 지라르는 또한 들뢰즈와 가타리가 오이디푸스 콤플렉스의 중요성을 과장했다고 평가한다. 그는 『안티 오이디푸스』가 "확실하게 그 핵심에 있어서 '오이디푸스적(Oedipal)'인데, 왜냐하면 정신분석학의 이론가들과의 삼각형의 경쟁으로 완전히 구조화되어 있기 때문이다."라고 지적한다.[50]

지라르는 『안티 오이디푸스』가 정신분석학적인 개념으로부터의 출구를 찾고자 하는 이 학문 분야들이 결국 죽은 종말로 귀결되는 것을 보여준다고 평가한다. 그는 이 책이 결정적인 해결책보다는 이전의 문화적 형식을 요약하고 증폭시키고 있을 뿐이라고 지적한다. 또한 그리스 고전주의로부터 시작해서 현대에 이르기까지, 곧 그리스 비극작가 소포클레스로

---

48. René Girard, "Delirium as System", in : *To Double Business Bound : Essays on Literature, Art and Mimesis*, 84-120.
49. René Girard, "Système du délire. Review of 'L'anti-Oedipe,' by Gilles Deleuze", 965.
50. 위의 문서, 976-977.

부터 프로이트와 『안티 오이디푸스』에 이르기까지 오이디푸스에 대한 해석에 있어서 '이상한 취약성'을 보인다고 말한다. 소포클레스도 자신의 파르마코스-영웅(Pharmakos-hero)인 오이디푸스를 끝내 추방했다.[51] 앞에서 분석한 것처럼 지라르는 『안티 오이디푸스』에 대한 자신의 서평에서 결국 은폐된 희생염소 오이디푸스를 보지 못하고 있다고 비판한다.[52] 빌헬름 라이히로부터 들뢰즈와 가타리, 푸코 그리고 주디스 버틀러에 이르기까지 모두 『오이디푸스 왕』을 오독하고 있다는 것이다.

지라르는 자신의 책 『폭력과 성스러움』의 7장 "프로이트와 오이디푸스 콤플렉스"에서 프로이트가 그리스 폴리스의 희생양 오이디푸스를 보지 못하고 있다고 비판했다. 진정한 '안티 오이디푸스'는 향락주의적이고 디오니소스적으로 욕망의 고삐를 푸는 것이 아니라, 근친상간과 부친 살해라는 가장 더러운 죄를 범했다고 비난받아서 자신의 두 눈을 스스로 찔러 피를 흘리며 왕위를 버리고 죽음을 향해 방랑하고 추방되는 은폐된 희생염소로서의 오이디푸스에 대한 비판적 에피스테메(Episteme, 참의 지식)일 것이다. 여기서 21세기 성혁명적 퀴어 이론이나 젠더 이데올로기의 이론적 취약성과 희생염소 메커니즘에 대한 인지불능이 지적되어야 한다.

6. 정신분석학의 황혼 : 뇌과학에 기반한 인지심리학의 승리

21세기 정신분석학에서는 프로이트의 정신분석학을 넘어서 최근 거울

---

51. Philippe Lacoue-Labarthe, "Mimesis and Truth", *Diacritics* 8(1), 1978, 15.
52. René Girard, "Système du délire. Review of 'L'anti-Oedipe,' by Gilles Deleuze".

뉴런의 발견으로 이론적 설득력과 설명력을 얻고 있는 르네 지라르의 모방적 욕망이론이 더 주목을 받고 있다. 2016년 영국 케임브리지 대학교에서는 모방적 뇌를 화두로 "상호주체성, 욕망 그리고 모방적 뇌: 르네 지라르와 정신분석학"이라는 주제 아래 국제학술대회가 개최되기도 했다.[53] 이렇게 최근 심리학의 경향도 프로이트의 범성욕주의적 정신분석학, 칼 융의 영지주의적 분석심리학, 그리고 자크 라캉의 무의식에 대한 초현실주의적이고 언어구조주의적 정신분석을 넘어서 보다 자연과학적인 인지심리학이 대세를 이루고 있다. 거울 뉴런의 발견은 최근 심리학과 정신분석학, 뇌과학, 신경과학 등에 지대한 영향을 주고 있는데, 뇌과학적으로 확증된 르네 지라르의 미메시스 이론이 프로이트, 칼 융, 자크 라캉의 정신분석보다 더 큰 주목을 받고 있다. 프로이트의 범성욕주의적 정신분석보다는 뇌과학 연구에 기반한 인지심리학이 심리학의 주류를 이루고 있는 것이다. 인지심리학은 뇌과학, 신경과학, 신경심리학, 정보과학, 언어학, 인공지능, 컴퓨터 과학 등과 관련이 있다. 이처럼 최근 심리학의 주류는 프로이트의 정신분석을 어느 정도 계승하되, 오이디푸스 콤플렉스 이론과 같은 과도한 범성욕주의적 차원은 극복하고 뇌과학에 기반한 신경정신분석학(Neuropsychoanalysis)으로 발전하고 있다.

앞서 말한 2016년 영국 케임브리지 대학교의 학제적 학술대회는 이를 잘 보여 준다. 최근 국내에서도 '신경 끄기의 기술'에 관한 책들이 힐링서로 주목받고 있는데, 때로는 거울 뉴런을 비활성화시켜야 행복하고 이를 위

---

53. "Intersubjectivity, Desire, and the Mimetic Brain : René Girard and Psychoanalysis" (11-12 November 2016, St John's College, Cambridge, UK).

해서는 먼저 모방적 욕망을 시각적으로 통제해야 한다는 것이다.

거울 뉴런은 1990년대 초 이탈리아 출신의 신경과학자 자코모 리졸라티(Giacomo Rizzolatti) 연구팀이 원숭이를 대상으로 뇌 체계를 연구하던 중에 발견한 것이다. 르네 지라르는 이 연구팀 중의 한 학자인 비토리오 갈레세(Vittorio Gallese)를 2007년 스탠포드에서 만나 거울 뉴런에 대해서 이야기를 나누었는데, 이 대담에서 갈레세 교수는 "미메시스에 대한 지라르의 개념이 이 발견으로 말미암아 확증되었다."는 것을 인정했다.[54] 거울 뉴런의 발견자인 리졸라티 교수가 공저자로 저술한 연구서『공감하는 뇌 : 거울 뉴런과 철학』[55]의 출판사 리뷰에도 다음과 같이 지라르의 미메시스 이론 혹은 모방 이론과 거울 뉴런 사이의 깊은 연관성이 잘 명시되어 있다. "이 책은 거울 뉴런의 발견자인 리졸라티와 철학자인 시니갈리아의 공저이다. 유명한 신경의학자인 라마찬드란(Vilayanur Subramanian Ramachandran)은 거울 뉴런의 발견을 DNA의 발견 이래 최대의 업적이라고 평가하면서, 거울 뉴런이야말로 인간을 이해하는 새로운 길로 접어들게 할 것이라고 예견했다. 최근에 사망한 르네 지라르의 모방 이론 역시 거울 뉴런과의 연관성을 생각하면 그 가치가 더욱 빛을 발할 것이라고 생각된다." DNA의 발견과 비견되는 거울 뉴런의 발견은 문학비평으로부터 시작된 지라르의 미메시스 이론 혹은 모방 이론을 뇌과학적으로 혹은 신경과학적으로 확증한다.

---

54. Jean-Michel Oughourlian, *The Genesis of Desire*, (trans.) Eugene Webb (East Lansing, MI : Michigan State University Press, 2010), 89-90.
55. 쟈코모 리쫄라띠, 코라도 시니갈리아 공저, 이성동, 윤송아 공역,『공감하는 뇌 : 거울 뉴런과 철학』(UUP, 2016).

앞에서 우리는 21세기 프랑스에서 거세지고 있는 프로이트의 정신분석학에 대한 비판을 살펴보았는데, 여기서는 프로이트의 이론으로는 설명되지 않는 현상을 르네 지라르의 이론을 통해서 보다 선명하게 이해하게 된 장 미셸 우구를리앙의 입장을 소개하고자 한다.

2020년 11월, 르네 지라르의 오랜 학문적 동반자였던 프랑스 신경정신의학자이자 심리학 교수인 장 미셸 우구를리앙의 또 다른 책 『세 번째 뇌』[56]가 번역되어 국내에 출간되었다. 우구를리앙은 프로이트의 범성욕주의적 정신분석학으로 설명되지 않는 것들을 르네 지라르의 미메시스 이론에서 말하는 모방적 욕망 이론을 통해서 명쾌하게 이해하게 되었다고 고백한다. 우구를리앙은 "르네 지라르의 모방 이론 혹은 미메시스 이론이라는 안경을 쓰기 전까지는 환자가 고통받는 이유도, 치료법도 프로이트의 정신분석 이론으로는 명쾌하게 설명되지 않는다고 느꼈다. 그러던 중에 우연히 접한 르네 지라르의 모방 이론이 한층 또렷한 세계를 선사했다."고 고백한다. 우구를리앙은 사고를 관장하는 대뇌피질, 감정을 관장하는 대뇌변연계에 이어 거울 뉴런이 세 번째로 밝혀졌다는 이유에서 이 거울 뉴런을 '세 번째 뇌'로 명명하였다. 그리고 이를 모티브로 삼아 인간의 심리현상을 르네 지라르가 말하는 모방적 욕망의 프레임으로 해석했다. 모방 욕망에는 반드시 그 대상이 존재해야 하는 법이다. 때문에 모방 욕망은 필연적으로 '자아 간 심리학'으로 귀결될 수밖에 없다. 즉, 개인의 심리만 파고들 게 아니라 인간관계 속에서 보이는 상호성을 봐야 한다는 이론이다. 우구를리앙은 "누구를 만나거나 관계를 맺을 때마다 우리에게는 새로운 자

---

56. 장 미셸 우구를리앙 저, 임명주 역, 『세 번째 뇌』(서울 : 나무의 마음, 2020).

348 에로스와 광기 : 프로이트의 황혼

아가 만들어진다. …… 심리현상은 각자의 육체가 가진 고요한 불투명함이 아닌, 자아와 자아의 관계 안에 존재하는 신비한 투명함에서 생겨난다. 나는 오랜 성찰과 치료 경험을 통해 정신병이 발생하고 진전하는 과정에서 모방 관계가 중요한 역할을 한다는 것을 조금씩 이해하게 되었다.”고 말한다. 그에 의하면 신경증 상태인 환자의 모방 욕망은 허언증이나 주위의 관심을 환기할 목적으로 자신을 병자로 만드는 가장성 장애로 나타난다.[57]

우구를리앙은 2016년에 지라르의 미메시스 이론 연구 시리즈 중 하나로『모방적 뇌』라는 연구서를 출판했다. 거울 뉴런의 발견 이후 ‘모방적 뇌’는 국제 지라르 학파뿐 아니라, 최근 정신분석학과 인지심리학 등에서 주요한 연구의 화두가 되었다. 그는 모방에 대한 현대 뇌과학적 이해들에 있어서 맹점 혹은 사각지대라 할 수 있는 모방적 경쟁이야말로 정신질환들 뒤에 오해된 채 숨어 있는 원인이라고 주장한다.[58]

모방 욕망에 숨겨진 관계심리학을 주장하는 우구를리앙의『세 번째 뇌』는 심리학계와 신경과학계의 흐름을 완전히 바꾸어 놓은 책으로 소개된다. 그에 의하면 “세 번째 뇌를 알면 인간 행동의 비밀이 풀린다.” 우구를리앙은 모방 이론 혹은 미메시스 이론의 창시자인 르네 지라르 연구에 대한 학제적 연구에 앞장서고 있다. 그동안 인간의 심리는 대뇌피질과 대뇌

---

57. 최윤아, “내 욕망의 내용은 '네 것'뿐이구나”, 한겨레, 2020년 11월 27일. https : // www.hani.co.kr/arti/culture/book/971770.html?fbclid=IwAR0zZvddtAIiO41Dg A0csxQjLrCPJTaDch2akH4TNRQkEoqf78uHKoVil6U#csidx9d157714c743b1ea9 13616713cedab7

58. Jean-Michel Oughourlian, *The Mimetic Brain* (Studies in Violence, Mimesis & Culture).

변연계의 상호작용으로 설명되어 왔다. 인간 뇌의 대뇌피질은 인지와 사고를 관장하고, 대뇌변연계는 감정과 감성을 관장한다. 하지만 우구를리앙은 인간의 심리현상에서 '모방에 바탕을 둔 타인과의 관계'가 인지와 감정에 영향을 준다는 점에 주목하면서 '인지의 뇌'와 '감정의 뇌' 말고도 '모방의 뇌'가 있으며, 이 모방의 뇌가 인지와 감정을 관장하는 뇌 기능들에 영향을 미치는 '세 번째 뇌'라고 강조한다. 타인과의 관계를 구축하는 데 있어 매우 중요한 역할을 수행하는 것이 바로 거울 신경세포, 즉 거울 뉴런이다. 거울 뉴런은 이성적으로 사고하기 전에 인간과 인간을 서로 비추고 이를 통해 타인의 몸짓을 인식하며, 행동과 의도를 해석하고 이해하고 모방한다. 우구를리앙은 지라르와 함께 학제적 대화와 연구를 진행하면서 '상호개인적 심리학(Interdividual Psychology)'이라는 개념을 만들었다. 그는 '개인'이나 '주체'의 개념만을 사용했던 기존의 심리학을, '모방 관계'와 '자아 사이의 관계'를 중심에 둔 새로운 심리학으로 대체해야 한다고 주장한다.[59]

이처럼 인간 행동과 욕망의 강한 모방성은 거울 뉴런에 의해 시작된다. 거울 뉴런의 발견으로 지라르의 미메시스 이론은 뇌과학적으로 확증되었다. 뇌과학과 인지과학 분야를 연구하는 학자들은 DNA 발견이 생물학에서 이룬 변화처럼, 거울 뉴런의 발견이 심리학 분야에서 큰 지각변동을 일으킬 것으로 예상한다.[60] 우구를리앙은 임상연구와 함께 지라르의 이론을

59. 주태산, [주태산 서평] "세 번째 뇌 알면 '인간 행동의 비밀' 풀린다", 이코노믹 리뷰, 2020년 11월 29일. http : //www. econovill. com/news/articleView. html?idxno =507163

60. Jean-Michel Oughourlian, *The Genesis of Desire*, 2.

정신의학, 심리학 그리고 정신병리학 분야에서 적용하고 발전시키는 연구를 지속해 왔다. 그는 모방적 욕망 이론에 관하여 임상적 관점을 전개했던 것을 몇 권의 책으로 쓰기도 했다. 그는 『욕망의 꼭두각시 : 히스테리, 빙의, 최면의 심리학』[61]에서 지라르의 미메시스 이론에 기초한 '모방적 욕망의 현상학'을 제안했다. 그는 임상연구를 병행하는 신경정신병학자로서 지라르의 분석처럼 욕망의 근본적 '타자성'을 발견했고, 모방적 욕망이 만들어 내는 각종 정신병리학적 현상에 대해서 미메시스 이론이 지니는 치유적 가치를 발견했다. 욕망의 모방성, 경쟁성, 타자성 그리고 관계성이 수많은 형이상학적 질병을 만들어 낸다는 것이다. 그가 임상에서 발견한 대부분의 병리학들(히스테리, 공포증, 불안, 파괴적 격정, 강박적 질투심, 신경성 무식욕증 등)은 '욕망의 질병들'이라고 분석한다. 모방적 욕망에 의해 촉발된 경쟁이 우리로 하여금 너무 강하게 우리가 선망하는 모델에 사로잡히게 만들어서 증오의 관계를 맺게 한다는 것이다. 즉, 우리가 증오의 관계를 맺는 것은 인간의 상호관계에 존재하는 미메시스적인 것을 이해하지 못하기에 그렇다는 것이다. 그래서 미메시스적 심리치료는 끝없는 경쟁에 사로잡혀 있는 사람들을 해방시켜서 그 허구적 집착을 깨닫게 하는 것이다. 우리가 강한 모방성에 대한 깨달음을 얻게 되면, 그 깨달음이 우리를 점차 해방시켜서 모방적 욕망이 우리를 '욕망의 꼭두각시'처럼 조종하지 못하게 한다.[62]

---

61. Jean-Michel Oughourlian, *The Puppet of Desire : The Psychology of Hysteria, Possession, and Hypnosis,* (trans.) Eugene Webb (Stanford : Stanford University Press, 1991).

62. Jean-Michel Oughourlian, *The Genesis of Desire,* 11-13.

우구를리앙은 인간만이 가지는 다양한 형태의 성적인 도착현상(페티시즘, 관음증, 가피학증 등)은 모방적 욕망이 기저에 존재하는 성적인 본능을 변화시켜서 발생하는 것으로 분석한다. 동물들도 성적인 본능과 필요를 가지고 있지만, 성적인 도착은 존재하지 않는다. 왜냐하면 동물들에게는 모방적 욕망이 없기 때문이다.[63] 즉, 모방적 욕망이 성욕망을 왜곡하고 변화시켜서 현대에 범람하는 각종 도착적이고 변태적인 성욕망의 일그러진 모습들이 등장한다는 것이다.

프로이트는 오이디푸스 신화마저도 지나치게 개인의 성욕망의 관점에서 잘못 해석했지만, 지라르는 오이디푸스 신화를 사회적으로 해석해서 은폐된 희생양 메커니즘을 분석해 냈다. 성욕망보다 더 근본적이고 급진적인 것은 모방적 욕망이다. 성욕망도 모방적이다. 성욕망이 모방적 욕망으로 인해 증폭되고 가열되어서 범람하는 사회가 현대 사회다. 우구를리앙은 고전적 심리학을 넘어서 이제는 '새로운 상호개인성(Interdividuality)의 심리학'을 제안한다.[64] 상호개인성이라는 개념은 전술한 것처럼 지라르가 제안한 개념이다. 우리는 상호개인적 관계의 장 속에 존재하기에, 우리의 "모든 욕망은 경쟁적이고, 모든 경쟁은 또한 욕망적이다". 욕망과 경쟁은 얽혀 있다. 모방적 욕망은 경쟁을 생산하고, 경쟁은 욕망을 가속화시킨다.[65]

이처럼 우구를리앙은 인간의 성적인 도착현상은 모방적 욕망이 성적인 본능을 변화시켜서 발생하는 것으로 보았다. 즉, 만유인력과 중력이 우주

---

63. 위의 문서, 29.
64. 위의 문서, 34.
65. 위의 문서, 66.

의 시공간과 빛을 휘어지게 만드는 것처럼 만유모방(Universal mimesis)이 인간의 성욕망을 휘어지게 만드는 것이다. 인간관계 속에 중력처럼 존재하는 모방적이고 경쟁적인 욕망이 성욕망까지도 변화시키고 휘어지게 만들어서 동물세계에서는 찾아볼 수 없는 각종 성도착과 변태적 성욕을 발생시켰다고 볼 수 있다. 우구를리앙은 자신의 책에서 오스트리아 비엔나 출신의 의사 메스머의 동물적 자기장 이론을 언급한다. 현대의 최면 역사는 그로부터 시작되었는데, 그의 가설에 의하면 우주 전체에는 자성 유체(Magnetic fluid)가 활동하면서 그가 동물적 자기장이라고 불렀던 최면 효과를 일으킨다. 물론 그의 가설은 과학적 한계를 지니고 있긴 하지만, 그럼에도 불구하고 그의 대담하고 상상력 풍부한 시도는 사람들을 끌어당기는 내적인 힘에 대한 진지한 질문에 답변하고자 했다. 그는 뉴턴의 만유인력 이론에서 묘사된 그러한 물리적 효과들과 유사한 힘이 가지는 '심리학적 효과들의 보편성'에 대해서도 확신하게 되었다. 그는 만유인력에 대한 물리학적 법칙과 유사한 심리학적 법칙이 존재한다고 보았고, 인간이 서로를 끌어당기는 매력에 대해 심리학적 관찰을 진행했다. 그는 물리학과 심리학을 혼합시키고 또 혼동하고 있긴 하지만, 그럼에도 불구하고 그의 이론들은 이 물리적 자연법칙과 인간 사회의 문화적이고 심리적인 법칙 사이에 존재하는 '유비들'에 관해 처음으로 생각해 낸 것들이다. 우구를리앙은 메스머가 심리학에서의 근본적인 문제는 바로 '심리학적 운동'을 설명하는 것이라는 것을 정확히 보았다고 평가했다. 최근의 거울 뉴런의 발견은 메스머가 직관적으로 보았던 '보편적 힘'이 하나의 실재라는 것을 이론적으로 또한 경험적으로 기초된 방식으로 보여 주었다. 물론 그것은 비록 물리학적인 것이 아니라 신경학적인 실제이긴 하지만, 그럼에도 불구하고 실재한다.[66] 우구를리앙은 만유모방이 큰 인간집단의 심리학에 미치는 영향력에 대해 만유인력과 유비적인 방식으로 적용 가능하다고 본다. 그래서 그는 군중심리학(Collective Psychology)과 만유인력을 유비적인 방식으로 비교한다. 두 물리적 대상 사이에 존재하는 인력(Force of attraction)은 그 질량과 정비례하고, 그 물체 사이의 거리에 반비례한다. 이것은 '심리학적 주체들' 사이에 존재하는 인력에도 그대로 적용된다.[67]

7. 신에 대한 집단살해 : 르네 지라르와 프로이트의 『토템과 터부』

르네 지라르는 니체의 『즐거운 학문(Die fröhliche Wissenschaft)』, 신들에 대한 집단살해 그리고 프로이트의 『토템과 터부』에 대해서 다음과 같이 주장한다. 마틴 하이데거에 있어서 이전의 이교적 신들의 황혼과 죽음과 유사하게 마침내 '성경적 하나님의 황혼'도 왔는데, 예를 들어 디오니소스와 같은 몇몇 전혀 다른 신들이 미래에 출현할 수 있다는 것이다. 니체의 『즐거운 학문』이 출판되고 몇 년 후 프로이트는 "모든 정화와 속죄의 축제들, 모든 성스러운 게임들", 그리고 모든 인류의 종교적 제의들은 신이라 불리는 희생물에 대한 집단적 살해에 기초하고 있다고 생각했다. 프로이트는 터부와 신에 대한 집단살해에 대해서 지나치게 많이 언급했다. 그래서 그의 『토템과 터부』는 추방되었고 아나테마(저주)가 선포되었다. 그러나 니체의 『즐거운 학문』의 아포리즘 125번은 『토템과 터부』와 다르게 대접받았

---

66. Jean-Michel Oughourlian, *The Genesis of Desire*, 84-85 ; 정일권, 『우주와 문화의 기원 : 르네 지라르와 자연과학』(서울 : CLC, 2019) 참고.
67. 위의 문서, 85.

다. 그것은 봉안되고 성스러운 것으로 선포되었다. 지라르는 125번 아포리즘에 대한 '우상숭배'에 대해서 지적한다. 그러나 신에 대한 집단적 살해를 언급한 니체의 진술은 프로이트의 것처럼 무시되었다.[68]

지라르에 의하면 『토템과 터부』에서 프로이트는 자신이 인류 기원의 수수께끼를 연구하기 이전에 이미 기독교 복음서들이 그 작업을 했다고 적고 있다. "기독교 교리에는 가장 진솔한 방식으로 최초 죄악의 행위를 인정하고 있다."[69] 프로이트는 최초의 살해에 대해서 정신분석학적 해석을 시도했다.[70] 지라르는 누가복음 11장 50~51절의 말씀을 프로이트의 최초 살해와 자신의 초석적 살해 개념과 연결시켰다. "창세 이후로 흘린 모든 선지자의 피를 이 세대가 담당하되 곧 아벨의 피로부터 제단과 성전 사이에서 죽임을 당한 사가랴의 피까지 하리라" 지라르는 '창세 이후로 (ἀπὸ καταβολῆς κόσμου)'에서 카타볼레(Katabole)는 '어떤 종류의 혼란을 종식시키는 질서화(Ordering) 혹은 재질서화(Reordering), 곧 위기에 대한 클라이맥스적인 해결'을 의미한다고 분석한다. 또한 그는 플라톤의 『기록 (Gorgias)』(519a)에 '배설적(Purgative) 카타르시스, 혹은 발작적인(Paroxysmal) 격발'에 유비적인 '의학적 용법'이 있다고 말한다. 그는 성경의 처음 부분에 등장하는 아벨의 죽음에서 볼 수 있듯이, 그리스어로 '창세 이후로'라는 표

68. René Girard, "Dionysus versus the Crucified", *Modern Language Notes* 99(4), 1984, 832-835.

69. Sigmund Freud, *Totem and Taboo*, trans. James Strachey (New York : W. W. Norton and Company, 1950), 154.

70. René Girard, "The Evangelical Subversion of Myth", in : Robert Hamerton-Kelly (ed.), *Politics & Apocalypse* (Studies in Violence, Mimesis, & Culture) (East Lansing, Mich. : Michigan State University Press, 2007), 29.

현은 '신화와 제의의 역동성'을 연상시키고 있다고 말한다. "종교적 살해들을 아벨까지 역추적하는 것 그리고 최초의 살해와 '창세 이후로'와의 연관은 단지 최초의 살해와 세상의 설립 사이에 존재하는 연대기적인 일치를 보여 주는 것은 아니다. …… 인류의 시초까지 거슬러 올라가는 인류 문화와 살해 사이의 결탁이 존재하는데, 예수에 의하면 이것은 그가 살던 시대까지 전해 내려와서 바리새인들 사이에서 아직도 작동하고 있다." 지라르는 마태복음 23장 35~36절과 누가복음 11장 49~51절이 "최초의 살해에 대한 계시"라고 분석한다.[71]

지라르에 의하면 인류의 모든 문화들은 "폭력으로부터의 폭력적인 도피를 반복한다. 사람들은 문화적 기초와 정교화의 가장 원시적인 형태들을 이미 특징 지우고 있는 진리에 대한 폭력적인 은폐를 반복하고 있다. 모든 인류 문화는 진리에 대한 폭력적인 매장으로부터 시작되고 또 지속되고 있다." 지라르는 처음부터 살인한 자로 사탄을 묘사하는 요한복음 8장 44절에 주목한다. "사탄을 살해자로 지칭하는 것은 보통 가인과 아벨 이야기에 대한 베일에 가린 언급으로 해석된다." 대부분의 주석가들의 입장과 같이 지라르는 이 성경구절이 마태복음 23장 35절의 "의인 아벨의 피로부터 성전과 제단 사이에서 너희가 죽인 바라갸의 아들 사가랴의 피까지 땅 위에서 흘린 의로운 피가 다 너희에게 돌아가리라"와 무관하지 않다고 이해한다. 그는 "아벨의 죽음은 최초의 인류 문화로 제시된 가인적인 문화의 기초라는 의미에서 최초의 살해다."라고 말했다. 또한 그는 아벨의 죽음 이후 문화의 발생 메커니즘을 보는데, 아벨의 죽음에서 모든 신화들

---

71. 위의 문서, 30-31.

과 제의들의 발생 메커니즘을 본다. 그는 복음서는 인류 문화의 시작점에 살해가 있었다고 말한다. "만약 내가 옳다면, 모든 현대적 태도는 복음서 텍스트와 대조적으로 퇴행적이며 또한 억압적이다. …… 최초의 살해는 왜곡된 문화적 의미들과 가치들의 무한정한 원천이었다." 그는 모든 이전의 종교와 인류 문화의 원천으로서의 희생양 메커니즘은 '상징성의 메커니즘 자체'라고 말한다.[72]

당시 바리새인들은 오래전에 죽은 예언자들의 무덤 만들기를 좋아했다. 지라르는 회칠한 무덤에 대해서 다음과 같이 말한다. "무덤 안에서 썩어 가는 시체와 무덤 밖의 아름다운 구조는 최초의 희생양과의 관계에 있어서 인류 문화의 전체 과정과 닮아 있다. 무덤 내부와 외부는 원시적 성스러움의 이중적 성격, 곧 폭력과 평화, 죽음과 생명, 무질서와 질서라는 이중적인 요소가 결합된 성스러움을 연상시키며 또한 재생산하고 있다. 실제로 인류 문화의 가장 오래된 흔적들은 바로 무덤들이었고, 그것은 인류 최초의 기념비였다. 무덤 자체가 오해를 받은 희생양이 치른 희생의 최초의 은유적이면서도 실용적인 이동을 의미한다. 또한 무덤은 인류 문화의 최초의 상징적인 기념비였다." 지라르는 '희생양 만들기의 최초의 상징적 변형으로서의 무덤'에 대해서 말한다.[73]

지라르는 "성경의 계시는 인류 문화의 폭력적 진실에 대한 폭력적 억압을 계시한다."고 표현한다. 그는 헤라클레이토스의 그리스적 로고스와 유대-기독교적 로고스가 같은 것이라고 이해하는 것이 모든 서구적 사유에

---

72. 위의 문서, 32-34.
73. 위의 문서, 39-40.

서 가장 오래된 환상이라고 말한다. 이 환상은 중세시대에도 존재했는데, 이는 헤라클레이토스적 로고스를 요한복음 로고스의 선구자로 파악했다. 또한 요한복음의 로고스를 그리스적 로고스의 복사나 강탈로 보는 현대의 역사적 학파들도 이 환상을 가지고 있다. 지라르는 하이데거가 유대-기독교적 로고스로부터 그리스적 로고스를 분리시키려고 했던 첫 학자이지만, 이 두 로고스에서 모두 폭력을 보았기에 그것을 성공시키지 못했다고 분석한다. "이 그리스적 로고스는 인류의 폭력에 대한 오해에 기초한 로고스다. 그것이 추방의 로고스라면 유대-기독교적 로고스는 추방된 진리 혹은 진리 자체이며, 그것은 여전히 추방되고 거부된다."[74]

많은 학자들이 르네 지라르의 이론을 통해서 프로이트의 정신분석학을 극복하고 있다. 『폭력과 성스러움』의 7장에서 지라르가 프로이트를 비판하고 있는 것에 주목한 학자도 있다. 국제 지라르 학파의 주요한 학자 중 한 명인 제임스 윌리엄스(James G. Williams)는 프로이트의 『꿈의 해석』을 비롯해서 오이디푸스 콤플렉스 그리고 1970년대에는 칼 융의 분석심리학을 몇 년 동안 공부하고 또한 추구했지만, 결국 지라르의 이론을 통해서 프로이트의 정신분석학을 극복하게 되었다고 말한다. "비록 우리가 무의식적으로 행동하고 반응하긴 하지만, 인간으로서의 우리를 움직이는 것은 에소테릭한 무의식이 아니다. 미메시스적 희생양 이론은 타자와의 관계 속에 있는 나 자신뿐 아니라, 신적인 계시에 대한 성경 증언의 새로운 이해를 열어 주었다."[75]

---

74. 위의 문서, 46, 48.
75. James G. Williams, "Magister Lucis : In the Light of René Girard", in : *For René Girard : Essays in Friendship and in Truth* (Studies in Violence, Mimesis, and

또 다른 해방신학자는 우선 지라르의 이론을 프로이트의 이론과 비교한다. 프로이트는 신약성경에서 승화의 표시는 발견하지만, 자신이 분석하는 도식의 극복 가능성을 발견하지 못했다. 프로이트는 기독교의 성찬식을 토템적인 식사로 해석한다. 그에 의하면 기독교는 유대교와 함께 문화의 기원에 대한 신화를 반복한다. 초석적 살해에 대한 지라르의 이론은 프로이트가 말한 문화메커니즘에 대한 분석에서 그 부분적인 요소를 발견할 수 있다. 이 해방신학자는 프로이트와 지라르 사이의 유사성뿐만 아니라, 깊은 차이가 존재한다는 사실도 간과해서는 안 된다고 지적한다. 즉, 지라르는 문화를 구조화시키는 메커니즘에 대한 분석도 시도하지만, 성경과 그리스도 사건에 대한 해석에 있어서 긍정적인 것을 본다. 또한 지라르는 문화의 계통 발생에 대한 새로운 해석에 있어서 '프로이트적 전략'을 반복하지만, 다른 한편으로 그는 프로이트보다 '더 광범위하고도 조밀한 의미 농축'을 그의 이론 속에 담고 있다. 지라르에게 있어서 욕망의 오이디푸스적 구조는 이차적인 것이다. 대신 욕망의 미메시스적 구조가 이론의 중심에 놓이게 된다. 이것으로 지라르는 근본적으로 새로운 인류학, 문화와 종교에 대한 새로운 이해, 희생제의와 희생제의적 사회(Opfergesellschaft)에 대한 새롭고도 혁명적인 해석을 제시했다. 지라르에게 있어서 희생제의가 가진 여러 의미 중 선물이나 교제와 같은 것은 이차적이다. 희생제의가 선물이나 교제의 의미가 파생되기 이전에, 그것은 실제로 역사적이고 사회적인 사실이었다. "희생메커니즘(Opfermechanismus)은 그렇기에 실제의 초석

Culture Series), (eds.) Sandor Goodhart, Jørgen Jørgensen, Tom Ryba and James G. Williams (East Lansing : Michigan State University Press, 2009), 160-161.

적 메커니즘(Gründungsmechanismus)이며, 그것을 도구로 해서 우리는 사회와 문화를 해석하게 된다."[76]

완전히 제의를 중심으로 조직된 사회는 항상 그 사회의 문제를 해결하기 위해 제의를 요구한다. 왜냐하면 제의를 중심으로 하는 사회는 희생제의 없이 보편적 인정을 받은 사회적 규칙들을 통해서 서로 화해하기에는 무능하기 때문이다.[77] 그래서 전통적 종교와 문화는 자신을 보호하기 위해 주기적이고 반복적으로 희생제의를 집행해 왔다. "폭력은 잠재적이고 무한하다." 신화와 문화는 폭력을 은폐하고 있다. 제의는 폭력을 달래고, 신화는 폭력을 숨기고 있다. 희생제의적 메커니즘은 '미메시스적 폭력에 대한 극복'을 이루지 못한다. 폭력은 그대로 남아 있다. 어떤 의미에서는 지라르의 이론에서 '프로이트적인 문화비관주의'가 반복되는 듯한 인상을 받기도 한다. 그러나 그렇지 않다. 지라르는 성경 속에서 희생제의적 메커니즘의 폐기를 위한 도구를 본다. 특히 그리스도의 죽음에서 말이다. "희생제의적 과정을 전복시킨 걸려 넘어지는 돌은 바로 예수 그리스도의 십자가 죽음이다. 그는 비록 무죄하지만 스스로를 희생시켰다. 구약성경 그리고 특히 신약성경은 점차적으로 희생이데올로기 없는(Opferideologisch freie) 관점을 열어 주었고, 그렇기에 미메시스적 폭력에 대한 가장 명확하고 분명한 반대 입장을 보여 주었다. 예수 그리스도의 죽음은 희생메커니

---

76. Rui Josgriberg, "Opfermechanismus und der Tod Jesu", in : *Götzenbilder und Opfer : René Girard im Gespräch mit der Befreiungstheologie* (DIGANA, 1996), 162-165.
77. Julio De Santa Ana, "Sakralisierungen und Opfer im Tun der Menschen", in : *Götzenbilder und Opfer : René Girard im Gespräch mit der Befreiungstheologie*, 84.

즘을 밝히고 계시한다."[78]

8. 프로이트, 자크 라캉 그리고 칼 융 : 주이상스, 초현실주의, 집단 무의식

프랑스에서 프로이트의 정신분석학을 대중화시킨 학자는 바로 자크 라캉이다. 프로이트가 말한 쾌락원리는 라캉의 쾌락주의적 주이상스(Jouissance, 잉여쾌락) 개념으로까지 확장되고 급진화된다. 자크 라캉을 대중화시킨 슬라보예 지젝은 2017년 2월 28일 미국 포모나 칼리지에서 "잉여-가치로부터 잉여-쾌락으로(From Surplus-Value to Surplus-Enjoyment)"라는 제목으로 강의했다. 이 강의에서 지젝은 이제는 칼 마르크스가 말한 정치경제학적 잉여가치가 아니라, 라캉의 주이상스가 주된 화두라고 말한다. 라캉도 잉여가치와 잉여쾌락을 관련시켰다. 주이상스는 프랑스어로 오르가즘을 의미한다. 라캉은 주이상스라는 개념을 남근 로고스 중심주의를 넘어서는 일종의 오르가즘적 쾌락이라는 의미로 사용한다. 주이상스 개념에는 본질적으로 파계와 고통이 얽혀 있다. 라캉은 파계가 없다면 주이상스도 존재하지 않는다고 말한다. 주이상스는 폭력적이고 고통을 수반한다. 성혁명의 창시자 빌헬름 라이히도 오르가즘에 집착하고 천착했다. 성의학의 아버지 알프레드 킨제이는 젖먹이들도 오르가즘을 느낀다며 폭력적인 실험을 했다. 슬라보예 지젝은 이제 더 이상 자신은 막시스트

---

78. Rui Josgriberg, "Opfermechanismus und der Tod Jesu", in : *Götzenbilder und Opfer : René Girard im Gespräch mit der Befreiungstheologie*, 165.

가 아니며, 마오이스트(마오쩌둥주의자)이자 은폐된 공산주의자라고 주장한다. 그러한 그가 이 강연에서 실패하고 패배한 칼 마르크스의 정치경제학적 잉여가치 개념이 아니라, 프로이트막시즘적인 자크 라캉의 주이상스 개념과 연관된 잉여쾌락에 대한 논의가 글로벌 좌파와 사회주의자들을 위한 새로운 화두라고 말한다. 칼 마르크스의 정치경제학이 패배해서 유럽의 68 신좌파들은 프로이트막시즘으로 기사회생하게 되었다. 그리고 사회주의 핵심개념으로 경제학적 잉여가치가 아니라, 사회주의 성혁명과 성정치 개념이자 프로이트의 쾌락원리를 추월하는 자크 라캉식의 주이상스를 핵심적인 화두로 삼게 되었다.

정치경제학에서 패배한 사회주의자들은 문화막시즘으로 후퇴하였으며, 문화 중에서 특히 성정치와 성혁명적 쾌락원리를 그들의 핵심사상으로 삼았다. 이런 배경에서 성인지 페미니즘(퀴어젠더 페미니즘)과 젠더 이데올로기도 등장하게 되었다. 정치경제학적 지평에서 논의되는 칼 마르크스의 잉여가치가 아니라, 문화막시즘(프로이트막시즘, 라캉막시즘)에서 말하는 성혁명적-향락주의적 주이상스가 주된 화두가 된 것이다. 이 강의는 고전적인 막시즘으로부터 문화막시즘, 프로이트막시즘 그리고 라캉막시즘으로의 변화를 보여 준다. 칼 마르크스 정치경제학의 실패와 패배 이후에 등장한 유럽 68 신좌파는 이제 경제학적 잉여가치가 아니라, 성혁명적 잉여쾌락에 천착하게 된다. 주이상스는 프로이트막시즘적인 성혁명 운동의 향락주의적 사유를 상징한다. 라캉막시즘도 프로이트막시즘에 속하는 것으로 기본적으로 프로이트의 쾌락원리를 계승하는 디오니소스적, 파계적 그리고 향락주의적 주이상스를 추구한다. 이렇게 칼 마르크스의 잉여가치가 아니라, 주이상스를 추구하는 지식인들을 '향락주의적 좌파(Hedonistic

Left)'라고 명명한다. 프로이트처럼 라캉도 오이디푸스적인 것에 대해서 말하지만, 여전히『오이디푸스 왕』에 대한 인지불능에 빠져 있다. 프로이트와 마찬가지로 자크 라캉도 항상 오이디푸스를 말하지만, 일종의 파르마코스이자 욕받이 그리고 희생염소인 오이디푸스에 대한 인지불능을 벗어나지 못하고 있다.

프로이트뿐 아니라 분석심리학자 칼 융도 독일 낭만주의와 니체의 영향을 받아서 무의식 연구를 시도했다. 칼 융은 세계 신화 속의 집단무의식 연구를 통해서 독일 낭만주의의 무의식에 대한 천착을 보다 확장하고 급진화시켰다. 프로이트가 개인무의식의 규명에 천착했다면, 칼 융은 보편적이고 원초적인 차원의 집단무의식과 원형(Archetypen)을 연구했다. 집단무의식에 원형이 자리잡고 있는데, 이 원형은 집단무의식이 상징이나 이미지를 통해 구체적으로 발현된 상태를 말한다. 그리고 원형은 곧 집단무의식의 내용을 가리킨다. 칼 융은 스위스 바젤 카니발(Basler Fasnacht)에 즐겨 참여했고, 외국 친구들과 학생들로 하여금 이 카니발에서 표출되는 집단무의식에 함께 참여하도록 했다. 칼 융은 독일 낭만주의, 쇼펜하우어, 니체로부터 강한 영향을 받았는데, 그에 대한 독일어권 다큐멘터리를 보면 바젤 카니발 축제 때 일어나는 축제적인 무질서의 재현이 융의 집단무의식과 원형과 관련된다는 것을 알 수 있다. 칼 융은 억압되었던 집단무의식이 스위스 바젤 카니발 축제에서 일시적으로 표출되는 것을 참된 정체성의 표현으로 보았다.

칼 융과 오스트리아 출신의 노벨 물리학상 수상자 볼프강 파울리(Wolfgang Paluli)가 학문적 교류를 가진 것은 잘 알려져 있다. 두 학자 모두 불교의 만다라를 그들의 연구에서 심리학적이고 물리적인 상징과 은유로 사용했다. 물론 우리는 만다라가 가진 심리치료적이거나 미학적인 효과를 부분적으로 긍정할 수 있다. 하지만, 그렇다고 해서 만다라에 대한 보다 엄밀한 종교학적 이해까지 포기할 필요는 없다. 파울리의 어머니는 부부간의 문제로 자살했고, 그 이후 파울리는 교회를 떠났다. 또한 어느 무용수와의 결혼도 순탄하지 않았으며, 알코올 중독에 빠졌다. 그 이후 그는 칼 융의 비서로부터 심리치료를 받았고, 이후 칼 융과 깊은 교제를 나누었다. 칼 융은 자신의 어머니를 비롯해 가정환경에서부터 에소테릭한 분위기에서 성장했다. 칼 융의 어머니는 자주 트랜스 상태에 빠지고, 이해할 수 없는 말들을 했다고 한다. 칼 융도 이 영향을 받아서 "소위 오컬트한 현상들의 심리학과 병리학(Psychologie und Pathologie sogenannter okkulter Phänomene)"이란 제목으로 박사학위 논문을 썼다. 칼 융은 또한 히틀러와 민족사회주의(나치즘) 지지자였다. 이 사실은 힌두교를 독일 제3제국의 공식종교로 채택하기를 원했고 요가를 전문적으로 연구했던 인도학자 하우어(Jakob Wilhelm Hauer)와의 친분뿐 아니라, 다른 여러 가지 사실들로부터도 확인된다.

하우어는 1927년에 『북쪽 지방 불교에서의 다라니와 소위 미드라스 제의와의 유사성』[79]이라는 책을 출판했다. 불교 철학을 담은 경전들은 마술적 효력을 발생시키는 다라니로 사용되었다. 우리나라의 다라니경도 마찬가지다. 불교 철학의 정수가 담긴 본문들은 신비적이고 마술적인 힘을 가

---

79. Jakob Wilhelm Hauer, *Die Dhāranī im nördlichen Buddhismus und ihre Parallelen in der sogenannten Mithrasliturgie* (Stuttgart : Verlag von W. Kohlhammer, 1927).

진 것으로 믿어지는 주문(呪文, 다라니)으로 사용되었다.[80] 많은 경우 불교 철학과 주문의 경계는 명확하지 않다. 여전히 마술적이고 주술적이며 비의 적인 불교 철학의 개념을 갑자기 양자이론이나 천체물리학적인 개념으로 재해석하는 것은 과도한 비약이다. 불교가 과학적이라고 주장하기 이전에 먼저 불교의 전근대적이고 신화적이며 비의적인 차원에 대한 과학적 접근 이 필요하다. 하우어는 로마제국 초기의 미드라스 신비종교와 불교의 비 의성 사이에서 유사성을 발견한 것 같다.

집단무의식을 말한 분석심리학자 칼 융과 양자이론가 파울리는 탄트 라 비밀 불교의 성적인 결합을 'Unus mundus(하나의 세계)'의 상징으로 보 았다. 하지만, 이 결합은 결코 조화스러운 융합이 아니라 지라르가 희생제 의의 코드로 분석하는 폭력적인 차이소멸로 파악해야 한다. 만다라는 탄 트라 밀교에서 주로 명상의 대상으로 사용된다. 밀교는 비밀 불교(祕密佛 教)의 줄임말이다. 밀교의 도상과 만다라, 진언, 다라니, 비밀한 의식, 주술 과 마술 등에는 대승불교의 전통적 사상이 상징화된 채 내재되어 있고, 교 리적으로는 중관사상과 유식사상 등을 계승했다. 뒤몽(Louis Dumont)의 분석처럼 밀교의 수행 가운데 성교(性交)를 통해 성불(成佛)이 가능하다고 말하는 급진적 좌도밀교(左道密教)가 보다 오래되고 원형적인 것으로 보아 야 한다.

칼 융은 영지주의와 연금술 연구에 몰두했다. 칼 융은 자신의 이론이 초기 영지주의적 기독교와 잘 어울린다고 주장했다. 그는 만다라를 치료

---

80. Bernard Faure, *The Rhetoric of Immediacy : A Cultural Critique of Chan / Zen Buddhism* (Princeton : Princeton University Press, 1991), 105.

의 도구로 응용하기도 했다. 그래서 칼 융은 그 자신이 걸어 다니는 정신 병원이었을 뿐 아니라, 그 병원의 최고 의사이기도 했다. 또한 그는 어린 시절의 성적 트라우마에 과도한 의미를 부여하는 프로이트의 범성욕주의 적 경향을 비판한다. 칼 융은 신화와 종교는 물론 영지주의, 연금술, 만다라, 도교, 주역에 대해서도 연구했지만, 많은 부분들이 불투명해서 여러 가지 해석과 오해를 낳았다. 엘리아데(Mircea Eliade)와 캠벨(Joseph Campbell)은 칼 융의 이론을 신화와 종교연구에 적용하여 대중화하기도 했다. 지라르는 엘리아데가 세계에 흩어져 있는 창조 신화와 기원에 대한 이야기에서 공통적으로 발견한 '창조적 살해(Creative murder)'를 희생염소에 대한 '초석적 살해(Founding murder)'로 새롭게 해독했다. 그래서 자신이 신화의 수수께끼를 해독했다고 주장한다.[81]

티베트 탄트라 불교(비밀 불교)의 만다라를 심리치료의 도구로 사용한 칼 융뿐 아니라, 현대 인도학과 불교학 그리고 탄트라 연구의 대가들인 짐머(Heinri Zimmer), 엘리아데 그리고 에볼라(Julius Evola)는 모두 정치적으로 파시스트였다. 그들은 탄트라를 선악을 초월하고 관습적인 법을 범하면서 '성스러움에 이르는 가장 파계적이고 폭력적인 길'로 이해했다.[82] 이중 에볼라는 '회개하기를 거부한 파시스트'였고, 엘리아데도 루마니아 파시스트였다는 과거로부터 자유롭지 못하다.[83] 최근 '파시즘 시대의 불교

---

81. René Girard, *I See Satan Fall Like Lightning* (Maryknoll, NY : Orbis, 2001), 83.

82. Hugh B. Urban, *Tantra : Sex, Secrecy, Politics, and Power in the Study of Religion* (Berkeley : University of California Press, 2003), 167.

83. 위의 문서, 168.

학'에 대한 비판적 논의가 시작되었다.[84] 칼 융도 독일 라디오방송과 여러 논문에서 독일 민족사회주의(나치즘)를 동조하는 발언을 해서 그에 대한 격렬한 비판의 여지를 제공했다. 스위스 바젤 대학교에서 의학을 전공했던 칼 융은 바젤 대학교의 교수였던 니체의 철학에 심취했고, 그의 『차라투스트라는 이렇게 말했다(Also Sprach Zarathustra)』를 즐겨 읽었다고 한다. 집단무의식에 대해서 논하는 칼 융은 '유대인의 심리학'을 비판하고, '게르만적 정신'을 옹호하며, 니체와 같이 게르만적 야만인들(Germanische Barbaren)과 금발의 야수(Blonde Bestie)를 재활성하려는 듯한 표현들을 사용한다. 실제로 프로이트의 저서들은 불태워졌지만, 칼 융의 심리학은 나치의 선동에 의해 찬양받았다. 1918년에 칼 융은 『무의식에 대하여(Über das Unbewusste)』라는 책에서 기독교가 게르만적인 야만인들을 위쪽과 아래쪽으로 나누어서 어두운 측면은 억압하고 밝은 측면은 길들여서 문화적으로 만들었다고 적고 있다. 이런 사상은 니체 철학의 핵심사상이기도 하다. 칼 융의 집단무의식이라는 개념은 바로 이 어둡고, 게르만적이고, 야만적이며, 니체가 말한 디오니소스적인 것과 관련이 있다.

칼 융과 파울리 사이의 학문적 대화는 칼 융의 논문 "비인과적 연관성의 원리로서의 동시성"[85]과 파울리가 적은 논문으로 출판되었다. 칼 융이

84. Gustavo Benavides, "Giuseppe Tucci, or Buddholoy in the Age of Fascism" in : Curators of the Buddha : The Study of Buddhism under Colonialism, (ed.) Donald S. Lopez Jr. (Chicago : University of Chicago Press, 1995).

85. Carl G. Jung, "Synchronizität als ein Prinzip akausaler Zusammenhänge" in : Carl G. Jung, Gesammelte Werke Band 8, 457-538 ; 이 논문은 본래 다음의 책 안에 포함되어 출판되었다. Naturerklärung und Psyche, Studien aus dem C. G. Jung-Institut IV (Zürich : Rascher, 1952).

처음으로 이론화하기 시작했고 이후 파울리가 함께한 동시성 이론은 비인과적이고 불확정적인 양자물리학적 세계상과 어울린다고 생각되었다. 파울리는 측정 행위가 대상에게 영향을 미치는 양자역학적 과정을 관찰자의 주관적이고 심리적인 행위가 대상에게 영향을 미치는 것으로 해석했다. 관찰자의 주관적 행위가 대상에게 영향을 미치는 것은 마치 소우주인 인간이 정신적으로 만다라에 들어가서 우주 생성과 파괴에 개입하는 것과 같다는 것이다. 칼 융과 파울리는 물질과 정신을 나누는 데카르트적 이원론의 견해와는 달리 실재는 물리적 측면과 정신적 측면을 동시에 포함하는 전체로서 이해되어야만 한다고 생각했다. 파울리는 칼 융의 동시성 개념, 집단무의식 그리고 원형 이론 등에 깊은 관심을 보였다. 그는 원형적인 '물질의 정신(Geist der Materie)'을 발견하고자 했다.

두 사람은 소위 데카르트적인 분열을 사물이 모두 분리된 것이 아니라 통일된 하나, 즉 하나의 세계라는 개념인 Unus mundus로 극복하려고 했다. 이것은 일종의 세계 영혼(Weltseele) 개념이다. 파울리의 물리학과 칼 융의 심리학이 만나서 물질의 정신 혹은 심리물리적(Psychophysical) 실재를 가정하게 되었다. 『세계 영혼의 귀환 : 볼프강 파울리, 칼 융 그리고 심리물리적 실재의 도전』[86]이라는 연구서는 이를 보여 준다. 칼 융은 물리학자 파울리와 함께 자신의 원형과 동시성 개념이 Unus mundus와 관련될 가능성에 대해서 연구했다. 즉, 칼 융이 말한 원형이 Unus mundus를 표현한 것이 아닌지 질문했다. 또한 의미 있는 우연의 일치를 말하는 동시성

---

86. Remo F. Roth, *Return of the World Soul : Wolfgang Pauli, C. G. Jung and the Challenge of Psychophysical Reality* (Pari Publishing, 2011).

이 가능한 이유가 바로 관찰자와 그와 연관된 현상이 궁극적으로는 같은 근원인 Unus mundus로부터 파생되었기 때문은 아닌지 질문했다. 하지만 칼 융은 실재에 대한 일원설적인(Unitarian) 개념에 대한 탐구의 가정적이고 임시적인 성격도 강조했다고 한다.

칼 융은 자신의 저서 『합일의 신비(*Mysterium Conjunctionis*)』에서 만다라는 그 중심점으로서 모든 원형들뿐 아니라, 현상계 다양성의 궁극적인 일치를 상징하기에 Unus mundus(대자아, The Self)라는 형이상학적 개념에 대한 경험적인 증거라고 말한다.[87] 칼 융이 말한 Unus mundus 혹은 세계 영혼의 개념으로 해석하고자 했던 합일의 신비, 엘리아데가 요가와 샤머니즘을 비롯한 세계 종교, 신화, 제의에서 공통된 것으로 발견한 '반대되는 것의 일치(Coincidentia oppositorum)'는 조화로운 통합이 아니라, 지라르가 신화와 제의에서 읽어내는 폭력적인 차이소멸로 파악해야 한다. 필자의 저서 『붓다와 희생양』에서 이미 자세하게 분석한 것처럼, 만다라가 표현하는 분노존이나 합체존에서 볼 수 있는 남자와 여자, 정확히 말해서 붓다들과 종교적 창녀들의 성적인 결합은 결코 조화스러운 합일이 아니다. 그것은 실재의 궁극적 본질로서의 세계 영혼이나 Unus mundus를 상징하는 것이 아니라, 티베트 불교가 자리 잡고 있는 사회적 현실을 반영할 뿐이다.[88]

만다라는 파울리가 생각했던 것처럼 물리적인 것을 보여 주지 않는다. 그것은 비밀 불교의 성적인 희생제의의 미술적 표현이다. 만다라는 탄트라 축제인 가나샤크라(Ganacakra)를 미술적으로 표현하고 있다. 가나샤크라

---

87. Harold Coward, *Jung and Eastern Thought* (Albany, New York : State University of New York Press, 1985), 121.
88. 정일권, 『우주와 문화의 기원 : 르네 지라르와 자연과학』 참고.

는 밤중에 비밀스럽게 이루어지는 비밀 불교의 성적인 제의에 참여하는 무리들의 원(티베트어로 tshogs 'khor)이란 뜻이다. 이 무리들이 둥글게 모여서 벌이는 비밀 불교의 축제는 비밀제의(Geheimkult)이다. 가나샤크라는 바로 만다라를 제의적으로 집행하는 것이고, 만다라는 가나샤크라를 미술적으로 표현하고 있는 것이다. '만다라와 가나샤크라 사이의 신비적 용해'를 통해서 비밀스러운 탄트라 축제의 참여자들은 만다라에 그려진 붓다들과 여신들, 곧 창녀들이 된다.[89]

---

89. Adelheid Herrmann-Pfandt, *Dākīnis : Zur Stellung und Symbolik des Weiblichen im Tantrischen Buddhismus* (Bonn : Indica et Tibetica Verlag, 1992), 369, 381. 10장에서 가나샤크라에 대해 논의하고 있다.

에로스와
광기 ————————————————————
프로이트의
————————————————————황혼

나오는 말

지금까지 우리는 21세기 소위 소아성애적 관점을 가진 성소수자 운동과 젠더퀴어 운동의 이론적 기초가 프로이트의 소아성욕 사상이라는 사실을 살펴보았다. 주디스 버틀러는 2014년 5월 6일에 오스트리아 비엔나 대학교에서 지그문트 프로이트 강연을 하기도 했다. 1925년에 설립된 100년 전통의 독일 교육학 저널인『학문적 교육학 계간 저널(Vierteljahrsschrift für wissenschaftliche Pädagogik)』(Heft 2/2023)에 필자와 스위스 취리히 대학교의 위르겐 욀커스 교수가 공동으로 작성한 논문이 실렸다. 그리고 이 논문은『성폭력과 근친상간에 대한 미셸 푸코와 주디스 버틀러의 입장(Michel Foucault und Judith Butler über sexuellen Missbrauch und Inzest)』이라는 제목으로 2023년에 출간되었다. 이 글을 출판한 곳은 1683년에 창립된, 네덜란드의 브릴(Brill)이라는 저명한 국제 학술 출판사이다. 이 국제 학술 공동논문을 통해서 필자는 위르겐 욀커스 교수와 함께 현대 성소수자 운동의 두 기둥인 미셸 푸코와 주디스 버틀러의 소아성애와 근친상간 옹호 입장을 글로벌하게 공론화시켰다.

이 공동논문은 2022년에 한국으로 초대되어 특강을 진행한 위르겐 욀커스 교수가 필자의 책『미셸 푸코와 주디스 버틀러의 황혼 : 성소수자 운동의 아동 인권 유린과 젠더의 종말』을 소개받은 뒤 지적인 도전을 받고 필자에게 제안을 해 이루어진 것이다. 필자의 이 책은 주디스 버틀러가 출연한 2022년 "EBS 위대한 수업 - 그레이트 마인즈"라는 방송에 맞서서 그녀의 소아성애와 근친상간 옹호 입장을 문헌적 증거와 함께 국내 최초로 비판적으로 공론화시켰던 학술논문을 포함하고 있다.

이 국제 학술 공동논문은 독일어권에서 그동안 제대로 공론화되지 못한 미셸 푸코와 주디스 버틀러의 소아성애와 근친상간 옹호 입장에 대해서 필자가 제1저자로서 구체적인 문헌적 증거를 제시하고, 위르겐 윌커스 교수가 교육학적 논의를 추가해서 작성된 논문이다. 이 논문은 추후에 브라질 교육철학 저널에도 번역되어 출간될 예정이다.

위르겐 윌커스 교수로부터 이 공동논문에 대한 독일어권의 한 젊은 독자의 긴 논평을 전달받았다. 미셸 푸코와 주디스 버틀러의 소아성애와 근친상간 옹호 입장이 충격적이고 당혹스러우며, 왜 이 사실이 그동안 보다 폭넓게 토론되지 않았는지에 대해서 의문을 가지게 되었다는 것이었다. 그리고 그는 다음과 같이 논평했다. "나는 (미셸 푸코와 주디서 버틀러를 옹호하는) 몇몇 사람들은 근거두기나 토론 없이 곧바로 바리케이드 위에 올라갈 것으로 본다. …… (미셸 푸코와 주디스 버틀러가 소아성애와 근친상간을 옹호하면서 논증하는) 이러한 난해한 개념들은 보다 폭넓게 비판적으로 토론되고 새롭게 조명되는 것이 바람직하다. 왜냐하면 이 공동논문이 보여주는 것은 머리털을 곤두서게 할 정도로 소름끼치는 것이기 때문이다." 이 논문은 "특정한 지성적 그룹들 뿐 아니라, 많은 여론들도 감히 공격할 수 없는 것으로 간주하는 미셸 푸코와 주디스 버틀러가 강간과 소아성애를 무해화하고 있다는 사실을 많은 사람들에게 알리고 있다."고 평가받고 있다. 미셸 푸코와 주디스 버틀러에 대한 주요 비판적 연구서로 자리 잡은 필자의 책을 통해 대한민국에서 그들이 소아성애와 근친상간 옹호자라는 사실이 광범위하게 공론화된 것처럼, 독일어권에서도 이 논문을 통해서 비판적 공론화가 진행되기를 기대한다.

2024년 5월에 국회에서 '파시즘의 이론과 현실'이라는 주제로 국제학술 세미나가 개최될 예정이다. 필자는 독일 68 소아성애적 안티파시즘과 독일 헌법학자 칼 슈미트에 기초한 샹탈 무페(Chantal Mouffe)의 좌파파시즘을 비판적으로 분석할 예정이다. 독일 68 신사회주의적인 신좌파는 파시즘 격파를 위해 소아성애 운동을 했다. 그들은 소아성애를 파시즘 격파를 위한 위대한 행위로 찬양했다. 독일 68 신좌파 학생운동은 소아청소년들을 사회주의적 새 인간과 반권위주의적 인격으로 개조하기 위해서 프로이트의 소아성욕 사상에 근거해서 소아성애 운동을 했다. 독일 68 학생운동, 독일 녹색당, 독일 68 진보교육의 상징인 오덴발트 학교 그리고 독일 성교육의 교황인 헬무트 켄틀러 교수 모두 파시즘 격파를 위한 소아성애 운동의 구호 아래서 수많은 소아청소년들에게 소아성애적 아동강간을 범했다. 그리고 그 추한 과거사의 청산이 지금 독일에서 이루어지고 있다.

필자는 이 책을 통해 독일 68 소아성애적 안티파시즘 운동의 이론적 기초가 바로 지그문트 프로이트의 소아성욕 사상이라는 사실을 상세하게 소개하였다. 이를 통해 프로이트의 정신분석학에 대한 보다 깊고 비판적인 이해와 연구가 확산되기를 기대한다.

본문 사진 출처

1. 12쪽
Stiftung Haus der Geschichte, 원본, https : //www.flickr.com/photos/132468467@
N06/16474725704/in/dateposted/

2. 31쪽
Wikimedia Commons, https : //commons.wikimedia.org/wiki/File:Statue_of_Dionysos_
leaning_on_a_female_figure_(%22Hope_Dionysos%22)_MET_DT6494.jpg?uselang=ko

3. 63쪽
Wikimedia Commons, https : //commons.wikimedia.org/wiki/File:Stefan-George_1.
jpg?uselang=ko

4. 161쪽
Bundesarchiv, Bild 183-R24553 / Wikimedia Commons, https : //commons.wikimedia.org/
wiki/File : Bundesarchiv_Bild_183-R24553,_Gruppe_des_Wandervogels_aus_Berlin.
jpg?uselang=ko

5. 184쪽
Wikimedia Commons, https : //commons.wikimedia.org/wiki/File : Odenwaldschule_1910.
jpg?uselang=ko

6. 313쪽
Wikimedia Commons, https : //commons.wikimedia.org/wiki/File : Louis_Bouwmeester_-_
Onze_Tooneelspelers_(1899)_(2).jpg?uselang=ko

에로스와 광기 ————
프로이트의 황혼

독일 낭만주의와 소아성애 비판

초판발행   2023년 12월 4일
지은이   정일권
펴낸이   김지혜
펴낸곳   도서출판 사람
디자인   디자인듬북
제작지원   (사) 한국가족보건협회
출판등록   제2020-000155호(2018. 7. 10)
주 소   경기도 성남시 수정구 위례중앙로 216
메 일   spoonjh79@gmail.com
ISBN   979-11-964814-3-8
값   19,600원